VIE ET INSTITUT DE SAINT ALPHONSE-MARIE DE LIGUORI

BIOGRAPHIE - VERSION INTÉGRALE

CARDINAL CLÉMENT VILLECOURT

TABLE DES MATIÈRES

PRÉFACE — 1
INTRODUCTION — 4

LIVRE PREMIER

1. Ancêtres et parents de saint Alphonse. — 11
2. Naissance d'Alphonse ; ses premières années et sa première éducation. — 13
3. Progrès admirables d'Alphonse dans la dévotion et la vertu. — 16
4. Éducation littéraire, artistique et scientifique d'Alphonse. — 18
5. Alphonse embrasse avec éclat la carrière de la jurisprudence. — 20
6. Alphonse fortifie son adolescence par un redoublement de piété et de vertu. — 22
7. Projet brillant de mariage pour Alphonse ; trait héroïque de respect pour son père ; ses vues sublimes sur tous ses devoirs. — 24
8. Refroidissement passager d'Alphonse. Retour à sa ferveur première. — 27
9. La dévotion séraphique d'Alphonse au Saint-Sacrement le détache de plus en plus du monde. — 29
10. Alphonse brise un nouveau plan d'un brillant mariage et se consacre intérieurement à dieu. — 31
11. Un événement providentiel fait éclater le renoncement définitif d'Alphonse à la gloire et aux biens de la terre. — 33
12. Lutte contre les vues mondaines de son père. — 35
13. Alphonse prend l'habit ecclésiastique, résiste aux nouvelles oppositions de son père, aux sarcasmes des profanes, et se prépare au sacerdoce. — 38
14. Conclusion du premier livre, tirée des écrits de saint Liguori. Enseignements qui découlent de cette première période. — 40

LIVRE SECOND

1. Alphonse se dispose aux saints ordres par de pieux exercices, par les études et les vertus cléricales. ... 49
2. Premiers travaux, premières prédications d'Alphonse. ... 51
3. Alphonse recouvre les bonnes grâces de son père, et prélude, avec quelques saints amis, à la vie religieuse. ... 54
4. Alphonse au tribunal de la pénitence : son zèle, sa méthode et ses succès. ... 56
5. Désagréments d'Alphonse dans les saintes industries de son zèle ardent pour la sanctification des classes inférieures du peuple. ... 60
6. Alphonse établit les conférences spirituelles et l'œuvre des chapelles, plus dignes et plus utiles que les exercices précédents. ... 63
7. Alphonse entre dans la congrégation de la Sainte Famille, et redouble de ferveur et de mortification. ... 66
8. Souffrances intérieures d'Alphonse ; renouvellement de zèle et nouveaux succès apostoliques. ... 68
9. Merveilles de conversions, de grâces extraordinaires et de vertus, au printemps de l'année 1731. ... 71
10. Alphonse conçoit le désir et prend la résolution de fonder la congrégation du saint Rédempteur, pour la sanctification des âmes abandonnées. ... 74
11. Explication des premiers prodiges d'apostolat de saint Alphonse, par l'idée sublime qu'il s'était formée sur le sacerdoce, et tirée de ses écrits. ... 77

LIVRE TROISIÈME

1. Noble caractère et constance d'Alphonse en face des obstacles ; docile à l'appel de Dieu, il se dispose à partir pour Scala, berceau futur de la nouvelle congrégation. ... 87
2. Compagnons et succès d'Alphonse à Scala ; nouvelles victoires sur les oppositions de son père et de tous les adversaires. ... 93
3. Alphonse est abandonné de ses compagnons et de presque tous ses amis ; ses tentations de désespoir, et sa victoire héroïque. ... 98
4. Nouveaux compagnons d'Alphonse ; fondation d'une nouvelle maison dans la Villa des Esclaves. ... 103
5. Une nouvelle maison est fondée à Ciorani ; Alphonse donne des missions et des retraites avec le plus grand succès. ... 107

6. Alphonse est contraint de quitter la Villa des Esclaves et habite Ciorani ; il continue l'œuvre des missions; il quitte aussi le séjour de Scala. 113
7. Projet d'une fondation à Nocera. Missions à Naples et dans le diocèse. Alphonse refuse d'y établir sa congrégation. 118
8. Alphonse donne à son institut le caractère d'une congrégation régulière, par les vœux de religion et le serment de persévérance. 122
9. Fondation d'une maison à Pagani ; agrandissement de la maison de Ciorani. 126
10. Alphonse attire de plus en plus vers Dieu son père qui voudrait l'attirer vers le monde. 131
11. Nouvelles persécutions; constance héroïque d'Alphonse ; triomphe complet de la congrégation. 134
12. Missions apostoliques de saint Alphonse, jusqu'à son épiscopat ; fondation d'une maison à Iliceto et à Caposele. 140
13. Approbation solennelle de l'institut par Benoît XIV. Expansions successives ; état actuel de la congrégation. 147
14. Conclusion du troisième livre. Explication des merveilleux succès de saint Alphonse, par le tableau détaillé de son grand caractère apostolique et de son esprit religieux. 152

LIVRE QUATRIÈME

1. Élection de saint Alphonse à l'évêché de Sainte-Agathe ; son refus, ses alarmes et sa soumission au souverain Pontife. 195
2. Mortelle frayeur de saint Alphonse en face de la dignité épiscopale ; sentiments du public et de ses nouveaux diocésains. 199
3. Humble tristesse et pieuse simplicité de saint Alphonse, en face des félicitations qui lui sont adressées. 202
4. Saint Alphonse à Rome et à Lorette ; nouvelles marques de piété d'humilité et de sainteté. 204
5. Saint Alphonse aux pieds du souverain Pontife ; sa consécration. 207
6. Dévouement empressé de saint Alphonse pour son diocèse ; édifiante prise de possession. 209
7. Comment saint Alphonse règle sa vie et sa maison pendant son épiscopat. 212
8. Zèle et travaux de Mgr de Liguori pour la sanctification de son clergé et de son diocèse. 215

9. Zèle tout particulier de saint Alphonse pour la prédication. 219
10. Saint Alphonse introduit les missions dans son diocèse ; sa prudence, sa délicatesse, son désintéressement et son esprit apostolique. 222
11. Admirable charité de saint Alphonse pendant la disette. 226
12. Le fléau redouble ; le saint pasteur redouble aussi de charité et d'énergie ; il surabonde enfin de consolation. 231
13. Projet d'abdiquer l'épiscopat ; apologie de la Théologie morale ; fatigues, austérités et maladie ; convalescence ; faveurs spirituelles. 234
14. Douleurs de saint Alphonse, en voyant les erreurs et les impiétés du siècle. 239
15. Les périls de la congrégation exigent la présence d'Alphonse à Naples ; ses travaux apostoliques pendant son séjour. 242
16. Nouvelle maladie de saint Alphonse ; nouvelles occasions de vertus héroïques. 248
17. Admirables vertus et travaux étonnants de saint Alphonse pendant sa longue convalescence. 253
18. Vues chrétiennes de saint Alphonse sur la première éducation et la vocation de ses neveux. 257
19. Sollicitude paternelle de saint Alphonse pour le bien spirituel de sa congrégation. 260
20. Saint Alphonse assiste miraculeusement Clément XIV ; il est consulté sur le futur conclave et sur les besoins généraux de l'église. 265
21. La démission de saint Alphonse est acceptée. Deuil général et regrets de son diocèse ; ses humbles adieux. 268
22. Explication des merveilles de l'épiscopat de saint Alphonse, par les idées sublimes qu'il avait de sa dignité pontificale et de ses devoirs. 273

LIVRE CINQUIÈME

1. Alphonse retourne à Nocera, édifier et soutenir sa congrégation souffrante. 281
2. Tribulations, tempêtes intérieures et extérieures contre la congrégation ; fermeté, douceur, résignation et charité de saint Alphonse, au milieu de ses épreuves. 286
3. Les épreuves redoublent ; la calomnie fait tomber Alphonse dans la disgrâce du souverain Pontife ; il est déchu de son titre de supérieur ; soumission héroïque au Pape et au nouveau supérieur ; horribles tentations et victoire. 292

4. Le souverain Pontife porte un grand coup à la congrégation et au cœur d'Alphonse ; le saint vieillard s'élève au degré le plus sublime de l'abnégation. 300
5. Calme inaltérable de saint Alphonse dans cette tribulation suprême ; malheurs et fin misérable de son persécuteur. 304
6. Derniers efforts de zèle dans l'extrême caducité ; oubli de soi-même ; héroïque fidélité à tous les exercices dans les plus grandes souffrances ; accidents mortels ; privation définitive de célébrer les saints mystères. 307
7. Sollicitude persévérante de saint Alphonse pour le bien spirituel de ses neveux. 311
8. Saint Alphonse est assiégé de scrupules, de peines spirituelles, et d'horribles tentations ; ses vertus achèvent de s'épurer, et il triomphe par son humble docilité il est récompensé par plusieurs dons surnaturels. 317
9. La piété de saint Alphonse grandit, et son âme se fortifie à mesure que son corps s'affaiblit ; actes héroïques de vertu qui le préparent à sa mort. 323
10. Dernière année de la vie de saint Alphonse ; circonstances extraordinaires qui prouvent la perfection de ses vertus et la grandeur de sa sainteté. 328
11. Derniers jours, douce agonie et précieuse mort de saint Alphonse. 334
12. Funérailles de saint Alphonse ; miracles ; concert unanime de louanges en son honneur. 340
13. Béatification et canonisation de saint Alphonse. 344
14. Culte public décerné à saint Alphonse ; espérance de le voir déclarer docteur de l'Église ; catalogue de ses ouvrages. 354
15. Conclusion du cinquième livre, tirée des ouvrages de saint Alphonse. 359

PRÉFACE

La vie de saint Alphonse est une des plus édifiantes et des plus délicieuses, éminemment digne d'être présentée aux pieux fidèles.

Déjà, plusieurs livres estimables ont été publiés sur cette grande figure ; mais aucun ne paraît fait pour devenir populaire : les uns sont volumineux, ou font partie de grands travaux qui ne peuvent arriver entre les mains de tous ; les autres laissent beaucoup à désirer. Il fallait, pour obtenir une pieuse popularité, adopter un genre simple et sans prétention littéraire, donner, avec le bon marché, beaucoup de substance édifiante, dans un format commode et attrayant. Animé d'un sentiment de prédilection et de reconnaissance pour saint Alphonse ; excité par des personnes religieuses ; honoré de l'approbation épiscopale et de suffrages respectables, j'ose offrir ce modeste travail aux familles chrétiennes, aux maisons d'éducation et aux bibliothèques paroissiales.

Une vie monumentale, digne de saint Alphonse, sera tôt ou tard donnée à l'élite des lecteurs ; mais il faut toujours être utile au grand nombre. Je veux donc retracer pour tous un grand modèle dans ce qu'il a de plus imitable ; préconiser une congrégation chère à l'Église ; populariser le désir de connaître les ouvrages d'un excellent auteur ascétique, par un choix méthodique de citations et de pieux exercices. De telles intentions méritent assurément l'indulgence en faveur d'un essai timide. J'ai puisé, avant tout, dans les volumineux mémoires du R. P. Tannoja.

J'ai mis aussi à contribution, avec plaisir et reconnaissance, l'excellente notice sur les Rédemptoristes, dans le 4ᵉ vol. de l'histoire des Ordres religieux, publiée par M. Migne ; la nouvelle traduction des œuvres de saint Alphonse, par le R. P. Dujardin ; la première traduction complète de ces mêmes œuvres ; la vie qui accompagne cette première édition ; enfin les vies de saint Alphonse, par M. Jeancard et M. Verdier.

En mettant le plus possible de substance édifiante dans cet abrégé populaire, j'ai dû laisser bien des choses intéressantes, mille détails précieux sur les admirables compagnons et les successeurs de saint Alphonse dans la Congrégation ; mais ces riches trésors ne sont pas perdus. Si mon premier travail est accueilli favorablement, je présenterai un second volume, déjà commencé. Il renferme une grande richesse de doctrine ascétique et de beaux exemples ; il sera intitulé : L'Esprit de saint Alphonse et de sa Congrégation.

DÉCLARATION DE L'AUTEUR.

Pour me conformer aux décrets d'Urbain VIII, je proteste n'attribuer à mon récit, dans cet ouvrage, qu'une autorité purement humaine et privée, excepté les choses sur lesquelles le Saint-Siège a prononcé.

Je déclare en particulier : 1° En appelant saint Alphonse un des plus grands sauveurs d'âmes, j'ai voulu seulement relever son ministère, d'après les termes consacrés dans la pieuse tradition, (v. saint Jérôme, Comment. sur Abdias ; v. le Selva de saint Alphonse) ; sans rien déroger à l'incomparable respect dû au titre incommunicable de Jésus, le Sauveur par excellence.

– 2° En disant que les grandes idées de saint Alphonse sur le Souverain Pontife et l'épiscopat sont la doctrine catholique, je n'ai pas voulu trancher les questions sur lesquelles l'autorité infaillible n'a pas prononcé ; j'ai voulu dire seulement que, dans les questions délicates, saint Alphonse a suivi le sentiment commun des Docteurs, le plus conforme au vœu du Saint-Siège et à l'Unité de l'Église.

– 3° La remise du revenu patrimonial, faite par les membres de la congrégation entre les mains des supérieurs, ne doit pas être prise dans le sens d'une obligation absolue ou préjudiciable au désintéressement religieux ; elle s'est toujours faite et se fait toujours avec des clauses contre lesquelles les familles ne peuvent élever de plaintes légitimes.

– 4° Pour conserver la couleur locale et la rigoureuse vérité de l'histoire, j'ai présenté les faits conformément aux usages de l'Italie et du siècle passé, et j'ai cité textuellement certaines paroles de saint Alphonse, contraires aux pensées vulgaires et profanes. Je n'ai pas voulu hérisser le texte d'explications fastidieuses ; le lecteur actuel aura bien assez de sagacité impartiale, pour ne pas prendre les choses de travers, en opposant les usages de son siècle et de son pays ; il ne verra pas de contradiction entre les prescriptions fondamentales et certaines modifications accidentelles que saint Alphonse adopterait le premier, s'il vivait aujourd'hui ; enfin, la piété comprendra que le langage sublime des saints est vrai à des points de vue relatifs ou supérieurs, et fera taire la raison mondaine en face du langage dicté par le véritable esprit de Dieu.

PROMESSE ET PRIÈRE AU LECTEUR.

« Mon cher lecteur, je vous prie de ne pas dédaigner ce petit ouvrage, que j'ai écrit de la manière la plus simple, afin de le rendre plus utile à la dévotion de toute sorte de personnes. Chaque fois que vous en ferez usage, ayez la charité de me recommander à Jésus-Christ, soit pendant ma vie, soit après ma mort. De mon côté, je vous promets de prier, en célébrant la sainte Messe, pour quiconque me fera cette grâce. »

C'est ainsi que l'humble Alphonse dédiait aux âmes pieuses le livre des Visites, et se recommandait à leurs prières. Pour ce grand Saint une telle recommandation est devenue sans objet ; dans la gloire éternelle, il prie pour ses clients. Mais permettez-moi, cher lecteur, d'emprunter à ce saint de prédilection la pieuse et modeste formule de sa dédicace, et de vous faire la même promesse et la même prière.

Ce deux Août 1862, fête de saint Alphonse, le 22e anniversaire de ma prêtrise.

BERNARD.

INTRODUCTION

Importance et dignité de la vie de saint Alphonse de Liguori. – Elle est dominée, inspirée par une même pensée, et nous présente un enseignement universel et fondamental. – Comment cet enseignement éclate dans chaque période de son histoire.

Dans tous les âges du monde, la Providence a suscité des personnages extraordinaires, pour subvenir aux grands besoins de l'humanité ; le Seigneur, qui veille incessamment au bien de son Église, l'a pourvue, dans tous les siècles, de ces hommes d'élite qui la défendent et l'édifient. Or, selon le témoignage des Souverains Pontifes, parmi les plus grandes lumières qui font l'ornement de l'Église catholique, on voit briller du plus bel éclat saint Alphonse de Liguori ; parmi les écrivains distingués qui arrêtèrent le torrent des mauvaises doctrines, on compte à bon droit cet homme très saint et très savant, dont les ouvrages sont remplis de la plus sublime sagesse et de la plus tendre piété. « Il a reçu d'en haut la science des saints, le Seigneur l'a enrichi de mérites dans les plus glorieux travaux ; destiné de Dieu pour faire entrer les peuples dans la pénitence, il a exterminé les abominations de l'impiété ; il a tourné son cœur vers Dieu et affermi la piété dans un temps de péchés ; tant qu'il a vécu, il a été une des principales colonnes de la maison du Seigneur, et il a fortifié le temple de Dieu tous les jours de sa vie. Il s'est levé comme un prophète puissant en paroles et en œuvres, au milieu d'une génération perverse et corrompue. » L'importance de sa mission se mesure sur la grandeur des maux de son époque, mais cette mission n'a point cessé avec sa vie ; sa voix se fait encore entendre après sa mort : voix onctueuse de la parole dans ses écrits ; voix puissante de l'action dans ses exemples ; voix aimable et populaire de la florissante congrégation fondée par son zèle apostolique. La plupart de ses actions sont pour tous des modèles à imiter, des règles à suivre. Il a passé par tous les âges et toutes les conditions. Il est le miroir de l'enfance, de la jeunesse, de l'âge mûr, de la vieillesse ; celui des séculiers, des magistrats, des ecclésiastiques, des prêtres, des confesseurs, des prédicateurs, des missionnaires, des supérieurs et des évêques ; des personnes persécutées, tentées, éprouvées ou malades. Le rang qu'il a tenu dans le monde relève l'éclat de ses vertus et nous excite à l'imiter ; celui qu'il a occupé dans l'Église l'a rendu le modèle de tous, et comme l'image renouvelée du Bon Pasteur.

Toutes les vies des saints font rayonner une vérité générale : « Les vertus chrétiennes sont la source de la perfection et du bonheur. » Chaque saint pris à part offre un enseignement spécial, et semble inspiré par une pensée dominante, qui lui donne un caractère distinctif. La vie détachée, humble, laborieuse, apostolique, de saint Alphonse nous révèle surtout le prix surnaturel de l'âme. Image de Dieu, rachetée par le sang d'un Dieu, appelée à imiter ici-bas les perfections de l'Homme-Dieu, destinée à goûter dans l'éternité le bonheur de Dieu même, l'âme est le seul bien précieux, le reste n'est rien ; le monde entier même ne servirait de rien, si nous venions à la perdre. Aussi, pour sauver son âme, Alphonse refuse tous les biens, tous les plaisirs, toutes les gloires de la terre ; pour sauver celle des autres, il embrasse la vie humble et dévouée du prêtre de Jésus-Christ ; c'est trop peu pour son zèle ; il fonde une congrégation de missionnaires et d'apôtres, pour gagner plus d'âmes à Jésus-Christ ; ce saint tremblement qui refuse la haute responsabilité de l'épiscopat, cette docile résignation qui l'accepte, cette terreur religieuse qui l'abdique entre les mains du Souverain Pontife, voilà autant de formes diverses de l'estime, de l'amour et du respect des âmes ; enfin, les merveilles de souffrance, de vertu, de pénitence, dans les dernières années de sa vie, sont l'effort suprême de saint Alphonse, pour sauver son âme et celles de ses frères. « Âme chrétienne, quel est ton prix ! Quel malheur si tu te perds ! » À chaque instant, de chacun de ses actes, de tous les écrits émanés de son cœur, sort ce cri profond qui fait les apôtres, les missionnaires : *Ô anima ! quanti vales !* Ô âme ! quel est ton prix ! Après Jésus-Christ, le divin Sauveur des âmes, au prix de sa vie et de son sang, saint Alphonse de Liguori est un des plus grands sauveurs d'âmes. À l'exemple du Bon Pasteur, il a cherché les brebis égarées. Ouvrier infatigable, plus qu'infatigable, je dirais presque forcené, il confond, il effraie, il désespère notre lâcheté par les travaux surhumains et les succès incroyables de son apostolat.

Les saints Pères, en nous montrant Jésus-Christ mourant pour les âmes, nous crient : Âme chrétienne, connais ce que tu vaux devant Dieu ! « *Ô anima ! tanti vales !* » En lisant cette vie apostolique de saint Alphonse, vous direz aussi : « Ô mon âme ! connais ce que tu vaux devant Dieu ! » Tel est l'enseignement, tel est le fruit que nous vous proposons en faisant connaître les différentes phases de cette admirable histoire.

Dans le premier livre, nous dirons combien saint Alphonse pouvait être grand dans le monde : sa naissance, ses talents, sa fortune, son avenir. Apprenez ce que vaut une âme, en voyant tout ce que saint Alphonse a sacrifié pour sauver la sienne, et rougissez de faire si peu vous-mêmes pour votre salut.

Dans le second livre, nous montrerons saint Alphonse recevant le sacerdoce et accomplissant déjà des merveilles de sanctification et d'apostolat. Apprenez à correspondre aux grâces de Dieu, qui, vous sollicite par les prêtres zélés, et ne rendez pas inutile le sang de Jésus-Christ qu'ils versent à flots sur vos âmes.

Dans le troisième livre, vous verrez saint Alphonse établir la Congrégation du Saint-Rédempteur, pour le salut des âmes les plus abandonnées, et lui donner le modèle parfait du zèle apostolique. Apprenez à sauver votre âme, à la vue des travaux prodigieux que Dieu fait accomplir aux prêtres selon son cœur.

Le quatrième livre vous offrira l'histoire de l'épiscopat de saint Alphonse ; nouveaux prodiges de zèle, de charité, de sainteté et d'humilité, qui nous enseignent la valeur des grâces, des sacrements donnés par le divin Pontife, pour sanctifier cette âme, prix de sa vie et de tout son sang.

Enfin, le cinquième livre montrera saint Alphonse depuis l'abdication de l'épiscopat jusqu'à sa mort : efforts suprêmes de toutes les vertus, épreuves héroïques, et la plus sainte mort qui ouvre l'éternel bonheur à cette âme qui a si bien compris ce qu'elle valait devant Dieu.

Nulle autre vie, peut-être, n'offre d'une manière aussi suivie les principales phases de cette grande vérité religieuse ; et nous osons dire que cette histoire, ainsi présentée, est un vrai sermon sur le salut et la démonstration complète du christianisme.

LIVRE PREMIER

(1696-1724)

Alphonse dans le monde, modèle de l'enfant, du jeune homme, de l'homme sérieux. — Grandeur et beauté de son sacrifice, premier témoignage sur la valeur de notre âme.

1

ANCÊTRES ET PARENTS DE SAINT ALPHONSE.

La maison des Liguori est une des plus illustres dans l'Italie méridionale ; elle rivalise, par son antiquité, par ses alliances et par son histoire, avec les noms les plus distingués dans la ville de Naples ; on connaît un Marc Liguori qui fut gouverneur de cette cité, en 1190, avec Jean Pignatelli et d'autres chevaliers moins célèbres. Nous ne dirons pas les honneurs, les hauts emplois et les faits admirables de cette famille, les titres dont elle a joui, ni les entreprises glorieuses qui ont relevé sa noblesse. Ces faits, racontés par l'histoire d'Italie, n'ont aucun rapport avec l'humble vie de saint Alphonse, consacrée aux travaux spirituels.

Le père d'Alphonse fut Joseph de Liguori, capitaine des galères, à Naples. À la noblesse de la naissance, Joseph sut joindre une conduite exemplaire et toute chrétienne. Il fréquentait l'église et les sacrements ; il s'affranchit de ces préjugés funestes auxquels un militaire sacrifie trop souvent son âme et son Dieu. Lorsqu'il était en course sur les galères, sa chambre avait tout l'air d'une cellule religieuse. Il portait avec lui quatre petites statues, symboles des mystères de la Passion, représentant les stations de Jésus au jardin des Olives, à la colonne, devant le peuple, et Jésus chargé de sa croix. Il aimait à répéter que sa dévotion à Jésus souffrant lui avait procuré beaucoup de grâces signalées.

Alphonse eut pour mère Anne Catherine Cavalieri, que sa vertu singulière rendit agréable à Dieu. Elle était née de parents distingués aussi par la sainteté : son père était Frédéric Cavalieri, originaire de Brindes et d'une famille patricienne, qui gouverna autrefois le pays de Salente ; sa mère, Hélène d'Abernia, également noble, était d'origine espagnole. Frédéric Cavalieri, après avoir rempli divers emplois très importants, mourut conseiller de la chambre royale. Anne Catherine Cavalieri était une femme d'oraison, de charité et de pénitence. Elle ne fréquenta jamais le théâtre, fuyait les conversations mondaines, veillait sur elle-même, et trouvait son bonheur dans la maison de Dieu, et dans l'accomplissement parfait de ses devoirs. Elle était la digne sœur de Mgr Cavalieri, mort en odeur de sainteté, évêque de Troie, dans la Pouille.

Telles étaient la grandeur et la distinction des parents de saint Alphonse, dans le siècle, et plus encore dans la religion. Cet homme, destiné à être une grande lumière dans l'église, devait recevoir, avec le sang, une sainteté héréditaire. Il pouvait être fier de son origine et de sa famille selon le monde ; mais sa plus grande noblesse fut toujours, à ses yeux, sa qualité de chrétien ; et le plus bel apanage fut pour lui les doctrines religieuses et les bons exemples qu'il reçut de son père et de sa mère.

2

NAISSANCE D'ALPHONSE ; SES PREMIÈRES ANNÉES ET SA PREMIÈRE ÉDUCATION.

Dieu répandit une bénédiction spéciale sur cette union de Joseph de Liguori avec Anne Cavalieri. Ils donnèrent le jour à sept enfants, dont quatre garçons et trois filles, qui furent tous autant de modèles dans la vie chrétienne.

Dieu se réserva, par prédilection, Alphonse-Marie, les prémices de cette sainte famille. Benoît fut moine du Mont-Cassin, devint maître des novices dans un âge peu avancé, et mourut à Naples, martyr de la pénitence et du renoncement à lui-même.

Gaëtan vécut à la maison paternelle, continuellement livré aux exercices de la piété, loin du monde et de ses divertissements.

Hercule, devenu plus tard le principal héritier de la maison par l'abdication d'Alphonse, ne démentit jamais la bonté de ses frères, et mena dans le mariage une vie exemplaire, dans l'honneur et la religion.

Les filles partagèrent le même penchant pour la piété, et la même horreur du monde. Marie-Louise et Marie-Anne se consacrèrent à Dieu dans le monastère de saint Jérôme à Naples. Thérèse épousa le duc de Présenzano, hérita des vertus maternelles, et vécut saintement dans les joies austères et les devoirs de la famille chrétienne.

Alphonse reçut le jour dans une maison de plaisance que ses parents possédaient à Marianella, aux environs de Naples, le 27 septembre de l'année 1696. Le 29 du même mois, il fut transporté à Naples et régénéré à la grâce, dans l'église paroissiale de Sainte-Marie-des-Vierges, sous les auspices de l'archange saint Michel. Il reçut au baptême les noms d'Alphonse-Marie-Antoine-Jean-François-Cosme-Damien-Michel-Ange-Gaspard. Son père et sa mère, voulurent, en lui donnant ces noms, honorer la mémoire de leurs ancêtres et celle des glorieux saints pendant la fête desquels l'enfant avait reçu le baptême. Ils le placèrent d'une manière toute spéciale sous la protection de la très Sainte Vierge Marie.

S'il est vrai que le juste apporte en naissant la joie et la consolation, quelle allégresse Joseph et Anne ne durent-ils pas éprouver en voyant ce premier fruit de leur mariage ! Aussi, ils reçurent cet enfant des mains de Dieu avec les signes de la plus tendre reconnaissance, et voulurent le lui consacrer d'une manière toute particulière. Leur joie fut au comble, quand un homme de Dieu, le vénérable François de Hiéronymo, préconisa la sainteté future de ce petit enfant. Un coup d'œil prophétique lui révéla combien Alphonse deviendrait cher à Dieu, et quel bien il devait procurer à l'Église. Le saint jésuite rendait une visite à Don Joseph, dans sa maison ; il prit entre ses bras le nouveau-né, le bénit et dit à la mère : « Ce petit enfant aura de très longs jours ; il ne mourra pas avant sa quatre-vingt-dixième année ; il sera même évêque et fera de grandes choses pour Jésus-Christ. »

Cette parole, prononcée par un tel personnage, fut accueillie comme une prophétie ; et, dès ce moment, Alphonse fut regardé comme un présent du ciel, destiné à procurer le bien des âmes et la gloire de Jésus-Christ. Circonstance remarquable ! Le saint vieillard et le saint enfant, un siècle et demi plus tard, seront canonisés le même jour et proposés au culte et à l'imitation de toute l'Église !

Anne voulut élever elle-même ses enfants et les instruire sur les devoirs religieux. Tous les matins, après les avoir bénis, elle leur faisait rendre hommage à Dieu par la prière. Très souvent, dans la journée, elle leur mettait sur les lèvres et dans le cœur, les noms sacrés de Jésus et de Marie. Tous les soirs, elle les réunissait, leur enseignait les éléments de la doctrine chrétienne, et récitait avec eux le saint Rosaire et d'autres prières en l'honneur de différents saints. Elle ne les abandonnait pas avec les autres enfants de leur âge ; elle voulait que la grâce prévînt en eux la malice du péché et qu'ils apprissent de bonne heure à le haïr. Elle les conduisait tous les huit jours se confesser dans l'Église des Pères de saint Jérôme. Elle s'attachait par-dessus tout à répandre dans le jeune cœur d'Alphonse un tendre amour pour Jésus-Christ, et une confiance filiale envers la Sainte Vierge.

Si la pieuse mère prenait grand soin d'élever son fils, la Providence n'était pas moins attentive à le combler de ses dons. Alphonse était né avec un cœur accessible aux prévenances de la grâce ; la piété et le penchant au bien paraissaient lui être naturels. La vertu prévint en lui les années ; il se montra bientôt rempli de maturité et de dévotion. Il ignorait les amusements de l'enfance ; il mettait tout son bonheur à dresser de petits autels, pour célébrer à sa manière les fêtes les plus chères à sa piété.

Lorsqu'il fut plus avancé en âge et qu'il eût goûté la douceur des communications célestes, on le voyait à chaque instant se présenter seul devant Dieu et mettre une sainte effusion de cœur dans ses entretiens avec lui.

Voyez ici, parents et enfants chrétiens, voyez votre modèle, votre devoir et votre récompense ! On a dit : « Le cœur d'une mère est le chef-d'œuvre de la nature. » Nous répondrons : « Le cœur d'une mère chrétienne est le chef-d'œuvre de la grâce. »

Heureuse mille fois la mère dont les enfants peuvent dire ce que saint Alphonse répétait de la sienne jusque dans ses vieux jours « Je ne bénirai jamais assez le souvenir des peines infinies que s'est données ma vertueuse mère pour mon éducation !... C'est à la tendresse de mon incomparable mère que je dois cette crainte de Dieu, principe de toute sagesse ! » Heureux le père chrétien qui seconde par son autorité et son exemple les efforts de la bonne mère, comme Don Joseph de Liguori secondait sa pieuse épouse ! Heureux les parents qui établissent ou conservent la sainte habitude de la prière en famille !

3

PROGRÈS ADMIRABLES D'ALPHONSE DANS LA DÉVOTION ET LA VERTU.

Les Pères de saint Jérôme dirigeaient alors une congrégation fervente ayant pour but le bien spirituel des jeunes nobles. Ils rendaient un grand service aux parents chrétiens ; et les premières familles s'empressaient d'y envoyer leurs enfants. Joseph et Anne ne se firent pas attendre ; ils associèrent Alphonse, âgé de neuf ans. Sa conduite exemplaire et sa grande dévotion faisaient l'admiration de ces Pères. Dans un âge si tendre, il se rendait tous les dimanches de très bonne heure à la congrégation. Docile et soumis aux moindres avis des supérieurs, attentif et recueilli à tous les exercices religieux, il paraissait avide des instructions, communes et poussait jusqu'à l'inquiétude le désir d'en profiter. Il se confessait au Père Pagano ; et, lorsqu'il fut en âge, il reçut la sainte communion de sa main. C'était un doux spectacle, de voir ce jeune enfant assister à la sainte Messe, à genoux, avec une dévotion singulière, et s'approcher de la sainte table avec la plus grande ferveur. Il se préparait dans de petits livres de piété qu'il tenait dévotement à la main, et faisait son action de grâces avec les ardeurs d'un séraphin. À mesure qu'il avançait en âge, sa mère redoublait de sollicitude. Elle prenait soin de l'instruire elle-même sur la manière de faire l'oraison. Elle lui parlait de l'énormité du péché, et du grand déplaisir que la faute la plus légère cause au cœur de Jésus-Christ.

Tout cela faisait impression sur Alphonse ; Anne se réjouissait de trouver dans son fils une âme si docile et un esprit si droit. On admirait sa constance dans ses exercices de piété quand arrivait l'heure de s'acquitter d'une dévotion avec sa mère, il se présentait de lui-même ; il n'omettait jamais non plus les autres exercices qu'il s'était imposés de son propre mouvement.

Lorsque Alphonse eut atteint l'âge de douze ans, son oraison n'était déjà plus ordinaire, elle était arrivée à un degré sublime.

Parmi une foule de traits qui le prouvent, nous en avons un plus remarquable ; il suffirait pour donner une juste idée de la sainteté d'Alphonse dans son enfance, et pour faire voir combien Dieu se communiquait à lui par des faveurs particulières. Les Pères de saint Jérôme conduisaient tous les dimanches, après vêpres, les jeunes gens de leur congrégation à quelque maison de campagne. Une fois, ils se rendirent à la maison de plaisance du Prince de la Riccia ; les jeunes gens se mirent au jeu des oranges, ou des boules. Alphonse, invité à y prendre part, se défendit en disant qu'il ne connaissait pas ce jeu ; mais ses compagnons firent tant d'instances, qu'il se mit aussi à jouer avec eux. Sa bonne fortune le favorisa tellement qu'il gagna trente parties l'une après l'autre. Cette victoire fit naître de la jalousie parmi ses compagnons ; l'un d'eux, plus âgé, celui précisément qui l'avait le plus excité à jouer, l'injuria et laissa échapper, dans le feu de sa colère, une parole indécente. Alphonse rougit ; et avec un air de sévérité : « Comment, dit-il en se tournant vers ses compagnons, faudra-t-il que Dieu soit offensé pour quelques misérables deniers ? Tenez, voilà votre argent. » Et, jetant à terre les pièces de monnaie qu'il venait de gagner, il tourna le dos à ses compagnons avec une sainte indignation, se sépara d'eux tout agité, alla s'enfoncer dans le jardin. On le chercha longtemps.

Le coupable, touché de repentir, dit à ses amis : « Allons trouver Alphonse ; je veux lui faire mes excuses. » Enfin, on le découvrit, prosterné devant une image de la Vierge, son esprit était élevé si haut qu'il n'aperçut pas ses compagnons qui l'entouraient. « Qu'ai-je fait ? s'écrie le coupable, j'ai outragé un ange ! » Alphonse, rappelé à la terre par cette exclamation, se lève et se mêle, étonné, à la foule de ses compagnons. Ils gardèrent un profond silence, saisis d'admiration, d'étonnement et de repentir ; et tous retournèrent, pensifs, raconter à leurs parents ce qu'ils regardaient comme un véritable prodige.

4

ÉDUCATION LITTÉRAIRE, ARTISTIQUE ET SCIENTIFIQUE D'ALPHONSE.

L'éducation du jeune Alphonse ne se fit pas dans un établissement public ; on lui donna à la maison d'excellents maîtres pour lui enseigner les belles-lettres. Joseph et Anne, craignant que dans un collège l'innocence de leur fils ne courût quelque danger, voulurent l'avoir continuellement sous les yeux, à l'abri de toute occasion de péché. Son maître ne rencontrait guère de difficulté dans cette éducation : le naturel heureux d'Alphonse et le penchant qu'il avait pour la vertu abrégeaient les leçons du bon prêtre, sous le rapport de la science et de la spiritualité. La nature rivalisait avec la grâce pour enrichir, comme à l'envi, ce noble jeune homme. Alphonse avait un esprit vif et pénétrant, une mémoire aussi heureuse que fidèle, une grande docilité, un désir ardent de s'instruire. Aussi fit-il des progrès très rapides, à la grande satisfaction de son maître et de ses parents.

Le père et la mère d'Alphonse ne voulaient pas seulement faire de leur fils un homme de lettres et un excellent chrétien, mais un gentilhomme accompli ; ils prirent soin d'orner son esprit des autres connaissances qui forment une éducation distinguée. Encore enfant, il eut des maîtres de dessin, de peinture et d'architecture. Il réussit merveilleusement dans ces arts ; et jusque dans sa vieillesse, il travailla, par dévotion, différentes images de Jésus enfant ou crucifié, et de la Sainte Vierge ; il en fit même graver plusieurs copies pour l'usage de ses communautés.

Son père aimait beaucoup la musique, et voulut qu'Alphonse s'y appliquât tous les jours dans sa chambre, durant trois heures avec son maître. Il y attachait tant d'importance, que, ne pouvant parfois assister lui-même à la leçon, il fermait la porte à la clef, le laissait avec son maître, et se rendait à ses affaires. Alphonse, à douze ans, touchait déjà du clavecin en maître. Les Pères de saint Jérôme, ayant fait représenter l'Oratorio de saint Alexis par plusieurs jeunes nobles, Alphonse y joua le rôle du diable touchant du clavecin, et l'exécuta si bien, que toute l'assemblée fut ravie d'admiration. Dans ses derniers jours, il déplorait cette application profane de sa jeunesse. « Insensé, dit-il un jour en regardant le clavecin, insensé d'avoir perdu tant de temps à cette musique ! Mais il fallait bien obéir à mon père ! » Il excella tellement dans la musique et la poésie, que dans sa vieillesse, il composait encore et mettait en musique, merveilleusement bien, des cantiques pleins de suavité et de dévotion.

Il aurait donné plus d'essor à son talent pour la poésie latine et italienne, s'il n'avait préféré ce qui pouvait augmenter la dévotion à ce qui pouvait charmer l'esprit. Dans ses nombreux cantiques, il s'en trouve d'excellents, où l'on est forcé de reconnaître la main d'un grand maître.

Après l'étude des belles-lettres, de la langue grecque et de la langue française, il s'appliqua aux mathématiques, à la philosophie.

Plus tard, il fera ses preuves dans ses ouvrages de métaphysique contre les incrédules et les ennemis de l'Église. Il réussit pareillement dans la géographie et la cosmographie. On conserve encore une sphère armillaire construite et perfectionnée de ses propres mains.

5

ALPHONSE EMBRASSE AVEC ÉCLAT LA CARRIÈRE DE LA JURISPRUDENCE.

Don Joseph de Liguori ambitionnait de voir son fils briller dans la magistrature ; ce vœu devait être exaucé, vu les talents dont Alphonse était orné ; après sa philosophie et ses autres études, il dut s'appliquer au droit civil et au droit canonique. Ses progrès excitèrent l'admiration générale ; et bientôt on put présager que le jeune Liguori occuperait un jour à Naples les positions les plus brillantes. Dès l'enfance, il s'était affranchi des amusements ; sa jeunesse conserva la même austérité. Jamais il ne poursuivit les plaisirs même permis que ses parents pouvaient lui procurer ; au contraire, il se livrait au travail comme un enfant de condition inférieure. Le père, de son côté, n'épargnait rien pour favoriser de si heureuses dispositions ; avant l'âge de seize ans, son digne fils était déjà très versé dans la jurisprudence. Il fut reçu docteur le 21 janvier 1713, à l'applaudissement général, avec dispense d'âge ; car il avait seulement seize ans et quelques mois. Si jeune encore, on le vit se présenter devant les tribunaux de Naples, assister, avec une ardente avidité, aux nombreuses décisions des conseils si respectables de cette ville.

Vers ce temps, il bannit toute espèce de divertissement et renonça même aux soirées qu'il allait passer dans la maison de Don Cito. Il avait pour toute société le président Caravita, homme aussi pieux que savant, et qui ne le cédait à personne dans la science du droit civil et canonique. Sa maison était une espèce d'académie pour les jeunes gens studieux.

Les personnes les plus vertueuses et les plus versées dans les matières légales avaient coutume de s'y réunir : le président aimait à s'entourer de jeunes candidats, et mettait ses soins à les rendre habiles dans la discussion du droit et dans le maniement de la parole. Tous les soirs, il tenait des conférences dans lesquelles ces jeunes avocats traitaient les questions les plus difficiles, en s'armant de la loi que chacun jugeait favorable à son opinion ; et le président adoptait ou rejetait leurs conclusions.

Alphonse n'avait pas encore atteint sa vingtième année, qu'il se voyait déjà chargé d'une nombreuse clientèle et siégeait avec honneur devant les tribunaux, à côté des avocats les plus distingués. La famille de son père comptait alors au nombre de ses membres ou de ses amis plusieurs sénateurs des plus notables. Ces hommes de qualité, connaissant le talent d'Alphonse, sa bonne conduite, et le désir qu'il avait de s'avancer, concoururent de tout leur pouvoir à lui procurer une honorable clientèle.

Lui-même sut gagner l'estime du public ; en peu de temps, les causes les plus importantes lui furent confiées. On admirait en lui des connaissances universelles, un esprit éclairé, beaucoup de précision dans la manière de s'exprimer, la plus grande probité et une extrême horreur de la chicane. Il n'acceptait que des causes justes, et refusait celles qui paraissaient douteuses. Il se montrait humain et désintéressé envers ses clients ; il avait un tel ascendant sur les cœurs, qu'il enchantait les juges et mettait ses adversaires de son côté. Grâce à tous ces dons et à d'autres encore, chacun venait lui confier ses intérêts, et le recherchait pour son défenseur.

6

ALPHONSE FORTIFIE SON ADOLESCENCE PAR UN REDOUBLEMENT DE PIÉTÉ ET DE VERTU.

Si Alphonse avait à cœur de se frayer un chemin dans la jurisprudence et de se faire un nom par ses talents, il désirait également s'avancer dans la vertu et se rendre cher à Dieu. Deux ans après avoir reçu la robe, il passa de la congrégation des jeunes nobles dans celle des docteurs, établie dans la même maison des Pères de saint Jérôme, et il y fut agrégé le 15 août 1715, à l'âge de dix-neuf ans. Cette congrégation était l'édification -de toute la ville de Naples, à cause du grand bien qu'y faisaient les associés. Ces dignes prêtres, animés de l'esprit de saint Philippe, leur fondateur, n'omettaient rien pour inspirer à leurs élèves l'esprit de Jésus-Christ, et les rendre, par leurs soins, aussi chers à Dieu qu'utiles à l'État. Alphonse voulut répondre à leurs soins ; et, comme il avait goûté dans son enfance le lait de la piété parmi ces Pères, il voulut aussi dans son adolescence s'y fortifier par une nourriture plus solide.

Il visitait souvent aussi le Père Pagano, son directeur spirituel. C'était son ange tutélaire ; il lui exposait ses doutes et ne s'écartait jamais de ses conseils. Il fréquentait les sacrements, visitait les malades dans les hôpitaux, joignait l'oraison à la mortification des sens et des passions. Jamais il ne se rendit au tribunal sans avoir entendu la sainte Messe, sans avoir fait à l'église ses autres dévotions. Tous les huit jours, il allait à la congrégation, et s'acquittait avec diligence de tous les devoirs prescrits. Il se donnait au service des malades avec les frères de l'hôpital des Incurables ; tout revêtu de ses insignes d'avocat, il arrangeait leurs lits, les consolait, et leur servait à manger avec une charité exemplaire.

Son père était heureux de l'affermir dans ses pieuses dispositions ; il faisait avec lui, tous les ans, les exercices spirituels, dans la maison tenue pour cette fin par les jésuites, ou dans la maison dirigée par les missionnaires de saint Vincent de Paul.

Alphonse conçut alors un amour tout spécial pour la sainte vertu de pureté, qu'il regardait comme le plus précieux ornement de son âme. Dans toute sa jeunesse, on ne remarqua jamais, dans ses conversations avec les jeunes compagnons de ses travaux et de ses plaisirs, un signe ou une parole qui pût faire soupçonner la moindre atteinte à cette vertu. Tout en lui respirait la pudeur ; il était si jaloux de la conserver, qu'il redoutait les périls même les plus éloignés.

Une vie si exemplaire dut produire des fruits abondants d'édification. Il plut à la Providence de nous en donner une idée dans la conversion d'un esclave de la maison. Son père avait, comme capitaine des galères, plusieurs esclaves à ses ordres ; un d'entre eux, doué des plus heureuses dispositions, fut richement équipé et attaché au service d'Alphonse. Bientôt, l'esclave manifesta l'intention de se faire chrétien. Comme on lui demandait ce qui l'avait porté à une semblable résolution : « L'exemple de mon jeune maître, répondit-il, a fait sur moi la plus grande impression ; car il est impossible qu'elle soit fausse, cette religion qui le fait vivre avec tant d'honnêteté et de perfection ! » L'esclave persévéra, se fit chrétien, et mourut en donnant des marques de prédestination. On essaya vainement de convertir les autres ; aucun moyen ne fut efficace comme le spectacle familier et continuel de l'angélique Alphonse.

7

PROJET BRILLANT DE MARIAGE POUR ALPHONSE ; TRAIT HÉROÏQUE DE RESPECT POUR SON PÈRE ; SES VUES SUBLIMES SUR TOUS SES DEVOIRS.

Alphonse approchait de sa vingtième année. En voyant les progrès qu'il faisait de jour en jour dans la carrière du barreau, chacun se persuadait aisément qu'avec des talents si distingués et la faveur dont la maison de Liguori jouissait auprès de la famille royale, il ne tarderait pas à être bientôt revêtu des dignités de la magistrature, et qu'il occuperait une des places les plus importantes dans le sénat de Naples. De si rares prérogatives étaient encore rehaussées par tous les autres avantages qu'on peut désirer dans un jeune homme de qualité : une grande âme, un noble amour de la gloire, des manières aimables et prévenantes. Tout cela, joint à une conduite irréprochable, faisait désirer aux principaux seigneurs de Naples de lui donner leur fille en mariage. Parmi tous les partis qui se présentèrent, le choix de Don Joseph s'était fixé sur Thérèse, fille unique de François de Liguori, prince de Présiccio ; il voyait en elle une riche héritière, qui d'ailleurs était sa parente. Tout le monde croyait que le prince François n'aurait plus d'enfants ; comme il n'avait pas de fils, Don Joseph pensait acquérir pour Alphonse, l'aîné de sa maison, une fortune considérable. Il fit parler au prince par l'entremise de Don Vespasien de Liguori, qui était aussi son parent. Si Don Joseph entrait avec plaisir en négociation pour ce mariage, le prince, de son côté, le désirait bien davantage encore, et regardait comme un bonheur que sa fille pût devenir l'épouse d'Alphonse.

Tout se passait entre les parents ; car Alphonse ne faisait aucune instance et ne montrait pas même l'intention d'embrasser l'état de mariage. Bientôt, une circonstance imprévue montra à Thérèse le néant du monde ; elle prit Jésus-Christ pour époux, dans le couvent des religieuses du Saint-Sacrement. Dieu bénit sa vocation ; sa vie fut courte, mais pleine de mérites. Elle mourut en odeur de sainteté ; et Alphonse, à la prière de la supérieure, écrivit le récit de la vie édifiante de celle qui avait dû être son épouse.

Cette haute fortune qui s'ouvrait devant ses yeux, ce rang distingué dans le barreau de Naples, son âge et la grandeur de son caractère nous rendent plus admirable encore un trait qui montre combien le noble jeune homme était respectueux et soumis envers son père. Il y avait un soir, à la maison, une splendide réunion ; le domestique ne fut pas assez prompt pour éclairer, et Don Joseph le gronda plus que de raison. Alphonse eut compassion du serviteur, et se permit quelques paroles en sa faveur. Le père, dans sa mauvaise humeur, lui donne un soufflet. Alphonse ne dit mot ; mais, pénétré d'humiliation, il se retire dans sa chambre. Sa mère, ne le voyant pas arriver, le cherche et l'appelle ; le trouve baigné de larmes, et déplorant, non pas son affront, mais son manque de respect à l'autorité paternelle. Il avoue sa faute à sa tendre mère, et la prie d'intercéder pour lui. Il va, avec elle, se présenter ; fait ses excuses, et demande pardon. Le père, attendri, l'embrasse et le bénit ; si le reproche d'un fils lui avait été sensible, sa consolation ne fut pas moins touchante quand il le vit si héroïquement humilié.

Quelle vertu, quel prodige de zèle ou d'immolation pourra nous étonner plus tard dans une âme si droite, si fortement trempée, et qui se fait une idée si héroïque de l'obéissance et une idée si sublime de l'autorité ?

Ses vues n'étaient pas moins élevées sur tous ses devoirs, et, en particulier, sur sa profession d'avocat. Il nous suffit de citer quelques-unes des maximes qu'il s'était proposées et qu'il méditait souvent, pour maintenir la pureté de sa conscience dans ses fonctions délicates.

« N'accepter jamais de cause injuste ; une cause injuste est aussi funeste à l'honneur qu'à la conscience. »

« Ne pas accabler le client de dépens superflus ; autrement, l'avocat est tenu à restitution. »

« L'avocat doit défendre la cause de son client avec tout le soin qu'il mettrait à défendre la sienne propre. »

« La négligence et les retards de l'avocat sont souvent préjudiciables aux clients ; il doit les dédommager de ces pertes ; autrement, il pèche contre la justice. »

« Un avocat se déshonore, en acceptant des affaires supérieures à ses talents, ou s'il prévoit qu'il n'aura pas le temps de préparer sa défense. »

« La justice et la probité sont les compagnes obligées de l'avocat ; il doit les garder comme la prunelle de son œil. »

« L'avocat doit implorer le secours de Dieu pour réussir dans sa défense ; car Dieu est le premier protecteur de la justice. »

C'est la pureté virginale de son cœur qui donnait au jeune avocat tant de lumière et tant de force. Ses succès furent complets ; on a fait le relevé de toutes les sentences prononcées dans les affaires où Alphonse a plaidé ; il ne perdit pas une seule cause, jusqu'au jour qui décida son grand sacrifice.

8

REFROIDISSEMENT PASSAGER D'ALPHONSE. RETOUR À SA FERVEUR PREMIÈRE.

L'homme a tout à craindre de sa propre inconstance. Les passions naissent et croissent avec nous ; amorties par l'éducation et la grâce, elles sont néanmoins toujours si vivantes et si promptes à se ranimer, qu'à la première occasion elles livrent de terribles combats. Alphonse avouait dans sa vieillesse qu'à cet âge critique, il s'était notablement refroidi dans la piété, et mis en danger de perdre son âme. Son père le conduisait dans les sociétés, il fréquentait les théâtres ; et souvent, quoique toujours par obéissance, on le comptait parmi les joueurs ; c'était, il est vrai, d'innocents divertissements, mais son cœur s'y dissipa ; il ne montrait plus comme autrefois cette grande ardeur pour la vertu, et ne goûtait plus cette manne divine qui faisait naguère ses délices. Les applaudissements qu'il recevait de toutes parts, les propositions de mariage, les messages flatteurs, les compliments des dames ; toutes ces choses flattèrent ses passions, son cœur en fut atteint, et perdit sa première ferveur. Dans ce refroidissement spirituel, le plus léger motif suffisait pour lui faire omettre quelques-uns de ses exercices de piété. S'il avait persisté plus longtemps dans ce dangereux état, comme il le disait lui-même, il n'aurait pu éviter de faire quelque lourde chute ; mais la providence veillait sur lui, et ne manqua pas de le secourir à temps, et de le faire rentrer en lui-même.

Alphonse était lié d'une étroite amitié avec un jeune homme de mœurs excellentes, et plein de vertus. Alarmé de voir dans son ami un commencement de négligence dans le service de Dieu, et voulant lui-même se retremper dans la ferveur, cet excellent jeune homme lui proposa dans le temps du carême d'aller faire avec lui une retraite. La grâce qui suivait Alphonse et le pressait sans relâche, frappa à la porte de son cœur et lui fit sentir combien il était déchu de sa première ferveur ; elle lui fit voir qu'en suivant le monde, il se repaissait aussi des vanités du monde, qu'il aimait Dieu d'une manière secondaire, et prenait place à la table de l'agneau comme un convive déjà rassasié, puisqu'il y venait sans désir. La retraite, passée dans ces méditations, fut pour lui comme une rosée sur une terre menacée de sécheresse ; elle fit de nouveau germer dans son cœur les semences de piété que les ronces commençaient à étouffer. La lumière divine pénétra son âme ; il déplora son relâchement et promit à Dieu de quitter le genre de vie où il s'était inconsidérément engagé ; pendant cette retraite il le maudit, le pleura au pied du crucifix, et ne cessa de le détester jusqu'à la fin de sa vie, avec les larmes d'un douloureux repentir.

Par la manière dont il parlait ordinairement de cette époque de sa vie, Alphonse semble donner à croire qu'il avait alors perdu son innocence ; mais il n'en était rien. Tel a toujours été le langage des saints qui se condamnent eux-mêmes, en exagérant leurs fautes. Son innocence est prouvée par les témoignages de plusieurs personnes qui eurent la direction de sa conscience. Toutes attestent que le vice n'est jamais entré dans son cœur, et qu'il n'a jamais commis de péché mortel. Même dans cet âge où il disait avoir vécu dans le dérèglement et la disgrâce de Dieu, il ne cessa d'être réputé comme un saint jeune homme, de mœurs irréprochables.

9

LA DÉVOTION SÉRAPHIQUE D'ALPHONSE AU SAINT-SACREMENT LE DÉTACHE DE PLUS EN PLUS DU MONDE.

De tous les fruits qu'Alphonse recueillit de cette retraite, le plus grand fut une confiance toute spéciale et une tendre dévotion envers Jésus, présent au très Saint-Sacrement. Il s'approchait de la Sainte Table plusieurs fois la semaine ; il allait chaque jour visiter le très Saint-Sacrement dans l'église où se faisait l'adoration des Quarante Heures, et s'y tenait en contemplation des heures entières, édifiant ainsi le peuple et remplissant son propre cœur d'une grande consolation. C'était beau de le voir au pied des autels, surtout quand il portait les insignes de son rang. Il achetait lui-même des fleurs, et embellissait l'autel de l'église de sa paroisse où était exposé le divin Sacrement. Il conserva pendant toute sa vie cette dévotion pour orner les autels ; quand il fut dans la congrégation, il se procurait les semences les plus rares, et cultivait de ses propres mains les fleurs pour en parer les autels. Il portait envie, comme il le dit dans un de ses cantiques, à ces innocentes créatures qui ont l'heureux destin de rester nuit et jour devant le Créateur. En récompense des hommages qu'Alphonse rendait à Jésus dans le Mystère Eucharistique, l'auguste Sacrement devint pour lui la source de toutes les grâces dont il fut comblé dans le cours de sa vie. Dégagé du monde et vainqueur de lui-même, il en était redevable à Jésus, au Saint-Sacrement, comme il l'atteste dans son livre des Visites : « Par cette dévotion de visiter le très Saint-Sacrement, quoique pratiquée avec beaucoup de froideur et d'imperfection, je me vis dégagé du monde, où pour mon malheur, j'ai vécu jusqu'à l'âge de vingt-six ans. » Ce tendre amour envers le divin Mystère fut extrêmement remarquable dans Alphonse ; il le conserva jusqu'à la fin de sa vie ; nous pourrions l'appeler à juste titre l'amant du très Saint-Sacrement.

L'année suivante, son père se trouvant à Naples, Alphonse se retira de nouveau avec lui dans la maison des Pères de la mission pour y régler les affaires de sa conscience. Il y fut éclairé de nouvelles lumières, et s'affermit dans sa résolution de ne plus penser au mariage, mais de se consacrer tout à Dieu et à l'affaire de son salut. Il résolut en même temps de céder son droit d'aînesse à son frère Hercule, sans cependant abandonner les tribunaux. Ainsi, la grâce préparait suavement Alphonse à entrer dans les desseins de Dieu sur lui ; ainsi Alphonse correspondait à la grâce, et, sans en connaître les raisons, écartait lui-même tous les obstacles aux bénédictions du Seigneur.

10

ALPHONSE BRISE UN NOUVEAU PLAN D'UN BRILLANT MARIAGE ET SE CONSACRE INTÉRIEUREMENT À DIEU.

Le traité de mariage avec Thérèse de Liguori ayant été rompu, Don Joseph en projeta un autre avec la fille de Dominique del Balzo, duc de Présenzano, personne très vertueuse et d'un rang non moins distingué que la première. Sans avoir déclaré ses intentions à Alphonse, il en fit tout à coup la proposition au prince, qui l'agréa très volontiers. Don Joseph recherchait cette alliance pour son fils ; et le prince ne désirait pas moins de voir sa fille devenir la compagne d'un jeune homme aussi accompli.

Après les premières ouvertures, les deux familles commencèrent à se visiter ; mais Alphonse avait en vue tout autre chose que le monde et le mariage ; il n'avait cependant pas le courage de le déclarer ouvertement à son père, qui l'aurait entendu avec indignation. Afin de lui complaire, il fréquentait, quoiqu'à regret, la maison de Présenzano. Comme il le disait souvent plus tard, il se trouvait au milieu des plus grands divertissements, comme sur des épines ; et, avant de s'y rendre, il ne pensait qu'au temps qu'allait durer son martyre.

Don Joseph, voyant l'indifférence d'Alphonse, cherchait à lui inspirer un vif amour ; à cet effet, il passait en revue les rares qualités qu'on admirait dans la jeune personne, vantait son éducation, son esprit, enfin tout ce qui pouvait rendre cette alliance désirable ; mais Alphonse, n'osant refuser formellement, se défendait en disant que ses maux de poitrine et son asthme l'avertissaient assez qu'il n'était pas appelé à l'état de mariage. Don Joseph, attribuant ces prétextes à la timidité de son fils, continuait de le conduire chez la princesse. Mais Alphonse ne songeait guère à la demoiselle ; il prenait part à la conversation, mais avec une modestie et une réserve qui faisaient un contraste édifiant et très original avec les plans des deux familles. « Mon père m'y conduisait, disait-il dans la suite à son directeur ; et la jeune personne voulait me faire toutes les amitiés ; mais, grâce à Dieu, je n'y ai jamais commis le plus petit péché. » Une fois surtout qu'il y eut soirée dans la maison de Présenzano, une occasion fit apprécier la grande vertu et la rare circonspection d'Alphonse ; les gens de la maison et d'autres gentilshommes l'invitèrent à toucher du clavecin ; il s'y prêta volontiers, et la demoiselle lui proposa de l'accompagner dans une partie de chant ; elle se leva, se plaça tout près d'Alphonse, et, tournant le visage de son côté, elle commença de chanter. Alphonse, qui ne pouvait éluder cette épreuve, sut néanmoins, pendant qu'il touchait du clavecin, tourner adroitement la tête du côté opposé ; la demoiselle, qui attribuait ce geste à une simple distraction, quitta la place où elle se trouvait et passa de l'autre côté ; mais elle ne fut pas plus prompte à changer de place qu'Alphonse à se détourner encore. La jeune princesse, toute formalisée d'une indifférence qu'elle prenait pour du mépris : « Oh ! dit-elle en s'adressant à la société, il paraît que M. l'avocat est tombé tout à coup sous l'influence de la lune ! » Abandonnant aussitôt la partie, elle se retira ; Alphonse resta ainsi mortifié, mais chacun fut édifié de son admirable modestie.

Il s'ouvrit enfin à sa mère, lui déclara qu'à aucun prix il ne consentirait à se lier avec le monde, et la pria de persuader à son père de ne plus le presser. Anne fut affligée de cette résolution ; et, comme elle entrait assez dans les vues de Don Joseph, sollicita à son tour Alphonse, lui exposa tout ce que cette alliance avait d'avantageux, et surtout le grand déplaisir que son refus causerait à son père : « Je saurai bien, dit alors Alphonse, opposer à mon père tant d'obstacles de tout genre qu'il ne pourra conclure ce mariage, ni aucun autre. » La jeune demoiselle, de son côté, ne voyant, pas qu'Alphonse répondît à ses intentions, changea de sentiment ; et, lorsque son père et sa mère voulurent insister et lui faire déclarer qu'elle le voulait pour époux, elle répondit franchement : « Quoi ! voulez-vous que j'aille prendre pour mari un homme qui ne veut pas me regarder ? »

11

UN ÉVÉNEMENT PROVIDENTIEL FAIT ÉCLATER LE RENONCEMENT DÉFINITIF D'ALPHONSE À LA GLOIRE ET AUX BIENS DE LA TERRE.

Dieu avait des vues plus hautes sur Alphonse, et le tira tout à coup d'embarras, par un accident dont l'issue aussi efficace qu'inattendue fit crouler toutes les belles espérances que Don Joseph avait fondées sur son fils. À cette époque, s'agitait un grand procès féodal entre deux princes, dont l'un confia ses intérêts à l'habileté d'Alphonse. Il n'épargna rien pour faire réussir une cause si importante ; il employa un mois entier à étudier attentivement toutes les pièces, à jeter de vives lumières dans la question, afin d'assurer par la force de ses raisons le triomphe de son illustre client. Au jour des débats, Alphonse parut devant les juges avec son énergique éloquence et la puissance du raisonnement unie à la chaleur et à la rapidité de son esprit.

L'assemblée était nombreuse ; on avait voulu assister à une cause en quelque sorte royale, et entendre l'illustre champion d'un prince. Sa victoire semble assurée, un murmure approbateur le présage ; le président Caravita est impatient de prononcer en sa faveur ; quand l'avocat de la partie adverse, au lieu de répondre en réfutant les raisons de son adversaire, l'invite en souriant à jeter les yeux sur les pièces du procès. Quelle est sa surprise, quand il voit une circonstance essentielle qu'il n'avait pas aperçue et qui seule ruinait tout son système de défense ? L'honorable jeune homme, dont la réputation de loyauté était si grande et qui avait toujours défendu ses causes avec la plus scrupuleuse conscience et la plus noble intégrité, faillit tomber comme frappé de la foudre. La confusion parut sur son front virginal ; il fut si troublé à la vue des soupçons qui allaient planer sur sa tête, que tout l'auditoire s'en aperçut. Toutefois, sa réputation demeura intacte dans l'opinion générale ; tout le monde convint que c'était une faute innocente. Le président Caravita voulut relever son courage, en lui disant que sa probité était à l'abri de toute atteinte, que sa haute réputation restait intacte, que d'ailleurs la cour remarquait souvent de pareilles inadvertances se glisser dans l'ardeur de la défense, non par la faute de l'avocat, mais par le désir des parties intéressées à gagner leur procès. Malgré cet hommage rendu à ses talents et à sa sincérité, Alphonse, couvert de confusion, avoua ingénument sa faute : « Pardonnez, Messieurs, je me suis trompé, j'ai tort. » ; et il se retira tranquillement, disant sur l'escalier du palais de justice : « Monde trompeur, je t'ai connu, tu n'es plus rien pour moi. » Il rentra chez lui, s'enferma dans sa chambre, et, fondant en larmes, resta trois jours sans sortir, même pour manger, malgré les invitations de sa famille. C'est ici que le saint jeune homme prit la ferme résolution d'abandonner la tribune judiciaire et la défense des intérêts humains, pour se consacrer au ministère ecclésiastique, à la cause sacrée de Jésus Christ et des âmes, on d'ailleurs ses méditations l'appelaient depuis longtemps.

Dans cette retraite profonde, dans la solitude de ces trois jours de souffrance, Dieu lui parla plus clairement au cœur, et lui fit comprendre qu'il devait abandonner le monde et se réfugier dans le sanctuaire. À cette voix du ciel, Alphonse sentit la lutte douloureuse de deux sentiments opposés : le respect filial et la prompte obéissance qu'il devait à Dieu. Malgré l'amour qu'il devait si justement à son père, il résolut de se jeter entre les bras de Dieu et de lui sacrifier la volonté de l'homme. Avant de parler à sa famille, il ouvrit son cœur à son guide spirituel et lui révéla le parti qu'il venait de prendre. Puis, sous un prétexte honnête, il congédia ses clients, et se trouva bientôt débarrassé de toutes les entraves du barreau.

12

LUTTE CONTRE LES VUES MONDAINES DE SON PÈRE.

Dieu triomphe. Son père, ignorant sa nouvelle résolution, lui dit un soir qu'il devait se présenter au tribunal le lendemain matin, pour traiter un intérêt de famille. « Mon père, répondit modestement Alphonse, à d'autres les affaires temporelles ; pour moi, je n'ai plus que celle de mon âme. » À cette réponse inattendue, le père reste immobile d'étonnement ; ses entrailles sont déchirées, il verse un torrent de larmes. Il a deviné la résolution de son fils ; il voit s'écrouler le brillant édifice de ses espérances.

Mais les choses ne s'arrêtèrent pas là : le jour d'une fête à la cour, le capitaine voulut présenter son fils, le faire participer aux plaisirs de la journée et à l'honneur de baiser la main de l'impératrice. Alphonse répondit froidement à l'invitation de son père : « À quoi bon ? » Celui-ci devint furieux, ne s'attendant pas à une pareille réponse. Alphonse troublé, voyant la colère de son père, ajouta aussitôt : « Me voici, je ferai ce que vous désirez. » Mais le capitaine lui tourna le dos avec dépit et s'enfuit, le cœur déchiré, à son château de Marianella.

Alphonse resta immobile de. Stupéfaction ; mais bientôt la lumière de la grâce vint l'éclairer de nouveau et le confirmer dans la résolution qu'il avait prise. « Ô monde ! disait-il en lui-même, comment te contenter ? Si je dis non, tu t'irrites ; si je dis oui, c'est pire encore ! Plus je te vois, plus j'apprends à te connaître ! »

Alors, pour soulager un peu sa pauvre âme, il alla directement à l'hospice des Incurables ; c'était un dimanche. Au milieu de ses charitables fonctions, dans son empressement à servir les malades, il lui sembla que toute la salle s'agitait, et il entendit une voix qui lui demandait ce qu'il faisait au milieu du monde. Il continue ses soins aux infirmes et les environne toujours de sa tendre sollicitude. Mais, en sortant, il crut voir une vive lumière et entendre les mêmes reproches : « Que fais-tu encore dans le monde ? » Il comprit le sens de cette voix qui résonnait jusqu'au fond de son âme ; il comprit qu'il devait vaincre la chair et le sang pour se donner entièrement à Dieu. Plein de courage et de la confiance que lui inspirait l'Esprit-Saint, il s'offrit en holocauste au Seigneur, disant à l'exemple de saint Paul : « Vous avez raison, Seigneur ! me voici, faites de moi ce qu'il vous plaira. » Il entra dans l'église la plus voisine. Le Saint-Sacrement y était exposé ; Alphonse renouvela dans toute la ferveur de son âme le sacrifice qu'il venait de faire au Seigneur, tira son épée du fourreau et la suspendit à l'autel de la Vierge, en témoignage de sa résolution. Afin de s'assurer encore de la volonté du ciel et de se décharger de la responsabilité, il alla trouver le père Pagano, son directeur, qui l'encouragea dans sa généreuse et sainte résolution.

En se consacrant à Dieu, l'intention d'Alphonse était d'entrer chez les Pères de l'Oratoire de saint Philippe de Néri. Ils l'eussent reçu avec une grande joie, mais ils lui refusèrent l'entrée de leur maison tant qu'il n'obtiendrait pas l'assentiment paternel.

Alphonse mettait tout en œuvre pour arriver à son but ; le capitaine, de son côté, employait tout son pouvoir pour étouffer sa vocation. Il le regardait d'un œil sévère et dédaigneux, le maltraitait souvent et ne rougissait pas de lui laisser porter des vêtements déchirés, qui contrastaient étrangement avec la noblesse ale sa famille. Voyant que la rigueur et les durs traitements étaient inutiles, quelquefois il appelait à son secours de douces paroles et de tendres embrassements ; car au fond de l'âme il l'aimait tendrement ; il lui disait de cœur : « Ô mon fils, ne m'abandonnez pas ! » La pieuse mère voyait tout et gardait le plus profond silence ; son âme était navrée, quand elle voyait son cher Alphonse soumis à de si rudes épreuves et n'osant lui adresser la parole.

Enfin, Don Joseph voyant l'inutilité de ses efforts, eut recours à quelques amis et parents, dans la pensée qu'ils auraient assez d'empire sur l'esprit du jeune docteur. Un frère du conseiller Mira, abbé du Mont-Cassin, eut un long entretien avec Alphonse, dont il ne put obtenir que cette simple réponse : « Dieu m'appelle, puis-je être sourd à sa sainte volonté ? » Un de ses parents, Mgr Cavalieri, homme d'une autorité imposante, fut aussi appelé auprès du saint jeune homme. Mais, au lieu de se charger d'une commission si difficile, il prit fait et cause pour son neveu, et dit au père : « Mon cousin, moi aussi, j'ai laissé le monde et mon droit d'aînesse pour le salut de mon âme ! Comment pourrai-je conseiller à votre fils d'agir autrement ? Ce serait de ma part une contradiction infernale. »

Après toutes ces démarches et toutes ces tentatives, le père s'adoucit un peu et se réconcilia avec son fils. Alors celui-ci eut l'idée de prendre pour médiateur ce même Mgr Cavalieri, son oncle maternel, et son directeur, l'abbé Pagano. Ces deux vénérables personnages obtinrent qu'Alphonse prendrait l'habit ecclésiastique, à condition cependant qu'il ne quitterait pas la maison paternelle et qu'il n'entrerait pas, comme il le voulait, dans la congrégation des Pères de l'Oratoire.

Grande fut la joie d'Alphonse, immense fut sa consolation, quand il apprit la nouvelle de cette victoire, bien que son projet primitif n'eût pas son plein accomplissement. Dès lors, tous les projets de mariage furent rompus ; la jeune princesse qui avait dû être l'épouse d'Alphonse, apprenant sa résolution, suivit son exemple ; et entra au monastère du Saint-Sacrement de Naples, où elle vécut et mourut saintement. Alphonse écrivit l'histoire de cette admirable servante de Jésus-Christ.

13

ALPHONSE PREND L'HABIT ECCLÉSIASTIQUE, RÉSISTE AUX NOUVELLES OPPOSITIONS DE SON PÈRE, AUX SARCASMES DES PROFANES, ET SE PRÉPARE AU SACERDOCE.

Bientôt il céda à son frère Hercule son droit d'aînesse, ne se réservant pas la moindre chose, et par conséquent aucun des titres, honneurs ou dignités de ce monde. Ce n'est pas tout ; son père avait promis, à son grand déplaisir, de le présenter lui-même au cardinal Pignatelli, archevêque de Naples ; mais il temporisait toujours sous les plus vains prétextes, disant que son fils n'avait encore que des habits de séculier. Dans une sainte impatience, Alphonse ne voyant pas arriver le moment de rejeter les dernières dépouilles du siècle, pour prendre l'uniforme de la milice ecclésiastique, se pourvut, à l'insu de son père, de tout ce qui lui était nécessaire pour sa nouvelle profession ; et, le 23 octobre de l'année 1723, ayant à peine 27 ans, il parut devant sa famille avec l'habit ecclésiastique. À cette vue, le capitaine se trouble, tombe sur un fauteuil en jetant un cri déchirant.

Trop faible encore pour comprendre la sublime folie de l'abnégation chrétienne, ce père désolé fut une année entière sans dire un mot à son cher Alphonse. Il n'en était pas ainsi de sa tendre mère ; cette femme possédait un plus grand fonds de vertu surnaturelle. Convaincue de la volonté de Dieu, elle s'efforçait d'adoucir la peine de son mari, ne négligeait aucune occasion de défendre son fils.

Alphonse trouva aussi des censeurs dans ses amis. Dès qu'il eut pris l'habit ecclésiastique, il devint la fable de ceux-là mêmes dont il avait auparavant excité l'admiration. Les avocats et les sénateurs, qui naguère avaient pour lui autant d'amitié que d'estime, le taxaient d'irréflexion et même de folie. Le président du conseil, surtout, ne pouvait revenir de sa surprise ; il avait eu pour Alphonse, avocat, une tendresse vraiment paternelle ; il refusa l'entrée de sa maison à Alphonse devenu ecclésiastique ; il le congédia même brusquement, comme une personne qui ne méritait pas l'honneur d'être reçue.

Dans ce même temps, Alphonse rencontra le célèbre avocat Dominique Bruno, contre qui il avait plaidé une affaire très importante. Bruno avait mis en œuvre tous ses talents pour assurer le gain de sa cause ; mais il avait dû céder et s'avouer vaincu. Voyant Alphonse en habit ecclésiastique : « Dieu vous le pardonne, dit-il en plaisantant, si vous aviez fait ce pas trois ans plus tôt, vous ne m'auriez pas fait passer pour un ignorant ; vous ne m'auriez pas enlevé la palme. » Puis, il l'embrassa, le félicita et lui montra combien il applaudissait à son choix. Insensible à cet hommage comme aux sarcasmes des profanes, et docile à la voix de la grâce, Alphonse, à l'entrée de sa nouvelle carrière, se disposa, dans la retraite et la prière, aux fonctions sublimes du sacerdoce.

14

CONCLUSION DU PREMIER LIVRE, TIRÉE DES ÉCRITS DE SAINT LIGUORI. ENSEIGNEMENTS QUI DÉCOULENT DE CETTE PREMIÈRE PÉRIODE.

Alphonse pouvait tout espérer du monde. L'aîné d'une famille princière, il peut avoir le premier rang dans sa belle patrie ; il abandonne ses droits à son frère. Il suit avec éclat une des plus brillantes professions qui mènent aux premiers rangs, dans de telles conditions ; il abdique cette gloire pour une profession humble, dévouée et consacrée aux plus durs travaux.

Parfait dans le monde, il voit le plus bel avenir de fortune, de prospérité et de plaisirs ; il y renonce pour embrasser la pauvreté de Jésus-Christ.

Des princesses aspirent à sa main, il leur préfère Jésus-Christ et la virginité ; après lui, elles ne voient plus rien qui soit digne d'elles sur la terre, et à son exemple se consacrent à Jésus-Christ. Il foule tout aux pieds, devient pauvre pour être tout à Dieu.

Qui a fait ce prodige de détachement et d'abnégation ? Alphonse nous a dit son secret : « Où les saintes âmes ont-elles formé de plus belles résolutions qu'aux pieds du Saint-Sacrement ? Qui sait si, un jour, en sa présence, vous ne prendrez pas celle de vous donner à Dieu tout entier ? Je dois ici faire briller la vérité, par reconnaissance. Par cette dévotion au Saint-Sacrement, quoique pratiquée avec beaucoup de froideur et d'imperfection, je me vis dégagé du monde, où, pour mon malheur, j'ai vécu jusqu'à l'âge de vingt-six ans. Heureux celui qui pourra, plus tôt que moi, se détacher du siècle et se donner tout entier à ce Dieu, qui s'est donné tout entier à nous ! » (Préface des Visites.)

La sainte Eucharistie, rénovation perpétuelle de l'Incarnation et du Calvaire, lui avait révélé le prix de son âme ! *Ô anima, tanti vales !* Âme, quel est ton prix ! Prosterné devant le Saint des saints, adorant le Bien où se trouvent tous les biens, il comparait les délices du ciel avec les délices de la terre, et se disait : « Tous les biens d'ici-bas sont mensonge et folie ! Festins, spectacles, divertissements, conversations, plaisirs mondains, remplis de remords et d'amertume ! » (Préf. des Visites.)

Dans ces moments délicieux passés aux pieds des autels, s'entretenant familièrement avec Jésus-Christ, conversant avec lui comme l'ami converse avec son ami, le pieux jeune homme jetait les regards sur la belle et noble carrière que le monde ouvrait devant lui, et la comparait à la gloire éternelle que Dieu promet aux pauvres d'esprit, aux humbles de cœur, et se disait sans doute ce qu'il écrivait plus tard dans un autre livre de piété : « À la mort finissent toutes les gloires humaines. Que reste-t-il d'un Démosthène, d'un Cicéron ? — Heureux qui a reçu la science des saints ! La science mondaine nous porte à nous complaire en nous-mêmes, et nous rend fous et insensés, la science des saints nous conduit à faire le bon plaisir de Dieu, et nous fait grands pour une éternité. J'ai perdu le temps à apprendre beaucoup de choses qui n'ont apporté aucun secours à mon âme ; j'ai perdu ma vie entière ! Je sens, ô mon Dieu, que vous m'appelez à votre amour ; je quitte tout ; ma pensée sera uniquement de vous plaire ; je ne veux plus être à moi, mais tout à vous, oui, tout à vous. Ô Mère de Dieu, par vos prières, venez à mon aide. » (Réflexions pieuses, 16.)

Une telle âme est trop grande pour le monde. Ouvrage de Dieu, image de son Créateur, le prix de son Sang, appelée aux délices de la grâce sanctifiante, de l'Eucharistie et du ciel, elle ne touche plus la terre ; elle retire ses ailes de séraphin loin de ce monde, de cette fange et de cette fumée, elle se dit avec enthousiasme : « Le sort le plus heureux, le rang le plus élevé auquel puisse prétendre une jeune âme, c'est de renoncer au monde et de s'unir à Jésus-Christ. » (La Religieuse sanctifiée, chap. I.)

« Dans le ciel règne la paix la plus parfaite, car les élus trouvent en Dieu tout leur bonheur ; ainsi, l'âme religieuse, loin du monde, cherchant Dieu seul, trouve en lui cette ineffable paix bien supérieure à toutes les délices et à toutes les pompes de la terre. » (Rel. sanct. chap. 2.)

« Les âmes qui restent dans le monde sont des arbres plantés dans un sol aride, on tombe rarement la rosée du ciel. Les âmes religieuses, au contraire, loin du monde, sont d'heureux arbrisseaux plantés dans une terre féconde, et continuellement rafraîchie par la céleste rosée. » (Rel. sanct. chap. 2.)

Voilà le suprême degré de la perfection chrétienne : sacrifier toute chose à Dieu. »

Mais le sacrifice vous effraie ! Chrétiens pusillanimes, Dieu vous demande moins qu'à saint Alphonse ! Avez-vous autant de biens que lui à donner à Dieu ? Soit ! Vous ne pouvez quitter le monde, la Providence vous y retient ; écoutez ce que vous devez faire ; apprenez comment, eu restant dans le monde, vous pouvez y renoncer.

Beaucoup de personnes, retenues par des liens indissolubles, ne peuvent quitter le monde et s'ensevelir dans le renoncement et la solitude, pour vivre avec Dieu seul. Dans cet état, pour jouir de Dieu seul, il n'est pas nécessaire de vivre dans la solitude des déserts ou des cloîtres ; ceux qui sont forcés, par leur position, à vivre en relation avec le monde, peuvent conserver, même dans le tumulte des villes, la solitude du cœur et l'union avec Dieu. Toutes les occupations que nécessite le rang où la Providence nous a placés n'empêchent pas la solitude du cœur. Sainte Catherine de Sienne, au milieu des travaux dont ses parents l'avaient chargée pour la détourner de ses occupations pieuses, pouvait se retirer dans son cœur, qu'elle appelait sa cellule, et s'y entretenir avec le Seigneur. À son exemple, il faut se délivrer des liens de l'amour terrestre qui nous empêchent de monter jusqu'à Dieu. Un vase de cristal, s'il est rempli de sable, perd sa transparence et ne reçoit plus les rayons du soleil ; ainsi, le cœur attaché à l'argent, aux honneurs, aux plaisirs sensibles, ne peut recevoir la lumière du ciel ; il ne peut connaître Dieu et l'aimer. En conservant le poste que Dieu nous a donné dans le monde, il faut, pour que les créatures ne puissent nous distraire d'aimer Dieu, il faut que, tout en remplissant nos devoirs d'état, nous vivions comme s'il n'y avait au monde que Dieu et nous. Il faut nous détacher de tout, et principalement de nous-mêmes, en réprimant sans cesse les mouvements de l'amour-propre.

Quand une créature veut s'emparer de notre cœur, il faut lui en fermer l'entrée et nous tourner vers Dieu, en lui disant :

« Qu'ai-je à désirer dans le ciel et sur la terre ? Vous seul, ô mon Dieu, le Dieu de mon cœur et mon héritage pour l'éternité ! » (Ps. 72). « Jésus, prenez possession de mon cœur tout entier ; je ne veux plus m'appartenir ! Ô mère de Dieu, que vos prières me rendent tout entier à Dieu ! » (Réfl. pieuses, chap. 22.)

Tel est ce second degré de la vertu chrétienne : « Posséder comme ne possédant pas ; rester dans le monde sans s'y attacher ; conserver sa volonté propre, mais en la soumettant à la volonté de Dieu. »

Il n'y a pas encore sacrifice, il y a subordination ; Dieu prédomine, et la terre est acceptée comme une nécessité ; Dieu remplit le cœur comme fin prochaine, et les biens temporels sont employés selon les vues providentielles, comme moyen de se sanctifier et de remplir les devoirs de la vie.

Avec quelle pureté et quelle ardeur le jeune Alphonse a pratiqué ce degré de la perfection avant l'heure de son entier sacrifice !

Si c'est trop pour votre faiblesse, du moins luttez et combattez contre l'attachement désordonné à la terre, au monde, à la sensualité. Du moins, pratiquez pièce à pièce toutes les vertus dont cette première période offre de si nobles et si généreux exemples.

Sur la douceur et le support des injures, Alphonse avait bien le droit de nous redire : « Répondez avec douceur à qui vous maltraite en paroles ou en actions, de manière à le ramener à vous. Quand vous vous sentez ému et troublé, il est bien de vous taire, jusqu'à ce que votre âme ait repris la sérénité ; autrement, vous commettriez mille fautes sans vous en apercevoir. »

« Offrez à Dieu les mépris dont vous êtes l'objet, et ne vous en plaignez pas à d'autres. » (Précis des vertus.)

« On peut souffrir tout avec patience, quand on considère Jésus-Christ sur la croix. »

« Pour être vraiment humble de cœur, il ne suffit pas de confesser qu'on est digne de mépris, il faut réellement se complaire dans les mépris. » (Maximes spirituelles.)

Sur le choix des amis, saint Alphonse nous donne le précepte aussi bien que l'exemple :

« Celui qui fait son ami d'un homme vicieux sera perdu ; ni Dieu, ni les hommes n'en auront pitié ! Lorsque la passion sera calmée, nous connaîtrons l'erreur où nous sommes tombés, plus encore par les conseils d'un faux ami que par notre faute ; mais le mal sera irréparable. Au contraire, le bon conseil d'un ami pieux qui vous parle avec l'ascendant de la vérité et de la douceur chrétienne, nous fera éviter bien des désordres et ramènera la paix dans notre cœur. » (Sermon sur les mauvaises compagnies.)

Pères et mères, imitez les pieux parents de saint Alphonse. Ses écrits nous donneront encore ici le précepte : « Les enfants sont un dépôt dont les parents doivent rendre un terrible compte, s'ils les perdent par leur négligence. » Un bon père assemble souvent ses enfants autour de lui, et leur insinue de bonne heure la crainte de Dieu, et leur enseigne à faire les actes de religion... Que de tort font à leurs fils les pères qui les initient aux seules maximes du monde, comme celles-ci : « L'honneur et l'intérêt avant tout ! Ne faire de quartier à personne ! » Les bons pères et les bonnes mères ont un autre langage ; ils disent avec la reine Blanche : « Mon fils, j'aimerais mieux vous voir mort à mes pieds que coupable d'un péché mortel ! » Que nous servirait de tout gagner, si nous perdons notre âme ? « Une seule de ces maximes bien imprimée dans l'esprit d'un enfant suffira pour le maintenir dans la grâce et la vertu. »

« Quelle honte, si un jeune homme peut répondre : « Que voulez-vous que je fasse, mon père en faisait bien de l'autre ? Père négligent, comment votre fils remplira-t-il ses devoirs religieux, si vous les remplissez à peine, ou si vous ne les remplissez pas ? »

« Un père qui donne le mauvais exemple ne peut reprendre ses enfants pour des fautes qu'il commet lui-même à leurs yeux. »

« Une mère immole sa fille au démon en autorisant les occasions, et vient dire à un confesseur : « Mon père, je n'y voyais pas de mal ! » Oh ! combien de mères insensées seront condamnées au feu éternel, à cause de leurs filles ! Pères et mères, vous devez un compte terrible à Dieu. » (Sermon sur l'éducation.)

Mais il ne faut pas se contenter d'une stérile admiration pour les vertus et la perfection. Prenons des résolutions, mettons-nous à l'œuvre, et implorons avec Alphonse les secours de Dieu et de Marie en disant de tout notre cœur :

« Je sens, mon Dieu, que malgré mon ingratitude et ma négligence, vous continuez de m'appeler à votre amour. Me voici, je ne résiste plus ; j'abandonne tout pour être à vous. Je ne suis plus à moi, vous avez conquis mon âme et mon cœur. Comment pouvais-je aimer autre chose que vous, après vous avoir vu mourir sur une croix pour me sauver ? Puis-je vous voir mourir pour moi, et ne pas vous aimer de tout mon cœur ? Oui, je vous aime, et mon seul désir est de vous aimer dans cette vie et dans l'autre. Ô Jésus, ô mon amour, ma force et ma consolation, donnez-moi le courage de vous être fidèle ! Éclairez-moi, faites-moi connaître toutes les choses dont je dois me détacher ; donnez-moi la force de vous obéir en tout ; comme j'en fais la résolution. Je m'offre à vous, je me donne à vous, pour remplir votre désir de vous unir à moi, afin que je m'unisse à vous ! Oui, à vous, ô mon Dieu et mon tout ! Venez, Jésus, venez prendre possession de tout mon être ; attirez à vous toutes mes pensées et toutes mes affections. Je renonce à tous mes appétits, à toutes mes consolations, à toutes les choses créées. Vous êtes assez pour moi ! Faites-moi la grâce de penser à vous seul, de désirer, de chercher vous seul, ô mon bien-aimé, ô mon unique bien ! »

« Ô Marie, mère de Dieu ! obtenez pour moi la persévérance ! » (Pratique de l'amour de Jésus-Christ.)

Il serait facile de trouver dans les ouvrages de saint Alphonse une multitude de ces pensées simples, vives et populaires, qui nous donneraient la théorie de toutes les vertus qu'il mit en pratique dans la première période de sa vie ; on y recueillerait aussi un nombre infini de ces formules de prières, d'affections et de résolutions qui s'élançaient de son cœur comme des traits de flammes. Mais nous voulons seulement donner une idée sommaire de ses livres de piété, et surtout des moins connus, et inspirer au lecteur le désir de les étudier et de les lire. Ils sont tous de vrais trésors de la plus pure et la plus sublime spiritualité, sous la forme la plus simple et la plus accessible.

FIN DU PREMIER LIVRE

LIVRE SECOND

(1724-1732)

Saint Alphonse reçoit le sacerdoce. — Ses premiers travaux apostoliques, jusqu'au projet de fonder la Congrégation du très Saint-Rédempteur, ou second témoignage sur la valeur de notre âme.

1

ALPHONSE SE DISPOSE AUX SAINTS ORDRES PAR DE PIEUX EXERCICES, PAR LES ÉTUDES ET LES VERTUS CLÉRICALES.

Le cardinal Pignatelli, ayant revêtu Alphonse de l'habit ecclésiastique, l'attacha à la paroisse Saint-Ange. Dès lors, on le vit servir la messe, faire l'office de thuriféraire ; ou d'acolyte, assister à toutes les cérémonies ; c'était pour lui un paradis anticipé ; tout le monde était ravi de sa dévotion et de sa modestie. On était surtout édifié de le voir, le dimanche, un crucifix à la main, chantant de pieux cantiques, rassembler les enfants, les conduire à l'église, où il leur faisait le catéchisme.

Il s'appliqua aussi avec beaucoup d'ardeur à se rendre habile dans les sciences ecclésiastiques. Il se traça dès lors, et suivit invariablement dans les études sacrées, un plan capable de former un saint et un Docteur de l'église. Il était très versé dans les belles-lettres, dans la philosophie, dans le droit civil et le droit canonique ; l'Écriture Sainte devint son livre par excellence ; il ne passait pas un jour sans lire ou méditer quelque chapitre. Il recueillait les commentaires les plus savants, pour comprendre les sens les plus vrais et les plus sublimes de la parole divine. Il regardait l'Écriture Sainte comme le livre de la vérité et de la loi, le livre qui dirige nos pas dans la vraie sagesse et nous enseigne tous nos devoirs. Il s'appliqua aussi à l'étude de la théologie dogmatique, et la considérait comme le soutien de la vraie croyance, comme la science de Dieu, de ses grandeurs et de notre sainte Religion. Il s'adonna également à la théologie morale, comme étant la règle des mœurs ; il cherchait à éviter les extrêmes, à connaître le véritable esprit de la morale évangélique. La tradition des Pères de l'église fut aussi un objet tout particulier de ses études. « Les saints Docteurs, disait-il, ont été les premiers savants sous tous les rapports ; celui qui ne les étudie pas ne peut être un ecclésiastique instruit. » L'histoire des conciles et des hérésies, ainsi que leur réfutation, fit encore la matière de ses occupations. Enfin, il étudia la théologie ascétique et mystique, pour bien diriger les âmes choisies qui en recherchent la connaissance ; il eut constamment pour maîtres les premiers ecclésiastiques de la capitale ; ses nombreux ouvrages prouvent combien il avait su profiter.

Il se prescrivit pour règle de consacrer tout son temps à l'étude et à la prière ; il s'attacha surtout à mortifier ses sens, à leur refuser toute espèce de satisfaction. Cilices, jeûnes, disciplines, instruments de pénitence avec lesquels il se macérait jusqu'au sang, tout était mis en œuvre pour marcher sur les traces de Jésus-Christ. Il jeûnait tous les samedis, au pain et à l'eau, en l'honneur de la très Sainte Vierge ; ses vêtements étaient humbles et communs ; il n'avait plus l'air d'un gentilhomme ; mais, renonçant à la noblesse et aux honneurs, il n'en porta plus les insignes. Il souffrit quelque temps, par condescendance pour son père, de se laisser suivre par un laquais ; mais il s'en débarrassa bientôt, et parut dans les rues de Naples comme le plus pauvre des ecclésiastiques.

2

PREMIERS TRAVAUX, PREMIÈRES PRÉDICATIONS D'ALPHONSE.

Alphonse reçut la tonsure le 23 septembre 1724, les ordres mineurs le 23 décembre suivant, et le sous-diaconat le 22 septembre 1725.

Aussitôt, il entra comme novice dans la congrégation des missions, dite la Propagande. Le nouveau candidat fut bientôt l'édification de cette illustre société apostolique ; il prêchait de temps en temps et faisait le catéchisme aux enfants, et faisait, même en plein vent, des exhortations pathétiques, afin de réveiller les tièdes, et d'exciter les pécheurs à la pénitence. Il était associé à d'autres congrégations, à la compagnie des Blancs dont le but est de porter les secours de la religion aux malheureux que la justice humaine a condamnés au dernier supplice. Il écrivit, plus tard, un traité sur les moyens de rendre à ces misérables les plus précieux services.

À la vue des bénédictions que le ciel répandait sur les travaux d'Alphonse, le cardinal Pignatelli lui conféra le diaconat le 6 avril 1726, et lui permit de prêcher dans toutes les églises de Naples. Son premier sermon fut donné à l'occasion de l'exercice des Quarante-Heures, dans l'église Saint-Jean ; il avait pour texte ces paroles d'Isaïe : « Ouvrez les cieux, Seigneur, et descendez ! » et peignait avec beaucoup d'énergie l'immensité de l'amour de Jésus-Christ pour nous, et la monstruosité de notre ingratitude envers Dieu.

Depuis ce sermon, Alphonse fut invité dans toutes les chaires ; il aimait surtout à parler sur le dogme du Saint-Sacrement, dans les églises où il était exposé. Il fut même envoyé avec des prêtres de la Propagande, pour prêcher des missions dans différentes parties du royaume.

Les fatigues et les austérités donnèrent bientôt lieu de craindre qu'il n'abrégeât ses jours. La douleur de son père et de sa mère fut au comble ; ils prièrent les directeurs de modérer son ardeur pour le travail et la mortification. Mais son corps devait céder ; son esprit s'épuisait par des applications si multipliées ; Alphonse tomba malade et se vit aux portes du tombeau. Il demande alors qu'on lui apporte la statue de Notre-Dame-de-la-Merci, devant laquelle il avait suspendu son épée, quand il renonça au monde. L'image est placée sur le lit, la Sainte Vierge exauce les prières du saint lévite, et bientôt, il est hors de danger.

Le 21 décembre suivant, Alphonse reçut ta prêtrise, à l'âge de trente ans et trois mois, à la grande satisfaction de toute la ville de Naples. Il fallait le voir descendre de l'autel, rempli d'un feu sacré et respirant le désir de se consacrer à la sanctification des âmes !

Le cardinal Pignatelli le choisit pour donner les exercices spirituels à son clergé de Naples, et s'applaudit à la vue du grand concours qui suivit ses instructions, et des bénédictions répandues sur ses travaux. Bientôt Naples ne parlait plus que des vertus d'Alphonse et de l'esprit apostolique dont il était embrasé.

Devenu prêtre, il n'avait presque plus le temps de reprendre haleine. Les congrégations envoyaient de toutes parts le prier de leur donner les exercices spirituels ; de nombreux monastères de religieuses se montraient saintement avides de participer aux fruits de sa parole. Les églises de Naples les plus fréquentées et celles du premier ordre se prévenaient l'une l'autre pour l'avoir, surtout pendant les solennités des Quarante-Heures. Il rentrait chez lui, chargé d'une riche moisson et rempli de la douce consolation d'avoir gagné à Jésus-Christ toutes les âmes qu'il avait trouvées attachées au péché.

Uniquement animé de l'esprit de Dieu, Alphonse ne prêchait que Jésus crucifié ; tout en lui concourait à relever sa mission. La noblesse de sa naissance confondait les esprits superbes ; les rares talents et les dons naturels dont il était orné le mettaient bien au-dessus de tant d'autres prédicateurs ; mais ce qui rendait surtout son éloquence persuasive, c'était sa modestie, son recueillement, sa profonde humilité et son souverain mépris du monde. Enfin, ce qui achevait de faire la plus profonde impression sur les esprits, c'était la vie pénitente que l'on admirait en lui et qui était pour les autres la condamnation de leur délicatesse.

Les sermons d'Alphonse n'étaient pas ornés de ces brillantes conceptions rendues avec art, dans un style pompeux et fleuri ; car il ne cherchait qu'à se faire comprendre du peuple. Ses paroles avaient toute la suavité de la manne ; l'homme simple, comme le savant, y trouvait sa nourriture et l'écoutait avec un égal intérêt ; l'un et l'autre en retiraient une componction salutaire ; les gens de lettres étaient même les plus empressés à venir l'entendre. Son auditoire était toujours composé d'ecclésiastiques distingués, de réguliers, de séculiers, d'avocats, de procureurs, de magistrats, de dames de haut rang, et de gentilshommes, qui tous sortaient de ses sermons la tête baissée et la componction dans le cœur.

3

ALPHONSE RECOUVRE LES BONNES GRÂCES DE SON PÈRE, ET PRÉLUDE, AVEC QUELQUES SAINTS AMIS, À LA VIE RELIGIEUSE.

Don Joseph, revenu de son illusion, et content de l'état qu'avait embrassé Alphonse, rendait grâces à Dieu qui lui avait inspiré un si beau choix. Un jour, Alphonse donnait les exercices à une foule immense dans l'église du Saint-Esprit ; Don Joseph, revenant du palais royal et passant de ce côté, entendit la voix de son fils. Aussitôt, poussé par la curiosité, il entre dans l'église, écoute avec attention ; bientôt il verse des larmes et regrette en gémissant tant de contradictions par lesquelles il s'est opposé à sa vocation ; puis il remercie Dieu du fond de son cœur d'avoir appelé Alphonse à un si noble état, et regagne sa demeure, tout occupé de ces pensées. À peine Alphonse est-il de retour, que Don Joseph vient à sa rencontre, l'embrasse, l'arrose de ses pleurs et lui dit : « Ô mon fils, combien je vous suis reconnaissant ! C'est vous qui tout à l'heure m'avez appris à connaître Dieu ! Alphonse, je vous bénis mille fois d'avoir embrassé un état si saint et si agréable à Dieu ! »

Alphonse ne négligeait pas sa propre sanctification ; il consacrait chaque jour plusieurs heures à la méditation, sans parler du temps qu'il employait à la lecture de la Vie des saints. Il appelait ce livre l'Évangile en pratique ; chaque jour aussi il célébrait la Sainte Messe avec la plus grande dévotion ; sa préparation était longue, et son action de grâces l'était plus encore. Il ne passait jamais un seul jour sans aller visiter Jésus au très Saint-Sacrement dans l'église où l'on faisait l'adoration des Quarante-Heures ; ce n'était pas de ces courtes visites faites comme en passant ; mais on le voyait durant plusieurs heures contempler amoureusement son divin Rédempteur ; en un mot, sa vie paraissait une oraison continuelle. Telles étaient chaque jour les occupations d'Alphonse pour le bien de son âme et celui du prochain. N'oubliant jamais ce repos que Jésus-Christ conseille à ses apôtres, il savait de temps en temps suspendre entièrement les occupations de son apostolat pour se tirer à l'écart et s'y entretenir seul à seul avec Dieu, tout occupé du soin de son âme.

Déjà lié intimement avec de saints prêtres, Joseph Porpora et Jean Mazzini, l'un de ses premiers compagnons dans sa congrégation future, Alphonse s'attacha plusieurs autres ecclésiastiques pieux et zélés, et se plaisait singulièrement dans leur société. Afin de resserrer davantage entre eux les liens de la charité et de prendre tous ensemble de temps en temps quelque récréation spirituelle, l'un des pieux amis, Don de Alteriis, prêta une de ses maisons de campagne, qui répondait d'autant mieux à leur but, qu'elle était tout à fait à l'écart et loin du tumulte. Il y avait dans cette maison un oratoire et une magnifique statue de la très Sainte Vierge. Chaque mois, ils se retiraient dans ce lieu solitaire, pour s'y entretenir, durant trois ou quatre jours, dans des exercices de pénitence, faisant ensemble de longues méditations et des conférences spirituelles. Leurs repas étaient très édifiants et très simples ; ils faisaient présider à leur table une petite statue de l'enfant Jésus, à qui chacun devait faire son offrande des mets que l'on servait. Ces repas étaient plutôt des prières que des réfections corporelles, tant y étaient nombreuses les oraisons jaculatoires. Le repas fini, ils se récréaient quelque temps par le chant d'hymnes et de cantiques, et reprenaient leurs saintes méditations. Ils abandonnèrent cette maison pour une autre encore plus solitaire, dans le voisinage de saint Janvier, hors des murs de la ville. Là, ils purent avec encore plus de satisfaction s'occuper uniquement de Dieu et du soin de leur âme. Ainsi Alphonse se retrempait chaque mois dans la piété ; ou plutôt, il ébauchait, sans y penser, le plan de l'institut qu'il devait donner à l'église.

4

ALPHONSE AU TRIBUNAL DE LA PÉNITENCE : SON ZÈLE, SA MÉTHODE ET SES SUCCÈS.

Après sa première année de prêtrise, Alphonse reçut du cardinal Pignatelli la faculté d'entendre les confessions ; c'était le vœu de plusieurs milliers d'âmes qui désiraient ardemment sa direction. Dès qu'il eut pris place au tribunal de la pénitence, le nouveau confesseur se vit entouré d'une multitude de pénitents ; des personnes de tout rang et de toute condition accouraient en foule ; Alphonse les accueillait tous avec une charité sans exemple ; il était le premier à se rendre le matin à l'église ; il était aussi le dernier à quitter le confessionnal.

Il disait dès lors ; et le répéta jusque dans sa vieillesse, que ce ministère est le plus profitable aux âmes et le moins sujet à la vaine gloire pour un ouvrier évangélique. « Car, disait-il, par ce moyen, plus que par tout autre, les pécheurs se réconcilient immédiatement avec Dieu, et la grâce de Jésus-Christ leur est appliquée avec surabondance. » Il avait pour les autres et surtout pour les pécheurs une mansuétude inexprimable et les manières les plus engageantes ; sans excuser le péché ; il était tout rempli de compassion pour le pécheur ; quand celui-ci détestait sérieusement ses fautes et voulait sincèrement retourner à Dieu.

Dans ses sermons ; il ne séparait jamais la justice de la miséricorde, afin d'engager les âmes à la pénitence ; lorsqu'il était au confessionnal, il se souvenait que s'il était le juge de son pénitent, il en était aussi le père. « Plus une âme, disait-il, est enfoncée dans le vice et au pouvoir du démon, plus nous devons lui faire bon accueil, afin de l'arracher des griffes de l'ennemi pour la jeter dans les bras de Jésus-Christ. » Il disait à ce sujet, dans sa vieillesse, qu'il ne se souvenait pas d'avoir jamais renvoyé un seul pécheur sans parvenir à pouvoir l'absoudre ; bien moins encore d'en avoir jamais traité aucun avec dureté ou aigreur. Ce n'est pas qu'il donna indifféremment l'absolution à ceux qui étaient bien disposés et à ceux qui ne l'étaient pas ; mais, comme il nous l'apprend lui-même, il recevait tous les pécheurs avec bonté, les remplissait de confiance dans les mérites du sang de Jésus-Christ et leur donnait les moyens de sortir de leurs désordres ; ainsi encouragés, ils ne manquaient jamais de retourner à lui bien disposés, pleins de repentir et de componction. Il enjoignait pour pénitence de revenir se confesser, de fréquenter les sacrements, d'assister tous les jours à la messe, et d'y méditer sur la passion de Jésus-Christ, ou sur les vérités éternelles. À cet effet, il avait composé un petit recueil de méditations qu'il se plaisait à donner. Il imposait aussi pour pénitence l'obligation de visiter tous les jours le Saint-Sacrement et quelque image de la Sainte Vierge, et de réciter le rosaire en son honneur ; il engageait ceux qui se trouvaient à la tête d'une maison à pratiquer cette dévotion en commun avec leur famille. Il gagnait chaque jour à Jésus-Christ une multitude d'âmes criminelles qui croupissaient depuis longtemps dans le désordre et dans le péché. Il se faisait un plaisir d'être entouré des personnes de la plus basse condition ; de leur côté, ces pauvres gens avaient pour Alphonse une affection toute singulière ; il les éclairait, les instruisait et les disposait à rentrer en grâce par la réception des sacrements.

On se donnait le mot ; de nouveaux pénitents accouraient de toutes parts et venaient servir d'aliment au zèle qui dévorait Alphonse. Dans la foule des conversions qu'il opéra, deux surtout méritent d'être rapportées. La première est celle de Pierre Barberèse, de cet homme qui, jeune encore, était déjà vieux dans le mal : c'était un maître d'école, montrant à lire et à écrire, et enseignant tout au plus la grammaire, et dont le cœur était ouvert à toutes les mauvaises pensées ; au lieu d'éclairer l'intelligence de ses écoliers, il ne faisait que pervertir leur volonté. Pour son bonheur, Pierre assiste à un sermon d'Alphonse ; son cœur s'ouvre à la contrition ; il rentre en lui-même, et, plein de repentir, va se jeter à ses pieds. Se voyant accueilli avec charité, il s'attache au service de Dieu, quitte le péché, embrasse une vie pénitente et reste fidèlement sous la conduite de son saint directeur. L'apôtre du démon ressuscité à la grâce, s'appliquait à remplir ses élèves de l'esprit de Dieu, par de fréquents catéchismes où il leur inspirait de l'horreur pour l'ombre même du péché. Il les conduisait à l'église pour y entendre la sainte Messe ; ensuite il leur faisait quelque méditation sur les vérités éternelles ; il profitait de ce moment pour leur suggérer de saintes résolutions, et terminait par la récitation des actes des vertus théologales. Il allait, accompagné de tous ses enfants, rendre visite au Saint-Sacrement et à la Sainte Vierge. Il avait soin de choisir les églises les moins fréquentées afin de ne point paraître faire étalage de sainteté et de dévotion, tant il était pénétré de repentir et d'humilité après les scandales qu'il avait donnés autrefois.

Mais tout ceci ne suffisait pas à son zèle ; il voulait encore que les élèves s'approchassent toutes les semaines du sacrement de pénitence, et lui-même les conduisait à cette fin dans quelque église ; il disposait ainsi les plus âgés à recevoir la sainte communion ; pendant la messe qu'il entendait avec eux, il avait soin de leur suggérer d'une manière pratique les actes de foi, d'espérance et de charité, de repentir et de demande ; après la communion il les aidait à faire l'action de grâce. On verra plus tard ce que fit de plus Pierre Barberèse, sous la sage direction d'Alphonse. L'autre conversion est celle de Lucas Ivardone. Cet homme avait mené longtemps dans les troupes une vie déréglée, avait déserté plusieurs fois ; et, en dernier lieu, s'était vu sur le point d'être condamné à mort. Dans cette circonstance, il avait été redevable de son salut à l'entremise d'un de ses frères qui servait parmi les soldats de la garde du roi de France. Chassé de l'armée comme infâme, il vivait en proscrit, couvert de honte et chargé de péchés. Il assiste un jour à un sermon d'Alphonse ; vaincu par la grâce, il va le trouver, mais sans oser espérer le pardon de ses péchés. Alphonse l'embrasse, l'encourage, le console, le remet en bon chemin ; et, de scélérat déjà condamné qu'il avait été, cet homme devint dans la suite un vrai foyer d'amour divin, à tel point qu'il sut gagner beaucoup d'âmes à Jésus-Christ.

Les moyens dont Alphonse se servait pour conduire ses pénitents à la perfection se réduisaient à la méditation et à la prière ; outre la mortification de la chair et des passions, il proposait la méditation comme un miroir dans lequel chacun voit ses difformités, et la mortification comme un glaive qui retranche tout ce qui ne convient pas. Il disait qu'il n'y a pas de véritable oraison sans mortification, et que, pour acquérir la mortification, il faut avoir l'esprit d'oraison. Après la méditation qui fait découvrir les taches de l'âme, il recommandait la prière et ne cessait de dire : « Celui qui prie se sauvera certainement ; et certainement celui qui ne prie pas se damnera. Tous ceux qui se sont sauvés, disait-il encore, se sont sauvés par la prière, et tous ceux qui se sont damnés, se sont perdus parce qu'ils n'ont pas prié. »

Son remède par excellence était la communion fréquente et la visite journalière au très Saint-Sacrement. Dans son livre, tout divin, des Visites au très Saint-Sacrement, il avoue lui-même que les grâces qu'il a reçues lorsqu'il vivait dans le siècle lui sont toutes venues du très Saint-Sacrement. « Oh ! quel bonheur, disait-il, de se tenir devant l'autel, d'y converser familièrement avec Jésus dans le très Saint-Sacrement, de lui demander pardon des déplaisirs qu'on lui a donnés ; de lui exposer ses besoins, comme un ami fait à un ami ; de lui demander son amour et l'abondance de ses grâces ! » Ou le voyait se tenir de la manière la plus édifiante et comme ravi en extase durant plusieurs heures devant la victime adorable, et à ses cités venaient se ranger ses pénitents, qui formaient ainsi autour de lui le cercle le plus honorable.

Alphonse exigeait aussi une confiance filiale en la divine mère Marie. « De même, disait-il, que tout bien nous vient du Père céleste par la médiation de Jésus-Christ, de même tout bien nous vient aussi de Jésus-Christ par l'entremise de Marie. » Il voulait que chaque jour on récitât le saint Rosaire en soit honneur, qu'on visitât quelqu'une de ses images et que chacun en eût une à la tête de son lit. Il prescrivait la communion à toutes ses fêtes, et proposait toujours quelques pratiques de dévotion à faire pendant ses neuvaines, pour recevoir ses faveurs avec de bonnes dispositions ; il conseillait en son honneur, et pratiquait lui-même le jeûne au pain et à l'eau chaque samedi et toutes les veilles de ses fêtes. Quoique porté à se dévouer de préférence au service des pauvres et des gens du peuple, Alphonse ne refusait pas de diriger les personnes d'un certain rang.

Les filets de sa charité étaient tendus pour toute espèce de personne. Il considérait surtout dans les grands l'influence de leur autorité et de leurs exemples, c'est-à-dire, le grand bien ou le grand mal qu'ils peuvent causer sur les personnes placées au-dessous d'eux. Il écoutait tout le monde au confessionnal, et n'avait aucun égard à la qualité des personnes ; les plus grands personnages passaient confondus avec le pauvre peuple, et se trouvaient assez honorés et assez heureux de l'avoir pour directeur.

5

DÉSAGRÉMENTS D'ALPHONSE DANS LES SAINTES INDUSTRIES DE SON ZÈLE ARDENT POUR LA SANCTIFICATION DES CLASSES INFÉRIEURES DU PEUPLE.

Alphonse fut soumis à la loi par laquelle Dieu éprouve et purifie dans le creuset les actions de ses serviteurs. Le nombre des pénitents qui voulaient profiter de sa direction s'accrut à un tel point qu'on aurait peine à le croire. N'ayant pas le temps de donner aux plus fervents les instructions qu'il jugeait nécessaires, et voulant les faire avancer dans la voie de la perfection, il imagina de les réunir pendant les soirées d'été dans quelque endroit solitaire, et de les instruire en commun. Il choisit la place la plus commode et la moins fréquentée. Ces réunions se composaient d'artisans de toute espèce ; plus leur condition était basse, plus Alphonse les accueillait avec bonté ; plusieurs prêtres de ses amis prirent part à cette bonneœuvre.

Dans cette assemblée, composée de gens abjects aux yeux du monde mais grands aux yeux de Dieu, Alphonse prêchait tous les jours les vérités les plus sublimes de la religion ; leur exposait l'horreur que doit inspirer le vice, et faisait briller tout l'éclat des vertus chrétiennes. Les autres prêtres, prenaient alternativement la parole ; celui-ci proposait les divers degrés de la charité envers Dieu ; celui-là parlait de la charité envers le prochain ; il faisait voir combien le renoncement à soi-même est nécessaire pour avancer dans la perfection, et le grand dommage qui provient de nos passions, si elles ne sont pas réprimées. D'autrefois, on discourait sur la mortification de la chair, sur l'obligation où nous sommes d'imiter Jésus crucifié.

L'enfer ne pouvait laisser en paix une si sainte association. Les Pères de la Réforme de sainte Thérèse commencèrent à la suspecter ; les Pères de saint François de Paule soupçonnèrent qu'il s'y passait de mauvaises choses et se mirent à épier les associés par leurs fenêtres, afin de découvrir quels gens ils pouvaient être et de quoi ils s'occupaient ; les Pères minimes poussèrent plus loin les conjectures ; on supposa que ce pouvait bien être un club de molinistes et une bande d'hérétiques.

Après avoir balancé toutes ces conjectures, ils en firent part au cardinal Pignatelli. Comme l'accusation tombait sur une assemblée nocturne, accompagnée de circonstances qui paraissaient fort équivoques, Son Éminence crut d'abord que c'étaient des gens mal intentionnés. Le gouverneur de Naples donna ses ordres au capitaine de la grande garde pour découvrir ce qui se passait parmi ces prêtres et ces laïques. On était alors dans la neuvaine de la Nativité de Notre-Dame ; Alphonse, en proposant les actes de vertu et plusieurs pratiques religieuses à observer en l'honneur de Marie enfant, se servit de plusieurs expressions qui parurent suspectes au capitaine, telles que les langes, un berceau, et d'autres semblables. Le capitaine ne pouvant saisir le sens, rapporta au gouverneur qu'il avait remarqué un mélange de choses bonnes et mauvaises, mais qu'il n'avait pu saisir nettement ce que c'était. Dès lors, ce magistrat et le cardinal, persuadés que ce n'était rien de bon, ordonnèrent que les prêtres et les laïques seraient tous arrêtés. Le lendemain, Alphonse, se trouvant au palais de l'archevêque, eut connaissance de l'ordre d'arrestation ; persuadé qu'il s'agissait de sa réunion, il s'empressa de faire donner avis à tous les pénitents, pour que personne ne se rendît à la place de l'Étoile. Il croyait que, les réunions une fois interdites, les craintes s'évanouiraient ; cependant ceux dont la demeure était fort éloignée, et qui n'avaient pu être prévenus à temps, vinrent au rendez-vous accoutumé ; parmi eux se trouvait Pierre Barberèse et Lutas Nardone. À peine arrivés, ces pauvres gens se virent tout à coup assaillis par des sergents, et emmenés au corps-de-garde, à la porte Saint-Janvier ; de là les deux prisonniers, escortés chacun d'un archer et d'un sergent, furent d'abord conduits devant le chanoine procureur de la cour, et devant le gouverneur. Les bons pénitents ne furent pas épouvantés de cette arrestation ; chemin faisant, Nardone dit même en plaisantant à Barberèse. « Camarade, cette politesse qu'on nous fait n'est peut-être pas de votre goût ? — Au contraire, reprit Barberèse, car Jésus-Christ fut conduit garrotté de liens ; et nous sommes conduits d'une façon toute civile avec un simple cordon au bras. » Le chanoine les ayant sommés de déclarer ce qu'ils faisaient avec les prêtres sur la place de l'Étoile, ils répondirent : « Nous sommes de pauvres ignorants, et nous venons y recevoir les instructions que Don Alphonse de Liguori et d'autres prêtres nous donnent sur la religion chrétienne. »

Dès que le chanoine entendit prononcer le nom d'Alphonse de Liguori : « Que Dieu vous le pardonne, s'écria-t-il, vous avez mis en alarmes les deux cours ecclésiastique et civile. » On les conduisit ensuite à la maison du gouverneur, et ce qui arriva là n'est pas moins intéressant. Le seul nom d'Alphonse ayant fait connaître l'innocence des détenus, le magistrat prenait plaisir à les questionner sur les pratiques de piété, qu'on leur enseignait, quand le saint viatique vint à passer par la rue ; dès que les pénitents entendent le bruit des sonnettes, ils se mettent aussitôt en mouvement, tournent le dos au gouverneur et s'empressent d'aller se prosterner sur le balcon en s'écriant : « C'est Notre Seigneur ! c'est Notre Seigneur ! » Le gouverneur n'en voulut pas savoir davantage, et il les congédia en versant des larmes d'attendrissement et de consolation.

Alphonse fut inquiet de cette mésaventure. Le lendemain, lorsqu'il eut appris ce qui venait d'arriver, il alla trouver le cardinal, l'informa de tout et s'offrit à subir toute espèce de châtiment, se donnant pour l'auteur de tout le mal, si toutefois il y en avait.

Mais le cardinal, délivré de toute inquiétude, se montra satisfait d'Alphonse et du grand bien qu'il faisait ; toutefois il désapprouva les rassemblements : « Les temps, dit-il, sont trop critiques ; il faut éviter que les loups puissent se couvrir de la peau des brebis, pour faire le mal dans l'ombre et sous notre nom. »

6

ALPHONSE ÉTABLIT LES CONFÉRENCES SPIRITUELLES ET L'ŒUVRE DES CHAPELLES, PLUS DIGNES ET PLUS UTILES QUE LES EXERCICES PRÉCÉDENTS.

L'enfer triomphait de voir la sainte assemblée dissoute ; mais sa victoire même fut une défaite, car il en résulta une œuvre d'un plus grand bien pour les âmes et pour la gloire de Dieu. Alphonse, convaincu par l'expérience des heureux effets que les conférences avaient produits, engagea Pierre Barberèse et ses autres pénitents les plus zélés à donner des instructions publiques aux lazzaroni et aux autres gens du bas peuple, non plus sur le marché, mais dans des endroits convenables. Dès que Barberèse, qui avait lui-même éprouvé les bons effets de ces instructions, se vit excité par Alphonse, il se mit d'abord à enseigner diverses pratiques de piété à de petits porte-faix, dans la boutique d'un barbier devant l'église des Carmes. Le bon homme débitait de son mieux quelques maximes de l'Évangile ; instruisait son monde sur les principales vérités de la religion, exhortait à visiter le très Saint-Sacrement, à pratiquer la dévotion envers la très Sainte Vierge. Il faisait aussi pendant un quart d'heure des méditations sur les vérités éternelles, ou sur la passion de Jésus-Christ ; enfin, il continuait ainsi ses entretiens pendant une heure. Le nombre de ses auditeurs s'étant accru, un bon prêtre, frappé du grand bien qui en résultait, lui conseilla d'exercer cette œuvre de charité dans la chapelle des bonnetiers. Barberèse le fit, et chaque soir, il y eut jusqu'à soixante jeunes gens, sans compter ceux d'un âge plus avancé, qui vinrent s'y réunir pour l'entendre. Nardone, qui avait quelque teinture des lettres, se mit aussi à donner des conférences. Un barbier, pénitent zélé d'Alphonse, enseignait le catéchisme et portait les âmes au bien. Alphonse faisait souvent la revue de ces réunions, les visitait alternativement, animait les uns à poursuivre la grande œuvre de leur perfection, et portait les autres à l'amour de la croix.

Parmi cas diverses assemblées, viles aux yeux du monde, mais glorieuses devant Dieu, celle que tenait Pierre Barberèse était la plus nombreuse. Un soir, le chanoine Romane se promenait pour se récréer avec d'autres prêtres ; quelqu'un de sa connaissance, venant à sa rencontre : « Votre Révérence, dit-il au chanoine, est venue ici pour se récréer ; si vous voulez jouir d'une surprise, venez voir ce que fait Pierre Barberèse. » Le chanoine s'y rendit par curiosité ; Barberèse se leva, lui fit prendre la place d'honneur, et le pria de continuer lui-même l'instruction. Il reprit ensuite la parole, lorsqu'il s'y vit contraint par l'ordre du chanoine.

Romano enchanté ne garda pas le secret sur ce qu'il avait vit ; il en informa le cardinal Pignatelli qui fut extrêmement consolé d'apprendre qu'un homme du siècle faisait tant de bien ; et il voulut que le chanoine se chargeât lui-même d'instruire ces bonnes gens. Pierre, lui ayant cédé la place, réunit dans sa nouvelle maison une autre assemblée plus nombreuse encore, composée de lazzaroni et de porte-faix. Alphonse, voyant le grand bien qui résultait de ces réunions, engagea d'autres de ses pénitents à en instituer de semblables ailleurs. Bientôt, on vit ces fidèles fervents, encouragés par les exhortations de leur zélé directeur, s'employer dans toute la ville à gagner leurs semblables à Jésus-Christ, les conduire à ces réunions et leur faire aimer les sacrements et la pratique des vertus chrétiennes. Alphonse les visitait de temps en temps, et ne pouvait assez se réjouir de tout le bien que produisait une si bonne œuvre. Plus tard, et même après qu'il eut fondé sa congrégation, il ne manqua jamais, chaque fois qu'il dut se rendre à Naples, d'aller visiter ses chères réunions ; il les exhortait à persévérer dans le service de Dieu, et à faire de nouvelles conquêtes à Jésus-Christ. Il ressentait surtout une grande consolation, en considérant qu'une entreprise traversée par l'enfer avait fait naître une œuvre bien plus vaste, plus glorieuse et plus agréable à Dieu. En peu de temps, ces petites réunions n'eurent plus lieu seulement dans des maisons particulières, mais dans des oratoires publics et des églises.

Chaque soir, ces fidèles de bonne volonté s'occupaient environ une heure et demie à diverses dévotions. Ils récitaient le Rosaire avec les actes de foi, d'espérance et de charité ; ils recevaient une instruction d'une demi-heure sur les devoirs du chrétien ; on leur enseignait d'une manière pratique les différentes parties de l'oraison mentale. Chaque samedi, plusieurs prêtres zélés entendaient les confessions. Le dimanche matin, après une demi-heure de méditation sur la passion de Jésus-Christ, on disait la sainte Messe avec exposition du très Saint-Sacrement, suivie de la sainte communion ; un prêtre prononçait des affections pour la préparation et l'action de grâces ; on célébrait encore plusieurs autres messes, on donnait enfin la bénédiction du très Saint-Sacrement ; puis, chacun se retirait chez soi. Dans le courant de la journée, ils allaient ensemble dans une église visiter le très Saint-Sacrement et l'autel de la Sainte Vierge. Lorsque chacun avait satisfait en particulier à ses autres dévotions, ils faisaient tous ensemble une promenade dans une campagne peu fréquentée ; ou, si le temps ne le permettait pas, ils se réunissaient dans quelque cloître ; là ils se récréaient par d'honnêtes divertissements et par de pieux entretiens. Quand venait le soir, ils chantaient de saints cantiques et se rendaient de nouveau à la chapelle pour y faire leurs exercices accoutumés.

Chacune de ces réunions comptait de cent à cent cinquante personnes.

7

ALPHONSE ENTRE DANS LA CONGRÉGATION DE LA SAINTE FAMILLE, ET REDOUBLE DE FERVEUR ET DE MORTIFICATION.

C'était bien à regret qu'Alphonse continuait d'habiter la maison de son père ; depuis longtemps, il soupirait après le bonheur d'avoir une cellule, où, éloigné du monde, il pût jouir en Dieu de cette douce paix réservée à la solitude. Dieu, qui le favorisait toujours dans ses saintes entreprises, lui fournit le moyen de satisfaire ce pieux désir. Don Ripa, homme de Dieu renommé par son zèle pour le salut des âmes, était revenu de sa glorieuse mission de la Chine, depuis le mois de novembre 1724. Véritable modèle des hommes apostoliques dans ce vaste empire ; il y était devenu le soutien de la religion. Résolu de propager, de défendre et de perpétuer la foi parmi les idolâtres de la Chine, il avait amené avec lui un docteur chinois, avec quatre jeunes gens pleins de ferveur, dans l'intention de fonder à Naples un collège pour les missions de ce pays. Il connaissait très bien Alphonse, et appréciait l'acquisition que ferait sa congrégation en recevant un sujet si digne et si zélé. Il l'accueillit avec empressement ; Alphonse eut la consolation d'entrer au collège des Chinois vers le milieu du mois de juin de l'année 1729. Une résolution si imprévue déplut beaucoup à son père, qui regrettait infiniment d'être privé de la présence d'un fils qu'il considérait comme un ange visible et un présent du ciel ; il n'eut cependant pas le courage de s'y opposer, à cause du louable dessein qui en était l'occasion.

Alphonse, délivré de la surveillance de ses parents, se livra à la mortification avec plus d'ardeur et de liberté. Il avait continuellement le corps couvert de cilices et de chaînettes de fer ; plusieurs fois le jour, il se flagellait, souvent jusqu'au sang, comme on pouvait en voir les traces sur les linges dont il se servait. La chétive nourriture qu'il prenait, il ne manquait jamais de l'assaisonner de myrrhe ou de poudres amères ; il jeûnait tous les samedis au pain et à l'eau, mangeait presque chaque fois à genoux, ou étendu par terre. Mais tout cela ne le satisfaisait pas ; dans sa chambre, il ne se permettait point de s'asseoir, mais étudiait toujours debout, tenant son livre entre les mains.

Outre ces pénitences volontaires, il ne s'exemptait pas des autres privations imposées à tous les membres de la communauté.

La congrégation naissante n'en manquait pas à cause de sa pauvreté. Nous n'osons pas décrire le régime de ces fervents religieux ; disons plutôt que tous, et surtout saint Alphonse, étaient heureux d'avoir beaucoup à souffrir, afin de ressembler à Jésus crucifié.

Alphonse puisait de nouvelles forces dans la prière et dans les exemples des Saints. Par la lecture de leurs vies, il s'instruisait à leur école, et s'animait à les imiter ; par la prière, s'embrasait d'un désir toujours plus grand d'aimer Dieu et de lui témoigner son amour. Outre la méditation commune, il se tenait chaque jour en oraison pendant une heure et demie, et quelquefois pendant deux heures devant le Saint-Sacrement, dans l'église où avait lieu l'adoration des Quarante-Heures. Sa messe était alors aussi longue que dévote, et son action de grâces durait aussi très longtemps. Nais tout cela ne suffisait pas encore à sa ferveur ; il passait les nuits à veiller dans sa chambre ou à l'église devant le Saint-Sacrement ; et le peu de repos qu'il accordait à la nature, il le prenait à regret, cherchant mille expédients pour se le rendre incommode ; très souvent la terre nue lui servait de lit.

8

SOUFFRANCES INTÉRIEURES D'ALPHONSE ; RENOUVELLEMENT DE ZÈLE ET NOUVEAUX SUCCÈS APOSTOLIQUES.

Malgré tant d'austérités et de veilles, le cœur d'Alphonse ne jouissait pas même d'une seule goutte de ces consolations que Dieu accorde avec libéralité aux âmes privilégiées, en qui il tempère par des douceurs spirituelles les rigueurs de la pénitence. Le Seigneur avait sevré Alphonse de toutes ces faveurs, et ses jours s'écoulaient dans la sécheresse et dans la désolation ; il croyait avoir perdu toute sa dévotion pour la sainte Messe ; son oraison était aride ; il cherchait Dieu, et ne le trouvait pas ; il rendait ainsi compte de son état : « Je vais à Jésus-Christ, et il me rebute : je recours à la Sainte Vierge, et elle ne m'entend pas. » Tout ce qu'il faisait dans cette obscurité, il le faisait par la pure lumière de la foi, résolu de plaire à Dieu en toutes choses, quand même il n'y aurait pour lui ni paradis, ni enfer.

Il donna dans le collège des Chinois les plus grandes preuves de son zèle pour le bien des âmes ; un cœur aussi enflammé de l'amour de Dieu ne pouvait manquer de brûler pour le prochain, et suffisait pour attirer à l'église une foule de fidèles et pour les satisfaire. Le vendredi, il prêchait à un auditoire nombreux les Gloires de Marie, et récitait avec le peuple le chapelet de ses douleurs. Il célébrait encore plusieurs neuvaines dans le cours de l'année, pendant lesquelles il faisait des sermons en l'honneur de la très Sainte Vierge, ainsi que de la sainte Famille, que cette congrégation avait prise pour Patron titulaire. Tous les ans, il donnait les saints exercices, au grand profit de tous ceux qui voulaient y prendre part ; le peuple ne cessait de remplir l'église ; et chaque jour paraissait un nouveau jour de fête.

Alphonse, accablé des plus rudes travaux, redoublait d'ardeur à la vue du grand bien qui en résultait pour les âmes.

Une célèbre courtisane qu'il convertit, parvint sous sa conduite à une éminente sainteté ; un grand nombre d'âmes, qui vivaient auparavant dans une piété commune, parvinrent aussi par ses soins à une très haute perfection. Beaucoup d'autres qui se trouvaient déjà engagées dans le siècle, renoncèrent au monde et se consacrèrent à Jésus-Christ. Au premier sermon qu'il fit pendant les saints exercices, quinze jeunes personnes prirent le généreux parti de faire à Dieu le sacrifice d'elles-mêmes et de leur virginité. Alphonse relevait si bien et avec tant de zèle le prix de la chasteté, que tous se sentaient, comme malgré eux, tout remplis d'estime et d'amour pour cette vertu.

Je ne puis m'empêcher de rapporter la conversion instantanée et presque miraculeuse d'une demoiselle appelée Marie. Cette jeune personne était vide de l'esprit de Dieu et remplie de l'esprit du monde. Sa mère eut recours à Alphonse et le pria de travailler à la conversion de sa fille ; Alphonse le fit, et Marie se corrigea, mais bientôt retomba dans ses désordres. Pressé de nouveau par les instances de sa mère, Alphonse la reprend encore et lui représente avec force le danger de son état ; Marie se retire dans un coin de l'église et se livre aux sentiments du plus vif repentir. Avant de quitter le confessionnal, Alphonse la rappela et lui dit :

« — Marie, voulez-vous sincèrement vous donner toute à Dieu ?

— Oui, lui répondit-elle.

— Mais sans réserve et de tout cœur ? reprit Alphonse.

— Sans réserve, lui répliqua Marie avec force.

— Puisqu'il en est ainsi, continua Alphonse, allez, coupez-vous les cheveux, et faites-vous carmélite ! »

Marie obéit et prit aussitôt l'habit de religieuse. Cette jeune fille devint dès lors une âme des plus parfaites. Elle fut sensiblement tourmentée par les démons pendant plusieurs années ; Dieu qui la voulait sans tache, ne manqua pas de la purifier dans les tribulations ; elle mourut en odeur de sainteté, fut invoquée comme une sainte et opéra plusieurs miracles.

Une terrible épidémie ravagea la ville de Naples, l'an 1729. Alphonse profita de cette occasion pour se sacrifier, et fit preuve du plus beau dévouement ; parmi les frères de la congrégation des Missions qui se signalèrent en portant des secours à une foule de malades, Alphonse fut le plus généreux et le plus dévoué. Les pauvres surtout étaient l'objet de son ardente charité. On ouvrit plus tard une mission dans la grande église du Saint-Esprit ; il s'y distingua par un zèle admirable pour sauver les pécheurs. Cette mission à peine terminée, il alla se joindre à une autre dans l'église conventuelle de l'Annonciade, et se livra tellement à l'ardeur de son zèle que, les forces venant à lui manquer, il fut attaqué des poumons et gagna plusieurs infirmités.

Pendant tout un mois, on craignit pour sa vie ; et s'il guérit ; ce fut évidemment par un miracle de la très Sainte Vierge.

9

MERVEILLES DE CONVERSIONS, DE GRÂCES EXTRAORDINAIRES ET DE VERTUS, AU PRINTEMPS DE L'ANNÉE 1731.

La course apostolique d'Alphonse, au printemps de l'année 1731, fut très fertile en fruits de salut. Cette saison fut désastreuse pour la Pouille et les provinces voisines. Le Mardi-Saint, un tremblement de terre jeta la désolation dans les villes et les campagnes, et répandit partout le deuil et la terreur. Les évêques, voyant leurs troupeaux frappés d'une telle calamité, invitèrent des ministres de Jésus-Christ pour appeler les peuples à la pénitence. Toutes les voix s'unirent pour publier les prodiges que la grâce opéra de nouveau par le ministère d'Alphonse. Dans la ville de Nardo, en particulier, il recueillit une riche moisson de conversions admirables dans toutes les conditions.

La ville de Foggia eut le plus à souffrir dans le sinistre, et fut presque ensevelie sous ses ruines. Mais le Seigneur, qui l'avait affligée, voulut aussi la consoler à proportion de ses malheurs. On vénérait dans cette ville une ancienne image de la Sainte Vierge, appelée la Vieille-Image. La collégiale où se trouvait ce tableau séculaire était ruinée, on l'avait transporté dans l'église des Capucins, où le peuple épouvanté se rendait en foule, comme pour se réfugier sous la protection de la Reine du ciel. Dans la matinée du Jeudi-Saint, la vierge manifesta par un prodige sa protection particulière et son amoureuse bienveillance pour cette ville éprouvée. Tout à coup, en présence d'une foule immense, remplie à la fois d'étonnement et de consolation, Marie se montra sous la figure d'une jeune personne dans l'ovale du vieux tableau où la vétusté avait rongé la tête vénérée. Cette miraculeuse apparition se renouvela pendant plusieurs jours, pour consoler ce bon peuple et lui annoncer que ses prières étaient exaucées. Après la mission de Nardo, Alphonse et les missionnaires voulurent aller visiter le tableau miraculeux.

À l'arrivée d'Alphonse à Foggia, les habitants, chez qui le souvenir de M. Cavalieri, son oncle, était encore tout vivant, lui firent l'accueil le plus distingué. L'évêque, le clergé, et les gentilshommes le pressèrent de donner une neuvaine en l'honneur de la très Sainte Vierge. Il y consentit enfin, d'autant plus que le peuple était bien disposé et que tous désiraient ardemment écouter la parole de Dieu.

Pour célébrer la neuvaine, on choisit l'église de Saint-Jean, où fut transportée la sainte image. Le concours fut si nombreux, que la plus grande partie du peuple fut obligée de rester en dehors ; on dut établir la chaire sur la porte de l'église, à côté de laquelle on exposa le tableau miraculeux. On ne peut dire tous les effets extraordinaires opérés par Alphonse dans cette neuvaine. La componction gagna tous les cœurs ; les prêtres ne suffirent pas pour entendre les confessions. Foggia fut totalement réformée ; l'évêque et les vrais fidèles ne cessaient de rendre grâces à Dieu d'avoir eu le bonheur de posséder Alphonse en cette occasion.

Alphonse ne pouvait se séparer de l'image miraculeuse. Un soir, après la sortie des fidèles, on l'avait rapportée sur l'autel ; il s'en approcha pour la contempler. Il fut ravi en extase pendant une heure. La Sainte Vierge, voulant contenter sa dévotion et mettre le comble à son bonheur, lui montra son visage sacré sous des traits admirables. Après la céleste vision, Alphonse, avec les personnes restées dans l'église, chanta au pied de l'autel l'Ave, Maris Stella.

Mais ce n'était pas la fin du prodige. Un des jours de la neuvaine, Alphonse traitait son sujet de prédilection, engageant les auditeurs à aimer, à invoquer la Reine des vierges, à la prendre pour patronne ; il parut dans le ravissement ; un trait de lumière, brillant comme un rayon du soleil, partit de l'ovale du tableau correspondant à la tête vénérée, et vint frapper le front du saint missionnaire. À la vue de ce nouveau prodige, le peuple cria Miracle ! Miracle ! et se recommanda à la Vierge avec des larmes d'amour. Des conversions éclatantes furent le fruit spirituel pour les âmes et la consolation pour le missionnaire.

Alphonse alla rendre ses hommages à l'Archange saint Michel, dans le sanctuaire du mont Gargan. Mgr Marco et d'autres personnages lui firent des instances pour qu'il y donnât des prédications au peuple. Il eut scrupule d'y céder, sans la permission de ses supérieurs « que Dieu veuille, dit-il, que je ne sois pas puni à Naples pour avoir eu trop de condescendance à Foggia ! »Il célébra le saint sacrifice sur l'autel de l'Archange, et parut comme ravi en contemplation. Il quitta ensuite le pays, ayant sacrifié deux fois à l'obéissance, qu'il n'interprétait pas, tout le bien qu'il aurait pu faire.

Il revint à Naples ; le supérieur de la Propagande, soit qu'il regardât réellement comme une faute la neuvaine donnée à Foggia sans sa permission, soit qu'il voulût éprouver l'humilité du saint prêtre, le réprimanda fortement en présence de toute la congrégation. Alphonse n'ouvrit pas la bouche pour se défendre ; loin de balbutier la moindre excuse, il se réjouit d'être ainsi mortifié devant une assemblée si respectable.

10

ALPHONSE CONÇOIT LE DÉSIR ET PREND LA RÉSOLUTION DE FONDER LA CONGRÉGATION DU SAINT RÉDEMPTEUR, POUR LA SANCTIFICATION DES ÂMES ABANDONNÉES.

Alphonse était revenu tout épuisé de sa course apostolique. On lui conseilla de sortir de Naples et d'aller respirer l'air de la campagne. Il se rendait, avec quelques compagnons, dans un ermitage parfaitement situé aux environs d'Amalfi, quand le vicaire général de Scala, informé du motif de leur voyage, leur dit : « Pourquoi ne pas venir à Sainte-Marie-des-Monts, au-dessus de Scala ? Vous avez là un ermitage avec une habitation ; vous pouvez vous y récréer, et, de plus vous rendre utiles à tant de pauvres chevriers qui sont dénués des secours spirituels ? Je vous donne tous les pouvoirs de ma juridiction. » Alphonse embrassa volontiers cette occasion de faire du bien à ces pauvres campagnards et s'empressa de mettre à profit la bienveillance du vicaire général. Ils obtinrent la permission de garder le Saint-Sacrement dans l'ermitage ; et, tandis qu'Alphonse rétablissait sa santé, il pouvait aussi reprendre de nouvelles forces spirituelles en présence de Jésus-Christ, son bien-aimé Sauveur.

Les chevriers et les autres habitants vinrent bientôt les trouver, et donnèrent au saint malade une indicible consolation. On catéchisa ces pauvres gens, on entendit leurs confessions avec la plus grande charité. Le concours devint bientôt général ; et ce séjour de la campagne se convertit heureusement en une douce et consolante mission qui produisit les plus grands fruits.

Dieu se servit de cette occasion pour faire connaître à Alphonse le besoin des secours spirituels où languissent un grand nombre d'âmes, privées des sacrements et de la parole divine, dans les campagnes et les hameaux.

Bientôt l'évêque et les habitants de la ville de Scala, conçurent le désir de profiter de son zèle et d'obtenir au moins un sermon.

Empressés de connaître cet Alphonse dont ils entendaient partout faire si grand éloge, ils allèrent le prier de venir les consoler par un sermon, le dimanche suivant dans l'octave du Saint-Sacrement. Alphonse accepte l'invitation ; propose, pour faire aimer Jésus-Christ dans le Saint-Sacrement, des motifs si forts et si pressants ; expose si bien l'horreur due au péché, que l'auditoire éclate en sanglots et en gémissements. Sur la demande des religieuses de Saint-Sauveur et la recommandation de l'évêque, il parla dans l'église du couvent avec, le plus grand succès, et promit de revenir au mois de septembre, prêcher une neuvaine à la cathédrale, et les exercices spirituels aux religieuses. Il retourna ensuite à Sainte-Marie-des-Monts, priant Dieu de choisir un prêtre selon son cœur pour travailler au salut de ces peuples abandonnés. Il n'osait penser qu'il était ce prêtre selon le cœur de Dieu, destiné pour être l'instrument du bonheur de ces âmes humbles et précieuses. Dieu, pour lui faire connaître son dessein, devait lui envoyer bientôt un signe facile à reconnaître.

Les délices de la campagne rétablirent sa santé, en même temps qu'il se consacrait aux habitants de la contrée. Fidèle à sa promesse, il revint à Scala, au mois de septembre, pour la fête du Saint-Rédempteur, et prêcha dans la cathédrale, avec le succès ordinaire. Les religieuses eurent ensuite la consolation de recevoir les saints exercices. Dieu voulut alors faire comprendre au zélé missionnaire que ses charitables pensées sur les pauvres habitants de la campagne lui avaient été inspirées d'en haut ; et qu'il était appelé lui-même à les exécuter. Il y avait dans le couvent, une religieuse d'une grande sainteté et favorisée des dons surnaturels.

Sans avoir pu connaître les saintes préoccupations d'Alphonse, elle eut une vision le 13 octobre 1731. Il lui sembla voir une nouvelle congrégation de prêtres livrés au soin de plusieurs millions d'âmes, vivant dans les villages et dans les hameaux et dénuées de secours spirituels ; Alphonse était à la tête de ces prêtres zélés. Une voix lui dit : « J'ai choisi cet homme pour être l'instrument de ma gloire dans cette grande œuvre. » Peu de jours après, la religieuse agenouillée devant Alphonse au confessionnal, lui confia la vision et les desseins que Dieu avait sur lui. Surpris de cette conformité, Alphonse allait prendre ces idées pour des révélations divines ; mais bientôt, craignant les illusions, il pria Dieu de pourvoir au salut des pauvres campagnards, rebuta la religieuse et la traita de visionnaire. Elle s'humilia, mais ne se rendit pas ; plus elle était repoussée, plus elle insistait, en assurant à Alphonse que Dieu l'avait choisi pour être l'instrument de sa miséricorde envers les âmes délaissées.

Rentré dans sa chambre, Alphonse verse un torrent de larmes. L'heure du dîner arrive, il ne parait pas. Le père Mazzini va le trouver, et lui demande la cause de son agitation. Alphonse hésite ; il cède enfin et lui raconte le mystère ; mais il voit, d'un côté, l'impossibilité d'une nouvelle entreprise, et de l'autre, la crainte de s'opposer à la volonté de Dieu. Il voit les fruits à venir ; mais que peut-il faire tout seul ? Où seront ses collaborateurs ? « Me voici, répond son saint ami ; d'autres prêtres ne manqueront pas de venir avec nous pour une œuvre qui doit contribuer si fort à la gloire de Dieu ! » Ils consultent de savants et pieux prélats, qui rendent grâces à Dieu, et les excitent à exécuter ce saint projet. Alphonse arrive à Naples et vient consulter le père Pagano, son directeur, et d'autres saints personnages. Tous sont unanimes et l'engagent à répondre à l'appel de Dieu. Alors, il ne doute plus ; malgré son humble défiance de ses talents et de ses forces, il cède à tant de lumières, et fait à Jésus-Christ, le sacrifice entier de Naples, sa chère patrie, s'offre à passer le reste de sa vie dans les chaumières et les campagnes, et accepte à l'avance le calice de douleurs et d'amertumes qu'il pressent dans l'accomplissement de cette œuvre divine.

11

EXPLICATION DES PREMIERS PRODIGES D'APOSTOLAT DE SAINT ALPHONSE, PAR L'IDÉE SUBLIME QU'IL S'ÉTAIT FORMÉE SUR LE SACERDOCE, ET TIRÉE DE SES ÉCRITS.

Nous venons de parcourir quelques années seulement de la vie sacerdotale de saint Alphonse ; et nous avons admiré les prodiges de zèle et d'apostolat qui suffiraient pour remplir et illustrer une vie ordinaire. Notre saint nous a aussi donné le secret de ces merveilles, dans un livre d'or, sous la forme la plus simple, le Selva, où il a recueilli ce que la doctrine catholique a dit de plus frappant sur la dignité et les devoirs du sacerdoce. Nous y choisissons quelques pensées.

I. La dignité du sacerdoce vient de la sublimité de ses fonctions.

« Les prêtres sont les élus de Dieu pour traiter sur la terre tout ce qui concerne les intérêts des âmes et de Dieu ! Le ministère sacerdotal est appelé par saint Ambroise une profession divine. Le prêtre est le ministre, l'ambassadeur officiel de Dieu à l'Église et de l'Église à Dieu, pour représenter la Majesté du ciel et rapporter les grâces et les faveurs destinées aux fidèles. »

« Pour honorer Dieu et obtenir les grâces aux fidèles, sans le prêtre qui offre le saint sacrifice, en vain l'Église voudrait, en échange, immoler à Dieu la vie de tous les hommes ; quel prix aurait la vie de tous les hommes en comparaison de la victime infinie offerte par le prêtre ? En célébrant une seule, fois le sacrifice eucharistique, le prêtre honore plus la majesté divine que l'immolation de tous les hommes, que les hommages réunis des anges, de la très Sainte Vierge et de tous les saints. »

« Il n'était pas nécessaire que le Christ mourût pour sauver le monde ; une seule goutte de sang, une larme, une prière avait assez de mérite pour sauver des milliers de mondes. Mais la mort de l'homme-Dieu était nécessaire pour former un prêtre. Sans cette mort, en effet, où serait la victime digne de Dieu dans la loi nouvelle ? Où serait la victime assez sainte, assez immaculée pour rendre à Dieu l'honneur digne de son infinie majesté ? »

« Les anges du ciel ne peuvent absoudre d'un seul péché ; les anges gardiens peuvent assister les âmes, les engager à demander l'absolution ; les prêtres seuls ont le droit d'absoudre. »

« L'auguste Marie prie pour les âmes ; elle obtient, par sa prière, la conversion du pécheur ; au prêtre seul appartient le pouvoir de l'absoudre. Marie a conçu Jésus-Christ une seule fois ; le prêtre, par la consécration ; le conçoit, lui donne l'existence sacramentelle, et le produit à l'état de victime réparatrice, autant de fois qu'il le veut. »

« Un mot a suffi à Dieu pour créer le monde ; le prêtre aussi, avec un mot surnaturel, fait que le pain devient le corps adorable de Jésus-Christ. Dieu seul peut pardonner les péchés ; le prêtre, investi de la toute-puissance, les pardonne en prononçant les paroles de l'absolution, paroles qui produisent elles-mêmes ce qu'elles signifient. Job demandait : « Qui a le bras puissant comme le bras de Dieu, et la voix forte comme la voix de Dieu ? » C'est le prêtre, qui, en donnant l'absolution se sert du bras et de la voix de Dieu même, et délivre les âmes de l'enfer. » (Selva, ch. I.)

II. La sainteté du prêtre doit être proportionnée à son incomparable dignité.

« Ô prêtre, l'élu de Dieu ! comprends tes obligations ! En t'élevant à la dignité de prêtre, il t'a élevé jusqu'au ciel ; d'homme terrestre, il t'a fait homme tout céleste ! si tu pèches, tu tombes du ciel ! Le prêtre qui, après tant de lumières, après tant de communions, se détourne de Dieu, abjure la grâce et les faveurs du ciel, sera dépouillé avec toute justice, comme coupable d'ingratitude et de haute trahison. » (Selva, ch. 4.)

« Le prêtre peut-il être tiède ? Peut-il dire : Ceci est un péché léger ? Oh ! pour délivrer un prêtre de la tiédeur, il faudrait une grâce des plus signalées ; Dieu fera-t-il une telle grâce à celui qu'il vomit de sa bouche ?

S'il est impossible au tiède de se relever par lui-même, cette grâce n'est pas impossible à Dieu !... Le désir, la prière et la persévérance dans la prière, et l'invocation de la Sainte Vierge, voilà le seul moyen de sortir de cet abîme !... » (Selva, ch. 5.)

« Ainsi, le cœur du prêtre doit être comme un autel, où brûle toujours le feu de l'amour divin ! » (Selva, ch. 5.)

« Du jour où il a reçu le sacerdoce, il ne s'appartient plus à lui-même ; il est à Dieu, il doit se dévouer tout entier aux intérêts de Dieu. Dès lors, combien doit être sainte, plus brillante de sainteté que les rayons du soleil, cette main qui touche la chair sacrée d'un Dieu ; cette bouche, cette langue qui se teint du sang même de Jésus-Christ ! Le prêtre remplit à l'autel les fonctions de Jésus-Christ ; il doit se préparer au saint sacrifice avec la pureté et la sainteté de Jésus-Christ ! » (Selva, ch. 3.)

III. « Le prêtre ne doit pas se contenter d'être saint ; il doit sanctifier les autres par son zèle. »

« Qu'elle est grande la dignité du prêtre ; mais qu'elle est grande pour lui l'obligation de travailler au salut des âmes ! Saint Paul place l'espoir de sa couronne éternelle dans le salut de ceux qu'il avait convertis à Dieu. En effet, le prêtre qui dévoue sa vie à la conversion des pécheurs, recevra autant de couronnes qu'il gagnera d'âmes au ciel. Ces âmes, arrachées au feu éternel, converties et devenues chères à Dieu, seront autant de pierres précieuses qui orneront la couronne du prêtre qui les a sauvées. »

« Le seul but du prêtre, en travaillant au salut des âmes, c'est de plaire à Dieu, de procurer la gloire de Dieu. Le premier moyen et le plus nécessaire est la sainteté du prêtre. Le médiateur entre Dieu et les hommes doit avoir en lui-même la sainteté et la grâce, pour les communiquer. L'exercice le plus profitable du ministère apostolique est la confession. En prêchant, on jette le filet ; par la confession, on retire le filet, et l'on prend les poissons. Les principales études du prêtre doivent tendre à acquérir le plus de capacité pour sanctifier les âmes dans le saint tribunal. » (Selva, ch. 9.)

IV. Tout le trésor dit le prêtre est dans l'Eucharistie ; de même, le prêtre doit être tout entier à Jésus-Christ dans le Sacrifice Eucharistique.

« Dieu établit le prêtre dans l'Église, pour offrir le divin sacrifice ; ce ministère est le propre des prêtres de la loi nouvelle, qui ont reçu le pouvoir d'offrir le sublime sacrifice du corps et du sang divins, sacrifice souverainement parfait, infiniment au-dessus des sacrifices anciens, les ombres et les figures du sacrifice du Calvaire. Les victimes de l'ancienne loi étaient de vils animaux figuratifs ; la victime de notre sacrifice, c'est le Verbe éternel fait homme. Les victimes anciennes n'avaient par elles-mêmes aucune puissance ; le sacrifice eucharistique obtient par lui-même la rémission des péchés et de la peine, l'accroissement de la grâce, et les secours les plus abondants. Jésus-Christ n'a rien fait de plus grand ni de plus sublime sur la terre. La Messe est l'action la plus sainte et la plus agréable à Dieu, et par la victime et par le sacrificateur qui est le Rédempteur lui-même, s'offrant lui-même par le ministère des prêtres. Tous les honneurs rendus à Dieu par les anges, les martyrs et tous les saints, sont des hommages créés, finis ; mais l'honneur que Dieu reçoit dans le sacrifice de l'autel, étant présenté par une personne divine, est un honneur infini. Ainsi, la Messe est de tous les actes le plus saint et le plus divin ; elle est de toutes les œuvres la plus sainte et la plus chère à Dieu ; celle qui apaise le plus la colère de Dieu contre le péché, et fait le plus de bien aux fidèles vivants, et donne le plus de soulagement aux âmes qui souffrent dans le purgatoire. Elle est la reproduction et l'application du sacrifice de la croix ; elle est l'abrégé de l'amour divin et de tous les bienfaits célestes sur les hommes. »

« La vie du prêtre doit être une préparation continuelle et une action de grâces continuelle pour le Saint-Sacrifice. Comme la prière du prêtre sera exaucée, quand il célèbre saintement ! Il recevra tous les jours de nouvelles lumières et des forces nouvelles. Jésus-Christ le consolera, l'instruira, l'encouragera, et lui prodiguera ses plus douces faveurs. » (Selva, 2° partie.)

« Ô prêtre ! considérez que Dieu ne pouvait vous faire plus grand sur la terre. Est-il une plus haute dignité que la dignité de ministre divin, chargé de traiter sur la terre les intérêts de sa gloire ? Vous montez à l'autel pour offrir à Dieu son propre fils ! »

« Que de choix Dieu n'a-t-il pas faits pour vous établir prêtre ! Il vous a choisi dans une infinité de créatures possibles, et vous a mis au monde ! Par préférence à tant d'infidèles et d'hérétiques, il vous a mis dans son Église, et vous a fait chrétien et catholique ! Enfin, parmi tant de fidèles, il vous a choisi pour prêtre ! Ah ! si Dieu avait honoré du sacerdoce un seul homme au monde, à qui seul il eût donné le pouvoir de faire descendre sur la terre le Verbe incarné, et de délivrer les âmes de l'enfer, en les absolvant de leurs péchés, quelle estime tout le monde n'aurait-il pas d'un tel prêtre ! Et ce prêtre si privilégié, quelles actions de grâces ne rendrait-il pas à Dieu ! Que ne ferait-il point pour son amour, en se voyant choisi parmi tous les hommes pour un si auguste ministère ! Mais pensez-y bien, ô prêtre ! le nombre des hommes revêtus du sacerdoce ne diminue ni votre dignité, ni vos obligations ! »

« C'est donc avec raison que Dieu veut que tout prêtre soit à lui. Les Écritures appellent le prêtre « homme de Dieu ! » Les prêtres de l'ancienne loi étendaient leurs mains sur les victimes pour faire entendre qu'ils offraient leur vie en sacrifice, comme ils sacrifiaient celle des animaux ; de même, le prêtre de la nouvelle loi, étendant les mains sur l'oblation, témoigne qu'il offre aussi à Dieu sa vie en sacrifice, unie à la vie de Jésus-Christ offert dans le sacrifice eucharistique. »

« Voilà comme vous devez approcher de l'autel, où, par quelques paroles, vous appellerez le Verbe divin entre vos mains ; où votre voix changera la substance du pain et du vin au corps et au sang de Jésus-Christ. Allez à l'autel, comme l'ambassadeur de tout le genre humain, afin d'y intercéder près de Dieu pour l'Église et pour tous les hommes. » (Préparation à la messe.)

Saint Alphonse nous a donné le résumé substantiel et pratique de ces grandes pensées dans deux règlements admirables.

Hommes de Dieu ! en les lisant, apprenez à vous sanctifier comme saint Alphonse ! Hommes du siècle ! apprenez à aimer et à respecter le prêtre dont le ministère exige une sainteté si sublime !

I. Règlement de saint Alphonse, pour se préparer à la prêtrise.

1. Le jeune clerc doit, pour se sanctifier, fréquenter toujours de saints prêtres, afin de s'édifier par leurs bons exemples.

2. Il doit faire chaque jour une heure au moins d'oraison mentale, afin de vivre dans le recueillement et la ferveur.

3. Visiter le très Saint-Sacrement, particulièrement où il est solennellement exposé.

4. Lire les vies des saints ecclésiastiques, qui lui fourniront des règles de conduite, et l'exciteront à les imiter.

5. Honorer la très Sainte Vierge Marie, la mère et la reine de l'Église, et se consacrer tout particulièrement à son service.

6. Avoir le plus grand soin de sa propre réputation, et soutenir l'honneur de l'état ecclésiastique.

7. Respecter tout le monde ; tout en fuyant la conversation du siècle ; éviter la familiarité avec les personnes du monde, surtout avec les femmes.

8. Être obéissant aux ordres des supérieurs, exécuter leurs commandements, par la raison que c'est la volonté de Dieu.

9. Porter la soutane et la tonsure ; être modeste, mais sans affectation, sans bizarrerie et sans fierté.

10. Être paisible à la maison, exemplaire en classe, édifiant à l'église, surtout quand il y est en fonctions.

11. S'approcher du sacré tribunal tous les huit jours au moins, et communier plus souvent encore.

12. En deux mots ; il doit avoir la sainteté négative, par l'éloignement du péché ; et la sainteté positive, par l'exercice des vertus.

II. Règlement de saint Alphonse, devenu prêtre.

1. Je suis prêtre ; ma dignité surpasse celle des anges ; je dois donc avoir la plus grande pureté et mener la vie la plus angélique.

2. Dieu obéit à ma voix ; je dois obéir à la sienne, à la grâce et à mes supérieurs.

3. La sainte Église m'honore ; en retour, je dois l'honorer par la sainteté de ma vie, par mon zèle, par mes travaux.

4. J'offre Jésus-Christ au Père éternel ; je dois donc être revêtu des vertus de Jésus-Christ et me rendre propre à traiter avec le Saint des saints.

5. Le peuple chrétien me considère comme un ministre de réconciliation entre Dieu et les hommes ; je dois donc toujours plaire à Dieu et jouir de son amitié.

6. Les fidèles cherchent en moi l'exemple des vertus, pour s'affermir dans la sainteté ; je dois donc les édifier tous, partout, et toujours.

7. Les pauvres pécheurs attendent de moi la délivrance de la mort du péché ; je leur dois ce bienfait par mes prières, par mon exemple, par mes paroles et par mes œuvres.

8. J'ai besoin de force et de courage pour triompher du monde, de l'enfer et de la corruption de la chair ; je dois donc combattre et vaincre au moyen de la grâce divine.

9. Je dois travailler à acquérir la science, pour me rendre capable de défendre la sainte religion et de confondre l'erreur et l'impiété.

10. Je dois haïr et détester, comme l'enfer, le respect humain et les servitudes mondaines ; ces choses discréditent le sacerdoce.

11. Je dois maudire l'ambition et l'avarice comme la perte du sacerdoce ; combien de prêtres ont perdu la foi par l'ambition !

12. La gravité et la charité me sont également nécessaires ; je dois être prudent et réservé, surtout avec les femmes, mais jamais rude, superbe et rebutant.

13. Le recueillement, la ferveur, la vertu solide, l'exercice de la foi et de la raison doivent être mon occupation continuelle, si je veux plaire à Dieu.

14. Je dois chercher uniquement la gloire de Dieu, la sanctification de mon âme, et le salut du prochain, même au péril de ma vie.

15. Je suis prêtre ; je dois inspirer de la vertu, et glorifier Jésus-Christ, le prêtre suprême et éternel.

FIN DU LIVRE SECOND

LIVRE TROISIÈME

(1752-1762)

Vie apostolique et religieuse de saint Alphonse, depuis l'établissement de sa congrégation jusqu'à son épiscopat ; ou, troisième témoignage sur la valeur de notre âme.

1

NOBLE CARACTÈRE ET CONSTANCE D'ALPHONSE EN FACE DES OBSTACLES ; DOCILE À L'APPEL DE DIEU, IL SE DISPOSE À PARTIR POUR SCALA, BERCEAU FUTUR DE LA NOUVELLE CONGRÉGATION.

Alphonse, assuré de la volonté divine et résolu d'agir, avait retrouvé la paix à l'intérieur, et sous l'œil de Dieu ; mais à l'extérieur, il n'avait pas échappé à toutes les tempêtes ; l'enfer ne pouvait manquer de traverser une œuvre si sainte. Les uns disaient qu'il avait perdu l'esprit et que son cerveau était dérangé ; d'autres le traitaient de fanatique et de visionnaire. « La trop haute opinion qu'il a de lui-même, disait-on, lui enfle le cœur ; on l'a corrompu en louant son mérite. » Ce fut dans le collège des Chinois qu'il rencontra ses premiers adversaires. Le père Ripa se trouvait à Rome ; à son retour, il apprit cette nouvelle ; son cœur fut blessé, parce qu'il comptait avant tout sur l'aide d'Alphonse pour l'établissement de sa propre congrégation ; il fit tous ses efforts pour lui montrer l'impossibilité de son projet, et même l'inutilité. Il s'imagina, comme les autres, que la tête d'Alphonse avait faibli, et lui adressa des reproches en public et en particulier sur ce qu'il appelait une extravagance. D'autres allèrent plus loin, poussés par le démon qui employait toutes les voies pour jeter la déconsidération sur le vigilant serviteur de Dieu, et pour l'empêcher de mener à bonne fin cette œuvre de sanctification. Les pères de la Propagande partageaient la défiance commune, avaient honte de voir de telles faiblesses dans un de leurs frères, naguère si sage et si réservé, et le membre le plus distingué de leur société. Le démon, exploitant la révélation de la religieuse, suggérait la triste pensée que c'était la seule base des projets d'Alphonse, qui n'aurait pas su juger les rêveries d'une jeune femme. Cette opinion fut partagée par son oncle, Matthieu. Gizzio, directeur du séminaire, et par le supérieur de la Progagande, Jules Torni. Toujours plein de respect pour son oncle et pour son maître, Alphonse déclara qu'il ne ferait rien sans l'approbation de son directeur. Cela ne persuada pas les deux chanoines ; ils s'affligèrent beaucoup de sa résistance, car ils l'aimaient tendrement. Voyant que leurs représentations n'avaient aucun succès, ils en vinrent aux réprimandes et aux paroles amères. « Ce n'est pas Dieu qui vous guide, lui dit un jour son oncle irrité ; vous suivez aveuglément les rêves d'une religieuse, sans voir que vous êtes le jouet d'une illusion. » — « Je ne me règle pas sur des visions, reprit humblement Alphonse, mais sur l'Évangile. Celui qui se confie en Dieu peut tout et doit tout espérer. » Alphonse entrant un jour dans la sacristie de la cathédrale, plusieurs personnes de grande autorité se mirent à l'accabler d'invectives, en présence d'autres personnes non moins recommandables. On lui reprochait surtout sa présomption : « Piquez-vous d'honneur, lui disait-on ; hâtez-vous de faire voir dans l'église ces nouvelles fondations et ces nouveaux instituts que vous nous promettez ! » Alphonse s'humilia intérieurement ; et, baissant les yeux, ne fit pas entendre le moindre mot.

Le chanoine Gizzio avait pour directeur spirituel le vénérable père Fiorillo, dominicain et missionnaire aussi pieux que savant. Il conseille à Alphonse de prendre l'avis de ce saint prêtre. « Je ne me conduis pas d'après ma tête, lui répond Alphonse, mais je dépends en tout du père Pagano. » Il communique ensuite à son directeur l'entretien qu'il avait eu avec son oncle : « Je suis de son avis, lui dit le père Pagano ; si le père Fiorillo dit que Dieu vous veut à la tête d'une telle œuvre, je le veux aussi ; et s'il dit que Dieu ne veut pas, je ne veux pas non plus. » Alphonse et le père Fiorillo ne s'étaient jamais vus ; ils se connaissaient de réputation, et avaient l'un pour l'autre la plus grande estime. Ils se rencontrèrent un jour chez le chanoine Gizzio. Le vénérable Dominicain lui dit d'un ton inspiré : « Dieu n'est pas content de vous ; il vous appelle sans réserve ; il attend de vous de plus grandes choses. » Cette rencontre, qui n'avait pas été concertée, fut un véritable coup du ciel pour Alphonse. À ces mots du père Fiorillo, il respira et sentit son cœur pénétré d'une nouvelle vie. Plein de confiance, il tire à l'écart le père Dominicain, et lui témoigne le désir de l'entretenir. Lorsqu'il lui eut exposé les lumières qu'il avait reçues de Dieu à sainte Marie-des-Monts, et celles qu'il ne cessait d'en recevoir tous les jours, l'homme de Dieu lui répondit : « Dans une semblable conjoncture, saint Louis Bertrand demanda six mois pour réfléchir ; je vous en demande autant. » — « Je ne vous donne pas six mois, lui répondit Alphonse, mais prenez un an. » Quelques jours après, il vint retrouver le vénérable père qui l'embrassa et lui dit tout joyeux :

« Allez, prenez bon courage ; cette œuvre est toute divine. Jetez-vous dans les bras de Dieu ; vous éprouverez des contradictions, sans doute ; mais mettez votre confiance en lui, et il vous aidera. » Cependant, le père Fiorillo était chargé de nombreuses affaires qui intéressaient la gloire de Dieu dans la ville de Naples ; dans la crainte que ses relations avec Alphonse ne vinssent à mécontenter le clergé, et à le tourner contre ses saintes entreprises, il lui recommanda de garder le secret sur leur entretien. Dès lors, Alphonse ne craignit plus les contradictions, et chercha des compagnons. Quand il pria le père Fiorillo de lui indiquer des sujets : « Vous pensez, dit le père, que je vous ai abandonné et que j'ai oublié une affaire qui importe à la gloire du Seigneur ? Non ; elle me tient maintenant plus à cœur que jamais ; soyez tranquille ; ayez la confiance que Dieu vous accordera toute son assistance dans une entreprise qui lui est si chère. Je n'ai point d'ouvriers à vous offrir pour le moment ; mais si j'en rencontre, je vous les présenterai. Je voudrais redevenir jeune pour avoir le bonheur de vous suivre, ne fût-ce que pour porter vos hardes, je n'hésiterais pas. Ne craignez rien ; que le défaut de sujets ne vous fasse pas reculer ; car le Seigneur vous en fournira dans la suite ; et, quoiqu'en petit nombre, ils feront l'ouvrage d'un grand nombre. Je vous bénis au nom de Jésus et de Marie ; je vous présente mes très humbles respects, et je vous embrasse très affectueusement dans la charité de Notre-Seigneur. »

On ne s'entretenait plus à Naples que de la nouvelle congrégation et de son fondateur présumé ; c'était le sujet ordinaire de conversation dans les sociétés de tout genre. Les missionnaires de la Propagande, voyant dans cette œuvre un sujet de confusion pour eux, étaient les premiers à prévenir tout le monde contre Alphonse. Ils ne cessaient de le blâmer partout, et ne pouvaient plus même souffrir de l'entendre appeler leur frère. Le cardinal Pignatelli, qui jusqu'alors avait jugé d'après les rapports, était aussi mécontent d'Alphonse ; mais dès qu'il le sut en tout dirigé par les pères Fiorillo et Pagano, il fut désabusé ; et le prit sous sa protection. Apprenant qu'on le voulait exclure de la Propagande, il fit dire au chanoine Torni de ne rien entreprendre sans son aveu, contre Alphonse de Liguori. Alphonse prit de nouveau courage en voyant la conduite du cardinal à son égard, et se rendit chez lui pour le remercier.

Les pères Fiorillo et Pagano conseillèrent à Alphonse de se mettre entièrement sous la conduite de Mgr Falcoja, en qui il trouverait à la fois un religieux très éclairé sur les fondations et un homme en grande considération dans toute la ville de Naples.

Alphonse ne renonçait pas à la direction du père Pagano ; il savait combien il était redevable à sa sollicitude paternelle. Aussi ne cessait-il de prier Dieu et de se recommander aux prières des autres, afin d'obtenir des lumières. C'était la fête de l'Assomption de la très Sainte Vierge ; il ne manqua pas d'assister à la neuvaine qu'on célébrait avec exposition de la statue dans sa chère église de la Rédemption des captifs. La divine Vierge daigna l'éclairer d'une lumière si vive, qu'il résolut de se placer sans réserve sous la conduite du saint prélat ; et, même, sur le conseil du père Pagano, il s'engagea sub gravi à lui obéir en tout et à ne rien faire sans ses avis.

Le chanoine Torni, quoique persuadé de la sagesse et de la bonne conduite d'Alphonse dirigé par le vénérable père Fiorillo, voyant d'ailleurs son œuvre encouragée par de nouvelles approbations, s'affligeait néanmoins de sa persévérance dans un tel projet. Toute sa crainte était de perdre un sujet de si grand mérite. N'espérant plus triompher en le combattant de front, il le contraria indirectement, comme supérieur de la Propagande. Il le chargea de travaux apostoliques très importants : Alphonse, à la vue du bien assuré qu'il faisait à Naples, renoncerait peut-être à l'espoir du bien incertain qu'il prétendait opérer ailleurs.

Au commencement d'octobre, il lui commanda, au nom même du cardinal Pignatelli, de donner les exercices de la retraite au clergé, dans la basilique de sainte Restitute. Il espérait que l'occasion de déployer de nouveau son talent, lui ferait désirer de reconquérir la faveur dont il jouissait autrefois, et le rattacherait au séjour de Naples ; mais il se trompait. Insensible aux vains attraits de la renommée, Alphonse obéit, malgré sa répugnance à se présenter devant un public qui le traitait avec tant d'injustice ; il obéit, car il voyait dans l'ordre de ses supérieurs la voix de Dieu même. Le Seigneur répandit avec plus d'abondance que jamais ses bénédictions sur les exercices de cette retraite. Une grande partie du clergé fut réformée-, malgré la prévention qu'on avait contre Alphonse, la parole de Dieu dans sa bouche fit des prodiges inouïs. Le cardinal Pignatelli assistait chaque soir à ses instructions ; et, pénétré lui-même de componction : « On voit, disait-il, qu'Alphonse est un vase d'élection ; le Saint-Esprit parle par sa bouche. » Le chanoine Torni voulut qu'après avoir terminé les exercices, Alphonse se joignit d'abord à la mission générale ouverte dans la grande église du Saint-Esprit, et ensuite à une seconde dans l'église de l'Annonciade. Outre la foule prodigieuse de ses pénitents, il fut encore plusieurs fois chargé de donner la méditation du matin, dont il s'acquitta avec de très grands fruits. Le chanoine, toujours plus charmé de ces prodiges de la grâce, voulut qu'il donnât encore les exercices au peuple dans la paroisse de sainte Marie-des-Vierges. Il s'imaginait qu'après tant de fatigues et une moisson si abondante, Alphonse ne porterait plus ses vues d'un autre côté ; mais, toujours constant dans sa résolution, le jeune inspiré soupirait, au contraire, après le moment de se voir dans la ville de Scala, où, de concert avec. Mgr Santoro, il avait décidé l'établissement de la nouvelle congrégation.

Mgr Falcoja, de son côté, ne pouvait encore se déterminer à lui donner sa dernière bénédiction. Il priait, temporisait et lui conseillait de ne rien précipiter, afin de se rendre digne de la bénédiction divine ; mais ces délais étaient des siècles pour Alphonse ; dans le transport d'une sainte impatience, il écrivit un jour à Mgr Falcoja : « Mon père, par charité, vite, vite, vite ; car je meurs du désir de partir ; faites-moi venir bientôt et relevez-moi de l'obédience que vous m'avez donnée pour Naples. Le démon met tout en œuvre pour nous empêcher de commencer ; mettons-nous vite à l'ouvrage, et il ne pourra rien faire, et tout réussira. Je suis à la veille du dernier jour des saints exercices ; et aujourd'hui, je dois parler de ma bonne mère Marie. Priez toujours pour moi, mais toujours, toujours ! Et puis, vite, vite, pour la gloire de Jésus et de Marie ! »

Je passe les autres contrariétés qu'Alphonse dut encore essuyer dans les derniers temps, surtout de la part du père Ripa, et de son oncle Gizzio. Rien n'égale le ressentiment d'un cœur qui croit qu'on ne tient pas compte de son amour. Ils chérissaient Alphonse et s'efforçaient de l'arracher à une entreprise toute sainte qui leur paraissait extravagante. Nous devons adorer, dans la conduite de ces trois serviteurs de Dieu, les jugements impénétrables du Très-Haut, et conclure que Dieu, permettant quelquefois dans ses serviteurs de pareilles méprises, le fait pour des fins très sublimes, pour sa plus grande gloire et surtout pour éprouver les amis et les tenir dans l'humilité.

2

COMPAGNONS ET SUCCÈS D'ALPHONSE À SCALA ; NOUVELLES VICTOIRES SUR LES OPPOSITIONS DE SON PÈRE ET DE TOUS LES ADVERSAIRES.

Malgré le discrédit jeté sur Alphonse par l'improbation de si hauts personnages, quelques âmes d'élite vinrent s'offrir. Un de ces premiers compagnons fut Vincent Mandarini, d'une famille noble de Calabre, excellent théologien et depuis longtemps son ami. Jean Mazzini eut été le premier, si son directeur ne l'eut forcé d'attendre encore trois ans pour mieux s'assurer de sa vocation. Sarnelli, théologien et juriste ; Romano, excellent prédicateur, et plusieurs prêtres distingués apportaient un zèle ardent pour le salut des âmes. Sportelli et Tosquez, encore séculiers, rendirent de très grands services ; et, de plus, aspiraient à une sainteté surhumaine. Un gentilhomme, nommé Vito Curzio, dont la vocation fut évidemment miraculeuse, vint encore se joindre à lui, pour servir en qualité de frère lai.

Alphonse, après avoir obtenu la bénédiction du vénérable père Fiorillo et du père Thomas Pagano, son directeur, et sans avoir prévenu ses parents ni ses plus chers amis, prit une misérable monture, sortit de Naples le 8 novembre, et se dirigea vers la ville de Scala. Mgr Santoro l'y attendait avec impatience, et l'accueillit comme un ange venu du ciel. La noblesse, le clergé et le peuple, tous les habitants de la ville applaudirent à son arrivée ; on ne parlait plus que des nouveaux missionnaires, du zèle de leur chef et du grand bien qu'il produisait partout.

Le jour qu'il sortit de Naples, Alphonse triompha deux fois ; il renonçait définitivement aux splendeurs du monde, et il brisait les liens du sang et de la chair. Dieu exigeait de son cœur ce dernier sacrifice, complément des nombreuses abnégations qu'il avait déjà faites. Personne n'ignorait sa résolution ; mais personne n'y prenait plus de part que son père ; sa vie était empoisonnée par la pensée qu'il allait être séparé, peut-être pour toujours, d'un fils qu'il aimait, non plus comme un fils, mais comme un père spirituel, qui chaque jour le régénérait à la grâce par ses paroles et ses exemples. En effet, depuis le mois d'août, Alphonse avait quitté le collège des Chinois, était revenu habiter au milieu de sa famille pour mettre ordre à ses affaires. Un jour qu'il était sur son lit, pour prendre un peu de repos, Don Joseph entra dans sa chambre ; tout annonçait en lui une profonde douleur. Il se jette sur le lit, embrasse son cher Alphonse et lui dit en pleurant : « Mon fils, pourquoi voulez-vous m'abandonner ? Mon fils, je ne mérite pas que vous me causiez ce chagrin ; et je ne m'y serais jamais attendu de votre part ! » Alphonse sentit son cœur percé d'un trait douloureux. Durant trois heures, Don Joseph tint Alphonse étroitement serré contre son cœur, en lui répétant :

« Mon fils, ne m'abandonnez pas ! » Pendant trois heures, Alphonse sentit le conflit déchirant des sentiments qui se partageaient entre la nature et la grâce. L'assaut fut cruel, sans doute ; mais il n'y eut ni victoire pour la nature, ni défaite pour la grâce.

Alphonse, fortifié d'en haut, résista jusqu'au bout ; les prières et les larmes ne purent triompher ; elles ne l'ébranlèrent point dans la résolution qu'il avait prise.

En arrivant à Scala, Alphonse trouva une partie de ses compagnons ; il attendit que les autres vinssent le rejoindre. Bientôt, ils furent au nombre de huit. Mgr Santoro reçut les nouveaux missionnaires dans une habitation qu'il leur avait préparée, et dont la richesse et la magnificence répondaient parfaitement aux désirs d'Alphonse et de ses compagnons. C'était l'hospice des religieuses de Scala, dénué d'ameublement, étroit et incommode. Outre ce modeste oratoire, l'habitation consistait en trois chambres avec une petite salle ; tout le mobilier se composait de quelques paillasses couvertes pauvrement, et de quelques vases de terre pour l'usage de la table et de la cuisine. Dans cette habitation misérable, les nouveaux apôtres trouvèrent un logement selon leur goût. Le lendemain de l'arrivée, ils se réunirent dans la cathédrale ; après une longue méditation, ils chantèrent la messe du Saint-Esprit, rendirent à Dieu de justes actions de grâces, et mirent la première main à l'établissement de la congrégation si ardemment désirée, en lui donnant le titre du Saint-Sauveur, en le plaçant sous la protection du chef de tous les missionnaires.

Alphonse, qui voulait édifier cette grande œuvre pour la gloire de Dieu et le bien de la sainte Église, en fit le plan d'après cette pensée, en traça lui-même le dessin. L'unique fin qu'il se proposa était de former une réunion de prêtres animés d'un grand zèle pour la gloire de Dieu et le salut des âmes, déterminés à embrasser un genre de vie apostolique et tout conforme à la sainte vie de Jésus-Christ, c'est-à-dire, pauvres et faisant une entière abnégation d'eux-mêmes et de toutes les choses de la terre.

Les pratiques auxquelles Alphonse et ses nouveaux disciples s'appliquèrent tout d'abord, furent l'oraison et la pénitence.

Alphonse, uniquement occupé de Dieu, ne cessait de prier, de lire les livres saints ou de travailler au salut des âmes. Sa messe était très longue ; il employait beaucoup de temps à s'y préparer, et son action de grâces durait encore davantage. Outre les oraisons qu'il faisait avec la communauté, on le voyait tout enflammé d'amour passer des heures entières devant le Saint-Sacrement. Dès qu'il pouvait disposer de quelques instants, il courait, comme le cerf altéré, à la source de toute consolation. Il poussait les austérités jusqu'à l'excès ; tout ce que les autres faisaient pour se mortifier n'était qu'une faible imitation de l'héroïque fondateur.

Les soins qu'il prenait de sa propre perfection et de celle de ses compagnons, ne l'empêchaient pas de travailler à ta sanctification du peuple de Scala. Il introduisit d'abord dans la cathédrale la coutume de donner la méditation au peuple tous les matins, et de faire également tous les soirs la visite au Saint-Sacrement et à la Sainte Vierge. Tous les jeudis, il y avait sermon et exposition du Saint-Sacrement ; le samedi on prêchait les Gloires de la Sainte Vierge. Les dimanches et les jours de fête, comme tout le peuple se rendait à l'église, il ne manquait pas de faire des instructions et le catéchisme. Il établit deux confréries : l'une, destinée aux gentilshommes, et l'autre pour les artisans. Il en érigea également deux autres pour les jeunes gens et les jeunes filles ; tous les dimanches, chacune de ces confréries recevait une instruction particulière. Scala fut en peu de temps sanctifié, à la grande consolation de Mgr Santoro ; la vertu de virginité y fut mise en honneur, et les jeunes filles faisaient l'admiration de toute la contrée. Secondé par de si vaillants ouvriers, Alphonse les engagea à travailler au salut des habitants d'alentour.

La renommée de la nouvelle congrégation se répandit de plus en plus ; les évêques demandèrent des missions pour une foule de petites populations ; plusieurs même témoignèrent le plus ardent désir de fixer une colonie de missionnaires dans leurs diocèses.

Alphonse en ressentait une grande consolation, et rendait mille actions de grâces au Seigneur qui bénissait son entreprise ; mais le défaut de sujets l'empêchait de satisfaire aux nombreuses demandes qu'on lui adressait de toutes parts. Heureux de n'avoir point compté sur la faveur des hommes, mais uniquement sur les promesses de Dieu et la protection signalée de sa divine mère, le zélé fondateur se jouait des oppositions déchaînées contre lui. Son départ ne les avait point calmées, et ses succès à Scala n'ouvrirent point les yeux à ses adversaires. Les pères de la Propagande se montraient toujours les plus acharnés ; et, malgré tous ses efforts, le père Torni ne put les désabuser. « Alphonse est un homme de Dieu, disaient les plus modérés, on ne peut en douter ; mais on ne peut non plus douter qu'il ne soit maintenant dans l'illusion et qu'il n'ait perdu le bon sens. » Tous croyaient leur honneur blessé, parce qu'un de leurs membres, et le plus distingué, avait donné dans une pareille extravagance. Ils croyaient se mettre à couvert, en le chargeant de mépris et de ridicule. La nouvelle de ces mauvais procédés affligea le tueur d'Alphonse, qui méprisait bien les railleries et les discours du monde, mais ne pouvait voir sans douleur que des hommes pieux et zélés, à la considération desquels il attachait le plus grand prix, partageassent les préventions du siècle et s'en fissent les hérauts. Persuadé que l'honneur et la pureté sont, avec la rectitude du jugement, les vraies richesses d'un ministre de Dieu, il voyait avec effroi ses anciens frères travailler à le dépouiller de ce qui seul pouvait lui donner du crédit près des âmes pieuses. Il se plaignit avec douceur au chanoine Terni ; et celui-ci qui l'aimait comme un père, s'efforça de le consoler : « Je n'ai pu retenir mes larmes en lisant votre lettre, dans laquelle vous me faites part des contrariétés qui vous accablent. Je ne cesse de prier le Seigneur, et j'ai la confiance qu'il vous donnera la force d'âme dont vous avez besoin pour supporter courageusement les tribulations par lesquelles sa très sage providence permet que vous soyez éprouvé. J'espère qu'il vous donnera aussi les lumières nécessaires pour vous éclairer sur les desseins de sa divine volonté. »

Alphonse, de son côté, ne cessait de le consulter sur le plan de sa nouvelle congrégation. Il retrempait son courage à la lecture des expressions pleines de tendresse que lui écrivait le père Terni ; il en rendait grâces à Dieu et croyait avoir reconquis la tranquillité. Mais, tandis que la lettre de son ancien supérieur lui annonçait la paix, le démon lui préparait de nouveaux assauts.

L'enfer, alarmé de la guerre qu'Alphonse allait lui faire, déchaîna contre lui toutes ses puissances. Les frères de la Propagande, sensibles au déshonneur qu'ils prétendaient avoir reçu, ne se donnaient point de repos. Tous voulaient qu'Alphonse fût chassé comme indigne, et fut privé de son bénéfice. Afin de prévenir tout incident en sa faveur, ils voulurent qu'on procédât par un scrutin secret ; et l'expulsion fût formellement décidée à l'unanimité. Après la séance, le chanoine supérieur se rendit, avec les principaux membres, auprès de Son Éminence pour lui exposer ce qui venait de se passer. Le cardinal manifesta un grand déplaisir. « Pourquoi, dit-il, venir à une telle extrémité ? Ou Dieu bénira l'entreprise d'Alphonse, et ce sera une grande gloire pour vous ; ou bien il la rejettera, et alors on dira que c'était une bonne œuvre, mais qu'elle n'a pu réussir. Je ne vois pas en quoi vous trouvez votre déshonneur. » Puis, prenant un ton digne de son caractère, il termina en disant aux députés : « Je suis le supérieur de la congrégation ; je veux qu'Alphonse de Liguori soit réintégré, et continue à jouir de sa chapellenie ; et je défends de faire ; sans mon agrément, aucune démarche ultérieure contre lui. »

Alphonse fut consolé de tout ce que le cardinal et le chanoine Torni avaient fait pour lui, et ne manqua pas de les remercier.

Écrivant à son directeur, Mgr Falcoja : « Don Terni me mande, lui dit-il, que la congrégation avait résolu de m'ôter la chapellenie et de me retrancher du nombre de ses frères, mais que le cardinal a défendu de rien faire sans son ordre. J'ai écrit à Son Éminence pour la remercier ; et au chanoine Terni qui m'a écrit qu'il n'avait pu faire davantage en ma faveur. » Ainsi, Alphonse ne laisse échapper aucune plainte ; il ne cherche point à se justifier ni à faire prévaloir son innocence.

3

ALPHONSE EST ABANDONNÉ DE SES COMPAGNONS ET DE PRESQUE TOUS SES AMIS ; SES TENTATIONS DE DÉSESPOIR, ET SA VICTOIRE HÉROÏQUE.

L'orage était apaisé à Naples ; Alphonse, après la déclaration du cardinal qui l'avait pris sous sa protection, continuait de vivre à Scala dans la paix la plus profonde, mais Dieu lui réservait une nouvelle épreuve plus forte et plus douloureuse que les précédentes. Le démon voulait étouffer, dès son berceau, cette congrégation naissante ; et dans ce but, il y sema la discorde.

Lorsqu'il fallut établir les règles et désigner les œuvres qu'il serait convenable d'embrasser dans le nouvel institut, on vit naître des sentiments si opposés que l'union fut rompue et la société menacée d'une ruine complète. Alphonse voulait que la nouvelle congrégation eût pour but unique la sanctification des clercs et des personnes du siècle en leur donnant les exercices spirituels dans le couvent, et le salut des âmes abandonnées dans les campagnes et les hameaux par le moyen des missions. Ses vues étaient basées sur l'expérience que la parole de Dieu ne pénètre pas dans les endroits délaissés, ou qu'elle s'y fait entendre d'une manière passagère et sans fruit. Mandarini voulait qu'on se livrât aussi à l'enseignement. Alphonse représentait que les frères des Écoles-pies, de la Doctrine chrétienne, et les jésuites embrassaient l'instruction de la jeunesse ; que, les maisons de l'institut devant être établies principalement dans de pauvres villages, le nombre des jeunes gens y serait très borné ; que les familles y seraient pour la plupart indigentes, et que, d'ailleurs, il y aurait toujours assez d'autres ecclésiastiques pour enseigner la lecture, l'écriture et la doctrine chrétienne, il ajoutait que, l'esprit de l'institut se trouvant partagé entre deux objets si différents, on ne pourrait remplir l'un et l'autre que d'une manière imparfaite, puisqu'ils étaient trop peu d'ouvriers pour suffire à ces deux branches ; et de plus, les missions devant les occuper au-dehors une grande partie de l'année, il serait impossible de donner avec fruit un enseignement suspendu et morcelé continuellement.

D'autres avaient leur opinion particulière ; et chacun, de son côté, trouvait des motifs pour l'appuyer. Tant de sentiments si opposés ne pouvaient manquer d'altérer la sérénité d'Alphonse ; il parla, il supplia, mais ce fut en vain ; tous fermèrent les oreilles. Pour conjurer le naufrage dont il se voyait menacé, il eut recours à l'oraison ; il ne négligea pas non plus les moyens humains.

Cette grande diversité d'opinions, entre des hommes d'ailleurs remplis de charité, devait nécessairement troubler la paix. Des partis se formèrent dans les esprits, affaiblirent le lien qui les unissait ; et la division des cœurs ne tarda pas à suivre. Peu à peu, on vit un refroidissement notable entre Alphonse et ses compagnons. Les discussions sur le but de l'institut et sur les moyens de l'atteindre durèrent longtemps, mais sans succès. Mandarini persista ; mais Alphonse fut encore plus ferme dans son sentiment, bien qu'il n'eût pour lui que le docteur Sportelli. On en vint à vouloir se séparer ; et le mal se trouva sans remède. Mandarini et les autres abandonnèrent Alphonse et allèrent fonder une maison à Tramonti, où ils ouvrirent des écoles à la jeunesse. L'enfer, qui croyait avoir remporté une victoire, fut bien trompé ; car, d'un côté, l'œuvre d'Alphonse n'en souffrit aucun dommage ; et, de l'autre, cette séparation donna la naissance à la vénérable congrégation du très Saint-Sacrement.

Alphonse reçut avec une force d'âme supérieure le coup que lui porta cette division ; cependant, il en ressentit la plus vive douleur. D'un côté, sa confiance en Dieu le soutenait ; de l'autre, le démon ne se lassait pas de susciter dans son rieur les plus affreuses pensées de désespoir. Naguère, il était entouré d'un grand nombre de compagnons savants et pieux, qui formaient une société recommandable aux yeux de la multitude ; et maintenant, il ne lui restait plus que le docteur Sportelli avec le frère Vito Curzio ; le Père Sarnelli ne pouvait quitter Naples. Son chagrin fut si grand qu'il perdit la paix ; les rochers de Scala, autrefois si chers à son cœur, ne lui présentaient plus qu'un horrible aspect dont son âme était dégoûtée. Il lui sembla voir les salons de Naples s'égayer à ses dépens, et entendre les railleries dont son entreprise était l'objet ; il s'effrayait à l'idée du grand discrédit dans lequel son institut allait tomber. Ces pensées et d'autres semblables lui accablaient le cœur ; il était balancé entre la confiance en Dieu et la défiance de lui-même.

Dieu, qui voulait soumettre son âme à une nouvelle épreuve, mit dans le cœur de Mgr Falcoja des sentiments tout opposés à ceux que s'était promis Alphonse. Fatigué, aussi bien que le chanoine Torni, des dissensions qui venaient d'éclater à Scala, il avait perdu tout l'intérêt qu'il portait à la nouvelle congrégation. Après avoir approuvé les plans d'Alphonse et les avoir défendus avec ardeur contre des oppositions respectables, il voyait avec dépit que la honte de leur inexécution retombait en grande partie sur sa personne. Il reçut Alphonse assez froidement ; et, sans lui donner le temps de s'expliquer, lui dit sèchement et avec hauteur « Dieu n'a besoin de vous ni d'aucun autre ; si sa volonté est d'établir cette œuvre, il peut le faire sans vous, et susciter d'autres ouvriers à votre place. » Alphonse, tout stupéfait de cet accueil, ranima tout-à-coup son courage, « Monseigneur, dit-il avec beaucoup d'humilité, je suis convaincu que Dieu n'a besoin ni de moi, ni de mon œuvre ; je crois cependant que sa volonté est que je poursuive ; et, tout seul, j'arriverai au but. » Il ajouta qu'il n'était pas sorti de Naples et du monde pour se donner la gloire de fondateur, mais pour faire la volonté de Dieu et procurer sa gloire. Cette réponse toucha beaucoup le prélat : « Mettez votre confiance en Dieu, lui dit-il, le Seigneur bénira certainement vos bonnes intentions. » Cet entretien soulagea beaucoup Alphonse ; mais le démon ne pouvait le laisser en paix, et s'acharnait de plus en plus à le tourmenter. L'invincible apôtre retourne à Scala ; mais il se voit de nouveau seul et abandonné sur cette montagne déserte ; le dégoût, l'anxiété, l'abattement viennent l'assaillir plus fortement que jamais. Un jour la tentation fut à son comble ; il fit à Dieu la promesse sous péché grave de se consacrer irrévocablement au salut des âmes abandonnées, dût-il demeurer seul et sous aucun secours. Dieu bénit cet acte héroïque ; dès ce moment, l'esprit de ténèbres disparut, les troubles se dissipèrent ; et Alphonse sentit son cœur fortifié d'un nouveau courage et rempli de consolation. Jusque dans sa vieillesse, il se rappelait avec effroi le combat qu'il eut à soutenir ; il avoua même au Père Corsano, son confesseur, que les deux tentations les plus violentes qu'il avait eues pendant sa vie étaient, la première quand il se sépara de son père, et l'autre lorsqu'il se vit seul à Scala et délaissé de ses compagnons.

Alphonse avait eu raison de redouter l'effet que produirait à Naples la rupture qui se faisait entre lui et ses compagnons. Les moqueries furent générales ; on condamnait à l'envi le fanatisme du prétendu chef de congrégation. Les chaires évangéliques retentirent d'anathèmes ; des prédicateurs prétendaient montrer jusqu'où peuvent s'égarer les esprits les plus favorisés de Dieu, quand ils se laissent prendre aux pièges du démon, et quand ils oublient le précepte de l'humilité ; on cita comme un exemple Alphonse de Liguori, qui, par sa confiance obstinée dans ses propres, lumières, se voyait maintenant engagé dans une voie d'illusion des plus dangereuses pour le salut. Ses partisans mêmes se taisaient et recevaient leur part des mépris et des railleries. Il n'y eut que le vénérable Père Fiorillo pour qui le déchaînement de l'enfer ne fut pas douteux. Comme il était convaincu de la protection que Dieu accorderait à l'œuvre d'Alphonse, il espérait toujours qu'avec de la constance, on surmonterait tous les obstacles. Le cardinal Pignatelli ne fut pas le dernier à être instruit de la solitude dans laquelle Alphonse se trouvait par suite de la défection. Les ennemis de la fondation lui dirent bien vite une nouvelle qui justifiait leurs prévisions. Le cardinal plaignit Alphonse, mais sans le condamner. « Les commencements n'ont rien eu qui soit répréhensible, dit-il, mais nous ne connaissons pas les jugements de Dieu. » Il ordonna au chanoine Torni de le faire venir à Naples. On peut se figurer l'accueil auquel Alphonse pouvait s'attendre dans cette ville, et combien il devait lui en coûter d'y paraître. De tous côtés, il se voyait injurié, tourné en ridicule ; sa seule présence était un triomphe pour ses adversaires. Il se vit même un objet d'aversion pour ses parents et ses amis.

Il se rendit chez le cardinal, accompagné du chanoine Torni. Le sage prélat fut affligé d'apprendre toutes les impostures qu'on avait débitées sur son compte. Le chanoine, qui aurait voulu conserver Alphonse à Naples, prit alors la parole et lui dit, en présence du cardinal : « Si Dieu avait voulu cette œuvre, il n'aurait pas ôté les moyens de l'établir ; d'ailleurs, vous pourrez faire du bien à Naples mieux que partout ailleurs, sans nuire aux pauvres dont le soin est votre partage. » Ces paroles firent pour Alphonse une nouvelle tentation, mais il ne se rendit pas ; et, loin de faiblir, il répondit avec une entière confiance : « Nous devons être convaincus, Monsieur le Chanoine, que le démon est l'auteur de ce qui est arrivé à Scala ; mais il ne sera pas dit que je me donne pour vaincu parce que le démon est venu me traverser. Si mes premiers compagnons m'ont quitté, d'autres prêtres zélés ne manqueront pas ; mais tout cela dût-il encore me faire défaut, je n'hésiterai pas, bien que seul, à me sacrifier pour secourir les âmes abandonnées dans les campagnes et dans les hameaux. »Le cardinal ne put s'empêcher d'admirer tant d'héroïsme ; et, se tournant vers le chanoine : « Il ne convient pas, dit-il, qu'on abandonne Scala pour le moment ; recourons à Dieu pour connaître sa sainte volonté. » Puis, encourageant Alphonse : « Confiez-vous en Dieu, dit-il à plusieurs reprises, et n'ayez aucun souci des hommes ; Dieu vous aidera. »

4

NOUVEAUX COMPAGNONS D'ALPHONSE ; FONDATION D'UNE NOUVELLE MAISON DANS LA VILLA DES ESCLAVES.

Les procédés du cardinal avaient réduit au silence tous les ennemis ; Alphonse avait retrouvé la paix et la confiance, et retourna, dans la solitude de Scala. Toute sa famille se composait du docteur Sportelli et du frère Vito Curzio ; mais bientôt, il eut la consolation de voir le couvent visité par de nouveaux sujets qui aspiraient à faire partie de la congrégation, ou qui aidaient à donner des missions. Il se réjouissait de voir ses espérances réalisées ; et cette maison fervente ressemblait à un petit paradis. Quelque temps après, il quitta l'hospice des religieuses, pour occuper une autre maison, aussi pauvre que la première. La pièce principale devint un oratoire, dont la principale décoration fut un grand crucifix, si bien fait qu'on ne pouvait le considérer sans verser des larmes de piété. Mgr Santoro avait fait arranger, pour servir d'église, un souterrain qui avait plus l'air d'une crypte que d'une chapelle. La pauvreté régnait dans la maison comme dans l'église ; il n'y avait pas même de tabernacle pour le Saint-Sacrement. Alphonse l'avait placé sur une boîte ornée de rubans et d'une draperie de soie. L'autel était très pauvre aussi, mais on l'embellissait du mieux que l'on pouvait avec des roses et des fleurs artificielles, en sorte que cette petite église inspirait le recueillement et la dévotion. Alphonse et plusieurs de ses compagnons y passaient presque toujours la nuit en prières, prenant un peu de repos sur la terre nue, devant le Saint-Sacrement.

L'esprit de pénitence et d'oraison s'accrut à l'arrivée des nouveaux disciples. Tout respirait le renoncement et la mortification Alphonse, comme de coutume, se signalait parmi tous les autres ; il était l'âme de toute la maison, et chacun se sentait porté à l'imiter.

Quatre mois ne s'étaient pas encore écoulés depuis le départ de Mandarini ; Alphonse et ses nouveaux compagnons se trouvaient à même de donner des missions. Il prêcha la pénitence au mois de juillet dans la ville de Ravelle, et y donna les saints exercices aux clercs, et à beaucoup d'ecclésiastiques venus des villages voisins. Il continua dans divers hameaux de la côte, jusqu'à la fête de Noël de la même année 1733.

Pendant qu'il donnait ces missions, il eut la consolation de voir entrer définitivement dans la congrégation le prêtre Sarnelli de Ciorani, avec qui il était uni d'une amitié fortifiée par la conformité des sentiments. Au commencement de janvier 1734, sur la demande pressante de Sarnelli, Alphonse l'accompagna dans la terre de Ciorani. Les habitants de cette contrée furent édifiés par les saints exemples de ces deux amis, autant que par leurs instructions pleines de charité. Ils passèrent peu de jours à Ciorani ; car il fallait donner une mission à Cajazzo, dont l'évêque avait manifesté le désir d'avoir dans son diocèse une maison du très saint Rédempteur. L'état de cette petite congrégation ne permettait pas encore d'en détacher une colonie ; il fallut se borner à une simple mission. Alphonse alla donc à Cajazzo, où il conduisit avec lui trois de ses frères. Le fruit de ses peines fut une réforme générale des mœurs et un désir encore plus vif de voir établir une maison de missionnaires, afin de satisfaire au besoin des nombreux villages de ce diocèse.

Entre tous ceux qui s'intéressaient à la fondation d'une maison, on distinguait particulièrement le jeune seigneur Xavier Rossi, depuis peu élevé au sacerdoce. La maison des Rossi est une famille patricienne de Capoue, non moins remarquable par son opulence qu'illustre par la noblesse de ses ancêtres. Ce jeune ecclésiastique avait pris à cœur le nouvel établissement, et, depuis un an, traitait cette affaire avec Alphonse et Mgr Vigilante ; il s'était aussi chargé d'obtenir le consentement du peuple et celui du prince. Quelques constructions étaient nécessaires ; il avait fait venir un architecte pour dresser le plan ; les travaux étaient commencés ; tous les matériaux avaient été préparés aux frais de Xavier. Alphonse, ravi de la belle âme du jeune prêtre et de sa sollicitude pour la nouvelle fondation, lui répétait gracieusement : « Don Xavier, c'est d'abord vous que Dieu demande ; ensuite la fondation. » Il prophétisait ; mais les desseins de Dieu ne devaient pas si tôt s'accomplir. Rossi aimait la congrégation de Scala, désirait ardemment établir une maison à Formicola, mais toute son admiration pour la vie pauvre et pénible d'Alphonse ne suffisait pas pour lui donner le courage de l'imiter ; il lui manquait d'être appelé par la grâce. Un matin, un mouvement subit de dévotion le porta vers Alphonse, au moment où il allait offrir le saint sacrifice de la messe. Xavier la servit ; quand il vit à l'autel non plus un homme, mais un séraphin, comme il le dit lui-même, il se sentit porté à le suivre. Alphonse ne manqua pas, de son côté, pendant la célébration du saint mystère, de faire violence au cœur de Jésus-Christ, pour obtenir les moyens de vaincre son jeune protecteur. Enfin, la grâce agit avec tant de force, les prières d'Alphonse furent si puissantes, que, la messe terminée, Xavier, se jetant à ses pieds, le supplia tout en larmes de l'admettre dans la congrégation. Alphonse voulait ajourner son admission ; mais Xavier donna tant de signes de résolution, qu'Alphonse n'hésita plus à l'admettre comme novice. Il devint une pierre angulaire de la congrégation naissante ; et il y mourut en odeur de sainteté, après avoir contribué à sa gloire par de très grands services.

Cette fondation correspondait parfaitement aux desseins d'Alphonse : située au centre de quatre diocèses, elle est entourée d'un grand nombre de villages et de campagnes fort peuplées. Au commencement de mars, le bâtiment fut assez avancé pour être habité. Quatre pièces du rez-de-chaussée, à côté de l'église, occupées auparavant par des ermites, furent cédées pour le logement des missionnaires ; et on assigna pour l'entretien quatre chapellenies. C'était peu, sans doute, pour fonder une maison importante ; mais Alphonse, qui cherchait les âmes et non l'argent, se contentait d'une pauvre maisonnette, avec une simple cloche, à l'exemple de sainte Thérèse, dont il aimait à imiter la vie.

Dès que la fondation fut établie, Alphonse ne tarda pas à entreprendre différentes bonnes œuvres pour le bien spirituel de cette campagne et des lieux d'alentour. Il ne cessait de donner des missions dans le territoire de Formicola, et dans les lieux circonvoisins, et il était toujours à la tête des missionnaires. Tous les jeudis, il y avait exposition du Saint-Sacrement avec sermon ; et, le samedi, on prêchait encore en l'honneur de la Sainte Vierge. La journée du dimanche suffisait à peine aux travaux des frères. Dès le matin, une confrérie d'hommes se réunissait à l'église ; dans la journée, on faisait un sermon suivi du chemin de la Croix pour les frères et pour le peuple ; on assemblait les enfants pour leur enseigner la doctrine chrétienne ; on distribuait aussi des aumônes aux pauvres. Tous les jours de la semaine, on faisait publiquement l'oraison mentale le matin ; et le soir la visite au très Saint-Sacrement.

Alphonse s'arrêta dans cette maison jusqu'au mois d'août, et il eut la consolation d'y recevoir le prêtre Jean Mazzini, le même qui l'avait animé à poursuivre ses desseins. Le sage père jésuite qui le dirigeait s'était opposé jusqu'alors à son entrée, et l'avait même, par un surcroît de précaution, remis entre les mains de son provincial. La sainteté et la sagesse de Mazzini étaient telles, qu'Alphonse, n'hésitait pas de le proposer aux autres comme un modèle, et de le nommer recteur de la nouvelle maison.

Au mois de septembre 1734, Alphonse se rendit à Cajazzo, pour y donner les saints exercices au clergé et au séminaire. De là, il fit d'autres courses apostoliques ; partout Dieu récompensa son zèle par des prodiges de conversions.

La vie d'Alphonse dans la nouvelle maison de la Villa des Esclaves ne fut pas moins admirable. Outre la discipline en commun plusieurs fois la semaine, il se la donnait tous les jours dans sa chambre, dont les murs étaient tout arrosés de sang ; il était tellement chargé de cilices qu'il pouvait à peine marcher ; son sommeil était très court, son oreiller consistait en une pierre, et sa paillasse était si mince qu'il reposait sur les planches. Il était d'une humilité extraordinaire ; avant et après le repas, il baisait les pieds de tous. Jamais, il ne se servait de cheval ; il allait à pied ou monté sur une mule.

Partout, on parlait de la vie admirable de l'institut, et surtout de la sainteté d'Alphonse. Des sujets se présentaient en foule ; mais s'en retournaient aussi en grand nombre, ne pouvant soutenir une vie si pénible ni l'extrême pauvreté.

5

UNE NOUVELLE MAISON EST FONDÉE À CIORANI ; ALPHONSE DONNE DES MISSIONS ET DES RETRAITES AVEC LE PLUS GRAND SUCCÈS.

Dès que la nouvelle fondation de la Villa des Esclaves fut suffisamment consolidée, Alphonse retourna dans la maison de Scala. Le grand bien qui s'y faisait sous la conduite du père Sportelli fut pour lui le sujet d'une douce consolation, qui s'accrut encore par la présence de nouveaux candidats qui l'attendaient avec impatience. Dans l'automne, il parcourut différents lieux de la côte, en donnant partout des missions. Pour obéir à Mgr Santoro, il consentit à prêcher le carême de 1735 dans la cathédrale de Scala ; il donna aussi les exercices spirituels dans la paroisse de Sainte Catherine et aux religieuses de Saint-Catalde. On eut encore la consolation de l'entendre prêcher tous les vendredis de mars sur la passion de Jésus-Christ et sur les douleurs de la Sainte Vierge.

Il y avait eu quelque désir secret dans l'empressement avec lequel le père Sarnelli avait emmené Alphonse dans la terre de Ciorani l'ambition de voir une maison de la nouvelle congrégation s'établir dans cette baronie de sa famille ; d'autant plus qu'elle se trouvait dans une campagne très peuplée. Dieu bénit ses saintes intentions. Dès que le peuple de Ciorani et surtout le curé eurent appris le grand bien qu'Alphonse pouvait leur procurer, ainsi qu'aux villages voisins, il n'en fallut pas davantage pour leur faire souhaiter de voir une telle institution fixée parmi eux. Celui qui aida le plus à l'accomplissement des vœux du père Sarnelli, fut son frère André qui sollicita leur père, le baron de Sarnelli, en lui exposant les immenses avantages que procurerait à sa terre et aux habitants la présence d'une société de missionnaires. Le baron goûta les projets de ses fils ; et André résolut de pourvoir à l'établissement désiré. Il assura sur le produit d'un vignoble une rente destinée à l'entretien.

L'archevêque de Salerne, informé de ce qu'on venait de décider à Ciorani, tressaillit de joie en voyant les grands secours que le Seigneur réservait à son vaste diocèse. Après avoir obtenu l'agrément de l'archevêque, Alphonse revint à Ciorani avec les pères Mazzini et Rossi, au mois de mai 1735. Un peuple immense, accouru des campagnes voisines, vint à leur rencontre jusqu'à l'entrée de la baronie. Accompagné du peuple et du clergé, Alphonse se rendit, au son des cloches, dans l'église paroissiale de Ciorani.

À la vue d'une telle multitude, il monte en chaire ; et, prenant pour sujet de son sermon le motif de son arrivée parmi eux, c'est-à-dire le salut des âmes, il prêche pendant plus d'une heure ; il pénètre tous les cœurs et les remplit de componction. Le baron de Sarnelli voulut qu'il habitât dans sa maison avec ses compagnons ; mais, pour ce jour-là, Alphonse ne consentit pas à prendre de repos. Les malades de Ciorani soupiraient après la visite du serviteur de Dieu ; et Alphonse, tout rempli de charité, s'empressa de les consoler le jour même de son arrivée. Le lendemain, il reçut les félicitations de plusieurs curés et d'un grand nombre de prêtres et gentilshommes de la contrée. Le soir de ce jour, il fit l'ouverture de la mission. Les habitants des campagnes accoururent en si grand nombre, que l'église ne pouvait les contenir. À la vue d'Alphonse si pauvre, si humble, si respectueux et si plein de l'esprit de Dieu, personne ne pouvait résister, et les plus obstinés devaient rentrer en eux-mêmes. Les conversions furent innombrables, et partout il n'y eut qu'une voix pour bénir Dieu pour la venue des missionnaires et le grand bien qui allait résulter de leurs travaux.

L'habitation que le baron avait mise à leur disposition, outre une espèce de souterrain pour la cuisine, consistait en deux chambres, mais plus grandes que celles de Scala et de la Villa des Esclaves. Plus tard, Alphonse et ses compagnons s'y trouvant trop à l'étroit, le baron céda deux autres pièces ; mais, pour passer des premières aux secondes, il fallait traverser un terrain découvert, ce qui était un grand inconvénient surtout en hiver. Au côté gauche d'une de ces chambres, Alphonse érigea un oratoire privé, et réserva les trois autres pour servir de chambres à coucher. Les lits étaient pauvrement garnis ; il y avait cependant des paillasses. Le reste de l'ameublement était encore plus pauvre ; le nécessaire manquait souvent. Alphonse jouissait de se voir dans un état si misérable, et les autres partageaient sa joie, heureux de pouvoir participer à la pauvreté et aux souffrances de Jésus-Christ. Le petit oratoire était pour tous les frères une image du ciel. La nuit, plus souvent que le jour, Alphonse y épanchait dans le sein de Dieu tous les gémissements de son cœur ; il célébrait la messe avec une dévotion qui remplissait d'attendrissement tous ceux qui avaient le bonheur d'y assister. Il établit à Ciorani les pratiques de piété qui avaient lieu à Scala et dans la Villa des Esclaves. Tous les exercices se faisaient dans l'église paroissiale ; mais le concours des habitants était si considérable, que, les jours de fête, on aurait cru assister à une mission.

Les travaux d'Alphonse et de ses frères eurent bientôt réformé la seigneurie. On aurait dit que les habitants étaient un reste de ces premiers fidèles qui édifiaient la sainte Église à sa naissance. On n'y connut plus ni querelles ni rancunes ; les jeunes gens bannirent les mauvais discours, et les jeunes filles les chansons profanes ; on entendait partout le chant des pieux cantiques qu'Alphonse avait composés lui-même. Lorsque les habitants se rencontraient, leur salut ordinaire était : « Loués soient Jésus et Marie ! » Les mères enseignaient à leurs enfants à répéter ces paroles. On n'entendit plus dans ce village une seule imprécation, ni aucune parole malhonnête ; les cabarets devinrent déserts ; on ne vit plus de ces jeux défendus par lesquels Dieu était offensé auparavant. Tous suivirent régulièrement les offices de l'Église ; ils fréquentèrent les sacrements, montrèrent une tendre dévotion pour la Vierge Marie, et accueillirent avec empressement les prières de la visite au Saint-Sacrement. Enfin, Mgr de Salerne put, sans contestation, autoriser définitivement la maison de Ciorani, par un mandement du 12 décembre 1735. Cette décision remplit de joie tout son diocèse. Alphonse resta dans la maison de Ciorani jusqu'au mois d'octobre ; ensuite, il alla prêcher la pénitence à Recala, l'une des campagnes où résidait la famille Rossi qui l'y avait appelé.

L'archevêque de Salerne, frappé du grand bien que les missions procuraient aux villages de son diocèse, et voyant surtout qu'Alphonse n'était à charge à personne, ni pour le logement, ni pour la nourriture, lui donna la faculté d'aller donner des missions partout ; et commanda aux curés de lui rendre leurs respects et leurs devoirs. La plupart des curés reçurent avec joie cet ordre du prélat, et s'empressèrent pour être les premiers à recevoir la visite des missionnaires ; Alphonse était embarrassé pour satisfaire aux demandes. Mais d'autres ne leur ressemblaient pas ; quelques-uns le virent arriver de mauvaise grâce et le rebutèrent.

On a vu quelle habitation Alphonse et ses compagnons avaient à Ciorani. À peine y furent-ils établis que le peuple les vit à regret loger dans une maison si incommode ; on voulait commencer tout de suite à en construire une autre, et chacun aurait voulu se dépouiller, afin de leur donner plus de commodité. Le baron céda un bâtiment qu'il avait fait élever pour une autre destination ; il y joignit une petite pièce de terre pour servir de jardin. Dès qu'on eut déterminé l'endroit où l'on allait bâtir l'église, des hommes et des femmes de toutes les conditions se mirent courageusement à transporter des pierres, du sable, à construire des fourneaux pour fabriquer les tuiles, à couper et transporter les fascines. Les fils mêmes du baron travaillaient avec le peuple, les prêtres et les curés. À la tête de tous ces ouvriers de bonne volonté était Alphonse avec les Pères Rossi, Mazzini et les autres frères nouvellement entrés dans la congrégation. La construction avançait comme par enchantement.

Un grand nombre de personnes de qualité de San-Severino et des environs, admirant les grands fruits que l'on retirait de la fréquentation d'Alphonse, désiraient ardemment qu'il leur donnât en particulier les exercices d'une mission. Il se prêta volontiers à leur désir, et profita de l'absence du baron, qui se trouvait à Naples, pour lui demander la permission de faire cette mission dans la grande salle du château ; il obtint aussi que ceux des gentilshommes qui ne pourraient retourner le soir à leur campagne demeureraient au château pour y passer la nuit. Un grand nombre d'ecclésiastiques et de laïques assistèrent aussi à ces exercices ; et tous eurent lieu de s'en féliciter à cause du bien qu'ils y trouvèrent. Les prêtres s'adonnèrent à une vie meilleure, au grand avantage des fidèles ; les curés se consacrèrent aussi avec une nouvelle ardeur à l'exercice de leur saint ministère. Plusieurs de ces gentilshommes devinrent l'édification de leurs campagnes.

Le jeune prêtre André Villani fut un de ceux qui assistèrent à cette retraite. Convaincu par la méditation des vérités éternelles, que le monde est trompeur et tout rempli de pièges, il prit la résolution de quitter le siècle et de se consacrer à Dieu dans la nouvelle congrégation. Alphonse se réjouit de posséder un sujet si distingué ; Villani joignait à la noblesse de la naissance un grand zèle pour le salut des âmes ; il devint un modèle d'édification et une des pierres fondamentales de la congrégation naissante. Alphonse mit tous ses soins à faire aimer et rechercher les saints exercices. Tous les pays voisins se réjouirent et le félicitèrent du bien qui en résultait ; Mgr l'archevêque de Salerne en fut extrêmement consolé. Outre les jeunes ordinands, beaucoup d'autres ecclésiastiques venaient plusieurs fois pendant l'année, et surtout en carême, faire des retraites en particulier. On y voyait des magistrats, des chevaliers et des princes. Les évêques et d'autres prélats y venaient avec leurs clercs, et montraient le plus grand désir de se ranger sous la direction d'Alphonse et de jouir de ses instructions publiques et familières. Alphonse attachait la plus grande importance aux retraites dont il voyait tous les jours les admirables résultats ; aussi ne cessa-t-il jamais d'engager le clergé et les fidèles à s'adonner souvent à ces saints exercices, et lui-même les continua jusqu'à sa mort.

La maison de Ciorani prospérait d'une manière miraculeuse, mais bientôt le démon jaloux conspira contre ce grand bonheur. Des ennemis allèrent rapporter à l'archevêque de Salerne que les missionnaires, sous prétexte de zèle et de dévouement, cherchaient à s'enrichir aux dépens des pasteurs légitimes, et qu'il fallait au plus tôt les chasser du diocèse. L'archevêque sourit à de pareilles plaintes : « Je connais Alphonse de Liguori, dit-il ; nous nous ressemblons assez tous deux sous le rapport de la fortune ; il a quitté le monde par choix ; et s'il a quelque souci, ce n'est point pour des intérêts temporels, mais pour gagner des âmes à Dieu et pour arriver à son propre salut. » À cette occasion, les habitants de Ciorani firent connaître combien était sincère et vif leur attachement pour Alphonse et ses compagnons. Ils envoyèrent à l'archevêque une députation pour témoigner du zèle, de l'honnêteté et surtout du grand désintéressement dont faisaient preuve les bons missionnaires. Le prélat déclara qu'il les prenait sous sa protection, qu'en sa qualité de père et de pasteur, il ne cesserait de les défendre en toute occasion, et que leur œuvre était avantageuse au bien des âmes qui lui étaient confiées.

Au commencement de 1737, Alphonse alla donner la mission dans le diocèse de Nocera, et les exercices à un grand nombre de prêtres. Afin d'assurer la durée des fruits que produisaient ses travaux, il ne manquait jamais, comme nous l'avons déjà dit, d'établir les pieuses pratiques, telles que la fréquentation des sacrements, les visites au Saint-Sacrement et la dévotion à la Sainte Vierge.

Après les nombreuses missions données en 1737, Alphonse se rendit à Naples, où il était demandé avec instance par le supérieur de la Propagande, pour la mission qu'on devait ouvrir le 26 octobre, dans la grande Église du Saint-Esprit. On tenait extrêmement à lui pour cette mission ; et, dans la crainte d'essuyer un refus à cause des contradictions qu'on lui avait fait éprouver, le supérieur s'adressa au directeur d'Alphonse, Mgr Falcoja.

Il faudrait un volume pour rapporter les conversions innombrables que Dieu opéra par l'entremise d'Alphonse. Cette mission demanda beaucoup de peine, mais rien ne lui coûtait ; quand elle fut terminée, au lieu de se reposer, il alla visiter la côte d'Amalfi.

Il fut appelé par Mgr de Liguori, son oncle, dans la campagne de Sainte-Lucie, diocèse de la Cava. Les habitants de ces lieux avaient grand besoin de secours spirituels ; mais, où le péché surabondait, la grâce opéra ses merveilles accoutumées. Tous les abus furent extirpés ; on n'y parlait plus que de pardon, de restitutions et de réparations des scandales. Alphonse y releva si bien l'excellence de la chasteté, qu'il remplit la jeunesse d'un grand amour pour cette vertu ; plus de cinquante demoiselles se firent couper les cheveux et renoncèrent au mariage, quoique plusieurs d'entre elles eussent déjà été fiancées. Leur ferveur fut si grande et leur exemple entraîna tant d'autres jeunes filles, qu'Alphonse, avec l'agrément général, les réunit en une congrégation très florissante qu'il mit sous la conduite d'un saint prêtre.

6

ALPHONSE EST CONTRAINT DE QUITTER LA VILLA DES ESCLAVES ET HABITE CIORANI ; IL CONTINUE L'ŒUVRE DES MISSIONS; IL QUITTE AUSSI LE SÉJOUR DE SCALA.

L'évêque de Cajazzo ne pouvait assez se réjouir de l'établissement des missionnaires dans la maison de la Villa. Les bâtiments étaient presque achevés, et l'on avait déjà commencé à donner les saints exercices ; la maison était remplie de prêtres, de jeunes ordinands et même de laïques, qui s'y rendaient des diocèses voisins pour y faire la retraite et régler leur conscience. Alphonse dirigeait tout, s'employait avec zèle à continuer les diverses pratiques de piété ; il en instituait de nouvelles que lui suggérait sa dévotion. Ses compagnons parcouraient les environs, catéchisaient les peuples, extirpaient les vices et faisaient partout fructifier les semences des vertus chrétiennes. La congrégation des artisans comptait déjà dans cette maison plus de deux cents frères, qui s'y rendaient de plusieurs villages ; et le nombre augmentait de jour en jour. La ferveur de ces bons frères était si grande, qu'ils faisaient aussi les missionnaires dans les places publiques et les campagnes, s'efforçant partout d'attirer les âmes à Dieu et de les détourner du péché. La fréquentation des sacrements devint générale ; il y eut dans ces villages des âmes qui parvinrent à un très haut degré d'oraison. Mgr Vigilante était au comble de la joie, en voyant les grands changements qui s'opéraient dans la contrée. Mais ce qui remplissait ce prélat d'une consolation inexprimable, c'était la vue de tant de jeunes clercs, l'espérance de son diocèse, élevés dans la piété et la crainte du Seigneur par les soins d'Alphonse et de ses missionnaires. Tant de bien ne pouvait manquer de réveiller la haine du démon : dans la crainte que l'œuvre de Dieu ne prospérât davantage, il s'en prit au siège même de la congrégation, et résolut de l'attaquer jusqu'à ce qu'il eût dispersé les missionnaires. Il y avait dans le pays quelques personnes qui ne pouvaient souffrir les censeurs de leurs désordres. Les clameurs devinrent bientôt générales ; on n'épargna pas les expressions grossières et injurieuses ; on accusa l'avidité des missionnaires. La calomnie alla toujours en augmentant ; on les donna pour autant d'hypocrites qui prêchaient d'une manière et vivaient d'une autre. Le père Liguori lui-même fut représenté comme un de ces hommes qui font métier de sainteté et de justice. Un méchant prêtre et ses complices, après avoir rempli tous les cœurs d'une sombre défiance, surent prévenir l'esprit du baron lui-même. Alphonse, voyant l'orage grossir, et craignant l'explosion, crut devoir la prévenir en se rendant chez le baron pour réclamer sa protection ; mais il était trop tard : le baron, voyant approcher Alphonse, laissa échapper ces mots : « Voilà encore ces puants ermites ! » et le congédia avec plus de mépris encore. Cette scène, une fois connue, remplit de joie les ennemis d'Alphonse et redoubla leur ardeur à tramer son expulsion. On ne se borna plus aux paroles outrageantes, ni aux calomnies ; on en vint aux démarches, on sollicita les tribunaux de Naples à diverses reprises ; mais on ne put rien gagner auprès des magistrats, juges ou commissaires du roi, qui connaissent trop bien l'honnêteté d'Alphonse et de ses compagnons. On eut recours à la violence. Un des frères étant allé le matin sonner l'Angélus, un gardien de l'église vint à sa rencontre avec d'autres gens ; ils lui arrachèrent violemment les clefs, fermèrent l'église et le renvoyèrent à la maison en l'accablant d'injures. Mais craignant que le peuple ne prit le parti des missionnaires et ne voulût forcer la porte, quelques-uns d'entre eux montèrent au clocher avec des armes à feu, pour empêcher qu'on approchât. Cette situation devenant chaque jour plus pénible, des amis conseillèrent à Alphonse d'abandonner la maison. Mgr Vigilante en pleura de regret, le peuple fut désolé, et tous les villages voisins furent dans le deuil.

Enfin, la nuit du 10 juin 1737, les missionnaires secouèrent la poussière de leurs souliers, et partirent de la Villa pour se rendre à Cajazzo, afin d'y prendre congé de l'évêque à qui cette séparation définitive arracha de nouvelles larmes. Dieu ne laissa pas impunie la méchanceté de leurs ennemis ; la plupart périrent misérablement.

Un champ bien vaste s'offrit au zèle d'Alphonse, à la fin de l'an 1737 et au commencement de 1738. Il donna pour la première fois la mission dans le village de Carisi, situé à peu de distance de Ciorani ; de là il se rendit dans la campagne d'Acigliano. Au mois de janvier, il alla dans l'État de Forino qui compte un grand nombre de villages fort peuplés et dans un grand besoin de secours spirituels. Il visita ensuite plusieurs localités, et le petit village appelé Ajello. Dieu répandit ses bénédictions d'une manière toute spéciale sur cette dernière mission. Tous les habitants de ce village et des campagnes voisines furent profondément touchés de la grâce. On ne vit plus de scandales, on n'y entendit plus de blasphèmes, ni de mauvais discours, les cabarets furent désertés, et les églises fréquentées ; Alphonse y établit les pratiques de dévotion accoutumées, et l'on ne connut plus de maison où l'on ne récitât le saint Rosaire.

La Sainte Vierge fit connaître dans cette mission combien Alphonse lui était cher. Ce qui lui était arrivé à Scala dans le secret de sa chère grotte, il l'éprouva ici, en présence de tout le peuple. Un soir qu'il prêchait sur les grandeurs de Marie et qu'il excitait le peuple à l'honorer, il fut tout-à-coup ravi en extase et soulevé dans la chaire de vérité ; on vit même un rayon resplendissant partir de la statue de la Vierge et venir s'arrêter sur le visage de son serviteur. Il est aisé de croire à la haute idée que l'auditoire conçut du saint missionnaire et combien ses paroles pénétrèrent plus avant dans tous les cœurs.

Tant d'évêques avaient déjà profité des travaux d'Alphonse, qu'il était juste de donner la même satisfaction à Mgr Falcoja, évêque de Castellamare. Cette ville était dans un grand besoin de secours spirituels : son commerce maritime et le concours de gens de toutes les nations devaient nécessairement y pervertir les mœurs. Alphonse s'y rendit, accompagné de neuf missionnaires ; les exercices durèrent longtemps, parce que les besoins étaient grands ; et toutes les classes de la société en retirèrent les plus grands fruits.

La nouvelle maison de Ciorani ne fut pas longtemps à être bâtie, grâce aux soins du Père Rossi et des habitants qui avaient pris l'œuvre à cœur ; chacun regardait comme un miracle qu'en si peu de temps cette maison fut achevée ; et le père Sportelli disait fort agréablement à un gentilhomme qui ne pouvait revenir de son étonnement : « Vous êtes émerveillé qu'elle ait été achevée en si peu de temps ; mais, s'il y a quelque chose de prodigieux, c'est qu'elle puisse rester debout. » Ce fut vraiment un miracle qu'une construction faite ainsi à la hâte, et par de tels architectes, eût si bien réussi. Alphonse était dans la joie, parce que la pauvreté y régnait et que chacun y trouvait cependant toutes les commodités nécessaires, chaque père ayant sa cellule. Lorsque les bâtiments furent achevés et que la nouvelle petite église se trouva aussi sur pied, on abandonna celle de Sainte-Sophie. Comme on peut se l'imaginer, l'église correspondait au reste des bâtiments ; mais malgré sa pauvreté, elle était resplendissante de piété et de dévotion. Alphonse en offrit le patronage à la Sainte Vierge et y fit placer sa chère statue, celle-là même devant laquelle il s'était si souvent entretenu pendant les retraites qu'il faisait à Naples avec ses premiers compagnons. Il se réjouissait de se voir établi dans cette nouvelle maison, et croyait se trouver dans une espèce de paradis. Il se hâta d'y faire régner l'observance dans toute sa vigueur, ce qu'il n'avait pu faire jusqu'alors, à cause de l'insuffisance des bâtiments. Tout y respirait l'humilité et la plus parfaite obéissance ; la volonté d'Alphonse était la règle des autres ; sans prétention, sans répugnance et sans envie, chacun était content de son office. Le très Saint-Sacrement était continuellement exposé dans l'église, et chacun sollicitait la permission d'y aller méditer et faire sa cour au Roi des rois, non seulement durant le jour, mais durant la nuit et le plus longtemps possible.

Si Alphonse n'épargnait rien pour bien établir la congrégation, le démon mettait tout en œuvre pour la détruire. Jusqu'alors, les missionnaires n'ayant pas encore ou de maison en propre à Scala, on les y considérait comme des étrangers. Alphonse, de concert avec l'évêque, pensait à en ériger une ; mais à peine avait-on commencé l'œuvre, qu'il s'éleva un trouble général. Plusieurs prêtres de Scala commencèrent à murmurer ; la jalousie excitée par l'intérêt menaça les missionnaires de toutes les avanies. Alphonse, instruit par ce qui venait d'arriver à la Villa, voulut éviter de nouveaux malheurs ; et, sans perdre de temps, renonça au séjour de Scala. Ce fut un coup bien sensible pour Mgr Santoro. Les bons gémirent, et les envieux triomphèrent ; on sortit le 23 août 1738, veille de la Saint-Barthélemy.

Toutefois, si Alphonse s'éloigna de cette ville, son cœur ne l'abandonna point ; il y revenait chaque année, ou bien il y envoyait quelques-uns de ses compagnons pour y donner au peuple, comme auparavant, la neuvaine du Crucifix, et pour ne pas priver les religieuses des exercices spirituels.

Les deux années suivantes, l'infatigable apôtre donna des missions dans le diocèse de Salerne, et autres lieux environnants, toujours avec les mêmes prodiges de zèle et les mêmes fruits de salut.

7

PROJET D'UNE FONDATION À NOCERA. MISSIONS À NAPLES ET DANS LE DIOCÈSE. ALPHONSE REFUSE D'Y ÉTABLIR SA CONGRÉGATION.

La ville de Nocera était trop proche de Ciorani pour qu'on y pût ignorer les merveilles que la grâce opérait par le ministère d'Alphonse. Un prêtre zélé, nommé Tipaldi, et qui habitait dans la partie, de Nocera appelée Pagani, voyant le grand bien qu'Alphonse et ses missionnaires faisaient à Ciorani, résolut d'établir une maison de la congrégation dans sa patrie. Il parla au doyen et aux principaux habitants des vertus d'Alphonse et de ses compagnons, et leur inspira le désir d'entendre à Nocera la parole du saint missionnaire. Il obtint ce qu'il avait espéré ; Alphonse vint à Nocera-de-Pagani.

Cette mission eut les plus grands succès ; elle opéra des conversions innombrables, et réforma un grand nombre de religieux. Le clergé et le peuple ne désignaient plus Alphonse que sous le nom de nouvel Apôtre. En effet, il jouissait de plusieurs dons surnaturels ; savait toucher les cœurs ; avait l'esprit de prophétie, et guérissait les maladies, souvent par un simple signe de croix. Il logeait chez Tipaldi, dont la mère souffrait, depuis plusieurs mois, de convulsions occasionnées par les douleurs excessives qu'elle ressentait à un bras. La malade se l'enveloppa avec confiance dans une chemise d'Alphonse ; le mal disparut, et elle n'en ressentit plus aucune atteinte.

Tout le monde s'empressa de seconder les désirs de Tipaldi et d'appeler les missionnaires à Nocera ; le curé Cantaldi, voyant combien cet établissement correspondait à ses vues, déclara lui-même à Alphonse le désir de l'avoir avec sa congrégation. On forma des plans, mais les desseins de la Providence ne devaient s'accomplir que plus tard.

Elle destinait à Alphonse un autre champ à cultiver pour le printemps de l'année 1741. Son Éminence le cardinal Spinelli, devenu archevêque de Naples par la mort de Mgr Pignatelli, appréciait le grand bien que faisait Alphonse par les missions ; et, pour satisfaire aux besoins dont le diocèse était tourmenté, ce digne cardinal invita le grand ouvrier de Jésus-Christ. Alphonse s'excusa et dit que le diocèse de Naples, en comparaison des autres, était bien cultivé, et que, si Son Éminence avait besoin d'ouvriers, elle avait à son service plusieurs congrégations florissantes ; tandis que les autres parties du royaume étaient dans la plus grande pénurie, et des centaines de villages étaient totalement dépourvus de secours spirituels. Les paroles d'Alphonse étaient pleines de vérité ; mais le cardinal ne goûta pas son refus ; il eut même recours à son autorité : « Je suis votre supérieur, lui dit-il, et je veux être obéi. Mon diocèse compte plus de cent vingt mille âmes, dispersées dans une foule de villages et de hameaux, et qui ont sur vous plus de droit que tout autre diocèse, puisque c'est ici que vous êtes né. » L'éminentissime Spinelli insista fortement ; Alphonse céda pour ne pas l'affliger. Le cardinal voulut qu'Alphonse prît avec lui les autres missionnaires qu'il voudrait choisir dans les autres congrégations de Naples, sans excepter celle de la Propagande, et qu'il réglât les fonctions de chacun, le mettant ainsi à la tête de cette œuvre pour la diriger d'une manière absolue.

Le démon ne vit pas avec indifférence cette détermination de l'archevêque ; le supérieur des missions apostoliques éprouva un grand mécontentement, voyant Alphonse constitué chef de la réunion des missionnaires. Il prétendait que, sa congrégation jouissant d'une certaine prééminence sur toutes les autres, c'était à lui qu'appartenait le droit d'élire le président. On se plaignit au cardinal qui accueillit fort mal ces réclamations. « Je suis votre archevêque, répondit-il ; je suis aussi le supérieur des missions, comme je le suis de toutes les congrégations dans mon diocèse. À moi seul, il appartient de désigner le chef de la mission. » Il fallut céder et renoncer à toute idée d'opposition.

Alphonse, d'intelligence avec le cardinal, prit l'élite de toutes les congrégations, et surtout les principaux missionnaires de la Propagande. Tous étaient animés d'un grand zèle et d'un dévouement infatigable. Pour ne pas nuire à ses propres missions, Alphonse ne voulut détacher de sa petite congrégation que les pères Sarnelli et Villani. Toutes ces missions eurent le même succès que les précédentes ; la grâce se manifesta par la réforme des mœurs, à la suite de la prédication. L'archevêque, considérant les grands fruits qu'Alphonse et ses missionnaires opéraient dans son diocèse et ailleurs, résolut de fonder une maison dans le Barra, qu'il regardait comme le cœur de son diocèse. Alphonse ne s'accorda pas avec Son Éminence ; car, selon lui, cet établissement, loin d'être avantageux à l'institut ne pouvait que lui causer du dommage. « Lorsque mes missionnaires, disait-il, seront fixés dans le Barra, et qu'ils auront pour pénitents les dames et les gentilshommes, vous aurez beau vouloir les envoyer dans les hameaux et les montagnes. Qui sait si plus tard, entraînés par leurs pénitents de qualité, ils n'iront pas eux-mêmes passer à Naples la meilleure partie de l'année. » Il remercia donc le cardinal et lui dit. « Votre Éminence ne manque pas à Naples d'ouvriers qu'elle peut employer au soin de son diocèse, tandis que les autres évêques n'ont pas cet avantage ; ce n'est pas de Naples qu'ils peuvent tirer des missionnaires pour les villages et les petits hameaux éloignés de toute communication. » Le cardinal se laissa persuader et ne parla plus de cette fondation.

Dans l'octave de Pâques, Alphonse reprit les missions pour les campagnes de Naples. Pendant tout le mois de mai 1742, Alphonse avait donné plus de vingt missions ; et, en même temps qu'il établissait partout le bien, il extirpait aussi le mal. Je ne rapporterai pas tous les faits en particulier ; il faudrait des volumes. Il fit cesser dans le diocèse de Naples des scandales et des abus sans nombre.

Son dévouement pour les âmes et la gloire de Dieu était si grand, qu'il ne remettait jamais au lendemain le bien qu'il pouvait faire le soir même. Dans la dernière mission qu'il donna cette année à Polleca, au moment où un mariage allait être célébré, il apprit que la jeune mariée, avant de se rendre à l'église, devait, suivant la coutume du pays, prendre part à une cérémonie contraire aux lois de la pudeur ; il se hâta d'envoyer le prêtre Testa pour exposer au peuple tout le mal qui en pouvait résulter. Le Seigneur bénit son zèle ; tous les habitants prirent en si grande horreur la coutume dont le danger leur avait été montré, qu'ils y renoncèrent pour toujours. Si Alphonse opérait des prodiges sur les mœurs du peuple, ils étaient bien dus aux fatigues qu'il se donnait ; son esprit et son corps étaient continuellement en action ; on ne savait pas comment il pouvait suffire à tant de travaux, sous lesquels tout autre aurait succombé ; il vivait par miracle. Il se réservait toujours le grand sermon du soir, à moins qu'il ne fût gravement indisposé ; souvent il prêchait deux et même trois fois dans un seul jour ; mais il ne prêchait pas moins par son exemple que par ses paroles. Il mangeait peu ; le temps qu'il donnait au sommeil était fort court. Dans les grandes courses, et tous les jours des exercices, quelle que fût la fatigue, il ne fit jamais trêve aux macérations et flagellations dont il s'était fait une règle ; jamais il ne se donna le moindre soulagement ni le moindre repos, tout en permettant à ses compagnons de se ménager de temps en temps. Ceux qui ne le connaissaient pas, voyant un homme d'un extérieur si pauvre et couvert d'un cilice, le prenaient pour le domestique des missionnaires. Un jour, il venait de faire le sermon d'ouverture ; les paysans, émerveillés des belles paroles qu'ils venaient d'entendre, disaient entre eux : « Si le cuisinier prêche si bien, que sera-ce des autres ? » Ces détails peuvent donner une faible idée de ce que faisait Alphonse dans les missions. Il se réservait toujours le plus mauvais lit et la chambre la plus incommode. Tout lui venait à propos, pourvu qu'il y trouvât de quoi s'humilier et se mortifier.

Lorsque les chaleurs de l'été furent avancées et que le temps de la récolte approcha, Alphonse voulut rendre durables les fruits des missions déjà faites, avant d'en entreprendre de nouvelles. Après avoir terminé celle de Polleca, il envoya des missionnaires dans les mêmes pays où ils avaient déjà donné des missions, et les chargea de prêcher encore, mais en plus petit nombre et seulement peu de jours, afin d'y exciter une nouvelle horreur du péché et d'animer les peuples à la persévérance. Ces renouvellements de missions produisirent un grand bien ; ces missionnaires visitaient et ranimaient dans leur ferveur les confréries qu'ils avaient établies ; affermissaient le peuple dans la pratique de l'oraison en commun et de la visite au très Saint-Sacrement. Ils relevaient ceux qui avaient eu le malheur de faire quelque rechute, ranimaient le courage de ceux qui avaient combattu leurs mauvaises habitudes ; par ce moyen, les fidèles recevaient de nouvelles lumières et de nouvelles forces pour bien vivre.

Durant cet été, Alphonse propagea la dévotion envers la très Sainte Vierge, en donnant les exercices en divers endroits pendant les neuf jours qui précédent ses fêtes.

Après les missions du Barra, il se retira pour quelques jours, au commencement de juillet, dans la maison de Ciorani.

8

ALPHONSE DONNE À SON INSTITUT LE CARACTÈRE D'UNE CONGRÉGATION RÉGULIÈRE, PAR LES VŒUX DE RELIGION ET LE SERMENT DE PERSÉVÉRANCE.

Alphonse disposait ses compagnons à une vie plus sainte et plus parfaite. Ils vivaient dans un véritable esprit de pauvreté et une obéissance aveugle ; la distinction du mien et du tien leur était inconnue ; mais ils n'avaient pris aucun engagement ; tout ce qu'ils faisaient était libre et spontané. Considérant que dans une société, l'esprit de religion s'affaiblit toujours plus qu'il ne s'accroît, Alphonse avait, dès le principe, la pensée de fixer et de retenir l'esprit de piété par les vœux et le serment. À l'époque où nous sommes arrivés, en 1742, il jugea qu'il était temps de faire une communauté tout apostolique ; il ne cessait d'exposer à ses compagnons le mérite que l'on acquiert auprès de Dieu, lorsque, par les vœux, on lui fait le sacrifice de sa propre volonté et de toute chose terrestre. « Le renoncement à notre propre volonté, disait-il, procure plus de gloire à Dieu que toutes les bonnes œuvres faites selon notre choix. Le fruit d'un goût suave fait plaisir ; mais, si avec le fruit nous donnons la plante, l'offrande acquiert beaucoup plus de prix. Sans les vœux, on donne à Dieu le fruit tout seul ; avec les vœux, on donne et la plante et les fruits. » Déplorant aussi l'inconstance de plusieurs qui, trop attachés à leurs parents, à leur liberté, rentraient dans le monde, il s'efforça d'insinuer combien il serait agréable au Seigneur que chacun s'engageât envers Dieu et la congrégation par le vœu de persévérance. « Le serment, disait-il, sera dans la main du religieux comme un bouclier contre le démon, et le sauvera de sa propre inconstance ; il l'affermira dans sa vocation et dans le service de Dieu. Le serment sera aussi comme une ancre qui assure le navire battu par les vents et le fait demeurer au milieu des flots, sans qu'il ait à craindre le moindre danger. » Tels étaient les discours qu'il ne cessait de répéter en particulier et dans les conférences.

La congrégation se composait, entre autres, des prêtres Sportelli, Mazzini, Sarnelli, Rossi, Villani et Cafaro. Tous ces premiers pères méritaient d'être regardés comme autant de bases solides sur lesquelles reposait la congrégation naissante ; ils n'avaient aucun besoin des exhortations d'Alphonse, ils animaient, au contraire, tous les autres à faire ce généreux sacrifice, et l'appelaient de tous leurs vœux. Tous y étaient disposés ; mais une circonstance acheva de les décider au veau et au serment de persévérance.

Le père Majorino était un prêtre zélé, d'une haute vertu et d'un grand dévouement pour les âmes ; mais son cœur se laissa prendre par un excès de tendresse envers ses parents. Un jour, pendant l'oraison du soir, il n'eut pas le courage de résister à la tentation ; il quitta le poste, sans même prévenir Alphonse, et retourna chez lui. Bientôt il reconnut sa faute, mais sans avoir le courage de la réparer. Il écrivit à Alphonse : « Mon père, je condamne mon inconstance, je plains mon trop grand attachement à mes parents, et je publie, comme je l'ai toujours fait et comme je ne cesserai de le faire, les grandes vertus et les rares exemples que j'ai admirés en velus. Que vous êtes heureux ! Et combien je déplore et déplorerai mon malheur ! Oui, ne pas vous porter envie, ce serait montrer que l'on ne connaît pas Dieu, et que l'on n'a pas de bon sens. » Cette inconstance, dans un sujet si exemplaire, décida les frères d'Alphonse à faire généreusement et tout de suite le sacrifice qu'ils méditaient.

Dès que l'adoption de cette mesure fut résolue, Alphonse régla les engagements auxquels devraient souscrire les membres de la communauté.

Il fut établi, quant à l'obligation de pauvreté, que chacun, tout en conservant la propriété de ses biens, renoncerait à l'usufruit qu'il abandonnerait à ses parents ; que, dans le cas où les parents ne se trouveraient pas dans le besoin, chacun pourrait percevoir ses revenus, à la charge de les déposer entre les mains des supérieurs, sans avoir aucun droit d'en disposer.

Pour prévenir les funestes effets de l'ambition, il fallait s'engager à ne prétendre directement ni indirectement à aucun titre, à aucun emploi ou bénéfice hors de la congrégation ; et s'engager à refuser ce qui serait offert, sauf l'ordre du souverain Pontife, ou du supérieur.

Afin de proscrire la distinction du mien et du tien, qui suffit pour rompre le lien de la charité chrétienne, Alphonse voulait que tous les siens n'eussent qu'un cœur et qu'une âme par l'abdication de tout intérêt privé, et fissent renaître la concorde des premiers fidèles. Il prescrivit une vie tout à fait commune, sans distinction de mérite ni de rang, afin d'unir en Dieu tous les membres de la société.

Après avoir banni l'intérêt et la cupidité humaine, Alphonse eut à cœur de réunir, par le vœu d'obéissance, la volonté de tous dans la seule volonté des supérieurs. Son sentiment était que cette vertu d'obéissance garantit l'existence des maisons, et maintient la paix dans les cloîtres. « Où l'obéissance et la subordination manquent, disait-il, on ne peut vivre en religieux ; ce qui serait un paradis par la concorde, devient un enfer par la diversité des sentiments. »

Il exigea encore de tous le consentement formel à se sacrifier sans hésitation au secours de ces âmes dispersées et abandonnées dans les villages et les autres lieux écartés ; et une sincère disposition à se rendre sans délai où l'ordonnerait le supérieur.

Ayant aussi en vue la conversion de tant de pauvres infidèles qui périssent dans l'idolâtrie ou qui s'obstinent à vivre dans les erreurs, il voulut que les membres de sa congrégation, qui auraient atteint l'âge de trente ans, fissent le vœu de partir pour donner des missions aux infidèles, aussitôt qu'ils en recevraient l'ordre du souverain Pontife ou du supérieur.

Il établit enfin, du consentement unanime, qu'après avoir achevé le noviciat, chacun ferait vœu et serment de mourir dans la Congrégation, et que, dans le cas d'une cause suffisante pour agir autrement, il ne pourrait obtenir dispense que du souverain Pontife ou du supérieur. Au contraire, la congrégation serait toujours libre de renvoyer les sujets qui ne seraient pas édifiants. « La vie apostolique, disait-il, consiste proprement dans un adieu solennel à votre patrie et à vos parents ; car, où dominent la chair et le sang, il ne peut y avoir ni amour pour Dieu, ni zèle pour les âmes. Nous devons nous donner à Dieu, mais avec une volonté ferme de ne jamais cesser ; on n'est point fait pour le royaume de Dieu, quand, ayant mis la main à l'œuvre, on regarde en arrière, pour tourner le dos à Dieu et à la Congrégation. »

Toujours en garde contre ses propres lumières, Alphonse, en recommandant cette affaire à Dieu, recourut aux conseils des personnes éclairées et surtout de Mgr Falcoja. Tous approuvèrent le projet ; il fut résolu que l'on procéderait à la profession solennelle le jour de Sainte-Marie-Madeleine. Avant de s'approcher de l'autel où allait se faire l'holocauste, Alphonse voulut que tous se missent en prières et fissent une retraite dans un silence rigoureux pendant trois jours. Après ces trois jours, ils parurent tous, remplis de l'amour divin, respirant une sainte haine d'eux-mêmes et une grande horreur du monde.

Le 22 juillet 1742, jour dédié à la sainte pénitente, tous se réunirent dans la petite chapelle de la maison de Ciorani ; Alphonse leur fit une fervente exhortation, invoqua l'assistance du Saint-Esprit et implora la protection de la sainte qu'ils avaient choisie pour patronne. Alors, tous prononcèrent les vœux de pauvreté, d'obéissance et de persévérance. Comme l'institut n'était pas confirmé par le pape, et qu'Alphonse n'avait aucun caractère légitime de supériorité, ils convinrent d'émettre les vœux et le serment de persévérance entre les mains de Mgr Falcoja, en sa qualité d'évêque, et parce qu'il portait un grand intérêt à la Congrégation.

9

FONDATION D'UNE MAISON À PAGANI ; AGRANDISSEMENT DE LA MAISON DE CIORANI.

Alphonse voyait le grand bien qui résultait de ses missions dans le diocèse de Naples, et le cardinal Spinelli ne cessait de lui en témoigner son extrême satisfaction ; c'était cependant à regret qu'il travaillait dans ce diocèse. Il pensait au besoin dans lequel se trouvaient tant d'autres lieux abandonnés ; le bien qu'il faisait dans l'archevêché de Naples pouvait être obtenu sans sa coopération, par le moyen des autres missionnaires ; tandis qu'un grand nombre d'évêques ne pouvaient pourvoir aux besoins de leurs ouailles. Ces réflexions l'affligeaient beaucoup ; il priait, se macérait le corps, afin de connaître la volonté de Dieu. Il ne voulait cependant pas mécontenter l'archevêque, mais il ne pouvait condescendre plus longtemps à ses désirs. Le cardinal céda, mais à la condition que le père Sarnelli dirigerait la suite des missions. Cet arrangement fut accepté ; le père Sarnelli resta, à la grande satisfaction du cardinal, jusqu'à l'année 1748.

Alphonse alla prendre congé, le 30 juillet 1742, monté comme de coutume sur une mule ; il traversa la ville de Naples avec le père Villani, et descendit en cet équipage à l'archevêché. Les méchants rirent beaucoup ; mais les bons l'admirèrent, et furent édifiés. Alphonse se tenait humblement dans un coin de l'antichambre, attendant qu'il pût entrer dans la salle d'audience, remplie de gentilshommes et de chanoines ; mais le cardinal, venant à sortir, l'aperçut, le pria de l'excuser, le prit par la main, et, sans faire attention à la foule des seigneurs, le conduisit dans sa chambre en lui témoignant la plus grande affection. Alphonse le remercia, lui demanda de protéger sa congrégation et se rendit à Barra où il avait promis de faire la neuvaine de l'Assomption. Accompagné du père Villani, il regagna la maison de Ciorani, où il arriva plein de satisfaction.

Les projets du doyen de Nocera ne furent pas sans effet, non plus que les désirs des habitants de Pagani, qui voulaient jouir d'une maison de missionnaires. Prêtres, religieux, gentilshommes, tout le monde y prenait le plus grand intérêt. Mgr de Dominicis soupirait après cet heureux moment, et se réjouissait d'avance, en pensant à tout le bien qui allait en résulter pour son diocèse. Lorsque tout fut disposé, on appela Alphonse, qui arriva de Ciorani vers la fin de septembre, accompagné du père Sportelli. Contaldi fit alors donation de beaucoup de meubles et d'immeubles, se réservant de faire à sa mort un autre legs de trois mille ducats. Les conventions furent réglées le 13 octobre de la même année 1742, à la satisfaction de tous les habitants. Alphonse désigna, pour occuper cette maison, le père Sportelli, recteur, et plusieurs autres pères. Il repartit pour Ciorani, et donna peu après un certain nombre de missions, toujours avec les mêmes prodiges de vertus, de zèle et de conversions.

Les affaires prospéraient à Nocera ; Mgr de Dominicis exposait au roi le besoin de son diocèse, le grand bien qu'Alphonse y avait fait par les missions, et tout l'avantage qui devait résulter d'un établissement à Nocera. Le pieux monarque, accédant volontiers au désir de l'évêque, permit à Alphonse et à ses compagnons d'avoir une maison et une église à Nocera. Le roi fit encore savoir par dépêche au gouverneur qu'il eût à seconder les missionnaires et à favoriser cette œuvre.

Il n'y avait pas encore à Pagani de maison ni d'église convenables pour recevoir les nouveaux missionnaires ; l'évêque leur accorda l'église de Saint-Dominique pour y exercer les fonctions du saint ministère ; elle touchait l'emplacement où l'on devait bâtir la nouvelle maison. Outre le peuple de Pagani, on y voyait chaque jour affluer les fidèles des environs. Les pères travaillaient, dès la pointe du jour jusqu'à midi ; et, comme on venait de toutes parts profiter du bien qui s'y faisait, Alphonse et ses missionnaires devinrent bientôt l'objet de l'estime et de la vénération générales. Lorsqu'on eut déterminé l'emplacement de la nouvelle maison, on en jeta les fondements ; et le vicaire général bénit la première pierre, le 22 juillet. La construction était à peine commencée que les matériaux arrivèrent comme par miracle, une sainte ardeur animait le peuple ; les hommes et les femmes rivalisaient d'empressement ; c'était à qui fournirait le premier tout ce dont on avait besoin ; les dames s'unissaient au peuple pour transporter les pierres ; les gentilshommes travaillaient comme les simples particuliers, et faisaient même l'office de manœuvres pour hâter les travaux ; la piété donnait de l'ardeur et du dévouement. On faisait continuellement de grosses aumônes ; l'un fournissait de l'argent, un autre des matériaux. Les dames se dépouillaient de leurs anneaux, et d'autres objets d'or et d'argent. Les sept communes, dans leur assemblée générale du 23 septembre, votèrent un subside de 100 ducats en faveur d'une œuvre si utile à l'humanité. L'évêque, ayant vu de ses propres yeux et apprécié le mérite des missionnaires, confia à l'un d'eux la direction spirituelle de son séminaire, et le chargea de recevoir les confessions et de donner des instructions. Les frères de la confrérie du Saint-Rosaire établie dans la cathédrale et composée de gentilshommes, voulurent aussi avoir un missionnaire pour les guider dans la vie spirituelle et prêcher tous les dimanches. Les religieux étaient reçus partout avec acclamations ; les curés les sollicitaient à l'envi ; pour obtenir dans leur église, au moins un triduo ou un sermon à l'occasion des solennités.

Cette fondation dans le diocèse de Nocera fut tellement applaudie, que le peuple ne laissa plus à Alphonse le temps de reprendre haleine. Lorsqu'on sut à Angri tout le bien que les missionnaires avaient fait partout, on voulut aussi avoir la mission. Alphonse s'y rendit au mois de novembre : on le reçut comme un apôtre, et l'on s'estimait heureux de pouvoir se procurer quelque objet qui eût été à son usage. Alphonse habitait la maison de Laurent Rossi. La fille de ce dernier, nommée Thérèse, avait obtenu d'un frère lai une paire de chaussettes teintes du sang d'Alphonse ; elle les conservait très dévotement ; mais un religieux l'en ayant reprise, disant que c'était mal de garder cette relique, puisque Alphonse était encore en vie ; elle donna les chaussettes à un pauvre hydropique. Quelques jours après, ce même pauvre vint la trouver à sa maison, entièrement guéri ; et, comme Thérèse s'étonnait d'un rétablissement si prompt, celui-ci lui dit tout joyeux : « Dès que vous m'eûtes donné ces chaussettes, mes jambes se sont dégonflées et je me suis trouvé guéri. » L'ombre même d'Alphonse était bienfaisante et salutaire. Il recueillit dans cette mission des fruits surprenants.

Il n'avait pas encore travaillé à Nocera dans le centre de la ville ; mais, aussitôt qu'on y eut appris les prodiges de conversions qu'il faisait tous les jours dans la terre d'Angri, les gentilshommes le sollicitèrent instamment de prêcher dans l'église de Saint-Mathieu. Pour inspirer au peuple la dévotion envers la très Sainte Vierge ; il exhorta les fidèles de cette paroisse à élever une statue à Notre-Dame-des-Sept-Douleurs. On vit aussitôt les femmes porter à l'église tout ce qu'elles avaient de plus précieux en or et en argent ; les offrandes furent si nombreuses qu'il resta une somme considérable qui fut employée au soulagement des pauvres. Alphonse était tout dévoué à Marie ; aussi lui faisait-elle opérer des conversions prodigieuses. La veille de son arrivée, un malheureux jeune homme avait eu la tentation de commettre pendant la nuit une action criminelle ; mais, avant d'exécuter son mauvais dessein, il eut de la répugnance de pécher avec le scapulaire dont il était revêtu, et il le déposa dans un creux de muraille. Tandis qu'il avance la main pour l'y placer, il se sent tiré par le bras et prend la fuite, plein de frayeur. La Sainte Vierge, voulant le récompenser de ce faible hommage dont il avait voulu honorer son scapulaire, lui apparut en songe la nuit suivante et lui dit : « Misérable ! tu as du respect pour mon scapulaire, et tu n'as pas horreur d'offenser mon fils ! Demain, le père Alphonse vient donner la mission ; va le trouver, confesse-toi à lui et change de vie. » Le jeune homme n'avait jamais entendu le nom d'Alphonse, et ignorait qu'une mission dût avoir lieu. Le lendemain matin, il alla trouver une espèce de devin pour se faire interpréter le songe ; mais celui-ci l'interrompant lui dit aussitôt : « Ne savez-vous pas que le père Alphonse arrive aujourd'hui pour donner la mission ? » Lorsque le jeune homme entendit prononcer les mots d'Alphonse et de mission, il resta stupéfait ; il se hâta de se faire indiquer la demeure d'Alphonse et alla le trouver. Il lui raconta le dessein qu'il avait eu de pécher et l'obstacle qui l'avait arrêté. « Ainsi, donc, lui dit Alphonse les larmes aux yeux, la bonne Mère vous a envoyé auprès de moi ? » Ensuite, il l'écouta et le réconcilia avec Dieu.

Lorsqu'on eut ouvert la maison de Ciorani, elle se trouva trop petite pour le grand nombre de prêtres et de gentilshommes qui s'y rendaient pour recevoir les saints exercices. Ces retraites faisaient un bien immense ; il n'y avait pas de lieu dans le diocèse de Salerne et dans les environs où l'on ne distinguât par leur probité les personnes qui fréquentaient la maison de Ciorani, et qui s'étaient mises sous la conduite d'Alphonse.

Pressé par l'ordre de l'archevêque, il résolut de faire construire un autre quartier. Le père Rossi, recteur de cette maison, n'était pas du même avis ; dépourvu de tout secours humain, il n'avait pas le courage de mettre la main à l'œuvre. Alphonse insista une première et une seconde fois ; mais, voyant qu'il ne commençait pas, il lui dit un jour avec fermeté : « Mon père, nous ne devons pas bâtir comme font les séculiers, qui commencent par amasser de l'argent, et qui ensuite se mettent à l'œuvre. Nous devons suivre une règle opposée : nous devons d'abord commencer à bâtir et ensuite attendre de la divine Providence ce dont nous avons besoin. » Le père Rossi obéit, animé par la confiance d'Alphonse ; et entreprit de bâtir avec un sequin pour tout capital ; encore ne l'avait-il reçu qu'à titre d'emprunt. Les espérances d'Alphonse ne furent pas déçues. Le père Rossi ne dut pas se repentir d'avoir obéi. Car, indépendamment de ses propres libéralités, l'archevêque écrivit une circulaire pour exciter la générosité des clercs et chapelains de tout le diocèse. Ceux-ci ne furent pas les seuls qui envoyèrent de grosses sommes ; chacun s'empressait de coopérer, en pensant au grand bien qui allait en résulter ; les habitants de Ciorani, quoique pauvres, ne cessaient pas d'aider aux bâtisses et d'y pourvoir selon leurs faibles moyens. Un jour, le père Rossi se trouvait dans la gêne ; le ciel l'aida d'une manière toute particulière. Un jeune homme se présente à lui pour se faire recevoir dans la congrégation en qualité de frère servant ; le père Rossi l'admet provisoirement. Le jeune homme, en se retirant, comme pour aller préparer son entrée dans ta maison, donne au père quelques pièces de monnaie enveloppées, dans du papier, en le priant de faire célébrer une messe. Lorsqu'il fut parti, le père Rossi voulut tirés l'argent enterré dans le papier ; ô surprise ! il y trouva cent ducats d'or. Il envoya rechercher le jeune homme, mais on ne put le trouver. Le père Rossi apprit combien Dieu récompense celui qui espère en lui au mépris des prévisions humaines ; et le bâtiment fut achevé selon les vues d'Alphonse.

10

ALPHONSE ATTIRE DE PLUS EN PLUS VERS DIEU SON PÈRE QUI VOUDRAIT L'ATTIRER VERS LE MONDE.

Pendant qu'Alphonse, toujours plus dégoûté du monde, faisait pénitence à Ciorani et travaillait pour la gloire de Jésus-Christ et le salut des âmes, le monde mettait tout en œuvre pour l'attirer à lui. Son père ne pouvait souffrir de le voir avec de pauvres prêtres consumer sa vie parmi les pâtres et les bergers ; et, comme il n'avait pu parvenir autrefois à le voir briller dans la haute magistrature de Naples, il cherchait maintenant à l'élever aux dignités ecclésiastiques. Alphonse ne pouvait manquer d'obtenir un des sièges les plus considérables du royaume, à cause de la noblesse de sa famille, par les talents qu'il possédait et par la réputation de zèle et de sainteté dont il jouissait partout. Son père usait de mille intrigues et ne cessait de lui écrire ; mais Alphonse lui répondit dans une lettre datée du 5 août 1742 : « Quant à l'épiscopat, mon cher père, ne m'en parlez plus, si vous ne voulez me faire de la peine ; car, si vous parveniez à réussir, je suis tout prêt à refuser, fût-ce même l'archevêché de Naples, afin de me donner tout entier à cette grande œuvre laquelle Dieu m'appelle ; autrement, je serais infidèle à la vocation que le Seigneur m'a fait connaître d'une manière si évidente. C'est pourquoi, je vous prie de n'en plus parler ni à moi, ni à d'autres ; nous avons dans notre institut une règle qui nous ordonne de renoncer à l'épiscopat et à toutes les dignités. Je ne cesse de vous recommander à Jésus-Christ ; bénissez-moi toujours, pour que je serve fidèlement Dieu, à qui je dois tout. »

Si Joseph désirait beaucoup devoir son fils en dignité dans le monde, Alphonse désirait encore plus de voir son père élevé dans le ciel. Chaque fois qu'il avait occasion de lui écrire, il lui recommandait la grande affaire de son salut. Une fois, entre autres, il lui écrivait : « Je vous prie, mon cher père, de vous tenir de plus en plus uni à Dieu, de vous confesser plus souvent et de tenir vos comptes prêts ; quand Jésus-Christ vient, il n'est plus temps de se préparer. Pensez que vous êtes déjà avancé en âge ! Qui sait quand vous devrez partir de ce monde ? Ce qu'il y a de certain, c'est que le jour doit arriver ; que vous le veuilliez ou non. Je vous recommande chaque jour à la sainte Messe, car j'ai beaucoup, beaucoup de crainte pour votre salut éternel. J'espère que la Vierge Marie vous assistera ; mais la Vierge Marie ne peut rien faire sans vous. » Alphonse, comme on le voit, s'alarmait sur le salut de son père, qui l'intéressait au dernier point.

Le capitaine vint visiter son fils à Ciorani ; y fut-il porté par le désir de voir celui qui faisait tant d'honneur à sa famille, ou bien voulait-il faire de nouvelles instances pour l'engager à accepter une position brillante ? On ne sait.

À peine entré dans la maison, il fut pénétré d'un grand sentiment de dévotion ; il admira la vie édifiante qu'on y menait ; le silence qui régnait partout et l'odeur de sainteté qu'on y respirait. Cela suffit pour lui donner une idée de l'éternité bienheureuse et pour détacher son cœur de toutes les choses du monde ; il porta une sainte envie au sort de son fils, et ne pensa plus à lui parler d'évêché. Il le serra dans ses bras, le baisa, en remerciant le Seigneur de tant de bénédictions répandues sur sa maison. Il prolongea son séjour à Ciorani ; et, tous les jours, plus épris de la vie humble et paisible des pères, de la sainteté de son fils, de la sagesse dont il faisait preuve dans la direction de la communauté, du zèle et de la réussite dans les travaux apostoliques, il prit la résolution de rompre tout commerce avec le monde, de renoncer à tout le faste de sa position, pour vivre sous la conduite d'Alphonse en qualité de frère servant. Il était bien résolu de faire un si grand sacrifice, et, les larmes aux yeux, il sollicita le consentement de son fils. Mais celui-ci, intérieurement charmé de l'humilité de son père, en qui il reconnaissait les atteintes visibles de la grâce, le dissuada en disant que la volonté de Dieu n'était pas qu'il abandonnât sa famille, mais qu'il y demeurât pour l'édifier. Don Joseph, vaincu par la résistance d'Alphonse, retourna à Naples, où il coula des jours heureux. Les prières d'Alphonse auprès de Dieu, pour un père si digne de son amour, ne pouvaient manquer d'être efficaces. Non content de le voir devenu un chevalier pieux et exemplaire, il voulait que ce fût un saint, et il eut la satisfaction de voir ses souhaits exaucés. Dès que Don Joseph fut de retour à Naples, il ne vécut plus de la vie militaire ; il devint un fervent anachorète : à l'église, l'oraison ; chez lui, la lecture et la méditation des livres saints ; telle était son occupation continuelle. Il entretenait avec Alphonse une correspondance suivie sur les questions de la vie éternelle ; il lui demandait conseil sur tout ce qui intéressait le salut de son âme, et Alphonse se plaisait à l'éclairer et à l'attacher toujours davantage à la pensée de l'éternité. Quelques années après, dans la mission de Troie, Alphonse apprit sa mort. Il montait en chaire pour le grand sermon du soir ; il se tint quelque temps en prière ; ensuite le recommanda publiquement aux prières de l'auditoire. Mais ce n'était pas assez pour satisfaire ses pieux regrets : il célébra et fit célébrer par ses confrères un grand nombre de messes pour l'éternelle félicité de ce père bien-aimé.

11

NOUVELLES PERSÉCUTIONS ; CONSTANCE HÉROÏQUE D'ALPHONSE ; TRIOMPHE COMPLET DE LA CONGRÉGATION.

Le ciel brillant qui avait éclairé la naissance et les progrès de la maison de Paganise couvrit bientôt de nuages ; et de sérieuses alarmes succédèrent aux belles espérances. Le démon devait redouter l'accroissement d'une œuvre si contraire à ses desseins ; il devait l'attaquer au plus tôt ; et l'envie fut l'arme dont il se servit. L'estime de l'évêque, l'applaudissement des gentilshommes, le concours du peuple portèrent ombrage et excitèrent la jalousie. Aux curés se joignirent divers confesseurs séculiers et réguliers qui se voyaient abandonnés de certains pénitents. L'envie s'empara des cœurs, au point de diminuer dans l'opinion publique, le grand respect qu'on portait aux missionnaires. On les regarda comme moins utiles, on trouva même qu'ils étaient un fardeau pour la population ; il n'y eut bientôt plus de si petite maison, ni de boutique si chétive, où l'on ne se mêlât de relever les conséquences funestes du nouvel établissement. La première mesure fut de se pourvoir, auprès du souverain, contre Alphonse et ses compagnons. Mais Dieu fit connaître combien il était indigné d'un pareil attentat. On va trouver un des plus célèbres avocats, pour le charger de la rédaction d'un mémoire ; il accepte la commission et se met en devoir d'écrire les griefs : il prend la plume, la reprend une deuxième, une troisième fois, mais il a beau la tremper dans l'encre, elle ne trace aucune lettre ; il prend alors une autre plume, mais toujours avec aussi peu de succès. Plein de dépit, il en prends une troisième et parvient enfin a écrire ce qu'il voulait ; mais, quand il veut tourner la page, au lieu du sablier, il saisit l'encrier et le renverse en entier sur la page. Il rentre alors en lui-même, et, voyant dans cet accident quelque chose de mystérieux : « Servez-vous de qui vous voudrez, dit-il d'un ton animé, pour moi, je ne veux plus avoir affaire contre ces missionnaires. » Et il met en pièces le papier. On s'adresse à un autre avocat ; Dieu permit que celui-ci pût dresser le mémoire. Dans cette pièce, on exposait au roi que la ville n'était pas, comme on le lui avait faussement représenté, dépourvue de secours spirituels. On traçait des missionnaires un portrait dans lequel Alphonse lui-même n'était pas épargné : c'était une congrégation non approuvée et composée de vagabonds et de prêtres misérables, qui, n'ayant pas de quoi vivre dans leur pays, cherchaient à se nourrir ailleurs en ravissant le pain des habitants et des religieux. On ajoutait que les missionnaires n'étaient pas des hommes de grands talents, qu'à la réserve de quelques sermons populaires, tout leur savoir-faire consistait à se faire entendre d'enfants et de femmelettes et à chanter des chansons et des cantiques dévots. Ainsi, Alphonse et ses compagnons, honorés au commencement comme autant d'apôtres, se trouvaient de misérables mendiants, des prêtres ignorants, incapables de remplir les fonctions de leur ministère. On concluait que l'autorisation accordée par le roi, pour l'établissement de Pagani, ayant été basée sur des faits mal appréciés, devait être rapportée, et qu'au lieu de permettre aux missionnaires de fonder une maison dans Nocera, il convenait de les forcer à quitter même Pagani.

Les missionnaires servirent alors engagés dans un conflit des plus sérieux : la considération et l'appui de beaucoup d'excellents prêtres, des gentilshommes et des gens de bien parmi le peuple, ne purent néanmoins empêcher les ennemis de se livrer à toute sorte d'excès. Si l'un des pères se montrait, il était assailli de brocards et accablé d'injures. Un père se préparait à dire la messe dans l'église paroissiale ; quelqu'un lui arracha l'amict qu'il tenait dans ses mains. Les frères servants ne pouvaient manquer d'avoir aussi leur part de mauvais traitements, dès que l'un d'eux traversait la place publique ou une rue, on le montrait au doigt et on l'accablait d'injures. Le frère Antonio di Lauro, étant un jour occupé à bêcher dans le jardin, un homme passa de l'autre côté de la haie en proférant des paroles outrageantes. Le frère continua de bêcher comme s'il n'avait rien entendu, mais sa patience rendit l'agresseur furieux. Il entre dans le jardin, se précipite sur le frère et lui donne un rude soufflet. Le saint frère, sans témoigner de ressentiment, se jette à genoux et présente l'autre joue. Cette conduite couvrit l'ennemi de confusion, et il prit enfin le parti de se retirer.

Alphonse se trouvait à Ciorani ; informé de ce qui se passait à Nocera, il s'y rendit en toute hâte ; mais on lui fit une toute autre réception qu'auparavant ; on ne le salua plus par des cris de joie ; on fit entendre, à son approche, des expressions aussi indignes de son caractère que de sa naissance. Une personne vint à la maison l'insulter avec des paroles qu'on aurait honte d'adresser à un vagabond. La moindre des injures qu'elle lui dit, était que lui et ses compagnons étaient venus séduire les habitants de Nocera pour manger le pain de leurs enfants ; qu'ils étaient tous des misérables chassés de leur pays, qui s'étaient abattus sur cette contrée pour la dévorer. À ces odieuses paroles, Alphonse s'humiliait, son humilité redoublait, l'audace de son adversaire. Il demeura longtemps en butte à de nouvelles invectives plus odieuses encore.

La requête adressée au roi n'eut aucun succès. Il connaissait trop bien le mérite d'Alphonse et de ses disciples. Battus de ce côté, mais non rebutés, les ennemis songèrent à chercher du secours dans Nocera même. C'est à Cantaldi lui-même qu'ils s'adressèrent, Cantaldi, l'appui d'Alphonse, et qui avait tant aidé à l'établissement de Pagani. Cantaldi ne tarda pas à se dégoûter des missionnaires, il cessa de fournir les revenus qu'il avait assignés et ne leur adressa plus la parole. Enfin, il leur fit comprendre que leur place n'était plus à Pagani, et encore moins dans une maison qui lui appartenait. Alphonse, instruit par l'expérience de la Villa, comprit qu'il était menacé d'un semblable événement ; mais pour ne pas se méprendre sur la volonté de Dieu, il se rendit à Naples pour prendre conseil des personnes éclairées à qui il avait l'habitude de confier ses embarras. Le chanoine Terni et d'autres lui conseillèrent de se retirer de Nocera. Mgr. Falcoja, apprenant qu'une si grande animosité poursuivait Alphonse et ses frères, allait lui donner le même conseil, quand, jetant les yeux sur une petite statue de saint Michel, il fut frappé d'une lumière surnaturelle et s'écria : « C'est le démon, c'est le démon ! Tenez ferme et continuez de combattre ; Dieu et saint Michel vous protégeront. » Mgr de Dominicis l'engagea aussi à la persévérance, persuadé que Dieu présiderait à l'œuvre menacée du démon. L'évêque de Castellamare conseilla de dédier la maison et l'église à l'archange saint Michel.

La tempête soulevée à Pagani, bien loin de s'apaiser, devenait chaque jour plus alarmante. Au milieu de si grands embarras, Alphonse ne négligea pas la main de l'homme pour défendre l'œuvre de Dieu, mais il recourut avec bien plus de confiance à l'assistance de Dieu même, et s'efforça de l'obtenir par la prière et la mortification. Il embrassa la croix et réclama les prières des saintes âmes ; il se recommanda surtout à plusieurs monastères, et, abandonnant ses intérêts entre les mains de Dieu, il continua le cours des missions, faisant la guerre-au péché, partout où l'envoyait l'archevêque de Salerme et Mgr de Nocera. Cependant ses ennemis continuaient leurs hostilités ; non contents de vouloir ruiner la maison de Pagani, s'ils en avaient eu le pouvoir, ils auraient fait disparaître du monde la Congrégation tout entière. Au commencement de juin 1744, Alphonse fut attaqué à Naples et à Rome. Voyant qu'avec les branches on attaquait aussi la racine et qu'il s'agissait du sort de toute la Congrégation, il rappela en lui cet esprit du barreau qui l'avait animé autrefois ; et, les lois civiles en main, il recueillit les moyens de défense, établit les raisons qui prouvaient le bon droit de sa cause, et fit voir au prince, dans quelles circonstances un couvent peut être appelé licite ou illicite. À Rome, il sut également réduire ses adversaires au silence et les confondit par les bulles mêmes des souverains pontifes et par l'autorité des lois canoniques. Il représenta fort bien, que de tous les instituts aucun n'avait été définitivement approuvé qu'après, un temps d'épreuve, qu'après avoir été pendant le temps de son enfance soutenu par la protection des évêques. Quant aux calomnies contre la vie des membres de la congrégation, il négligea d'y répondre. La notoriété publique la défendait suffisamment. Les mémoires qu'il produisit lui méritèrent à Naples la bienfaisance du souverain, et à Rome la faveur du pape et des cardinaux.

Les gentilshommes de Pagani, de Nocera, de Corbara et de Saint-Égide s'armèrent pour la défense d'Alphonse, convinrent de charger de cette affaire à Rome un avocat et un procureur. En même temps, plusieurs curés, le chapitre de la cathédrale, le clergé de Nocera et vingt-trois clercs de Pagani réclamèrent auprès du pape en faveur d'Alphonse. Ils exposèrent à Sa Sainteté le bien que les missionnaires avaient fait dans le diocèse de Salerme et ailleurs, les nombreuses conversions de prêtres et de laïques qui s'opéraient chaque jour par les exercices spirituels, enfin les services qu'ils rendaient aux curés.

Ils ajoutaient que, non contents des nombreux exercices de dévotions dans leur église, ils assistaient les moribonds et instruisaient la jeunesse sur les devoirs du chrétien. Ils firent l'éloge de la vie exemplaire d'Alphonse, de son désintéressement et de son zèle pour Dieu et pour le salut des âmes ; et supplièrent le pape de protéger une œuvre si grande pour la gloire de Jésus-Christ, et si utile à l'Église.

Les voies de la Providence sont admirables. Les auteurs de cet attentat se virent cette fois victimes de leur propre malice. Des plaintes si vives d'une part, et d'un autre côté de si grands éloges donnés à Alphonse, la qualité et le nombre de ses défenseurs, mirent le pape dans la nécessité de faire une enquête pour connaître la vérité, afin de rendre justice, à qui de droit. Benoît XIV, qui occupait le Saint-Siège, à la nouvelle d'un institut qui s'établissait dans l'Église, voulut s'assurer du mérite de son fondateur ; il chargea donc le cardinal Spinola de prendre des informations exactes auprès de l'évêque de Nocera. L'évêque combattit les calomnies, entra dans tous les détails nécessaires pour rétablir la vérité et pour constater le désintéressement des missionnaires. Il vint ensuite à la question la plus importante, au but qu'Alphonse s'était proposé, secourir par les missions les chrétiens que leur demeure dans des villages éloignés prive des secours spirituels ; travailler à la réforme des clercs par les pieux exercices, et à celle des gentilshommes par d'autres exercices semblables. Le prélat exposa qu'avant de donner son consentement pour cette fondation, il avait demandé la mission afin d'apprécier l'œuvre par expérience, « et lorsque j'eus vu, continua-t-il, lorsque j'eus entendu et pour ainsi dire touché de mes mains le bien inexprimable qui en est résulté et continue encore, ce qui n'a jamais eu lieu après les missions antérieures, je conçus le vif désir d'avoir le nouvel institut dans mon diocèse. »

Dans ce même temps, Mgr Vigilante, évêque de Cajazzo, prit aussi part à la défense d'Alphonse et de la congrégation. « Cette cause est celle de Dieu, dit-il en terminant, et doit pour cela même exciter la haine des méchants ; haine d'autant plus vive que l'œuvre est plus grande. Mon diocèse a éprouvé les heureux fruits de salut qui ont été le résultat de trois années de travaux de ces dignes et saints ouvriers de Jésus-Christ, qui ont sanctifié tous les villages par où ils sont passés. » Il déplore ensuite la perte qu'il en a faite, et proteste qu'il les a vus sortir de son diocèse avec les plus vifs regrets.

Malgré toutes leurs défaites successives, les adversaires ne reculèrent point devant une nouvelle tentative qui ne leur réussit pas davantage ; la nouvelle fraude qu'ils employèrent tourna encore à leur confusion,

Battus dans les bureaux de l'administration supérieure à Naples, ils allèrent frapper aux portes des tribunaux, mais sans plus de succès. Ils firent une nouvelle tentative à Rome ; mais cette fois ils ne mirent plus en jeu le nom d'Alphonse, bien connu désormais, et que le soupçon n'y pouvait plus atteindre. Ce fut sur ses compagnons qu'ils vomirent le poison de la calomnie. Cette attaque suffit pour unir en faveur des Pères tous les citoyens respectables de Pagani et de Nocera. Les trois syndics généraux chargèrent, à leurs propres frais, un avocat et un procureur de prendre à Rome la défense de la Congrégation. D'un autre côté, le pape Benoît XIV, voulant s'éclairer sur la conduite des missionnaires, chargea encore le cardinal Spinola de prendre de nouvelles informations auprès des archevêques de Naples et de Salerne. La Providence voulait, par toutes ces mesures publiques, rendre publique aussi la justification de l'institut, et disposer les voies pour lui faire obtenir l'estime du souverain Pontife. En effet, après quatre appels successifs, après huit mois d'intrigues à Rome, où ils n'épargnèrent ni argent, ni chicanes, ni outrages, les ennemis, au lieu de discréditer la Congrégation, la firent connaître et applaudir davantage par le chef de l'Église, en lui faisant éprouver la vérité de la prophétie de Zacharie : « Votre salut vous viendra de vos ennemis. »

12

MISSIONS APOSTOLIQUES DE SAINT ALPHONSE, JUSQU'À SON ÉPISCOPAT ; FONDATION D'UNE MAISON À ILICETO ET À CAPOSELE.

Dieu seul connait les travaux surhumains de saint Alphonse pour le salut des âmes, et surtout des âmes les plus abandonnées ; l'éternité nous révélera les prodiges de son zèle, en nous montrant les légions d'âmes sauvées par l'infatigable missionnaire. Il est impossible d'effleurer dignement ce sujet dans un tableau raccourci ; des volumes entiers ne suffiraient pas ! On frissonne d'étonnement, on est ravi d'enthousiasme en relisant les détails incroyables ; mais on rougit de honte en retombant sur soi-même, à la vue de ce que fait la grâce dans un saint prêtre.

Il disait à ses compagnons : « Quand Jésus-Christ serait mort en croix seulement pour une âme, nous ne devrions pas hésiter à nous sacrifier pour sauver une seule âme !... Oh ! si je pouvais faire des missions dans tout l'univers ! » Telle était sa devise et son vœu le plus ardent. Il n'est presque pas de ville ou de village dans le royaume de Naples qui n'ait vu ses succès, et senti la vertu de sa parole et de sa charité. Cette période (1732-1762) est un enchaînement de prédications, de confessions, de pénitence, de conversion et de miracles.

Nous avons touché quelques-uns des travaux qu'il accomplit en même temps qu'il fondait les premières maisons de son institut ; nous allons indiquer rapidement les circonstances les plus signalées des missions qu'il donna, quand la Congrégation fut définitivement établie.

Les pauvres et les pasteurs d'Iliceto sont évangélisés et donnent les plus beaux fruits de salut. De riches et pieux personnages offrent leurs biens à la Sainte Vierge et à saint Alphonse, et une nouvelle maison de missionnaires est fondée au milieu de ces populations rustiques.

Mission de quarante jours à Madugno, pays livré à l'impiété. Alphonse rétablit la ferveur dans les peuples, les religieux et les ecclésiastiques, y fait fleurir la dévotion envers la Sainte Vierge et le Saint-Sacrement.

Le cœur du saint homme est brisé par les tracasseries suscitées aux maisons d'Iliceto et de Pagani, et par la mort du saint frère Vito Curzio ; mais la douleur donne un nouveau ressort à son âme, et il va évangéliser les pauvres habitants de la Pouille, et relève leur dignité d'hommes et de chrétiens.

À Foggia, il ouvre à la fois quatre missions dans les quatre églises principales. Il donne en particulier les exercices au clergé séculier, au clergé régulier, aux repenties, aux prisons ; la ville est comme prise d'assaut. Un habitué des tavernes veut se moquer des saints missionnaires et de leur zèle ; mais la mort terrible de ce misérable vient effrayer les pécheurs.

Foggia voit se renouveler un miracle qu'elle avait déjà pu admirer. Alphonse prêchait devant la sainte image de la Vierge des sept voiles, exposée sur le grand autel aux regards de tout le peuple. Il exaltait la gloire de la divine Mère. On croit voir en lui un ange plutôt qu'un homme. Un rayon d'une lumière toute nouvelle, part de la figure virginale, traverse l'église, et, vient se reposer sur la figure du saint. Au même instant, Alphonse, ravi en extase, est élevé de plusieurs pieds au-dessus du sol. On jette des cris de joie, une plus grande affluence accourt à l'église ; plus de quatre mille personnes voient ce miracle. Aussi la grâce opéra des prodiges de conversion et de charité, et renouvela toute cette grande cité.

À Sainte-Agathe, il donne un avant-goût du zèle merveilleux qu'il doit plus tard y déployer comme évêque. Des conversions nombreuses y sont causées, surtout par les admirables exemples de sa vie. Pris de la fièvre, il ne cesse de prêcher. Dès qu'il parait en chaire, le peuple est déjà touché ; et la componction passe dans les cœurs, avant même que la parole ait éclairé les esprits.

Dès qu'il ouvrit la mission de Caposèle, on crut voir un autre saint Paul ; ses discours étaient comme des traits qui pénétraient les cœurs. Un horrible mal de dents lui causait des convulsions. « Je ne me soucie pas de ce que je souffre, disait-il ; quelque soit mon mal, il me suffit de pouvoir dire ce que je sens dans mon cœur. » Son sermon dura deux heures, et l'on crut qu'il avait duré un instant. Dans ses sermons, il paraît continuellement ravi, hors de lui-même. Aussi les fruits sont merveilleux ; les scandales disparaissent ; les ennemis se réconcilient ; le blasphème est en horreur ; tout le peuple s'excite à la ferveur, et surtout à une tendre dévotion envers la très Sainte Vierge. À la fin de la mission, une nouvelle maison est dotée et fondée à Caposèle ; et le peuple donne à ce sujet les plus grandes marques d'allégresse.

Une petite circonstance avait fait briller la grande humilité d'Alphonse, dans cette mission. L'archevêque de Caposèle se trouvait à quelque distance de la ville. Alphonse lui rendit visite le lendemain de l'ouverture de la mission. Il arrive monté sur sa mule, comme de coutume, pendant que Monseigneur était à table. Pour ne rien déranger, Alphonse entra pour réciter l'office dans une chapelle qu'il trouve ouverte près du palais. Le jeune primicier del Plato vint quelque temps après pour fermer cette chapelle. Voyant un homme d'une mise plus que modeste, avec une barbe hérissée, il le prend pour un vagabond, qui vient extorquer une aumône à l'archevêque. Et même, le croyant un voleur, il lui dit de sortir. Alphonse lui répond doucement : « Veuillez me permettre de rester ici, jusqu'à ce que j'aie récité vêpres et complies. » Le gentilhomme lui dit fièrement : « Encore une fois, il faut sortir ! hier on nous a volé une nappe ; y en aurait-il encore aujourd'hui une de trop ? » L'humble missionnaire dut sortir, et termina ses vêpres au milieu de la rue. Plus tard, l'archevêque, prévenu de sa visite, vint à sa rencontre et lui donna les plus grandes marques d'estime. Grande fut la confusion du jeune primicier, en apprenant que sa victime était un noble chevalier napolitain et le supérieur de la mission ; plus grande encore fut l'admiration du jeune homme et de l'archevêque en voyant son incomparable humilité. Nous pourrions citer encore plusieurs traits d'humilité non moins piquants et tout aussi parfaits.

Alphonse se trouvait à Naples pour les intérêts de la congrégation ; il utilisa ses moindres instants libres pour travailler au salut des âmes. Il prêchait partout, ne prenait aucun repos, malgré de grandes souffrances. Au milieu de ses consolations spirituelles, une tempête vint l'assaillir. Le siège archiépiscopal de Palerme était vacant ; le roi, connaissant la noblesse, les talents et le zèle d'Alphonse, dit à son ministre : « Le pape fait de bons choix ; mais je veux aujourd'hui faire un meilleur choix que le pape. » Le ministre fait appeler Alphonse, et lui dit, au nom du roi, la détermination du prince à son égard. Le saint homme est comme foudroyé ; les larmes aux yeux, il fait toutes les représentations possibles. Le roi n'accepta point son refus ; et répondit à toutes ces objections. L'humble missionnaire mit tout en œuvre, demanda partout des prières, et obtint enfin sa grâce. Le roi, édifié de tant de vertu, voulut jeter les yeux sur quelques prêtres de sa congrégation ; mais Alphonse représenta le grand mal qui serait causé à l'œuvre des missions, si, par les dignités, on donnait entrée à l'ambition.

Il reparut à Naples une seconde fois, pour faire approuver sa congrégation par le gouvernement. La piété du roi lui était favorable, mais la politique y mettait des entraves. Comme la première fois, Alphonse consacra au salut des âmes ses instants libres, et recueillit d'abondantes moissons de grâces et de conversions.

Il fut invité à donner une retraite aux militaires ; il fit séparément les exercices spirituels à l'état-major et aux soldats. Tous furent satisfaits ; les officiers admiraient surtout sa liberté apostolique dans la prédication. « Celui-là parle sans cérémonie, dit un capitaine espagnol, frappé de la simplicité et de la franchise de ses discours. » Les scandales, les blasphèmes, les femmes de mauvaise vie disparurent de la troupe ; les soldats devinrent pieux, fréquentaient les sacrements, et lisaient les livres de piété. Des officiers supérieurs embrassèrent même la vie religieuse.

Enfin, il quitta Naples et vint retrouver le bonheur et la solitude au milieu de ses enfants, et s'entretenir seul à seul avec Dieu, dans la maison de Ciorani. Bientôt, il y eut le bonheur d'apprendre l'approbation solennelle de son institut par le souverain Pontife Benoît XIV ; mais ce bonheur fut troublé bientôt quand il apprit que le Pape l'avait confirmé dans la charge de supérieur perpétuel, ou de recteur-majeur ; il en perdit le repos.

À l'ouverture du jubilé de 1750, monseigneur de Novellis voulut avoir Alphonse pour la mission de Sarano. Il s'y rendit avec quatorze des siens. La vue de ce saint homme couvert d'une mauvaise soutane et d'un manteau mal raccommodé, édifia et confondit les habitants et leur inspira des sentiments de pénitence. La veille, il s'était taillé la barbe avec des ciseaux, selon la coutume ; et les inégalités de la coupe formaient avec son habit un ensemble parfaitement assorti. Monseigneur, voulant le mettre à l'épreuve, lui dit d'un ton moitié plaisant :

« Vraiment, père Alphonse, il vous a manqué deux sous pour vous faire faire la barbe ; faites-vous raser, je paierai pour vous. » Sa Grandeur fait signe à son maître d'hôtel d'appeler le barbier. Alphonse ne répliqua rien et se laissa raser ; il y avait dix-huit ans que le rasoir n'avait passé sur sa figure. Cette prompte obéissance édifia beaucoup l'évêque et toute la ville. La mission eut le plus éclatant succès. La piété chrétienne succéda aux désordres, et la fréquentation des sacrements fut dès lors en vigueur à Sarno. Chaque soir un peuple immense se rendait à l'église, pour la visite au Saint-Sacrement et à la Sainte Vierge. On assure que pendant plus de dix ans personne ne fréquenta plus les cabarets.

Même zèle et même succès à Melfi ; Alphonse eut la douleur d'y apprendre la mort du pieux et zélé Sportelli, son premier compagnon dans la Congrégation.

Après avoir eu le plaisir d'édifier, par une mission, la campagne de Marianella, son pays natal, il repassa par Naples, et descendit à un hospice de sa Congrégation, dans une maison dont son frère Hercule avait donné la jouissance. Les gens du peuple, voyant arriver Alphonse sur un âne, la barbe négligée et vêtu de son mauvais manteau et de sa misérable soutane, le prirent pour un vagabond et l'accueillirent par des huées. Il prit le tout en riant ; mais un marchand, l'appelant par son nom, fit entendre qu'il était le frère de Don Hercule, un des hauts dignitaires de la ville.

Il était arrivé le soir tout exténué de fatigue. Don Hercule alla pour lui faire une visite ; mais, ne voulant point troubler son sommeil, il se représenta le lendemain matin. Alphonse n'était point levé ; il revint plus tard ; et, craignant qu'il ne lui fut arrivé un accident, il força la porte de sa chambre. Il trouve son frère étendu sur son lit, tout habillé, évanoui. Il va chercher des secours ; les médecins font ôter ses vêtements ; on trouve son corps enveloppé d'un cilice qui lui ôtait la respiration. Après une saignée, il reprit ses sens ; se voyant découvert, il crut mourir de honte. Affaibli comme il était, il alla prêcher au séminaire et dans plusieurs monastères.

Quelque temps après, il fut calomnié près du roi ; il se justifia victorieusement. Tout en recourant à Dieu par la prière, Alphonse n'avait point négligé les moyens humains ; la calomnie dévoilée tourna à l'avantage de la congrégation.

Au mois de juillet 1753, il donnait à Saragnano la neuvaine de la fête du Carmel. Il y opéra le plus grand bien ; mais un événement extraordinaire fit connaître encore davantage combien le saint missionnaire était agréable à la Sainte Vierge. Trente-deux convives se trouvèrent inopinément à l'heure du dîner, et l'on ne put trouver assez pour les recevoir convenablement ; l'alarme était grande. « Ne vous mettez pas en peine, dit Alphonse en souriant, servez ce que vous avez, et Dieu nous aidera. » En découpant les vivres dans la cuisine, on vit, à ne pas s'y tromper, que les portions grossissaient ; ce fut à tel point que tous les Pères et la famille et les hôtes furent abondamment servis ; il y eut encore des restes. Alphonse, voyant les gens en admiration, dit pieusement : « Dans nos embarras, sachons recourir à Dieu ; et ne nous défions pas de sa providence. »

Succès prodigieux dans la mission d'Amalfi. On voit cesser les danses scandaleuses entre les jeunes gens des deux sexes, le libertinage, l'effronterie et les immodesties des femmes. Des confréries ou sociétés furent érigées pour les jeunes filles ; plus de trois cents jeunes personnes en firent l'honneur. Tout le pays fut sanctifié et le bien fut durable. Alphonse avait prédit un tremblement de terre ; et l'accomplissement de la prophétie confirma la sainteté de la mission, et rendit à sa parole un nouveau témoignage de vérité.

Plus tard, il y fut rappelé pour la neuvaine de l'Assomption ; il y consolida le bien produit précédemment. Un miracle, qui lui semble devenu familier, vint attester aux yeux de tous que Dieu protégeait l'œuvre de son serviteur. Alphonse prêchait sur le patronage de la Sainte Vierge ; il s'écria, dans un mouvement de zèle et de confiance : « Que ne puis-je, mes frères, animer vos prières à Marie de toute la confiance que vous lui devez ! Ah ! je veux du moins la prier pour vous ! » À ces mots, il se mit à prier et ses regards se fixent au ciel ; le peuple étonné le voit élevé d'environ deux pieds au-dessus de la chaire ; son visage brillait d'un feu céleste ; il était tourné vers une statue de la Sainte Vierge placée à sa droite, près de la chaire. Aussitôt, la figure de la Vierge paraît s'animer, elle resplendit du plus vif éclat, et jette un reflet direct sur le front de l'extatique Alphonse. Tous les assistants purent considérer ce spectacle ; de tous côtés partaient, ces cris : « Miséricorde ! miracle ! » Des larmes d'attendrissement et d'admiration coulaient de tous les yeux. Descendu de son extase, qui dura plus de cinq minutes, Alphonse, d'un ton de voix extraordinaire et tout à fait imposant, révéla aux assistants le secret de sa vision, et leur dit : « Réjouissez-vous, mes frères ; la Sainte Vierge vous accorde sa protection ! »

À Gaëte, l'hospice des enfants trouvés était devenu un cloaque pour le corps, et un enfer pour l'âme. Plus de quatre cents créatures étaient victimes de maîtresses dénaturées. On avait tenté plusieurs fois d'y porter remède ; le roi chargea les missionnaires du très saint Rédempteur de faire cette réforme. Alphonse pleura en voyant tant de misère ; mais bientôt, malgré mille difficultés de tout genre, cet asile de la pauvreté délaissée fut changé en un vrai paradis !

Comment dire aussi les succès merveilleux de Nole et de Cerreto, et de tant d'autres missions données par lui-même ou par ses compagnons, jusqu'en Sicile ? Grand serviteur de Jésus-Christ, apôtre incomparable, je ne puis, dans un cadre si étroit, dire tout ce que vous avez fait pour le salut des âmes et la gloire de Dieu ! Je sens venir des larmes d'attendrissement et d'admiration ! Achevez votre œuvre en nous attirant à vous, à Jésus et à Marie !... Que l'éternité bienheureuse nous reçoive avec vous, et nous révèle tout ce que Dieu fait par les saints, pour ses pauvres créatures !

Avec tous ces labeurs apostoliques, Alphonse trouvait le temps pour composer de nombreux ouvrages : le livre des Visites au Saint-Sacrement et à la Sainte Vierge, sa grande Théologie morale, qui lui demanda dix-sept ans de recherches incroyables, un grand nombre de livres de piété, qui suffiraient pour remplir une vie ordinaire d'auteur. Nous ferons connaître les ouvrages de saint Alphonse dans un chapitre spécial. Alphonse avait fait le veau extraordinaire de ne perdre aucun instant ; et il l'observa héroïquement. Il ne connut point le repos ; il vivait dans une continuelle application d'esprit, malgré des maux de tête continuels et parfois très violents. Il disait que s'il attendait, pour travailler, l'état de parfaite santé et sans douleur, il ne ferait jamais rien. Quelle immolation continuelle de soi-même ! Qu'il est grand dans le ciel, celui dont le courage s'est ainsi soutenu pour la gloire de Dieu, et pour la sanctification des âmes, pendant de si longues et si saintes années, avec une perfection toujours croissante ! Malheureux nous-mêmes, si un tel héroïsme ne stimule point notre paresse et notre tiédeur !

13

APPROBATION SOLENNELLE DE L'INSTITUT PAR BENOÎT XIV. EXPANSIONS SUCCESSIVES ; ÉTAT ACTUEL DE LA CONGRÉGATION.

La congrégation avait fait ses preuves, rendu d'éminents services malgré les contradictions et les difficultés sans cesse renaissantes.

Elle comptait quatre maisons florissantes : Ciorani, où Alphonse transféra le noviciat, et constitua le père Villani maître des novices ; la nouvelle maison de Pagani, où sera bientôt placé le Studenda, c'est-à-dire l'enseignement des humanités, de la rhétorique, de la philosophie et des sciences théologiques ; enfin, les maisons d'Iliceto et de Caposèle.

La règle était acceptée et parfaitement observée par tous les sujets ; mais il fallait donner à la congrégation la consistance d'un institut religieux. En 1748, encouragé par les pieuses dispositions du roi, Alphonse présenta une supplique à Benoît XIV. Par l'ordre du souverain Pontife, le cardinal Spinelli fit un examen préliminaire de la règle, en admira la sagesse, y fit de légères modifications et déclara qu'il y avait lieu de procéder à l'approbation solennelle. Alphonse cacha son humilité sous le prétexte de ses infirmités, et envoya à Rome le père Villani. Le saint et tous ses enfants se mirent en devoir d'attirer les bénédictions divines sur cette démarche décisive, par les prières, les jeûnes, les pénitences et les bonnes œuvres ; ils intéressèrent à la cause une foule de saintes âmes ; on s'adressa surtout à Marie, mère de la congrégation. À ces moyens surnaturels, Alphonse joignit ceux de la prudence chrétienne, sollicita et obtint les recommandations nécessaires ; puis on attendit en silence le salut de Dieu.

Le père Villani trouva des obstacles, mais la Providence était pour lui. Le cardinal Bisozze, rapporteur de la cause, triompha de toutes les objections. Le 25 février 1749, Benoît XIV donna le bref par lequel il approuva et confirma la congrégation et la règle du très saint Rédempteur ; et dès lors, l'institut fut mis au nombre des ordres religieux reconnus par l'Église.

Le saint fondateur se trouvait à Ciorani ; il ouvre en tremblant le message du père Villani ; les premiers mots étaient ceux-ci « Gloria Patri ! la règle est approuvée ! » Aussitôt, il tombe à genoux, verse des larmes de reconnaissance et de bonheur ; il remercie son Dieu, son Jésus et sa Mère. Puis, il rassemble la communauté, et tous entonnent avec transport le Te Deum.

En même temps, le souverain Pontife le confirmait dans la charge de supérieur perpétuel de la congrégation. L'humble fondateur gémit, envoya lettres sur lettres pour exposer sa faiblesse et son incapacité. Et le père Villani lui répondait : « Dieu veut que votre Révérence porte cette croix jusqu'à la mort. Plus que jamais notre barque a besoin d'un bon pilote. Il faut prendre patience et courber la tête sous le joug de la croix. Mon père, n'en parlons plus ; vous y êtes tenu par devoir, par justice et par reconnaissance. »

L'institut prit de nouveaux développements : des maisons furent fondées dans la principauté de Bénévent, dans la Sicile, dans les États pontificaux. Chaque maison comptait au moins une vingtaine de sujets distingués par leurs talents et leurs vertus, et leurs succès apostoliques.

Alphonse écrivit des circulaires admirables, pour confirmer les religieux dans l'étroite observance et ranimer le zèle pour la gloire de Dieu. Plus d'une fois, il eut à déployer la plus héroïque fermeté unie à la douceur et à la prudence, pour apaiser les orages extérieurs suscités par les ennemis, ou pour rétablir l'ordre intérieur troublé par des sujets compromettants dont ne peuvent s'exempter les plus saintes communautés.

Dans une de ces plus grandes épreuves, le saint patriarche avait fait cette prophétie : « N'en doutez pas ; la congrégation subsistera jusqu'au jour du jugement, car elle n'est point mon œuvre, mais l'œuvre de Dieu. Tant que je vivrai, elle restera dans l'humilité et l'humiliation ; mais après ma mort, elle ne tardera pas à étendre ses ailes et à se répandre, surtout dans les contrées du Nord. »

La prophétie poursuivait son accomplissement à la fin du dix-huitième siècle, pendant que l'incrédulité régnait en France, le Joséphisme en Autriche et une diplomatie tracassière partout. Les difficultés s'aplanirent, le roi Ferdinand IV donnait une existence légale, en approuvant la règle de Benoît XIV ; un chapitre général replaçait sur ses bases la congrégation ébranlée. Alphonse avait déjà pu voir avec un bonheur prophétique l'homme providentiel qui devait être le continuateur et le propagateur, ou plutôt le second fondateur de l'ordre, hors de l'Italie.

Clément-Marie Hoffbauer, pauvre enfant de la Moravie, âme fortement trempée, ornée des plus précieuses faveurs de la grâce, commençait son noviciat avec son ami Thadée Hübl, appelé comme lui, par des circonstances évidemment divines. Alphonse, à qui l'on fit part de ces particularités, s'écria dans une joie extrême : « Par ces deux hommes, Dieu va procurer sa gloire dans les pays du Nord ! »

Quelques années après, Hoffbauer, nommé vicaire-général de l'ordre, assemblait à Varsovie des novices distingués, auxquels vint se joindre Joseph Passerat, enfant de Joinville, séminariste de Châlons-sur-Marne, poussé hors de France par la révolution, ou plutôt par la main de Dieu. La Pologne, la Courlande, la Suisse, la Forêt Noire et plus tard le Valais, voient s'élever des maisons ferventes et éprouvées qui méritent les éloges de Pie VI et des plus hauts dignitaires de l'Église. Les passions politiques dispersent les missionnaires, qui trouvent enfin un asile au couvent de Valsainte, dans le canton de Fribourg. Le père Hoffbauer allait établir la congrégation à Vienne et lui obtenir l'existence légale en Autriche ; il meurt, comme Alphonse, laissant à ses enfants des paroles prophétiques : « Ayez patience et persévérez ! J'aurai à peine fermé les yeux, et vous aurez des maisons et des fondations en abondance. » Deux mois après sa mort, en 1820, l'empereur d'Autriche reconnaissait légalement la congrégation ; et le père Passerat, vicaire-général, et la plus grande personnalité de l'ordre après Alphonse et Hoffbauer, formait à Vienne une communauté nombreuse avec les éléments préparés par son prédécesseur. Et peu après, les rédemptoristes arrivaient dans le diocèse de Strasbourg, et s'installaient à Fribourg. En 1831, ils étaient en Belgique, où ils se propagèrent avec une rapidité merveilleuse, ainsi que dans le royaume de Naples. Ils s'établirent aussi, mais temporairement, à Modène et dans le Portugal ; et en 1833, ils s'embarquaient pour les États-Unis, où ils possèdent une province florissante ; et peu d'années après, ils étaient en Bavière et en Angleterre.

La Providence leur préparait la plus précieuse des consolations. Le 26 mai 1839, Alphonse de Liguori était canonisé, et la congrégation avait un saint pour fondateur. La glorieuse fête réunit à Rome tous les rédemptoristes des divers points de l'Europe ; et l'on songea de suite à réaliser toutes les formes de gouvernement prévues par le chapitre de 1764. Un décret de Grégoire XVI, divisa la congrégation en provinces ; on ne pouvait pas encore transférer la résidence du recteur majeur à Rome. Saint Alphonse qui n'avait pu ni voulu s'y fixer de son vivant, avait parlé d'un moment où la Providence y appellerait ses enfants. Le moment était venu : en 1853, Pie IX établit à Rome une maison de la congrégation, résidence du supérieur général. Une superbe villa devient la maison généralice ; un chapitre est célébré en 1855 ; un supérieur général ou recteur-majeur est élu presque à l'unanimité, le R. P. Mauron, image de saint Alphonse par l'énergie et la douceur. Le saint fondateur, du haut du ciel, voit cette heureuse conclusion de toutes choses, pour laquelle il avait tant souffert, tant prié et tant mérité ! La congrégation du très saint Rédempteur est actuellement dans soixante-trois diocèses, où elle compte quatre-vingt-trois maisons En Italie, elle a vingt-huit maisons dans vingt-quatre diocèses ; sept maisons en Belgique, neuf en Autriche, sept en Bavière, deux en Prusse, cinq en Hollande, deux en Angleterre, une en Irlande, dix aux États-Unis, une aux Antilles. En France, elle est établie dans huit diocèses : Strasbourg, Annecy, Arras, Bourges, Cambray, Metz, Meaux, et dans le diocèse de Nancy, à Saint-Nicolas-du-Port.

Les enfants de saint Alphonse peuvent répéter avec confiance les paroles de leur père : « Je tiens pour certain que Jésus-Christ regarde d'un œil amoureux notre petite congrégation, qu'il l'aime comme la prunelle de ses yeux. » Nous le voyons par expérience. Au milieu de tant de persécutions, il ne cesse de nous protéger et de nous rendre plus dignes de travailler pour sa gloire dans beaucoup de royaumes. Je ne le verrai pas, parce que ma mort est proche ; mais je suis certain que notre petit troupeau croîtra toujours de plus en plus, non pas en devenant plus riche et plus considéré du monde, mais en procurant la gloire de Dieu, et en obtenant par ses œuvres que les hommes aiment et connaissent davantage Notre-Seigneur Jésus-Christ.

Qu'il en soit ainsi, et terminons ici cette notice par l'adorable nom de Jésus-Christ Rédempteur !

14

CONCLUSION DU TROISIÈME LIVRE. EXPLICATION DES MERVEILLEUX SUCCÈS DE SAINT ALPHONSE, PAR LE TABLEAU DÉTAILLÉ DE SON GRAND CARACTÈRE APOSTOLIQUE ET DE SON ESPRIT RELIGIEUX.

ARTICLE PREMIER. Vertus surnaturelles et qualités naturelles de saint Alphonse pour réussir dans les missions.

Le véritable caractère d'homme apostolique distinguait Alphonse. Il était jaloux de l'honneur de Dieu ; il était tout charité, tout amour envers les pécheurs, d'une habileté remarquable à rendre utile le ministère de la parole. Il ressentait une peine mortelle et sacrifiait tout, dès qu'il s'agissait d'empêcher l'offense de Dieu et de procurer sa gloire.

« Que faisons-nous au monde, disait-il souvent, pourquoi sommes-nous dans la congrégation, si nous ne sommes pas dévoués à la gloire de Jésus-Christ ? Nous sommes ses enfants adoptifs plus que tous les autres, nous devons combattre ses ennemis et ne plus nous soucier de la vie ou de la mort, puisqu'il a lui-même donné sa vie pour nous. » — D'autres fois, il disait : « L'amour de Jésus-Christ nous fait violence et nous force, pour ainsi dire, à l'aimer et à le faire aimer des autres. » « Si le péché n'est pas poursuivi par nous, qui donc lui fera la « guerre ? » — « Je me sens mourir, dit-il un jour, lorsque je vois certains prêtres qui regardent avec indifférence les offenses faites à Dieu, comme si ce n'était pas aux prêtres à défendre son bonheur et sa gloire ; je me console cependant de ce qu'il n'en existe pas de semblables parmi nous. »

Il avait pour tous les pécheurs une charité extrême et tout apostolique ; Dieu lui avait donné un empire tout particulier sur les cœurs. Quand un pécheur se trouvait à ses pieds, Alphonse lui prenait, pour ainsi dire, le cœur entre ses mains pour l'éclairer et lui faire comprendre l'étendue de son mal, pour lui inspirer du repentir et le décider à la pénitence. Il excitait les siens à faire de même. « Ces pécheurs disait-il, sont cette chère et unique brebis pour laquelle Jésus-Christ abandonne les quatre-vingt-dix-neuf autres ; il la cherche et la rapporte sur ses épaules. »

D'un commun sentiment, on regardait Alphonse comme le plus grand missionnaire du royaume ; comme prédicateur et comme confesseur, il avait reçu de Dieu des dons particuliers ; c'était l'opinion des évêques et des archevêques, et des hommes apostoliques, à Naples et dans les provinces. Il prêchait Jésus crucifié ; c'était le grand livre dans lequel il puisait de quoi instruire les savants comme les ignorants. Rien de fleuri dans ses sermons ; il en bannissait tout vain ornement, mais il possédait l'art de donner la tournure et l'expression populaires des plus anciens Pères de l'Église. Ses raisonnements étaient clairs, à la portée de tout le monde. Il s'exprimait d'une manière nette et concise ; aussi le paysan le plus grossier et la femme la plus simple ne perdaient pas une seule parole de son sermon. Il dit lui-même un jour en recommandant le style populaire : « J'aurai à rendre compte à Dieu de l'avoir offensé en beaucoup de choses, mais non dans la manière de prêcher ; je l'ai toujours fait de manière à pouvoir être compris de tous mes auditeurs. » En se mettant à la portée du peuple, il se servait de l'autorité des Pères et de l'Écriture Sainte ; mais ce qu'il en rapportait, il l'énonçait de manière à en faire saisir le sens à la personne la plus simple. Il citait beaucoup d'exemples propres à émouvoir, de pécheurs repentants ou impénitents, afin d'exciter à la contrition et de toucher les plus insensibles. « Ces exemples, disait-il, font impression sur le peuple ; on les retient et on les raconte en famille. » Pour porter les âmes à aimer Jésus-Christ et à servir dévotement la Sainte Vierge, il avait aussi coutume de citer la vie de saints personnages qu'il donnait pour exemples. Il ne voulait pas inspirer la terreur, mais la contrition ; en terminant des sermons sur les matières terribles, il avait soin de relever le courage des pécheurs qui se croyaient indignes des miséricordes divines. « Nous sommes dans un temps, disait-il, où pour être chrétien, on pense qu'il s'agit de parler avec sévérité, sans souci de la pratique ; mais on se trompe. Jeter les pécheurs dans le désespoir et faire prévaloir les droits de la justice de Dieu sur ceux de sa miséricorde, pour remplir les cœurs d'épouvante et les porter à désespérer ; c'est le propre des novateurs de notre siècle. » Les motifs qu'il donnait à la fin des sermons véhéments faisaient détester le péché, mais inspiraient en même temps une confiance filiale envers le divin Sauveur. « Dieu veut que nous soyons tous sauvés ; et la damnation éternelle n'est réservée que pour les obstinés. » Il n'employait pas les invectives amères ni les termes rebutants. Voici ses expressions favorites : « Mes enfants, » ou, « Mes frères, » et plus souvent encore : « Pauvres pécheurs. » C'est ainsi qu'il faisait des merveilles ; on voyait les criminels les plus égarés se jeter à ses pieds comme aux pieds du Rédempteur crucifié.

Certains prédicateurs mettent leur triomphe à voir les auditeurs éclater en sanglots et, en gémissements ; Alphonse n'avait point ce faible. « Dans cette confusion, disait-il, le peuple ne peut plus comprendre ; et le prédicateur ne peut savoir pourquoi les assistants pleurent. » Lorsqu'il voyait son auditoire ému commencer à sangloter, il cessait de parler ; puis, agitant la sonnette, il imposait silence et reprenait le sermon lorsque le calme était rétabli ; mais son empire sur les cœurs était si grand, qu'à peine avait-il repris son sermon, le peuple se trouvait de nouveau plongé dans les larmes et les sanglots.

La nature concourait avec la grâce à le rendre admirable dans ses prédications ; sa voix était douce et sonore ; dans l'église la plus grande, tous les assistants l'entendaient distinctement. Il proposait les vérités avec grâce, et les développait avec clarté ; il n'était ni trop long ni trop court, et faisait en sorte de ne jamais causer de l'ennui. On était toujours avide de l'entendre, on aurait voulu ne pas le voir descendre de la chaire. À l'avantage de la voix, à la manière de s'exprimer, il joignait l'oubli de lui-même ; ceci, plus que tout le reste, touchait et entraînait les cœurs. Humble, pauvre et sans faste, il avait l'air de manquer du nécessaire ; sa vue seule édifiait. À la mission de Melfi, un vagabond vint s'adresser à un des pères pour se confesser. Le père, informé qu'il était concubinaire depuis plusieurs années, lui dit que, s'il ne rompait ses liaisons criminelles, on ne pourrait lui donner l'absolution. « Je viens précisément de les rompre, reprit le jeune homme ; puis-je persister à pécher en voyant la vie mortifiée du père Alphonse ? »

À Bénévent, pendant une mission, la cathédrale était si remplie que le peuple devait rester dehors. Un homme d'un extérieur imposant fondait néanmoins en larmes et donnait des marques extraordinaires de repentir ; un prêtre, qui le connaissait, venant à entrer dans ce moment, lui dit en le voyant sangloter : « Comment, vous pleurez, et vous ne pouvez rien entendre ? » — « Comment ne pleurerais-je pas, répondit-il, à la vue du saint homme qui fait pénitence pour mes péchés ! »

Il possédait encore d'autres dons qui relevaient son ministère. L'esprit de prophétie l'accompagnait partout ; la pénétration des cœurs lui était ordinaire. Souvent même les éléments secondèrent ses désirs ; ses vêtements mettaient en fuite les fièvres et les maladies ; par ses prières, les mets se multipliaient sur la table. Il apprit un jour que les médecins avaient désespéré du père Rossi à Ciorani ; il lui écrivit : « Invoquez la paix de Jésus-Christ, demandez qu'elle vienne bénir cette maladie et la chasser. Je veux que vous viviez et que vous travailliez pour la congrégation. » Cela suffit pour le guérir.

La Sainte Vierge l'honora publiquement de faveurs particulières. Il eut des extases et des ravissements à la vue de tout le peuple. À Amalfi, en même temps qu'il confessait à la maison, on l'entendait prêcher à l'église ; de même étant à Naples, il apparut à Nocera. Ces dons merveilleux rehaussaient davantage le crédit dont il jouissait ; partout il était accueilli comme un envoyé du ciel.

ARTICLE SECOND. Admirable méthode suivie par Alphonse dans les missions.

Alphonse ne voulait pas que ses missions fussent un feu de paille ; il ne se contentait pas d'une ferveur passagère ; il fallait que la dévotion prît racine dans les cœurs et s'y établit d'une manière durable, et que les fidèles prissent possession des vérités éternelles. Il prenait au besoin quinze ou vingt religieux avec lui, et restait deux, trois ou quatre semaines, d'après l'importance des localités. Il priait les curés et les prêtres du lieu de s'abstenir, pour quelque temps, d'entendre les confessions. Il disait : « Celui que la honte force à taire un péché à son confesseur ordinaire, renouvellerait sans difficulté les sacrilèges pendant la mission, parce que le respect humain sera devenu plus fort ; les femmes, et spécialement les dévotes, crainte d'inspirer quelque soupçon à leurs directeurs, ont beaucoup de peine à s'adresser aux missionnaires, si leur ancien confesseur se trouve dans la mission, au tribunal de la pénitence ; mais, lorsque les prêtres de l'endroit n'entendent pas les confessions, ces personnes vont librement auprès de qui elles veulent. » Il priait cependant les prêtres ordinaires de l'aider pour les communions générales qui avaient lieu vers la fin, supposant alors que le peuple, qui s'était déjà approché plusieurs fois du sacrement de pénitence, avait suffisamment purifié sa conscience.

Il ne voulait pas que les missions se fissent à la charge du peuple. Quoiqu'il fût dans la plus grande pauvreté et n'eût d'autres ressources que les honoraires des messes, il ne voulait gêner personne ; et lorsqu'il ne pouvait subvenir lui-même aux frais, il implorait la charité des évêques ou d'une personne riche et pieuse.

Il exigeait, pour la considération et le bien de la mission, que le clergé vint à sa rencontre, à la porte de la ville ou du village pour le recevoir au son de toutes les cloches. Arrivé sur la place publique, il faisait un sermon touchant, mais court, pour inviter tous les habitants à prendre part aux exercices ; ensuite, il se rendait à l'église, accompagné du peuple. Après avoir adoré le Saint-Sacrement, il ouvrait la mission par un sermon, dans lequel il appelait sur la paroisse les bénédictions de Dieu. Après cela, il se tenait en retraite ; et, pendant les trois jours suivants, il chargeait plusieurs de ses missionnaires de parcourir les rues vers le soir, le crucifix en main, pour renouveler l'invitation d'assister à la mission. On ne peut dire toutes les saintes industries de son zèle, pour se proportionner aux besoins de tous, pour instruire toutes les conditions, pour jeter dans tous les cœurs la vraie pénitence. Les enfants, la jeunesse, les hommes et les femmes de tout rang étaient l'objet, de ses soins ; mais le clergé, les religieuses et les religieux, et enfin les gentilshommes étaient l'objet spécial de sa sollicitude. « Rien n'égale, disait-il, le bien que peut faire par son exemple un seigneur de bonne conduite, et le mal qu'il peut causer lorsqu'il mène une vie déréglée. » Les gentilshommes devaient s'abstenir absolument des divertissements défendus, visiter chaque jour le Saint-Sacrement ou réciter le Rosaire en l'honneur de Marie. Il les confiait aux soins d'un prêtre zélé qui pût, tous les dimanches, entendre leurs confessions et les instruire ; chaque mois, devait se faire une communion générale.

Dans les campagnes, s'il était possible de réunir les habitants de plusieurs villages, ou si la population était assez nombreuse, il avait soin d'établir une confrérie particulière pour les artisans et les pauvres ; mais il voulait que ce fût une simple réunion, sans contribution pécuniaire. Ces congrégations avaient un succès admirable. On voyait ces honnêtes gens, au nombre de cent ou de cent cinquante, édifier tout le monde par leur vie exemplaire. La direction de ces confréries était confiée à quelque bon prêtre. Les confrères étaient obligés de fuir les jeux et les cabarets ; le dimanche, tous devaient se confesser et communier, et le soir assister ensemble au catéchisme et à d'autres exercices de piété. Chaque mois, il y avait aussi pour eux une communion générale, avec un sermon pour ranimer la ferveur.

Désirant aussi procurer aux jeunes filles une sainte éducation, il érigeait, en leur faveur, une confrérie dont les personnes des campagnes voisines faisaient aussi partie ; il en confiait la direction à un ecclésiastique d'âge et d'expérience. Elles recevaient tous les huit jours une instruction sur les vertus chrétiennes ; on leur représentait spécialement le prix de la chasteté ; chaque semaine, elles devaient recevoir les sacrements. Tout le monde comprendra quels devaient être les fruits d'une si grande œuvre. Il se trouvait de ces jeunes personnes qui communiaient deux ou trois fois la semaine ; beaucoup d'entre elles renonçaient au monde et se consacraient à Jésus-Christ.

Dans chaque église, il établissait pour le matin, la méditation en commun sur les vérités éternelles, et plus souvent sur la passion de Jésus-Christ. Un prêtre, pendant la célébration de la sainte Messe, devait lire au peuple un point de cette méditation. Il engageait à faire ce même exercice à la maison les personnes qui ne pouvaient se rendre à l'église ; et, par ce moyen, on voyait partout des âmes élevées à une très haute perfection.

Il voulait que, chaque soir, vers six heures, le peuple fît en commun la visite au Saint-Sacrement et à la Sainte Vierge ; il recommandait cette pratique aux curés, et invitait les évêques à l'ordonner en disant à tous que Jésus-Christ est la source de toutes les grâces, et que Marie en est le canal. Il voulait aussi que tous les jeudis, après sept heures du soir, on fît sonner les cloches dans toutes les églises, pour inviter les fidèles à se recueillir et à se rappeler le don que Jésus-Christ nous fit en ce jour du divin Sacrement. Chacun devait à cet effet réciter à genoux, cinq fois le Pater, l'Ave et le Gloria, la figure tournée vers une église, afin que le peuple eût toujours la pensée de la passion et de la mort du Sauveur ; il avait coutume d'ériger, le dernier jour des exercices, un calvaire de cinq grandes croix dans un lieu peu éloigné des habitations. Cette cérémonie était très attendrissante. Alphonse sortait de l'église avec ses compagnons, portant chacun une croix sur les épaules. À la plantation de chaque croix, on faisait un sermon pathétique sur chaque mystère particulier. Cet acte n'était pas une vaine cérémonie pour Alphonse ; il pensait à Jésus souffrant, et portait toujours la croix la plus lourde. À Caposèle, il fut si accablé sous le sacré fardeau, qu'il lui resta une blessure à l'épaule gauche.

Parmi tous les moyens qu'il recommandait aux âmes pour la persévérance dans l'état de grâce, le principal était la fréquentation des sacrements. « Les confessions et les communions, disait-il, sont la source de tous les biens ; elles abattent les passions et nous fortifient contre les tentations ; sans les sacrements on tombe dans le précipice. » Il exhortait à s'en approcher tous les huit jours, et il expliquait les dispositions avec lesquelles on doit les recevoir. Quant aux âmes pieuses et exemptes de péchés véniels volontaires, il voulait qu'elles communiassent deux ou trois fois la semaine.

Dans chaque mission, il avait coutume de faire un sermon particulier sur la nécessité de la prière et sur son efficacité pour obtenir de Dieu les grâces dont nous avons besoin. Il attachait beaucoup d'importance à ce sermon et voulait que les missionnaires ne l'omissent jamais. « Jésus-Christ, disait-il, a mis notre salut dans la prière ; si on ne prie pas, les grâces ne peuvent s'obtenir ; et si le peuple ne comprend pas le prix de ce grand moyen, il ne s'y affectionnera jamais et ne recourra point à Jésus-Christ. » Outre ce sermon particulier, il avait soin, à la fin de chaque prédication, de recommander la prière, et d'enseigner, par son exemple, la manière de recourir à Dieu dans les peines et les tentations. Il suggérait aussi diverses pratiques pour passer saintement la journée, et pour entendre avec fruit la sainte Messe.

Avant lui, les missionnaires n'avaient pas coutume de prêcher sur la confiance en la Sainte Vierge ; leurs sermons ne respiraient que la terreur et l'épouvante. Alphonse introduisit cet usage ; les grands fruits qui en résultèrent le firent adopter partout. « Les novateurs, disait-il, publient que la dévotion envers la très Sainte Vierge est injurieuse à Dieu ; ils combattent sa puissance et l'efficacité de son intercession ; c'est à nous de faire voir combien est puissant et avantageux l'appui de cette divine Mère, et combien Dieu se plaît à la voir honorer. » Il exaltait sa puissance et prouvait par l'autorité des saints Pères qu'un vrai serviteur de Marie ne peut se damner ; car il obtient les grâces dont il a besoin pour se sauver, et ne peut être fidèle à Marie sans l'être à Dieu. Il voulait toujours avoir à côté de la chaire la statue de la Vierge des douleurs ; à la fin de chaque sermon, il n'oubliait jamais d'exciter le peuple à recourir à sa protection pour obtenir le pardon des péchés. Il exaltait si haut le pouvoir et la bonté de Marie, que le plus désespéré devait recouvrer l'espérance de son salut. L'expérience a prouvé que ce sermon sur le patronage de Marie produisait des résultats si heureux, que beaucoup de pécheurs, après de longues résistances à la grâce malgré les sermons sur les vérités terribles, étaient forcés de se rendre après celui qui leur avait fait connaître la Sainte Vierge.

Quand Alphonse donnait les exercices spirituels ; soit aux prêtres, soit aux laïques, ou plus spécialement quand il les donnait aux religieuses, il avait coutume de faire un sermon particulier sur l'amour de Jésus-Christ pour les hommes, et sur l'ingratitude envers le Dieu fait homme. Il travaillait par-dessus tout à rétablir la paix et la concorde entre les citoyens en général, et dans les familles en particulier, surtout s'il y avait eu du sang répandu, et il ne se donnait pas de repos qu'il ne vît tous les ennemis réconciliés et étroitement unis par les liens de la charité chrétienne. Il destinait à cette fin deux Pères, qui, en qualité de conciliateurs, devaient s'appliquer à cette œuvre importante.

Le jour de la bénédiction était pour tous un jour de grande allégresse. Alphonse réservait cet acte solennel pour un jour de fête, afin que tout le peuple y fût présent. Le matin, il se faisait assister par tous les Pères pour entendre les confessions des hommes et des femmes, qui venaient de loin et qui ne s'étaient peut-être pas encore réconciliés avec Dieu. Il faisait revêtir d'habits de fête, une statue de la Vierge ; on ôtait celle des Douleurs, qui se trouvait à côté de la chaire. On exposait le Saint-Sacrement, on le portait en procession, avec tout le clergé et toutes les confréries. Lorsqu'on était arrivé à la porte extérieure de l'église, on bénissait trois fois le lieu où s'était faite la mission, et les campagnes voisines. Le Saint-Sacrement était ensuite remis à sa place ; et, après la récitation d'un Pater et d'un Ave pour gagner les indulgences, Alphonse montait en chaire, proposait à chacun les moyens de se maintenir dans la grâce de Jésus-Christ, et faisait diverses autres exhortations aux personnes de toutes les conditions.

Après avoir extirpé le mal et semé le bien, Alphonse savait ensuite fortifier la plante du salut et en conserver les fruits. Le renouvellement spirituel, inconnu jusqu'alors, est le plus sûr moyen qu'il crut devoir employer pour arriver à son but. Ce renouvellement consistait à retourner, quelques mois après la mission, dans le même endroit, mais pour peu de jours et avec moins de compagnons. Le prédicateur se servait ordinairement de la parabole des Talents pour montrer combien Dieu exige un compte sévère de celui qui ne fait pas profiter les grâces, et quels châtiments temporels et éternels, il inflige à celui qui ne persévère pas dans le bien. Il montrait en même temps le besoin qu'on a d'ouvrir les yeux à de nouvelles lumières, quand on n'a pas su profiter de celles qui avaient été offertes d'abord, comme aussi les avantages dont jouit, dans le temps et dans l'éternité, celui qui a le bonheur de persévérer. Par ce moyen, il animait les bons dans la haine du péché, relevait les âmes qui étaient tombées, et parvenait quelquefois à recueillir un épi qui avait échappé aux ouvriers évangéliques. L'expérience lui prouva si bien l'utilité de ce renouvellement, qu'il en fit un point de règle pour les membres de sa congrégation.

ARTICLE TROISIÈME. Prescriptions générales de saint Alphonse à ses missionnaires.

« Notre emploi, disait Alphonse, est celui-là même qui fut exercé par Jésus-Christ et par les apôtres. Celui qui n'a pas l'esprit de Jésus-Christ ni le zèle des apôtres, n'est pas propre à ce ministère. » Il voulait que l'humilité fût surtout le caractère distinctif des siens. « Cette vertu, disait-il, nous fait respecter des peuples ; elle gagne et attire les pécheurs les plus hautains et les plus orgueilleux ; si l'humilité manque au missionnaire, tout lui manque, et je ne sais si le mal qu'il fera ne sera pas plus grand que le bien qu'il prétend faire. »

Il recommandait la plus grande humilité et la plus parfaite subordination envers les curés et les évêques, et principalement envers les curés, parce que les relations avec eux sont plus immédiates. « Il n'est pas possible, dit-il un jour, que Dieu veuille bénir nos missions, si nous manquons de respect, de soumission et d'humilité envers les chefs des églises. » Un Père avait montré peu de soumission à un évêque ; Alphonse le punit aussitôt et lui imposa pour pénitence d'aller immédiatement se présenter à l'évêque et d'offrir pleine satisfaction.

Il avait une extrême horreur de toute espèce de faste. Il voulait qu'on allât en mission pauvrement, à pied ou tout au plus à cheval ; il permettait la voiture dans les cas de grande nécessité. « Cette pauvreté est un sermon muet, disait-il, et fait plus que cent prédications apprêtées. »

Il consentait à ce qu'on exposât toute difficulté que le supérieur n'avait pu prévoir ; mais il fallait le faire simplement, sans la moindre intention de résister ; il ne se lassait point de répéter : « Si l'obéissance manque en mission, tout manque, parce qu'il n'en résulte que désordre, trouble et confusion : un vaisseau qui serait guidé par plusieurs pilotes ne pourrait manquer de faire naufrage, ou, au moins, de faire un voyage très périlleux. » Il ne voulait pas de supériorité à titre d'ancienneté, ni en mission, ni à la maison ; mais il engageait les recteurs à donner la préférence, dans l'occasion, à un sujet de mérite, fût-il même le dernier de tous. « Cette prééminence d'ancienneté produit les plus grands désordres ; il y en a qui ne valent rien pour être supérieurs, même pendant une heure. »

Il exigeait dans les sujets des dispositions pour le ministère ; mais il ne pouvait supporter la présomption. Un père se plaignit une fois de n'être plus chargé du grand sermon du soir ; il n'en fallut pas davantage, Alphonse ne le fit plus prêcher. Le père fut si confus que, désespérant de jamais paraître en chaire, il abandonna la congrégation. Mais, s'il humiliait les présomptueux, il encourageait les esprits timides et embarrassés.

Un autre caractère qu'Alphonse exigeait de ses missionnaires, c'est l'esprit de mortification et l'amour des souffrances. « Si le missionnaire, disait-il, ne se hait lui-même, et s'il n'aime les souffrances, il n'est pas propre à cet emploi. » Il demandait surtout de la mortification et de l'austérité dans la nourriture. C'est, en effet, un grand moyen de faire profiter les missions ; parce que les hommes du monde sont plus attentifs à ce que l'on fait qu'à ce que l'on dit, et surtout ils observent bien la manière dont se traitent les missionnaires. Il distinguait cependant le nuisible de l'incommode ; il voulait que l'on ne fît pas attention à l'incommodité, mais il ne voulait pas que la santé fût en danger. « La santé, disait-il, est le capital du missionnaire ; si elle lui manque, il fait banqueroute. » Mais il voulait que ce fût le soin du supérieur seulement ; les sujets ne devaient pas s'en occuper.

Il prescrivit sept heures de sommeil, en mission comme à la maison. Il exigeait le travail, mais il prescrivait aussi le repos nécessaire. À la maison de Nole, le père Ferrari ayant incommodé les autres en sortant du lit avant le temps, Alphonse le réprimanda et le fit dîner à genoux par pénitence. D'un autre côté, il ne pouvait souffrir que l'on restât au lit après le signal du lever. « Jésus-Christ, disait-il, ne souffre pas les lâches ; il veut des personnes actives à son service. Le temps de la mission n'est pas un temps de délassement, mais de souffrance ; celui qui n'a pas le courage de souffrir, doit renoncer à faire le missionnaire. »

Chaque père devait rester le matin sept heures au confessionnal ; il était défendu de quitter le poste pour aucun motif, sans l'agrément du supérieur de la mission. Alphonse avait souverainement à cœur cet office de confesseur, et il en était jaloux. « Le prédicateur sème, disait-il, mais le confesseur recueille la moisson. » Voici comment il exprimait le sentiment que lui inspirait le dégoût de plusieurs pour ce ministère. « Le confessionnal est la pierre de touche du véritable ouvrier ; celui qui n'aime pas le confessionnal, n'aime pas les âmes, qui y reçoivent l'application du sang de Jésus-Christ et les mérites de la grâce. Au sacré-tribunal, on fait du fruit pour soi et pour le pénitent ; il n'en est pas ainsi dans la chaire. S'il se fait du bien par les sermons, un souffle de vanité laisse au prédicateur les mains vides. C'est tout autrement dans le confessionnal : la vanité n'y entre pas, mais la patience y est nécessaire. » Il défendait toute espèce de visite non indispensable ; mais il voulait que dès le premier jour on allât présenter ses hommages aux chapitres, aux religieux, aux autorités civiles et aux personnes les plus considérables du lieu, pour les inviter aux saints exercices ; car ces personnes ont souvent droit à un respect particulier ; et si on les honore, elles honoreront à leur tour les missionnaires, et cette estime mutuelle donnera une grande vie aux missions.

Il recommandait très souvent aux sujets de ne pas informer les évêques des discordes qui pourraient s'élever entre eux et les ecclésiastiques, surtout si elles n'étaient pas publiques. Ces rapports, à son avis, loin d'être utiles, étaient plutôt nuisibles. Il regardait la mission comme perdue, lorsqu'il y avait de l'antipathie entre les prêtres et les missionnaires. « Le mal fait par quelques-uns de ces prêtres, disait-il, sera toujours moindre que le mal occasionné par les missionnaires, si on les soupçonne d'adresser des rapports secrets aux évêques, et s'ils sont vus de mauvais œil par les ecclésiastiques du pays. Lorsque le missionnaire indispose contre lui le clergé, il ne peut plus faire de bien dans le peuple. Une confiance générale et sans bornes doit être le lot du missionnaire. »

Il voulait que, dans le cours des missions, les sujets fissent de temps en temps et tour à tour, un jour de retraite, dès les premiers jours de chaque mission, parce qu'alors ils sont moins occupés : « Il y a, disait-il, un certain vent au milieu du monde, qui soulève la poussière et nous souille : si l'on ne fait pas souvent usage de la brosse, les vers ne manqueront pas de se loger dans nos habits et de les ronger. Il faut travailler, mais il ne faut pas se livrer tellement aux autres qu'on s'oublie soi-même. »

Il décida que, dans le carême, tous les missionnaires se réuniraient à la maison pour y renouveler les forces du corps et celles de l'âme. On sortait pour aller en mission vers le milieu du mois d'octobre, et l'on travaillait, hormis le temps du carême, jusqu'au mois de mai inclusivement ; et, dans les pays où le climat est plus froid, on continuait pendant une partie du mois de juin. Alphonse voulait qu'avant de commencer, chacun s'y fût préparé par dix jours d'exercices spirituels dans la retraite absolue et le silence rigoureux. Il ne défendait pas de donner les missions dans les grandes villes ; car elles ont besoin de secours spirituels ; mais il voulait qu'on leur préférât les villages et les campagnes. Ces pauvres peuples faisaient verser des larmes à Alphonse, qui les considérait comme délaissés dans leurs huttes au milieu de leurs champs.

« Le but de notre congrégation, écrivait-il en tête de la règle, est de secourir les peuples dispersés dans les campagnes et les villages, parce qu'ils sont plus dépourvus de secours spirituels. »

ARTICLE QUATRIÈME. Prescriptions particulières de saint Alphonse pour la prédication.

La prédication, ce grand moyen de travailler au salut des âmes, devait nécessairement exciter sa pieuse sollicitude. « Un prédicateur, disait-il, qui ne prêche pas Jésus crucifié, se prêche lui-même, viole son ministère, et ne fait aucun profit. » Il exigeait un style simple et populaire, tel que toute personne pût le comprendre et en profiter. « La parole de Dieu, répétait-il, ne consiste pas dans la hauteur des pensées, ni dans la sublimité de la diction, mais dans la simplicité et la clarté. Le prédicateur doit se mettre au niveau du peuple ; parce que les gens du peuple, et non les personnes instruites, forment le plus grand nombre des auditeurs dans les missions. » Il comparait à des ballons remplis d'air ceux qui, enflés de leurs personnes, font de beaux discours qu'ils ne comprennent pas eux-mêmes ; il les appelait les traîtres de la parole de Dieu et les ennemis du Sauveur crucifié. « Lorsque le démon, disait-il, ne peut empêcher la prédication de l'Évangile ; il se sert de pareils prédicateurs, pour en paralyser les effets. Les malheureux ! ils ne seront pas condamnés pour avoir enfoui les talents qui leur étaient confiés, mais parce qu'ils n'en auront tiré aucun profit. »

Il exigeait dans les prédications, non des paroles, mais des raisons, et des raisons claires et solides ; il ne voulait pas de comparaisons trop étudiées et recherchées, mais communes, à la portée du peuple, sans descriptions de pur ornement. Il aimait à se servir des paraboles de l'Évangile : « Jésus-Christ ; disait-il, savait plus de rhétorique que nous, et il n'a pas choisi, pour se faire comprendre de la foule, d'autre style que celui des paraboles et des comparaisons ordinaires ; c'est aussi à la foule que nous sommes appelés à prêcher : si le peuple ne comprend pas, sa volonté ne s'émeut point et nous perdons nos peines. Le but que doit se proposer le prédicateur est de persuader et d'émouvoir. Si le peuple n'est pas convaincu, il ne fera pas de bons propos et il ne quittera jamais le péché. »

Alphonse voulait des phrases courtes et faciles à comprendre. Il haïssait, dans quelques prédicateurs modernes, ces périodes prolongées, et si embarrassées que, pour en saisir le sens, on doit les relire plusieurs fois. Il avait encore plus en horreur cet enchaînement de périodes qui se succèdent sans interruption et ne laissent pas le temps de respirer. Il voulait qu'on laissât entre elles un certain espace et surtout qu'on ne passât pas trop rapidement d'une preuve à l'autre. « Il faut, disait-il, donner à l'auditoire le temps de saisir, de pénétrer, et, pour ainsi dire, de ruminer à son aise ce qu'il entend. Les eaux qui se précipitent avec impétuosité ne pénètrent pas la terre comme la pluie qui tombe doucement. Le peuple retire plus de fruits d'un sermon fait posément que de cent autres faits avec précipitation, et dont le prédicateur seul peut suivre le sens. »

Il haïssait, comme autant de blasphèmes, les expressions poétiques et abstraites. « Ce qui convient à Boccace ne convient pas au prédicateur de l'Évangile ; et beaucoup, oui, beaucoup qui étudient le Dante et Boccace iront l'expier dans le purgatoire. »

Sans doute, Alphonse n'approuvait pas les locutions triviales et peu nobles, mais il exigeait qu'on se servît des mots italiens les plus usités et les plus reçus.

Voici comment il s'exprima un jour dans une conférence où il traitait la question des sermons : « Je maudis tous les sujets qui prêchent de manière à n'être pas compris de la plus grande partie du peuple. Vous devez prêcher avec tant de simplicité et de clarté, que le fidèle arrivé au milieu du sermon puisse le comprendre aussitôt, et s'en faire l'application. » Les jeunes prédicateurs surtout étaient soumis à une surveillance sévère. Un samedi qu'il était arrivé de Naples à Nocera dans l'après-midi, il devait faire le sermon sur la Sainte Vierge ; car il s'était engagé par un vœu à n'y jamais manquer ce jour de la semaine ; aucun Père n'avait été désigné pour porter la parole. Mais la fièvre le surprit ; on nomma pour le remplacer le père Alexandre de Meo. Le jeune missionnaire n'avait pu se préparer ; il s'étendit, pour faire l'éloge de la Vierge, en des discours savants et nullement à la portée du peuple ; il parla même des temps qui précédèrent la naissance de la divine mère, et fit intervenir les Sibylles et les Argonautes. On avait cru qu'Alphonse n'assisterait pas au sermon ; mais, bravant la fièvre, il s'était transporté au chœur. Dès qu'il entendit parler des Sibylles et des Argonautes, et dans un style élevé, il n'eut plus de repos : « Comment ! dit-il, voilà comme on prêche ici ! » Inquiet, il se lève et va s'asseoir ; mais à mesure que le père Alexandre prolongeait le sermon, Alphonse sentait augmenter ses angoisses. Dans son impatience, il retourne s'agenouiller en se disant : « Je vais bientôt le faire descendre. » Enfin, ne pouvant le souffrir plus longtemps : « Allez, dit-il au frère Corvino, et dites-lui de descendre à l'instant ; » et presque aussitôt, coupant la parole au père Alexandre, il fait entonner le Tantum ergo, à la grande surprise de tout le peuple et de tous ceux qui se trouvaient au chœur. La correction ne se borna pas là ; le pauvre père tout confus, rencontrant Alphonse sur l'escalier, se met humblement à genoux et lui demande pardon. Après l'avoir repris de cette inconvenance, Alphonse, peu satisfait de son humiliation, le condamne à un silence de trois jours, pendant lesquels il lui défend de dire la messe. Alphonse tenait cette grande sévérité du glorieux saint Philippe de Nèri, qui fit descendre de chaire plusieurs des siens, qui s'étendaient aussi en des matières éloignées de leur sujet. Après cette réprimande, le père Alexandre changea de manière, et devint dans la suite un modèle parmi les hommes vraiment apostoliques.

    Alphonse détestait les improvisations, ou plutôt la prétention de monter en chaire sans avoir médité le sujet du sermon. À son avis, ces aventureux sont proprement des jongleurs. « Dieu, disait-il, n'est pas obligé de faire des miracles ; il confond la témérité du prédicateur dont le sermon est négligé et sans ordre, en permettant qu'il ne fasse aucun fruit. Ces improvisations avilissent la parole de Dieu ; loin que le peuple s'attache à fréquenter l'église, il s'en éloigne lorsqu'il n'y entend que des sermons mal faits. » Avec cette manière simple de prêcher, Alphonse n'excluait pas la beauté de l'art oratoire. Il ne faut pas moins de rhétorique pour les sermons simples et populaires que pour ceux d'un style et d'une éloquence recherchés ; voici la différence : dans ces derniers, l'éloquence se découvre et s'étale avec pompe ; dans les autres, elle se cache et ne fait point parade. L'éloquence pompeuse ne porte pas le peuple à rentrer en lui-même, à changer de vie ; la contrition et les bons propos sont les fruits de l'éloquence populaire. Du reste, tout bon juge doit avouer que les sermons populaires et simples exigent plus d'art. « Moins on sait de rhétorique, disait Alphonse, moins on sait s'approprier le style simple et apostolique. Les Pères grecs et latins savaient s'adapter à tous les esprits, et les manier selon les circonstances, parce qu'ils étaient maîtres dans cet art ; celui qui l'ignore ne fera qu'un sermon insipide et sans charme ; au lieu d'être instruit et touché, le peuple s'ennuiera et méprisera le prédicateur. » Tous devaient faire une étude expresse de l'éloquence sacrée, et la posséder parfaitement.

ARTICLE CINQUIÈME. Prescriptions particulières aux missionnaires, pour les confessions.

Alphonse recommandait aux confesseurs, comme la chose essentielle, la plus grande charité et la plus grande douceur. « L'esprit de dureté et d'aigreur, disait-il, distingue particulièrement les rigoristes ou jansénistes ; ils font plus de mal que de bien, et ce ne fut certainement pas l'esprit de Jésus-Christ, ni de tant d'hommes apostoliques honorés sur les autels. Il faut montrer de l'aversion pour le péché ; mais de la douceur et une grande charité pour le pécheur. Une parole énergique est quelquefois nécessaire pour faire comprendre la gravité du péché ; mais cette parole énergique ne doit pas être rebutante ; avant que le pécheur se retire, n'oubliez pas de le calmer par des mots affectueux, en sorte qu'il puisse être en même temps rempli d'horreur pour le péché et de confiance dans le confesseur, pour lui découvrir toutes ses plaies. » Dans une autre circonstance, il dit encore : « Si, en mission, vous vous sentiez dominé par quelque mauvaise humeur, vous feriez commettre plus de sacrilèges que vous ne soulageriez de pénitents ; dites au supérieur que vous êtes indisposé, et retirez-vous à la maison ; vous ne mentirez pas, parce que l'hypocondrie est la plus triste maladie. » Il voulait, au confessionnal, un maintien sérieux et composé, toujours joint à l'affabilité chrétienne ; et, avec les femmes, il recommandait la plus grande réserve.

Il regardait comme un scandale, qu'on fît au confessionnal la moindre préférence ; car il jugeait tout le monde égal devant Dieu. « De la charité, disait-il ; mais pas de partialité ! Les dames de qualité se font faire place elles-mêmes, mais ce n'est pas au confesseur à prendre ce soin ; nous sommes également au service de tous, et nous devons être prêts à accueillir tout le monde avec amour. » Il permettait encore moins que l'on sortît du confessionnal pour aller entendre les pénitents ailleurs.

S'il exigeait de tous les Pères une contenance grave en confessant les personnes du sexe, il l'exigeait surtout des jeunes confesseurs. Lorsqu'il s'apercevait qu'un Père était trop recherché, il le changeait aussitôt de résidence. Il avait pour maxime que, dans les jeunes gens, ce qui s'annonce sous les apparences de zèle et de charité devient, avec le temps, passion et désordre. Il s'était donné beaucoup de peine pour maintenir dans la congrégation un jeune novice qui n'avait point de patrimoine, et qu'il aimait pour ses grands talents. Quand ce jeune homme fut autorisé pour le confessionnal, grand nombre de jeunes pénitentes s'adressèrent à lui, comme si elles y eussent été engagées par ses manières gracieuses. Cela déplut à Alphonse, qui, redoutant de funestes suites, voulut envoyer le jeune confesseur dans une autre maison. Il résista ; mais le supérieur eut bientôt pris son parti : « Vous obéirez, ou vous partirez, » dit-il au jeune présomptueux ; et l'ingrat, ayant oublié la soumission qu'il devait à son père spirituel, fut chassé de la congrégation sans miséricorde.

Alphonse exigeait encore une grande circonspection pour la confession des enfants. Il ordonna de les confesser toujours à l'église ou dans un lieu public. Il défendit de se permettre envers eux la moindre caresse, disant que ces petits anges peuvent devenir des démons, si on leur en donne l'occasion. Il recommandait la prudence en ce qui concerne le sixième commandement, surtout avec les jeunes filles, et défendait de leur faire des questions multipliées ou recherchées, dans la crainte d'enseigner aux enfants ce qu'ils ignorent. « Car, disait-il, la connaissance du mal le leur fera commettre ; il vaut mieux laisser ces jeunes âmes dans l'ignorance ou dans, le doute que les instruire trop bien. Il suffit de leur faire concevoir en général de l'estime pour la chasteté et de l'horreur pour le vice opposé. »

Il recommandait aussi la prudence et la circonspection, avec les pécheurs d'habitude ou par récidive. « Il faut, disait-il, se défier de leurs gémissements et de leurs larmes ; car ils pleurent, non par haine du péché, mais pour obtenir l'absolution, après quoi ils recommencent de plus belle. » Il voulait cependant que l'on fût attentif à ne pas les épouvanter ni les congédier de mauvaise grâce. « Je me donne plus de peine, dit-il un jour, pour renvoyer un tel pécheur sans absolution que pour en absoudre dix autres bien repentants. S'ils s'effraient et se croient indignes de miséricorde, ils ne se corrigeront pas ; mais s'abîmeront dans le vice en désespérés. » Il conseillait d'accueillir charitablement ces pauvres égarés, de les traiter avec commisération, de leur faire connaître leur malheureux état, de les exciter à la confiance, et de leur faire voir qu'on peut surmonter une mauvaise habitude avec le secours de la grâce et de la Sainte Vierge. « Si on ne les traite pas de la sorte, répétait-il ; si on ne leur expose le danger de leur état, ils auront beaucoup de peine à se voir congédier sans absolution, et ne se résoudront pas à changer de vie. »

Il détestait la coutume de ceux qui, entendant accuser un péché mortel, froncent le sourcil, et découragent le pénitent au lieu de chercher à gagner son affection. Il n'approuvait pas qu'on se mît tout d'abord à montrer de la sévérité ; mais il voulait que, par des paroles affables et douces, on encourageât le pénitent à se décharger de tous ses péchés, et qu'après la confession, on lui représentât son état ; mais toujours avec douceur, afin de lui faire accepter avec plaisir la pénitence méritée.

Il désapprouvait aussi les pénitences de longue durée. « Ces pénitences s'omettront facilement ; et, en les omettant, les pénitents retomberont dans le péché. » Il les voulait courtes et salutaires ; visiter le Saint-Sacrement ou l'image de la Sainte Vierge ; entendre la messe ; lire ou méditer les vérités éternelles, surtout la passion de Jésus-Christ ; réciter le Rosaire, ou faire d'autres dévotions semblables. Il conseillait aussi d'imposer quelques mortifications, mais avec discrétion. Il recommandait surtout de faire revenir le pénitent au confessionnal, après un certain nombre de jours : le pécheur reçoit ainsi de nouvelles grâces, écoute avec plaisir le confesseur et s'éloigne enfin du péché.

Le confesseur doit éviter l'indulgence trop molle et la rigidité excessive : ces deux extrêmes sont également funestes. Alphonse voulait qu'on les évitât comme deux péchés capitaux. Quand un confesseur péchait par trop d'indulgence, il en perdait le sommeil et la tranquillité ; il n'était pas moins tourmenté au sujet de ceux qui péchaient par un rigorisme contraire aux maximes de l'Évangile. « Le relâchement et le rigorisme, disait-il, sont pour beaucoup d'âmes la cause d'une chute entière. »

ARTICLE SIXIÈME. Prescriptions générales sur les vertus religieuses.

Il voulait que ses missionnaires fussent apôtres en mission et chartreux au couvent. « Lorsque vous êtes dehors, disait-il, vous devez sanctifier les autres, et à la maison vous devez vous sanctifier vous-mêmes. » Il leur assigna pour but principal l'imitation de Jésus-Christ ; chef des missionnaires. Il leur prescrivait de s'exercer à pratiquer chaque mois une des vertus que le Sauveur avait eues le plus en affection. Deux fois par jour, chacun devait s'examiner sur l'exercice de cette vertu. « L'examen de conscience, disait-il, découvre toutes les souillures de notre âme. Souvent une chambre paraît propre, mais il n'en est rien ; c'est en la balayant qu'on en voit les ordures ; ces retours sur nous-mêmes nous humilient, nous confondent, et nous inspirent de bons propos. Si nous voulons avancer, il faut nous appliquer avec un soin tout particulier à rechercher les souillures de notre âme. »

Désirant faire de grands saints de tous ses enfants, il leur prescrivait sans cesse l'humilité comme le fondement de la perfection. « L'humilité, disait-il, est nécessaire en mission, l'humilité est nécessaire à la maison : mes frères, de l'humilité en tout temps et en tout lieu, si nous voulons plaire à Dieu. Notre but, dans la congrégation, est de nous rendre semblables à Jésus-Christ, mais à Jésus-Christ humilié et méprisé. C'est à cela que tendent toutes les règles, et c'est la fin principale de notre institut. » « Celui qui ne se propose pas ce but, n'avancera jamais, ira toujours en arrière. S'il y a de l'humilité, il y aura de la sainteté ; mais sans l'humilité, tout manque ; faute de cette vertu, Lucifer est le prince des démons ; c'est l'humilité qui distingue le catholique du protestant. »

Tous devaient se porter une estime mutuelle ; chacun devait se croire inférieur à son frère en talents et en mérites. Le nom seul d'amour-propre lui faisait horreur : pour lui ce mot était un blasphème. « Ce maudit amour-propre, disait-il, ne cesse de perdre tous les jours une foule de laïques, de prêtres et de religieux ; il en envoie un grand nombre dans le purgatoire et plusieurs en enfer. Si un sujet, dit-il un jour dans une conférence, me faisait une de ces propositions qui sentent l'amour-propre, je croirais voir un damné. Si ce maudit esprit s'introduisait dans la congrégation, mieux vaudrait qu'elle fût détruite, et je prie Dieu qu'il la détruise si jamais nous voulons y tolérer de pareils sentiments. »

Par vénération pour la sainte humilité, il statua qu'il n'y aurait parmi les siens aucune distinction de rang, pour les charges, les qualités et les services onéreux. Tous, sans excepter le recteur, devaient balayer la chambre, faire le lit, se servir eux-mêmes dans toutes les exigences de la vie. Il voulut aussi que les Pères fussent tour à tour, pendant une semaine, chargés de laver la vaisselle, de servir la table, mettant ainsi leur gloire dans les exercices les plus bas, pour acquérir la sainte humilité. Chaque semaine aussi, le recteur servait lui-même un jour à table ; le Père ministre y servait une fois pareillement, et lavait un autre jour la vaisselle. L'humilité, d'après Alphonse, devait être pour tous la vertu dominante.

Il avait ordonné qu'il y eût trois fois par jour une demi-heure d'oraison mentale : le matin et le soir, on la faisait au chœur en commun ; et, après vêpres, en particulier dans la chambre. Il voulut également qu'on fît précéder l'oraison du soir d'une demi-heure de lecture spirituelle, comme préparation à la prochaine méditation. « L'oraison, disait-il, est l'aliment et la force de l'âme ; par l'oraison, l'âme vit d'une vie spirituelle et parfaite. » la recommandait sans cesse et voulait en voir les fruits. « Vous tous, mes frères, dit-il un jour à la communauté, vous êtes des hommes d'oraison, vous priez trois fois par jour ; voyons si vous menez une vie parfaite. Les frères mèneront une vie parfaite, s'ils s'appliquent à bien remplir leur office, de cuisinier, de portier ou autre ; les étudiants, s'ils se conduisent avec humilité envers leurs professeurs, s'ils étudient avec application, dans l'intention de se rendre utiles au prochain. Les Pères vivront d'une vie spirituelle et parfaite, s'ils travaillent avec zèle à la gloire de Dieu et au bien des âmes, et si, par leur conduite, ils font preuve de modestie, d'humilité, d'obéissance et de recueillement. Si nous sommes imparfaits, je parle de moi tout le premier, c'est parce que nous ne faisons pas bien l'oraison. »

Il prescrivit à tous un jour de retraite chaque mois, dans un silence rigoureux, et dix jours d'exercices spirituels chaque année.

« C'est une grande chose, dit-il un jour, que l'exercice de la prière et de l'examen dans ces retraites, lorsqu'on le fait en esprit d'humilité et avec le désir de profiter. La prière jointe à l'humilité est le moyen d'avancer, et sans leur concours nous ne deviendrons jamais saints. »

Pour alimenter dans la congrégation l'esprit de recueillement intérieur et l'amour de la solitude, il ordonna qu'après la récréation qui suit le dîner, il y aurait trois heures de silence, qu'il appelait le petit silence, parce qu'il est permis pendant ce temps de dire à voix basse quelques paroles nécessaires. Le soir, après l'Angélus, il voulut, l'heure de la récréation exceptée, un silence rigoureux jusqu'après l'oraison du lendemain matin, et défendit, pendant cet intervalle, de dire un seul mot sans la permission du supérieur. Il ne pouvait souffrir de voir quelqu'un dans l'oisiveté ou errant par la maison. Il avait pour maxime : « La fuite de la cellule et de l'application, bannit le recueillement et l'esprit d'oraison. » Il disait souvent qu'une âme dissipée est comme une place ouverte et non gardée ; elle est accessible à toute tentation ; à la fin de la journée, elle se trouve couverte de mille souillures, sans savoir quand ni comment elle les a contractées.

Il voulut que chacun fît tous les jours en particulier une visite au Saint-Sacrement ; car celui qui a soif de la justice et qui ne se désaltère pas à cette source, sera toujours altéré. Il veillait à ce que la sainte Messe fût dite avec gravité et recueillement, et qu'on n'y employât pas moins d'une demi-heure ; après quoi, on devait passer une autre demi-heure en actions de grâces. Rien ne le faisait tant souffrir que de voir célébrer avec précipitation ; il voulait cependant que la messe ne fût pas longue à ennuyer le peuple. « J'ai appris, dit-il un jour à un jeune prêtre, que vous êtes éternel à l'autel ; cela n'est pas bien ; dorénavant, je ne veux pas que vous passiez la demi-heure ; si vous allez au-delà, par pénitence, vous vous priverez de fruits à table. »

Il enjoignit également à tous d'être d'une manière spéciale serviteurs de la très Sainte Vierge, de visiter chaque jour son image, et d'y réciter le tiers du Rosaire.

Désirant faire régner dans la congrégation la mortification chrétienne, et surtout la mortification intérieure, il la recommandait d'une manière toute particulière ; et, par sort exemple, il en enseignait la pratique. « Les sujets de cet institut, est-il dit dans la règle, s'appliqueront principalement à mortifier leur intérieur, à vaincre leurs passions et à contrarier leur propre volonté. » Pour l'exercice de la mortification extérieure, il établit qu'on se donnerait la discipline en commun tous les mercredis et les vendredis ; il aurait voulu y ajouter les lundis et les samedis, comme on l'avait observé longtemps, mais le cardinal Spinelli s'y opposa, ainsi qu'au jeûne du vendredi alors en usage. Alphonse prescrivit également de jeûner pendant l'Avent, dans la neuvaine du Saint-

Esprit, ainsi que les veilles des sept fêtes de la Sainte Vierge. Pour prévenir tout excès dans cette vertu, et par égard pour la santé des sujets, il défendit les mortifications arbitraires, sans la permission du directeur et du recteur. Il voulut aussi que chaque semaine il y eût un jour de récréation générale, afin que tous reprissent ensuite avec plus d'ardeur leurs occupations spirituelles et leurs études.

Pour entretenir parmi les siens le détachement des parents, il leur interdit de retourner chez eux, sinon à la mort d'un père ou d'une mère ; il tenait beaucoup à l'observance de cette règle. À plus forte raison, il ne pouvait souffrir qu'ils montrassent de l'inquiétude pour les affaires de leur famille. « Laissons, disait-il souvent dans les conférences, laissons les morts ensevelir les morts. S'ils sont dans l'opulence, ils nous détournent de la sainte pauvreté et peut-être de la vocation ; s'ils sont dans le besoin, ils nous oppressent le cœur et nous nuisent encore plus, quand nous nous persuadons que nous pourrions les soulager. » Il regardait ce détachement comme le caractère distinctif d'un membre de la congrégation.

Il avait une extrême sollicitude pour tout malade, même pour le dernier des frères servants ; mais il ne permettait pas que, pour recouvrer la santé, et retourner chez soi. « La maison de nos parents, disait : il, n'est pas un pays qui ; distille des baumes salutaires à la santé. Dieu nous a donné autant de climats différents que nous avons de maisons dans la congrégation ; si telle maison n'est pas favorable, telle autre le sera. D'ailleurs, celui qui entre en religion, n'y entre pas pour se choyer ; mais pour souffrir et pour mourir en saint. » D'autres fois, il disait : « Notre maison, c'est la congrégation ; conduisons-nous comme des enfants, et cette mère ne nous refusera rien de ce dont nous aurons besoin. » Demander d'aller dans la maison de ses parents était pour lui comme prendre congé de la congrégation. « Celui qui ne se contente pas à la maison de ce que Dieu lui donne, ne cherche pas Dieu, il se cherche lui-même ; il ne jouira jamais de la paix ; aucun de ceux-là ne pourra persévérer dans la congrégation. » Il recommandait toutefois aux recteurs d'user de toute la charité envers les malades ; il lui arriva même de dire qu'au besoin on vendit les calices pour soulager les frères souffrants.

En même temps qu'il conseillait à chacun de se faire tout à tous, afin de gagner tout le monde à Jésus-Christ, il défendait aussi de s'ingérer dans des affaires étrangères, comme de se mêler de mariage, de contrats ou de testament.

Pour mettre une barrière à l'ambition, il obligea les sujets à ne pas aspirer aux dignités, hors de la congrégation ; celui à qui on en ferait l'offre, est tenu de refuser, à moins d'un ordre formel du Pape ou du recteur-majeur. Afin de ne pas distraire les Pères de l'exercice des missions, il établit encore qu'ils n'accepteraient aucun emploi hors de la congrégation. Il établit que chaque mois les sujets s'ouvriraient sincèrement au recteur, ce qu'il appelait faire le compte de conscience. Il consistait, pour le sujet, à exposer tous ses besoins avec une confiance filiale ; et le supérieur devait y pourvoir avec un amour tout paternel. Il voulait que cela se pratiquât surtout quand le sujet était tenté ou prévenu de quelque manière contre son supérieur. « C'est, disait-il, le meilleur moyen pour maintenir l'harmonie et la confiance entre le recteur et le sujet. » Les étudiants devaient rendre ce compte à leur préfet tous les quinze jours ; et les novices, toutes les semaines, au père-maître, parce qu'ils sont moins exercés et plus sujets aux tentations.

ARTICLE SEPTIÈME. Prescriptions particulières de saint Alphonse pour la pauvreté et l'obéissance.

La pauvreté et l'obéissance furent les deux bases sur lesquelles Alphonse établit l'édifice de sa congrégation. Les règles sur la pauvreté et l'obéissance, ébauchées à Scala et perfectionnées à Ciorani, furent toutes confirmées par le Saint-Siège.

Les membres de la congrégation conservaient la propriété de leur patrimoine, mais n'avaient pas le pouvoir d'en garder les revenus, ni d'en disposer à leur gré ; chacun devait les abandonner à la maison dont il faisait partie, et le supérieur employait ces revenus comme il l'entendait pour subvenir aux besoins de la congrégation. Si une somme d'argent était adressée à quelque membre de la congrégation, à titre d'aumône, de don, ou pour reconnaître des services rendus, il devait aussitôt la déposer entre les mains du supérieur, qui était le maître d'en fixer l'emploi.

Persuadé de l'excellence de la pauvreté, Alphonse voulait que tous les recteurs veillassent avec une scrupuleuse exactitude à la conserver ; et, afin que le relâchement sur ce point ne pût jamais s'introduire dans la congrégation, il établit que la faute contre cette règle pourrait être un cas d'exclusion. Si le recteur-majeur lui-même était convaincu d'avoir permis par faiblesse une innovation contraire à la pauvreté, il pourrait être déposé de sa charge, et pour toujours privé de voix délibérative dans les chapitres généraux et particuliers.

Tout ce qui servait aux sujets devait être conforme à la pauvreté. Il défendit l'usage de la soie et de tout ce qui sent la vanité ou l'élégance, de tout objet d'or ou d'argent, excepté à l'église. Les soutanes et les manteaux étaient de simple serge ou de drap ordinaire ; les bas étaient gros et communs, et les souliers tout unis et sans ornement. Les chambres étaient pauvres, on n'y voyait ni armoire, ni commode, mais une table avec un tiroir non fermé, trois chaises au plus, une lampe de terre cuite, quatre images simples et deux ou trois livres. Le linge, de toile grosse et uniforme, était confié à la garde d'un seul frère pour toute la maison. Les lits se composaient d'une seule paillasse, sans matelas ; on avait cependant un oreiller de laine commune et des draps. Il était défendu de posséder en propre aucun livre ; on devait se contenter de la bibliothèque commune. Une aiguille, un bout de fil même, ne pouvaient être conservés en propriété ; ces objets se trouvaient dans un lieu déterminé à la disposition de tous.

Après avoir banni de la congrégation le mien et le tien, et délivré les sujets de l'embarras de posséder et de disposer, Alphonse établit entre tous une vie parfaitement commune, exempte de toute préférence. Il aimait la pauvreté, mais il aimait encore plus la vie commune ; ou, pour mieux dire, l'une et l'autre étaient deux perles, également précieuses à son cœur. « S'il n'y a pas de vie parfaitement commune, disait-il, les soucis et l'envie ne manqueront pas de nous tourmenter ! Que tel ou tel ait plus de pouvoir, bientôt il excitera la jalousie des autres ; et combien de maux ressentiront les religieux ! Celui qui aura moins, voudra se procurer plus, dût-il le faire par des voies illicites. »

Lorsqu'il voyait un supérieur négligent à procurer le nécessaire aux sujets, il s'animait d'un saint zèle, le réprimandait et ne lui épargnait pas les châtiments.

Il voulait la pauvreté, mais non cette misère qui blesse la décence. Un jeune clerc portait des souliers qui ne valaient plus rien ; Alphonse jeta, sans rien dire, de tels regards sur les souliers et sur le recteur, que celui-ci comprit aussitôt, et donna une chaussure décente.

Quand un père ou un frère devait passer dans une autre maison, il devait être pourvu du nécessaire. Alphonse faisait des réprimandes très sévères aux recteurs qu'il trouvait en faute sur ce point. « La charité, disait-il, maintient la vie commune ; et la vie commune soutient la pauvreté. Si la charité manque, tout est renversé. » Il était surtout mécontent lorsqu'il voyait un recteur indulgent envers lui-même et sévère pour les autres. « Oh ! s'écriait-il, combien nous verrons de supérieurs damnés, pour avoir violé eux-mêmes la loi de pauvreté, et porté atteinte, dans les autres, à la charité de la vie commune ! »

Pour prévenir tout relâchement, il statua que les recteurs, sans excepter le recteur-majeur, s'obligeraient par un serment particulier à ne permettre à personne pour nul motif, de garder par devers soi de l'argent, ou d'en disposer. Il ordonna aussi que l'argent donné par la maison pour subvenir aux nécessités d'un voyage ne pourrait être employé à aucun autre usage. Il exigea des recteurs le serment de ne permettre à personne de garder dans sa chambre, pour son propre usage, des douceurs, telles que des sirops, du chocolat, du tabac ou autres choses semblables. Pour prévenir tout abus de la part des recteurs eux-mêmes, il leur défendit de rien tenir dans leur chambre pour leur propre usage, ni argent, ni comestibles, ordonnant que chacun remît à la communauté tout ce qui lui serait adressé pour lui ou pour quelque autre. Ce serment devait être fait par chaque recteur, le jour de son entrée en charge, en présence de la communauté et du chapitre si c'était le recteur majeur, comme il fit lui-même au mois d'octobre 1755.

Il travailla avec un égal soin à affermir la sainte vertu d'obéissance. Il décida que les sujets n'auraient aucune volonté propre ; mais qu'il la remettrait tout entière entre les mains de leurs supérieurs. Je veux ou je ne veux pas étaient des expressions qui lui faisaient horreur. « Pourquoi sommes-nous entrés dans la congrégation, si ce n'est pour plaire à Dieu et pour faire sa sainte volonté ? Et comment pourrons-nous plaire à Dieu et faire sa sainte volonté, si nous refusons de nous soumettre à la volonté des supérieurs qui sont sur la terre les représentants de Dieu ? Ainsi, pas de réplique, jamais de discussion contre l'ordre d'un supérieur ! Le plus petit manquement à l'obéissance est une faute grave, digne d'être sévèrement châtiée. Tous les membres de la congrégation auront le plus grand respect pour les supérieurs ; ils ne s'excuseront et ne se défendront jamais devant eux ; ils recevront avec humilité leurs avertissements. » Il accordait cependant, et voulait même, si on avait quelque raison à opposer, qu'on la fît connaître, mais avec soumission, et qu'après avoir exposé la chose, on se soumît à tout ce qui serait commandé.

Alphonse n'était pas de ceux qui ordonnent sans faire exécuter ; il faisait rigoureusement observer le moindre article de la règle. Lent à commander, il était pressant quand il fallait se faire obéir ; si toute autre faute trouvait miséricorde auprès de lui, sa sévérité se montrait tout entière quand il s'agissait d'un écart, même léger, dans ce qui regardait la pauvreté ou l'obéissance : on voyait alors son zèle s'animer sans acception de personne. Il apprit que, dans la maison d'Iliceto, le père Fiocchi avait introduit des plats d'étain ; aussitôt il lui écrivit que, sans perdre de temps, on devait vendre tous ces plats. En vain, on voulut alléguer des motifs pour les conserver, et dire que les plats de terre se brisaient facilement, et que la maison se trouvait loin du potier. « La pauvreté, répondit Alphonse, considère la qualité ; ce qui lui convient le mieux est ce qu'il y a de plus vil et de plus grossier. On ne voit pas d'exemple d'une telle vanité dans les ordres les moins austères ; celui qui est pauvre et qui fait profession de pauvreté, doit être pauvre en tout. »

La plus légère atteinte à cette vertu lui donnait de l'inquiétude. Quelques sujets commençaient à faire usage de tabatières de carton verni ou de cuivre ; il les défendit aussitôt, et voulut qu'elles fussent toujours en bois comme auparavant. Il vit un chapeau qui reluisait plus que les autres, il le défendit comme un scandale. On lui représenta que le drap commun pour les simarres et les capotes, étant de courte durée, loin de favoriser la pauvreté, lui était préjudiciable et que les maisons de la congrégation gagneraient à acheter un drap de meilleure qualité. On croyait que cet argument entraînerait l'opinion d'Alphonse ; mais il n'en fut rien : « C'est nous, dit-il, qui avons fait le vœu de pauvreté ; nous devons subir les conséquences de ce vœu. Le drap ordinaire humilie ; et voilà ce que demande la pauvreté. »

Lorsqu'on devait voyager à cheval en mission, et qu'en temps d'hiver on était surpris par la pluie ou la neige, on ne pouvait arriver à sa destination sans une douleur causée par l'engourdissement des jambes, on le pria de permettre dans ce cas l'usage des bottes, mais cette proposition l'épouvanta. Il voulut bien enfin permettre des guêtres de gros drap, mais jamais de cuir. Ce fut avec beaucoup de peine qu'il consentit à ce que le père économe portât une montre en mission. Les Pères lui représentèrent la nécessité de cet objet, afin de pouvoir régler les exercices, puisque dans les petits villages on trouvait rarement des horloges ; ils alléguèrent, pour appuyer leur réclamation, que le père Vincent Carafa, quoique rigide sur la pauvreté, les avait permises à ses missionnaires. « Oui, répondit Alphonse, mais c'était dans les Indes, et nous, nous ne sommes pas dans les Indes, mais en Italie. » Néanmoins, quand on l'eut convaincu que c'était une chose nécessaire, il l'accorda, mais à condition que la boîte serait de cuivre.

Il ne fut pas moins attentif à faire régner dans la congrégation une obéissance prompte et sans objection ; résister à ses déterminations et se voir congédier se suivaient immédiatement. Il avait défendu au père Génovèse de se rendre à Scala. Mais ce père, ayant promis une visite à quelques religieuses de cette ville, s'y rendit furtivement. Alphonse le sut, ne lui donna pas le temps de retourner à la maison, mais lui écrivit dans la ville même de Scala, pour lui notifier son exclusion. Il avait ordonné au père Grassi de se rendre à Iliceto. Ce père avait un frère étudiant à Salerne, et voulait lui rendre service, mais aux dépens de l'édification commune ; Alphonse jugea à propos de l'éloigner. On faisait résistance à ses ordres ; il écrivit au père Rossi, recteur de la maison : « Puisque le père Grassi a refusé d'aller à Iliceto, faites-lui savoir aussitôt que je lui donne son congé et le déclare exclu de la congrégation. Prions Dieu que, s'il y a encore parmi nous de semblables sujets, ils s'en aillent au plus tôt. Si l'on cesse de se soumettre parfaitement, c'en est fait de la congrégation. »

Il exigeait le plus grand respect et la plus grande soumission envers tout supérieur. « Si l'on m'obéit, disait-il souvent, ce n'est pas merveille ; mais je veux que l'on montre une égale soumission à celui qui préside un exercice, quelque soit son mérite, car il tient la place du supérieur. Si l'on manque en ce point, c'en est fait, on ne verra plus que désordre et confusion. » Un père des plus distingués, mais tourmenté d'une humeur chagrine, blâma certaines dispositions que son recteur avait prise pour une mission. Alphonse l'apprit ; et, quoiqu'il eût compassion de sa maladie, lui écrivit en ces termes : « La nouvelle de votre rétablissement m'a consolé, mais j'ai été affligé d'apprendre certaines réflexions peu convenables que vous vous êtes permises envers le supérieur. Beaucoup de choses paraissent absurdes, qu'il est cependant raisonnable d'approuver, parce qu'on n'en connaît point le motif. Si chaque sujet voulait faire ce qui lui paraît le mieux, l'obéissance n'existerait plus. Je vous prie d'exposer simplement votre avis, lorsque certaines choses vous paraîtront ne pas être comme elles devraient ; ensuite, laissez aller, en vous réservant de m'écrire touchant ce qui ne vous paraît pas convenable. »

Il était encore plus alarmé lorsqu'il apprenait que des sujets de la congrégation s'unissaient pour contrarier la volonté d'un supérieur : c'était une faute qu'il ne pardonnait point. « Les murmures publics contre l'obéissance, écrivait-il au père ministre d'Iliceto, sont des fautes impardonnables et méritent un long châtiment. » Les frères s'étaient plaints de ce qu'on leur avait défendu, pour l'hiver, le repos de l'après-dîner ; leur mécontentement avait été public, Alphonse voulut que leur pénitence le fût aussi. Il fit ôter l'habit pour longtemps aux deux principaux coupables, les fit dîner à genoux, les priva de viande ou de fruits, et ne leur accorda la sainte communion que tous les huit jours. On voulut intercéder ; mais il fut inexorable.

« J'ai ressenti beaucoup de peine, écrivit-il au père Criscuoli, en apprenant que votre Révérence a fait tant de résistance pour exercer la charge de ministre ; ce qui m'a le plus frappé, c'est que vous avez consulté, comme je l'ai appris, et qu'on vous a dit que vous n'étiez pas tenu d'obéir. Je ne veux pas vous contraindre ; mais je vous prie, pour l'amour de notre bonne Mère, d'accepter cette charge. Faites-moi ce plaisir ; je vous prie de méditer un peu devant le Saint-Sacrement ; et Jésus-Christ vous fera changer de sentiment. »

ARTICLE HUITIÈME. Sollicitude de saint Alphonse pour la parfaite observance de la règle ; sa fermeté contre les transgresseurs.

Alphonse avait toujours l'œil ouvert, et voyait les fautes les plus légères dans la congrégation. Il aurait préféré la voir se dissoudre, malgré toutes les peines qu'il avait eues pour l'établir, plutôt que de la voir manquer de discipline. « Ce qui me touche, disait-il, c'est de voir la ferveur s'accroître dans la congrégation, et non de voir s'augmenter le nombre des maisons. » Il ne consentit jamais à une fondation, avant d'avoir assez de sujets pour former une communauté où la règle pût être parfaitement observée.

Connaissant le prix de l'oraison, de la vie commune et de la charité fraternelle, il exigeait que chacun dans la congrégation prit à cœur d'y faire régner ces trois soutiens de la vie religieuse. Quelques religieux se dispensaient d'assister le matin au chœur, à l'oraison commune, soit qu'ils eussent peu dormi pendant la nuit, soit tout autre prétexte. Alphonse, qui l'attribuait à la paresse, ordonna au frère infirmier de leur porter, après l'oraison une tasse de thé, et de réitérer la même chose toutes les heures suivantes, en leur prescrivant de ne pas sortir du lit avant l'arrivée du médecin ; en un mot, ils devaient rester à jeun. L'expédient eut l'effet désiré, tous les maux s'évanouirent, et le chœur fut rempli de matin. Le samedi suivant, Alphonse n'oublia pas dans la conférence de donner cet avis : « Mes pères et mes frères, je vous le répète ; notre vie doit être une oraison continuelle ; chacun de nous doit avoir le désir de devenir grand dans l'oraison ; au lieu de jamais la négliger, il doit être ingénieux à trouver du temps pour la faire. C'est la pratique de tous les saints. »

S'expliquant un jour sur la nécessité du silence et du recueillement intérieur : « Cette règle, dit-il, est la règle des règles : si nous l'observons ponctuellement, nous nous ferons saints, et bientôt ; mais cette règle semble bannie de la congrégation. Presque tous sortent de leur chambre sans nécessité ; beaucoup parlent sans retenue, même dans les lieux où il est défendu de le faire, comme dans les corridors, à la cuisine, au réfectoire. L'auteur de l'Imitation dit que l'âme pieuse profite beaucoup dans le silence et le repos ; c'est là qu'elle découvre les secrets de l'Écriture ; là, elle trouve la source des larmes dont elle se lave et se purifie. Mes pères et mes frères, ne nous plaignons pas, si nous nous sentons dissipés, imparfaits et dans la sécheresse ! Parlons peu aux hommes pour parler beaucoup avec Dieu, qui changera de conduite à notre égard, et nous élèvera à la sainteté. » Il disait encore souvent : « Sans recueillement intérieur, il n'y a pas d'esprit d'oraison, et ceux qui vont au chœur sans cette disposition vont au supplice ; chaque moment leur paraît un siècle ; ils arrivent distraits et s'en retournent distraits ; ils mènent une vie malheureuse, ne goûtent pas Dieu et sont privés du monde. »

Il voulait qu'après les repas, la récréation servît à délasser et non à dissiper l'esprit. « Il doit y avoir une différence, disait-il, entre le délassement d'un religieux et celui d'un séculier. Il est juste de prendre un peu de récréation, mais il n'est pas moins vrai que, même pendant ce temps, nous devons chercher Dieu et nous récréer seulement parce que Dieu le veut. » La récréation du soir devait surtout se passer en discours spirituels, et la coutume s'est établie, dans toutes les maisons, de raconter alors ce qu'on avait lu, pendant le jour, des vertus de quelque saint. Alphonse veillait, à l'observance de cette pratique, il en avertissait les recteurs et ne cessait de la rappeler. Il avait singulièrement à cœur de voir régner entre tous la charité fraternelle. Voici comme il s'exprime à ce sujet : « Que chacun supporte son compagnon avec charité. Nous avons tous nos défauts ; celui qui supportera aujourd'hui les défauts de son frère, sera demain supporté à son tour. Que personne ne prétende dominer et corriger les autres ; je parle de ceux qui voudraient affecter de la supériorité et du mépris. La correction est un acte de charité ; mais si elle ne se fait pas avec charité, elle nuit, loin d'être profitable. Ainsi, que personne ne s'ingère dans l'office d'un autre ; qu'on ne tourne pas en ridicule les défauts naturels du voisin ; et qu'on se permette encore moins les paroles offensantes. » Il haïssait les rapporteurs, et les regardait comme démons incarnés. Si, après avoir été réprimandés, ils ne se corrigeaient pas, ils étaient tôt ou tard chassés de la congrégation. Il la débarrassait également de certains esprits acariâtres, à charge à eux-mêmes, insupportables aux autres.

Alphonse veillait à l'observance de tous les points de la règle. « La règle, disait-il souvent, est ainsi nommée, parce qu'elle doit diriger nos actions. Toute action qui s'écarte de la règle, quelque bonne qu'elle paraisse, est nécessairement mauvaise et déplacée. Mes pères, puisque nous sommes engagés volontairement, et que nous avons promis à Dieu de l'observer, tout manquement volontaire n'est-il pas un parjure ? Si nous gardons la règle, elle nous gardera. C'est un rempart qui défend l'âme, et la sauve des embûches de l'ennemi. Lorsque le démon veut nous faire tomber dans un grand péché contre la loi de Dieu, il nous porte d'abord à ne pas tenir compte de la règle beaucoup sont hors de la congrégation, et peut-être chargés de péchés, pour avoir négligé d'observer la règle. »

Toute nouveauté le choquait. Il avait ordonné que les calottes portées dans la maison fussent de forme ronde ; quelques-uns en introduisirent de forme pointue ; à l'instant il en défendit l'usage et réprimanda le frère tailleur qui les avait faites. Les pères s'étaient servis en mission d'une voiture ; sans une véritable nécessité, il reprit avec feu le supérieur d'avoir souffert un pareil abus. Quelques jeunes pères de la maison de Giorani avaient fait garnir de cuivre les extrémités des crucifix qui se portent sur la poitrine en mission ; il les en reprit comme d'une vanité, ordonna que ces ornements fument aussitôt enlevés, et en défendit l'usage pour l'avenir.

Afin d'animer les sujets à la fidèle observance de la règle et à la pratique des vertus, il établit que le recteur ou un autre ferait chaque samedi à la communauté une conférence sur ces matières. Après cette exhortation, chacun devait s'accuser des fautes qu'il avait commises pendant la semaine contre la règle. Il établit également que dans chaque maison, il y aurait un père zélateur chargé de s'assurer si chacun, surtout dans le temps des actes communs, s'acquittait de ses devoirs. Le lundi, immédiatement après le dîner, tous se tenaient debout au milieu du réfectoire ; ce père devait relever tous les manquements qu'il avait remarqués ; tous ceux qu'il nommait, se mettaient à genoux, et recevaient avec humilité la pénitence que leur infligeait le recteur. « Que personne ne s'excuse, dit-il dans une circulaire, lorsqu'il est nommé par le zélateur ; quiconque s'excusera devra s'abstenir une fois de fruits au dîner ou au souper. »

Il y avait, dans les diverses maisons ; des pères plus fervents qu'il chargeait de l'avertir en secret de tout ce qu'ils y auraient remarqué l'abus. Il regardait comme traîtres à la congrégation ceux qui auraient pu prévenir quelque désordre en le dénonçant au supérieur, et qui ne l'auraient pas fait. « Ce n'est pas de la charité, disait-il, c'est de l'iniquité. Lorsqu'on est corrigé d'une faute à temps, à moins qu'on ne veuille s'attacher pour toujours à sa mauvaise passion, on s'amendera facilement ; mais si on n'est pas repris, l'habitude se forme et on est perdu. » Afin qu'on ne pût pas conjecturer lequel d'entre les frères lui donnait ces informations ; il voulait que tous lui envoyassent tous les mois une lettre, ne fût-ce qu'une feuille blanche.

Il établit dans chaque maison un père admoniteur, chargé de surveiller le recteur, et de voir s'il avait à cœur de maintenir la discipline dans tous les sujets, et s'il était lui-même le premier à les édifier par son exemple ; il voulait qu'on avertît avec énergie ceux qui se trouvaient en faute, et qu'on les rappelât au devoir ; mais s'il s'agissait de quelque chose de considérable, et que le recteur ne se corrigeât pas, admoniteur était obligé d'en donner avis au recteur-majeur. Par cette sage sollicitude, Alphonse prévenait les abus et ne laissait aucune faute sans réparation ou sans châtiment.

Malgré toute la clairvoyance avec laquelle Alphonse avait rédigé sa règle, en dépit de toutes les précautions qu'il avait prises pour en assurer la stricte exécution, il se rencontrait de temps en temps des sujets vicieux et peu édifiants. Dans une grande quantité de blé, on trouve de l'ivraie et de la zizanie ; il y a aussi dans les communautés des frères tièdes ou désobéissants. Alphonse trouvait sa consolation dans les bons, et ne cessait de prier Dieu de les affermir dans leur vocation ; il s'affligeait, au contraire, des mauvais, demandait à Dieu de les éclairer ou d'en délivrer la congrégation. Il respirait lorsqu'un de ces derniers s'éloignait, et il avait coutume de dire : « On voit bien que Jésus-Christ nous protège, puisqu'il nous a délivrés d'une épine qui nous tourmentait, et qu'il l'a fait disparaître sans que nous nous soyons donné de peine pour l'arracher, je ne prétends pas que vous soyez impeccables, ajoutait-il, mais que vous ne fassiez pas de trêve à vos défauts ! Tomber, mais se relever, s'humilier et reconnaître qu'on a mal fait, voilà ce qui nous justifie et réjouit le cœur de Jésus-Christ. Si la faute lui déplaît, l'humiliation lui plait bien davantage ; celui qui se confond après le péché mérite de nouvelles grâces pour ne plus y retomber. »

Alphonse était prompt à congédier tous les coupables de fautes graves, publiques et inexcusables, parce qu'il redoutait la contagion du mauvais exemple ; mais il était d'une sage lenteur à renvoyer ceux qui avaient péché avec moins d'éclat. Il ne voulait pas la mort du pécheur ; il voulait qu'il se convertît en continuant d'habiter la maison du Seigneur. Quant aux tièdes et aux incorrigibles, il les disait atteints d'une maladie chronique qui, pour cela même, guérit difficilement. « Si un remède pris à temps, disait-il, peut facilement triompher des maux violents et aigus, il en est tout autrement de ceux dont la gravité est moins grande, mais dont les atteintes sont journalières. La même chose a lieu sous le rapport moral ; une correction faite à temps touche le coupable, qui, à la vue de la gravité de sa faute, peut recouvrer la ferveur ; mais chez les âmes tièdes aucun remède n'est efficace, et ne peut les ramener à l'exercice des vertus chrétiennes. »

Il dit encore en parlant de la tiédeur : « L'ange dit à l'évêque dans l'Apocalypse : « Soyez chaud, soyez froid, mais ne soyez pas tiède ! » Je dis la même chose d'abord à moi, ensuite à chacun de mes compagnons ; je désirerais plutôt (mais je prie Dieu de ne jamais le permettre dans cette congrégation,) j'aimerais mieux vous voir froids et coupables d'un péché grave, que de vous savoir tièdes et menant une vie pleine d'imperfections et de négligences. Si vous étiez froids, il y aurait plus d'espoir de votre amendement ; mais si vous êtes tièdes, si vous parlez volontairement aux temps de silence, si vous ne faites pas avec promptitude ce qui vous est commandé, si vous êtes trop sensibles à ce qui vous humilie, si vous vous arrachez à l'obéissance et cherchez à faire prévaloir votre sentiment ; il est fort à craindre qu'il ne soit bien difficile de vous corriger ; que Dieu, dégoûté de vous, ne retire sa grâce et ne permette que vous tombiez dans quelque péché grave, et enfin ne vous chasse de sa maison. Il ne faut à l'âme tiède qu'une nouvelle chute pour que Dieu la rejette tout à fait. Dans la congrégation, il y a des esprits fervents ; mais il y en a aussi de tièdes, et les tièdes sont plus nombreux que les fervents.

Mes pères, chassons la tiédeur : le tiède est un dégoût pour Dieu, une charge pour la communauté et pour lui-même. Réformons-nous et reprenons notre ancienne ferveur, si nous voulons plaire à Dieu, consoler la congrégation et vivre d'une vie sainte et heureuse ! »

Lorsque Alphonse rencontrait des sujets atteints de cette maladie, il n'omettait rien pour les guérir. Comme un père, il les appelait à lui et les avertissait. Les incorrigibles, car il s'en trouva, lui faisaient souvent perdre le sommeil. Exercices spirituels, retraites de plusieurs jours, avertissements réitérés, il mettait tout en œuvre, et ne renonçait à ses efforts qu'après avoir vu le cas désespéré.

Il avait à la main trois moyens pour délivrer la congrégation de ces incurables. Le premier était de les harceler par de fréquentes corrections, par des mortifications et des pénitences. Quand ils se voyaient ainsi tenus à l'étroit et sans cesse poursuivis par le zélateur, ces malheureux sans énergie déclaraient ne plus pouvoir supporter un tel fardeau et demandaient d'eux-mêmes la dispense du serment de persévérance. « Il faut, disait le saint recteur, imiter les médecins qui, dans les maladies incurables et désespérées, ont recours aux remèdes extrêmes ; alors, la nature subit une crise, et le malade guérit ; ou les remèdes sont inefficaces, et on l'abandonne. » Le deuxième moyen était de les tenir à la maison, et de leur défendre d'exercer aucune œuvre apostolique. « Ces rebelles, disait-il, ont un plus grand désir que les plus fervents, d'aller travailler au-dehors ; non pour gagner des âmes à Dieu, mais pour jouir d'une plus grande liberté. » Le troisième moyen consistait à les changer de maison, à les envoyer dans telle qui leur plaisait le moins, parce qu'elle était plus incommode ou moins fréquentée. Outre la contrainte qu'ils éprouvaient de ce changement, ils étaient encore soumis aux peines et aux privations des deux premiers moyens. S'ils étaient dangereux et capables de causer du trouble dans la congrégation, Alphonse prenait le parti de les laisser dans une sorte d'abandon, il essayait de vaincre leur endurcissement en ne paraissant plus prendre aucun souci d'eux ; sur le moindre prétexte, il les autorisait à retourner dans leur famille, sans fixer l'époque de leur retour. Ainsi abandonnés, ils rentraient dans le monde et renonçaient d'eux-mêmes à la congrégation ; ou bien, Alphonse lui-même, après un certain temps, leur faisait savoir que la congrégation n'existait plus pour eux.

ARTICLE NEUVIÈME. Sollicitude particulière de saint Alphonse pour la perfection de la vocation religieuse.

De tous les moyens qu'Alphonse employait pour animer les siens à se dépouiller du vieil homme, le plus efficace était d'inspirer la plus haute idée de la vocation. « En nous appelant à cet état, disait-il, Dieu ne nous fait pas une grâce ordinaire, mais une grâce aussi grande que singulière. Il faut prier Dieu de nous en faire connaître le prix ; car, ne pas répondre à une vocation sainte, c'est mettre en péril son salut éternel. Dieu nous a choisis pour être les coadjuteurs de son Fils, et pour arracher les âmes au démon. La vocation à l'apostolat est un signe évident de prédestination. Si nous procurons le salut d'une âme, nous avons aussi sauvé la nôtre. Quelle consolation au moment de la mort, pour un membre de la congrégation, de voir rangées devant son lit des milliers d'âmes qui lui diront avec allégresse : Nous sommes votre ouvrage ! Ne cessons jamais de remercier Dieu ; prions-le de nous aider à tenir compte de ce grand bienfait, qui n'a pas été accordé à tant d'autres de nos compatriotes et amis. Quels titres avions-nous plus qu'eux à cette faveur ? plus d'iniquités peut-être ; et Dieu, malgré notre indignité, nous a tirés de ce monde misérable ! »

Déplorant les progrès du libertinage, il dit : « Nous devons extrêmement remercier Dieu de nous avoir tirés du monde et fait entrer dans sa maison, où les vérités de la foi sont toujours présentes à l'esprit par les méditations fréquentes, les pieuses lectures, les discours spirituels et les bons exemples. Toutes ces choses nous sont d'un très grand secours dans les circonstances difficiles ; et ceux qui se trouvent dans le monde, occupés des choses du monde, n'ont guère dans l'imagination que des idées dépravées qui les font trébucher à la moindre rencontre. »

Lorsqu'un des Pères venait à mourir, le pieux recteur éprouvait à la fois un mélange de tristesse et de joie : il pleurait la perte d'un ouvrier ; mais il se réjouissait bien davantage de l'avoir vu mourir en saint et d'avoir en lui un nouvel avocat dans le ciel. Il voulait en conséquence qu'au lieu de deuil, il y eût en ce jour récréation commune à table.

Il ne rappelait jamais le bienfait de la vocation sans recommander l'amour et la reconnaissance envers Jésus-Christ, et le zèle pour arriver à la perfection : « Si Dieu, disait-il, nous a fait une grande grâce en nous appelant dans la congrégation, grande aussi doit être notre fidélité à correspondre. Dieu voudra peut-être sanctifier un frère comme un saint

Pascal, un étudiant comme un saint Louis, un missionnaire comme un saint François Régis ; or, celui qui ne voudrait pas répondre à l'appel du Seigneur, risquerait de se damner, parce qu'en se rendant indigne de la continuation des grâces, il se priverait des secours nécessaires pour atteindre la sainteté qu'il s'était proposée lui-même. Il y en a dont Dieu veut faire de grands saints ; et, s'ils ne s'efforcent pas de viser à la hauteur du but, je ne sais s'ils se sauveront. »

D'autres fois, il disait : « Vous avez fait le plus grand pas en répondant à la vocation ; il ne vous en reste plus qu'un petit à faire pour devenir saints ; mais comme votre entrée dans la congrégation a été l'ouvrage de la grâce plutôt que le vôtre, le peu qui vous reste à faire doit être l'effort de votre cœur, comme si vous deviez faire tout, et la grâce rien. » Il n'était pas satisfait d'une sainteté ordinaire dans les siens, il voulait qu'ils portassent leurs vues plus haut. « Nous ne connaissons pas les secrets de Dieu, ni à quoi il attache notre prédestination. Celui qui est appelé à une sainteté éminente, ne satisfait pas le cœur de Jésus-Christ, s'il se contente d'une médiocre ; si nous ne visons pas très haut, nous atteindrons difficilement le but que Dieu nous a marqué. »

Alphonse s'affligeait surtout de la tendresse déplacée de quelques-uns, qui après avoir montré une grande ferveur, se croyaient obligés de sortir de la congrégation, s'ils apprenaient que leurs parents étaient tombés dans un revers de fortune. Compatissant à leur peine, et voulant sauver leur vocation, il ne faisait pas difficulté de sauver leur famille, malgré la gêne dans laquelle il se trouvait lui-même. Aux yeux de quelques frères, une pareille charité semblait un excès, vu la pauvreté de la congrégation ; mais Alphonse répondait : « Dans la charité, il n'y a jamais d'excès ; Dieu lui rend tout ce qu'elle donne en, son nom. » Certain père était une charge continuelle, à cause de ses nombreuses infirmités ; mais, comme il édifiait par son observance, Alphonse mit tout intérêt de côté pour sauver sa vocation.

Cette haute idée qu'il avait de la vocation religieuse, rendait son affliction extrême, lorsqu'il voyait un des siens aux prises avec la tentation, et prêt à retourner en arrière. Il examinait ces combats sous deux aspects différents, pour savoir s'ils étaient causés par la tentation ou par la malice de la volonté. Dans le premier cas, il avait pitié du sujet, et tâchait de l'aider par ses prières et par celles des autres ; il lui passait même certaines impertinences. En voici un exemple : Un père encore jeune, s'imaginant qu'il avait été envoyé dans la maison d'Iliceto par punition, fit savoir à Alphonse, dans une lettre extravagante, que si on ne le retirait de cette maison, il sortirait de la congrégation. Alphonse, convaincu que ce n'était qu'une pure suggestion du démon, lui écrivit fort gracieusement : « Saint Paul, premier ermite, répondit à saint Antoine, abbé, qui le priait de lui ouvrir la porte, parce qu'autrement il mourrait sur place : Voilà une belle manière de prier que de prier en menaçant. Je vous dis la même chose ; j'ai compassion en voyant le combat qui s'est élevé dans votre cœur ! Qui jamais vous a envoyé à Iliceto par punition ? Et puis, voyez ce que vous dites ; autrement je demanderai la dispense. C'est fort bien, mais qui vous la donnera ? Par charité ; une autre fois, pas tant d'emportement ! Je le répète, je vous pardonne, parce que ce n'est pas vous qui parlez, c'est la tentation. Mais patientons, et attendons que ce souffle malfaisant soit passé. » Par ces paroles appropriées à l'esprit du jeune homme, Alphonse dissipa sa tentation et le remit en paix.

Il usait aussi dans ces rencontres d'un art admirable. Quand on se présentait pour obtenir dispense du serment de persévérance, Alphonse voyait la tentation, se montrait au premier abord tout prêt à l'accorder ; comme souvent c'est la résistance qui nous rend obstinés, cette promptitude même arrêtait le sujet. Mais Alphonse continuant ensuite à lui parler avec douceur, lui faisait peser l'inconséquence de sa démarche et lui montrait que c'était une tentation. De cette manière, le sujet confus reconnaissait son erreur ; et, sortant de son aveuglement, demandait à rester.

Quoique Alphonse secourût avec tant de charité ces sujets chancelants, cependant il ne comptait plus désormais sur eux comme auparavant. Il disait que c'était des pierres qui avaient bougé. « Une pierre, disait-il, qui a bougé du corps du bâtiment, ne peut plus, malgré l'adresse de l'ouvrier, se rajuster comme auparavant. » Il avait coutume de dire, qu'on ne pourrait jamais verser assez de larmes pour racheter de nouvelles grâces après avoir perdu les premières ; et l'expérience a montré qu'après cette infidélité à leur vocation, plusieurs ont fini par la perdre entièrement.

Lorsqu'il était persuadé que de tels sujets voulaient rentrer dans le monde, non par tentation, mais par une volonté bien déterminée, et qu'ils ne se souciaient plus de leur âme ni de Dieu ; il n'hésitait pas un instant à les délier du serment de persévérance. Souvent il le fit avec de funestes prédictions ; il regardait une pareille dispense comme un vrai passeport pour la maison du diable, et ne la donnait qu'en pleurant. À peine étaient-ils déliés du serment de persévérance, qu'il leur était enjoint de sortir au plus tôt ; si dans la suite, ils demandaient de rentrer, il n'y avait plus de médiation possible en leur faveur ; les prières des personnes les plus recommandables, celles des plus anciens Pères, ne pouvaient fléchir le saint recteur. Ce n'était pas écrit sur la porte de la maison, mais l'expérience disait qu'il n'y avait plus d'espoir de rentrer pour celui qui était une fois sorti.

ARTICLE DIXIÈME. Sollicitude particulière de saint Alphonse pour les diverses classes de personnes dans sa congrégation.

Le cœur du plus tendre père ne pourrait avoir pour ses enfants plus d'amour qu'Alphonse n'en avait pour ses étudiants. Il voulait que les recteurs eussent pour eux une affection et une sollicitude vraiment paternelles. « Ils sont, disait-il, l'espoir de la congrégation, parce qu'ils devront nous remplacer un jour. » L'un d'eux était-il malade ; il n'épargnait rien pour lui faire recouvrer la santé ; il faisait venir les meilleurs médecins des environs ; et si ces malades se montraient humbles et résignés, ils acquerraient un nouveau droit à son amour. « Je suis leur père, disait-il, la congrégation est leur mère. Depuis qu'ils ont quitté leurs parents pour se donner à Dieu, il est juste qu'ils soient traités avec la plus grande charité. »

Il se plaisait à les voir avancer dans les études, mais il ne voulait pas en eux cette démangeaison de savoir plus qu'il ne convient : « Car, disait-il, de même que la discrétion est une vertu, le trop d'ardeur est un vice. Il y avait trois choses qu'il voulait absolument dans le cours des études : premièrement, ne chercher à savoir que les choses nécessaires et utiles, et toujours avec la modération convenable ; en second lien, ne pas faire ostentation de la science qu'on a, et, moins encore, se vanter de connaissances qu'on n'a pas ; enfin, pour troisième règle, le désir de croître en vertu et surtout en humilité. »

Il souffrait de voir un étudiant s'occuper à parcourir plus de livres que ne lui en assignait son professeur, et il voulait que chacun s'appliquât à bien étudier sa leçon, pour la posséder parfaitement. « Vous devez, disait-il, vous considérer comme autant de petits enfants ; c'est au maître à juger de ce qui vous convient, et à fournir à votre esprit les occupations les plus propres à le former. Plusieurs demeurent ignorants pour avoir voulu trop savoir. »

Il aimait à voir parmi les jeunes étudiants une sainte émulation toujours unie à la charité. Une partie des étudiants de Caposèle, entrant en rivalité avec ceux de Ciorani, leur envoyèrent une lettre critique et savante, conçue avec un certain sel. Alphonse en fut très mécontent, et écrivit aussitôt au Père Cajone, recteur de Caposèle : « Dites au prochain chapitre que je ne veux pas de pareilles sorties, et que l'esprit de charité ne le veut pas non plus. Les uns comme les autres, vous n'êtes qu'une même chose, c'est-à-dire frères, et fils d'une même mère. »

Il éprouvait une consolation extrême lorsqu'il remarquait parmi les étudiants une humble subordination et un bon sentiment d'eux-mêmes, joint à l'amour de la mortification chrétienne. Plusieurs jeunes gens étant sur le point de partir de la maison de Nocera, il leur recommanda sur toute chose l'humilité, l'obéissance et la mortification : « De l'humilité, mes frères, leur dit-il plusieurs fois, de l'humilité ! par ce moyen, vous deviendrez saints et savants. »

Comme en mission le prédicateur du grand sermon était ordinairement plus prisé que les autres, il voulut désabuser les jeunes gens et prévenir toute ambition ; il leur dit un jour : « Mes enfants, tenez votre cœur en garde contre la vanité ou l'ambition de prêcher. Il est plus nécessaire d'instruire les peuples que de faire de grands sermons ; les vérités de l'Évangile restent mieux imprimées par le moyen des catéchismes que par les autres prédications. » Il désirait que l'ambition des jeunes gens fût de se dévouer au salut des pauvres et des habitants de la campagne. Un dimanche qu'il les envoya faire une instruction de doctrine chrétienne dans les paroisses, il leur dit encore : « Mes enfants, attachez-vous à secourir les âmes les plus nécessiteuses. Maintenant que vous êtes envoyés pour enseigner le catéchisme, allez-y avec un grand désir d'instruire les pauvres petits enfants ; et ne croyez pas que ce soit peu de chose. Jésus-Christ lui-même fut envoyé par son père pour enseigner les ignorants. »

Il exigeait des jeunes clercs la sainteté de la vie et l'amour envers Jésus-Christ, plus encore que le savoir. « La vraie sagesse, leur disait-il, est de bien connaître Jésus-Christ. À quoi sert la science, si elle n'a pas pour but la recherche de Dieu ? Nous pouvons dire avec sincérité que notre frère Blasucci a eu la vraie science, parce qu'en tout ce qu'il faisait, il ne cherchait que Dieu ; aussi, comme vous le savez, il est mort en saint.

Il faut étudier, il est vrai, puisque nous sommes ouvriers ; mais persuadons-nous bien que l'unique chose nécessaire, celle que Jésus-Christ demande plus que toute autre, c'est de nous sauver par la sainteté. Il faut étudier ; mais l'étude doit se faire dans le seul but de plaire à Dieu. Autrement, elle nous vaudra une longue attente dans le purgatoire ; et pour quelques-uns peut-être, ce qu'à Dieu ne plaise, des tourments dans l'enfer. Que votre point de mire soit toujours la gloire de Dieu et le bien des âmes ; lorsque l'occasion se présente de passer pour ignorant, ne la repoussez point, cela ne vous nuira pas. »

D'autres fois, il leur disait : « Pour que nous puissions trouver Dieu en toutes choses, il faut être détachés de tout, même des consolations spirituelles. Or, recherche-t-il Dieu seul, celui qui nourrit le désir d'étudier pour satisfaire son ambition de prêcher ? Non, sans doute ; il en est de même de celui qui s'attache aux grâces sensibles. Il est vrai que les consolations viennent de Dieu, mais chercher les consolations, c'est y être attaché ; ce n'est pas chercher Dieu seul, mais se chercher soi-même. »

Il avait aussi pour les jeunes novices une affection toute particulière. Il enviait leur bonheur de se trouver dès la première heure, et sans rien connaître du monde, dans la maison de Dieu, où il n'avait été appelé qu'à la fin du jour, ou du moins bien tard. Lorsque le noviciat se trouvait dans la maison où il demeurait, il passait chaque fois la récréation du soir avec les novices. Il aurait voulu que le noviciat eût toujours été sous ses yeux ; mais très souvent il dut, à son regret, le placer dans une autre maison.

Rien ne lui causait tant de douleur que d'apprendre qu'un novice éprouvait une tentation, et plus encore s'il avait des preuves de la vocation de ce novice. Il le faisait venir auprès de lui, tâchait de l'éclairer, de le fortifier ; lorsque le jeune homme était persuadé, on voyait sur le front d'Alphonse la joie qu'il ressentait dans son cœur. Pour inspirer la fidélité à suivre sa vocation, et la crainte de la perdre, il avait coutume de dire « La vocation et la persévérance sont deux grâces distinctes. Dieu peut nous donner la première au milieu même de nos infidélités ; mais nous n'aurons pas la grâce de la persévérance, si nous ne la méritons par la prière et les bonnes œuvres. C'est cette couronne que le démon veut nous ravir ; et Dieu permet qu'il nous tente, pour éprouver notre constance et nous récompenser à proportion. Il exigeait des novices trois choses pour persévérer : l'humilité, l'obéissance, et l'ouverture du cœur. Celui qui est humble et qui connaît sa misère, disait-il, est tout-puissant contre le démon ; il ne pourra jamais s'égarer, s'il dépend aveuglément des supérieurs, et surtout s'il confie ingénument à son directeur ce qui se passe en lui. La tentation découverte est vaincue ou à demi vaincue, parce que le démon, qui est l'orgueil même, ne souffre pas que ses artifices soient découverts à un être de boue tel que l'homme. » Lorsqu'il voyait ces dispositions dans le novice, il lui assurait qu'il n'avait rien à craindre.

Il voulait que le père-maître fût tout cœur et tout amour pour les jeunes gens. Il ne voulait pas qu'on usât de rigueur ni de pénitences, mais d'exhortations douces et charitables ; on devait mettre sous les yeux du novice le bien et le mal. « La congrégation est libre, disait-il, et Dieu ne veut que des sacrifices volontaires. Le novice qui ne se corrige pas après avoir été réprimandé, montre qu'il n'est pas venu avec une intention droite ; la congrégation n'a que faire de lui. »

Il était touché de voir un bon novice malade ; si les pères voulaient qu'on le renvoyât chez lui, il se faisait son avocat : « Ce n'est pas une loi, disait-il, qu'on doive exclure de la maison de Dieu ceux qui ont tout quitté pour se consacrer à son service. Si les médecins et les remèdes que nous avons ici ne peuvent leur rendre la santé, ils ne la recouvreront pas non plus dans la maison de leurs parents. Si Dieu veut qu'ils meurent, mieux vaut qu'ils meurent dans la congrégation qu'au milieu du siècle. » D'autres fois, il disait : « Quelle mère a jamais chassé son fils parce qu'il est malade ? » Il avait pour maxime que les malades patients et pieux soutiennent la congrégation par leur exemple, et lui attirent des grâces sans nombre. Lorsqu'un novice fervent venait à mourir, Alphonse ne s'en affligeait point ; mais il se réjouissait, dans la certitude que ce novice était heureux. Si, au contraire, le malade voulait quitter, il ne le permettait qu'avec peine.

Comme père de toute la famille, Alphonse ne montrait pas moins de sollicitude pour les frères servants ; il ne négligeait aucun moyen de procurer leur avancement spirituel. Il les considérait comme autant de marins qui se fatiguent à ramer, pendant que le pilote travaille avec d'autres dans l'intérieur du vaisseau. « Si ces pauvres frères, avait-il coutume de dire, s'emploient à nous aider dans le temporel, il est juste que nous les secourrions dans le spirituel. » Il établit qu'ils seraient nourris, traités et pourvus dans tous leurs besoins de la même manière que les autres ; qu'ils feraient l'oraison et l'examen avec la communauté ;

que durant le jour ils feraient aussi leur visite particulière au Saint-Sacrement et à la Sainte Vierge et qu'ils réciteraient le tiers du Rosaire. Il leur enjoignit de se confesser deux fois la semaine et de recevoir la sainte communion le mercredi et le vendredi, et à toutes les fêtes de précepte. Il leur assigna un jour de retraite tous les mois ; et au lieu de dix jours d'exercices spirituels chaque année, il leur prescrivit trois jours de retraite dans chaque semaine des Quatre-Temps.

Lorsqu'un frère était accepté, il devait être retenu durant six mois au noviciat sous les habits séculiers, afin de s'y exercer aux vertus propres à son état, sous la conduite du maître des novices. On lui accordait ensuite un habit de toile de couleur sombre, s'il se conduisait d'une manière édifiante. Après six ou sept mois d'épreuve, on le renvoyait ainsi vêtu au noviciat pour six autres mois. Ce temps écoulé, s'il s'y était bien comporté, on lui donnait enfin l'habit de la congrégation, mais plus court d'une palme que celui des choristes ; et on l'admettait à faire les vœux et le serment de persévérance.

Alphonse exigeait aussi des frères lais une parfaite soumission, il supportait les vicieux aussi longtemps qu'il pouvait ; mais, lorsqu'il ne voyait plus d'espoir, il les congédiait.

Un frère-lai de Caposèle, très habile horloger, n'avait pas une conduite assez édifiante. « Il ne s'agit pas, écrivit Alphonse au père Cajone, de garder ce frère à Caposèle ; je veux l'avoir ici sous mes yeux ; et s'il continue la même conduite, je l'enverrai ailleurs exercer son métier. Nous n'avons pas besoin d'horlogers, mais de frères qui donnent le bon exemple. »

ARTICLE ONZIÈME. Règlement de saint Alphonse, comme supérieur de la congrégation.

Chaque phase de cette admirable vie est signalée par un sage règlement.

Voici celui qui dirigea la troisième période de saint Alphonse, et qui fit de lui un supérieur éminent. Il est extrait de ses écrits et des attestations juridiques enregistrées dans les procès de la canonisation ; il résume parfaitement son esprit religieux.

1° Le supérieur doit avoir une vie exemplaire, et s'il ne pratique pas ce qu'il dit, son gouvernement sera inutile et pernicieux.

2° Le supérieur doit toujours travailler pour Dieu, et se persuader que de la part des hommes, il sera souvent payé d'ingratitude.

3° Un supérieur trop sévère forme des sujets imparfaits et dissimulés, parce qu'ils agiront par une crainte servile.

4° L'orgueil dans un supérieur le rend odieux à tous ; il empêche sa propre sanctification et celle de ses sujets, ainsi que le maintien de l'ordre dans l'institut.

5° Le supérieur doit avoir une patience héroïque ; il doit souffrir toutes sortes de travaux, de fatigues, de contradictions, et se montrer toujours calme et affable.

6° Le supérieur doit faire à tous un accueil plein de charité et d'affection, et se faire tout à tous en toute circonstance.

7° Le supérieur doit être impartial, porter à tous un même amour, et les secourir indistinctement dans leurs besoins spirituels et temporels.

8° Le supérieur qui ne surmonte pas les antipathies, les sympathies ou les impressions de mauvaise humeur, précipite ses jugements et tombe dans mille fautes.

9° Le supérieur ne doit pas avoir la présomption de gouverner un institut au moyen de ses lumières seules ; il a toujours besoin de prières et de conseils.

10° Le supérieur doit prévenir les besoins spirituels et temporels des sujets, et les soulager avec tout l'intérêt d'un frère et d'un père.

11° Le supérieur doit être vigilant sur l'observance de la règle, il doit s'enquérir de tout, avec la plus grande exactitude.

12° Le supérieur ne doit pas juger des choses avec précipitation, mais bien peser, réfléchir et s'informer avant de prononcer.

13° Le supérieur doit punir les fautes contre la règle, mais auparavant il doit donner des avis répétés et toujours accompagnés de charité.

14° Le supérieur doit être ferme contre les incorrigibles, et veiller à empêcher la contagion du mauvais exemple.

15° Le supérieur doit être juste, exemplaire, prudent, charitable, affable et vigilant, s'il ne veut subir nu jugement terrible devant le tribunal de Dieu.

FIN DU TROISIÈME LIVRE

LIVRE QUATRIÈME

(1762-1775)

Épiscopat de saint Alphonse ; son humble refus et son héroïque acceptation ; héroïque témoignage sur le prix de notre âme.

1

ÉLECTION DE SAINT ALPHONSE À L'ÉVÊCHÉ DE SAINTE-AGATHE ; SON REFUS, SES ALARMES ET SA SOUMISSION AU SOUVERAIN PONTIFE.

Alphonse, âgé de soixante-six ans, accablé d'infirmités, se croyait au but de sa course ; mais Dieu, par une providence admirable, le fit entrer dans une autre carrière, pour travailler à sa gloire par de nouvelles œuvres et de nouveaux combats.

Le souverain Pontife se trouvait fort embarrassé, en voyant ou grand nombre de personnages distingués aspirer à l'évêché de Sainte-Agathe. Sur l'avis du cardinal Spinelli, Clément XIII résolut, de chercher, en dehors de ces ambitions bruyantes, un homme, dont l'incontestable supériorité fit taire toutes les prétentions ; et son choix se porta sur Alphonse, dont l'origine, la science et la sainteté jetaient un éclat incomparable. Il notifie sa volonté au saint vieillard, dans sa cellule de Nocera, le 9 mars 1762. À cette nouvelle, Alphonse est comme frappé de la foudre ; il se trouble, et ne peut parler. Dès que la communauté en est informée, tous se hâtent de courir à sa chambre : on le trouve agité, muet, les yeux baignés de larmes. Après avoir repris ses sens, il s'imagine que cette élection est une simple marque d'estime que le pape veut lui donner sans avoir la pensée de faire aucune insistance ; il se tranquillise dans la persuasion que son refus va tout dissiper ; ses compagnons pensaient de même. Alphonse écrit sa lettre de renonciation à Mgr l'auditeur, et remercie le pape de sa bonté, expose son incapacité, son grand âge et ses infirmités, le vœu par lequel il s'était engagé à n'accepter aucune dignité, et le scandale que son consentement produirait dans la congrégation. Il écrit en même temps au cardinal Spinelli, pour lui faire connaître les motifs de son refus ; il insiste beaucoup sur le vœu qui le retient auprès de ses compagnons : « Si je voyais, dit-il, quelqu'un de la congrégation accepter un évêché, je verserais des larmes de sang. Quel scandale, si moi-même j'en allais donner l'exemple ! quel préjudice à la ferveur de tous les miens ! Je me croirais perdu ; si Dieu le permettait, je regarderais cela comme un châtiment de mes péchés et de mon extrême orgueil. »

Le lendemain, Mgr Borgia vint le voir, et lui remit une lettre confidentielle du cardinal Spinelli. Le pape voulait que, pour le tirer d'embarras, Alphonse acceptât immédiatement l'évêché, auquel il serait libre de renoncer, quand les affaires seraient plus tranquilles. Cette visite de Mgr Borgia jeta Alphonse dans une nouvelle consternation plus grande que la première. Persuadé que, vu les circonstances, le pape se montrerait difficile à accepter la renonciation, il comprit qu'il n'avait plus d'espérance qu'en Dieu, et fit prier pour que le Seigneur daignât l'exempter de ce châtiment, qu'il reconnaissait toutefois avoir mérité par ses péchés. Au sermon du samedi suivant, il se recommanda aux prières du peuple. Il commença dès lors à multiplier ses pénitences, se condamnant à un jeûne sévère, diminuant son sommeil et ne négligeant aucun moyen de conjurer ce qu'il appelait une tempête si violente. Mgr Borgia, persuadé qu'Alphonse, à cause de son âge et de ses infirmités, n'était plus capable de porter un tel fardeau, se mit en devoir d'informer à son tour le cardinal Spinelli et d'appuyer les représentations de l'humble vieillard.

Alphonse sentait s'accroître ses inquiétudes. Tantôt, il se rassurait en pensant au vœu qu'il avait fait de renoncer aux dignités ; et comme c'était un des points essentiels de la règle, il espérait que le pape ne se résoudrait pas aisément à le contraindre ; mais bientôt, il se désolait à l'idée que le Saint-Père pouvait bien aussi le dispenser de son vœu. « Et si le Pape vous commande ? » lui dit le père Mazzini. « Que la volonté de Dieu soit toujours faite. » répondit Alphonse, en inclinant la tête. Malgré son extrême agitation, on l'entendait répéter sans cesse et en tout lieu : « Que la volonté de Dieu soit faite. » Il était balancé entre la crainte et l'espérance, mais la crainte prenait le dessus. « Si le courrier vient, dit-il aux pères Ferrare et Mazzini, ne me le faites pas voir, parce qu'il me paraîtrait comme un bourreau la hache à la main. » Son frère Hercule, qui était à Naples, lui ayant demandé comment les choses se passaient, Alphonse lui écrivit « J'attends la volonté de Dieu, pour obéir selon qu'il lui plaira de disposer des quelques jours qui me restent. Ils ne dureront plus guère ; je me sentais hier bien mal. »

On ne tarda pas d'apprendre à Sainte-Agathe l'élection d'Alphonse. Cette nouvelle réjouit les bons autant qu'elle attrista les méchants. Le zèle du saint missionnaire était bien connu. Lorsqu'on y apprit qu'il voulait refuser, les gens de bien redoublèrent d'instances auprès de Dieu, le priant de tout disposer pour sa plus grande gloire et pour le bien d'un diocèse qui était dans un grand besoin spirituel.

Pendant qu'Alphonse se désolait à Nocera, sa renonciation faisait du bruit à Rome. Le Pape fut mécontent et troublé ; mais plusieurs personnes qualifiées, informées des motifs allégués par Alphonse, s'empressèrent d'intervenir en sa faveur, faisant surtout valoir ses années et son corps affaibli. Le cardinal Spinelli, instruit de l'état d'Alphonse, plaida lui-même sa cause, quoiqu'à regret. Le soir du 14 mars, le Pape se montra disposé à recevoir la renonciation ; mais le lendemain matin, il prit une décision contraire.

Le soir du 18 mars, vers six heures, le messager du Nonce parut de nouveau à Nocera. Les pères Ferrare et Mazzini le reçurent, et ouvrirent eux-mêmes les lettres dont il était porteur. Quand ils virent la ferme résolution du Pape, ils allèrent trouver Alphonse ; mais, avant de lui faire connaître la vérité, ils l'engagèrent à réciter un Ave Maria. Pendant qu'ils priaient, Alphonse qui sentait battre son cœur s'écria : « Le courrier est revenu ! » Ils l'avouèrent et dirent que le Pape lui commandait d'accepter levant les yeux au ciel, et inclinant la tête en signe de soumission, il prononça ces mots : « Je me tais, mon Dieu, parce que ceci est votre ouvrage ; » puis il ajouta : « C'est la volonté de Dieu ; Dieu me chasse de la congrégation pour mes péchés ! » Et, se retournant vers les pères : « Ne m'oubliez pas, leur dit-il ; ah ! faut-il que nous nous séparions après nous être aimés pendant trente ans. » Puis il se tut, et ses yeux se baignèrent de larmes. Les pères Mazzini et Ferrare, pour le ranimer, lui dirent qu'il ne pourrait manquer d'avoir des amis à Rome pour faire prévaloir les motifs de sa renonciation. « Il n'est plus possible, reprit Alphonse, de faire des interprétations ; le pape s'est déclaré en termes absolus qui ne les permettent point ! Il faut obéir. » À ces mots, il tomba dans de telles convulsions que pendant cinq heures il resta sans parole. Lorsqu'il fut revenu à lui, il écrivit à Mgr le Nonce et à Mgr l'auditeur qu'il acceptait l'évêché et se soumettait aux volontés du souverain pontife.

Le refus d'Alphonse avait fait sensation ; l'édification s'accrut lorsqu'on apprit son obéissance aveugle et son entière soumission. L'abbé Bruni lui écrivit : « Le cardinal Spinelli a été attendri à la lecture de la lettre que votre Grandeur m'a adressée ; il a admiré votre incomparable résignation à la voix du Seigneur. Je vous conseille de lui écrire directement ; votre lettre le consolera beaucoup, et lui fera le plus grand plaisir. »

2

MORTELLE FRAYEUR DE SAINT ALPHONSE EN FACE DE LA DIGNITÉ ÉPISCOPALE ; SENTIMENTS DU PUBLIC ET DE SES NOUVEAUX DIOCÉSAINS.

Don Hercule, apprenant que son frère avait accepté l'épiscopat, s'en réjouit et s'empressa de lui offrir les services nécessaires dans la circonstance. Alphonse lui écrivit : « Mon cher frère, je suis resté étourdi du commandement que m'a fait le Pape d'accepter l'épiscopat ; mes idées m'abandonnent, quand je songe que je dois me séparer de la congrégation où j'ai vécu durant trente ans. Je vous remercie pour l'offre que vous me faites de m'avancer de l'argent ; j'avais déjà pensé écrire au Pape, afin de l'informer humblement de l'embarras où je me trouve à cause des dépenses que vont m'occasionner l'expédition des bulles et beaucoup d'autres choses nécessaires. L'indigence où je me trouve suffira peut-être pour me dispenser de l'épiscopat. J'avais prié le cardinal Spinelli de s'employer pour me rendre ce bon office ; il a fait tout le contraire. Que dire ? Vous vous réjouissez, et je ne fais que pleurer ! J'ai perdu le sommeil et l'appétit ; je suis hors de moi, ce matin, la fièvre m'a pris ; ce soir, pendant que je vous écris, elle n'est point encore passée. Je demande d'où vient que mes vieux jours seront affligés par les travaux pénibles de l'épiscopat, et comment le Pape, qui ne donne jamais de tels commandements, a pris avec moi le ton d'une pareille sévérité. Enfin, que la volonté de Dieu soit faite ; il exige le sacrifice du reste de ma vie ; il faut me soumettre ! »

Alphonse dut néanmoins se faire tant de violence, la contrainte qu'il éprouva intérieurement fut telle, qu'il faillit perdre la vie. Le 20 mars, dans la matinée, la fièvre le saisit. On crut d'abord que c'était un rhume ; mais les symptômes devinrent si alarmants, que bientôt sa vie parut en danger. Tout motif de consolation était inutile, car l'épine qui lui perçait le cœur, c'était l'épiscopat, qu'il regardait comme un châtiment de ses péchés. « Justes jugements de Dieu, s'écriait-il souvent ; le Seigneur me chasse de la congrégation pour mes péchés ! » Dans tous ces tourments, la seule chose qui lui apportait quelque soulagement, c'était l'espérance de pouvoir un jour rentrer dans la congrégation. « J'en suis certain, » dit-il ; « après que la colère de Dieu sera apaisée, (j'espère que dans peu d'années mes prières et mon zèle à remplir mes devoirs le désarmeront ;) j'en suis certain ; le Pape prendra mes peines en pitié, et voudra bien choisir pour Sainte-Agathe un sujet plus digne. Il me renverra mourir dans ces murs, d'où je vais sortir. »

Le pape Clément XIII pouvait assez se réjouir de la docilité d'Alphonse ; il voulut lui en témoigner sa grande satisfaction. Aussi Mgr l'auditeur écrivit au saint homme la lettre suivante : « Révérendissime père ; j'ai l'avantage de vous adresser cette lettre pour assurer votre Révérence que Sa Sainteté apprend avec un plaisir singulier, que, soumettant votre volonté propre à ses déterminations, vous êtes résigné et disposé à accepter l'église épiscopale de Sainte-Agathe ; je suis dans la plus ferme confiance que le mérite de votre acquiescement à l'appel du Seigneur vous obtiendra des forces abondantes et tous les secours désirables pour l'accomplissement de vos devoirs dans ce diocèse. Que cette assurance de la satisfaction du Saint-père, dont je vous fais part en son nom, vous console, jusqu'à ce que vous puissiez venir à Rome vous en convaincre en personne Sa Sainteté a eu la bienveillance de consentir à ce que vous différiez ce voyage à cause de la rigueur de la saison ; vous pourrez l'entreprendre à votre commodité, en vous réglant toutefois sur les avis de l'agent du Saint-Père, afin d'être présent au prochain consistoire. De mon côté, Révérendissime père, je n'ambitionne rien tant que de vous donner de nouvelles preuves du respect et du dévouement dans lequel je suis etc. »

Cette lettre arriva lorsque Alphonse était au fort de la fièvre. Dès que Don Hercule apprit l'état dangereux de son frère, il accourut à Nocera, amenant avec lui un des plus habiles médecins de la capitale. Alphonse interrogé sur sa position répondit : « Je suis sous la main de Dieu. » Comme Hercule s'efforçait de lui faire reprendre courage, il répondit : « Je veux toujours faire la volonté de Dieu. » Enfin, la maladie fut si sérieuse qu'à Naples et à Rome on crut qu'il était mort. Le Pape fut extrêmement affligé ; et, doutant qu'il fût encore en vie : « S'il meurt, dit-il, nous lui donnerons notre bénédiction apostolique ; mais s'il vit, nous voulons l'avoir à Rome. » Toute la congrégation fut en alarmes, et dans toutes les maisons, on adressa des prières publiques à Dieu, chacun prenant intérêt à la vie de celui qu'il regardait comme un père.

La soumission d'Alphonse aux volontés du Pape avait produit dans Sainte-Agathe un véritable ravissement de joie ; l'allégresse fut générale. Le chapitre députa plusieurs chanoines pour le féliciter ; mais, autant ils brûlaient du désir de faire la connaissance de celui que Dieu leur destinait pour père, autant ils furent douloureusement surpris de le trouver au lit et en danger de mort. Leurs compliments de félicitations devinrent des paroles de condoléance. À leur retour, cette nouvelle consterna tous les habitants de Sainte-Agathe ; de concert avec le clergé, ils adressèrent des prières à Dieu pour qu'il daignât rendre la santé à celui qui devait être leur pasteur.

Le refus d'accepter l'évêché et ensuite l'acceptation définitive avaient été pour tous un grand sujet d'édification. On voyait dans le refus le détachement du saint religieux pour les dignités ; dans l'acceptation, on admirait sa grande soumission au chef visible de l'église.

3

HUMBLE TRISTESSE ET PIEUSE SIMPLICITÉ DE SAINT ALPHONSE, EN FACE DES FÉLICITATIONS QUI LUI SONT ADRESSÉES.

Si notre saint échappa à la mort que faillit causer sa promotion à l'épiscopat, on doit l'attribuer à un vrai miracle. À mesure que son esprit reprenait du calme, il s'abandonnait à la volonté du Pape ; son corps aussi regagnait des forces, et sa santé se rétablissait. Lorsque son humilité voulait s'opposer à la volonté du Pape, on l'entendait se reprendre et se dire à lui-même : « Dieu veut que je sois évêque ; et moi aussi, je veux être évêque. » Il était dans cette disposition d'esprit, quand le matin de Pâques, il prit subitement la résolution de se rendre dans son évêché. Il monta dans une misérable voiture et partit pour Naples d'où il devait se rendre à Rome. Il était accompagné du père Villani. Il se flattait que la vue d'un si pauvre équipage déterminerait le Pape à l'exempter de la charge dont le poids l'effrayait d'avance.

Le samedi qui précéda son départ, il n'avait pas manqué de prêcher comme de coutume en l'honneur de la très Sainte Vierge ; ce qu'il fit d'un ton si pathétique, qu'il émut extraordinairement tout l'auditoire.

Il fit à ses frères de Nocera des adieux d'autant plus attendrissants que tous croyaient l'entendre pour la dernière fois. Chacun recueillit ses dernières exhortations ; il recommandait de persévérer dans la crainte de Dieu et dans la dévotion à la très Sainte Vierge. Il supplia tous les assistants de ne jamais l'oublier dans leurs prières, afin que Jésus-Christ et la très Sainte Vierge l'aidassent à porter le fardeau ; de son côté, il leur promit de se souvenir toujours d'eux. Ensuite, il ajouta : « Ne vous affligez pas, mes très chers frères, de ce que je vais partir ; je vous donne ma parole que je reviendrai encore ici pour finir mes jours. » L'émotion fut grande et tous fondirent en larmes, ne pouvant s'empêcher de regretter la perte d'un homme qui avait tant de titres à leur amour.

Arrivé à Naples, il trouva de nouveaux sujets d'affliction. Obligé d'aller rendre ses hommages aux ministres et aux magistrats, et se voyant assiégé à la maison par la foule de ceux qui venaient le complimenter, il avait besoin de toute sa vertu pour se prêter à un genre de vie si nouveau. « Recommandez-moi et faites-moi recommander tout particulièrement à Jésus-Christ, écrivait-il au père Mazzini ; si je ne perds pas la tête maintenant, je ne la perdrai jamais. Malheureux que je suis, j'ai quitté le monde dans ma jeunesse, et maintenant à cet âge avancé, il me faut recommencer de traiter avec lui ! »

Hercule de Liguori, loin d'éprouver les mêmes sentiments, ne pouvait au contraire se réjouir assez de l'élévation de son frère. Alphonse mécontent de le voir ainsi, lui dit un jour : « Vous n'êtes pas capable de procurer de la consolation à un pauvre chrétien ; ah ! si vous saviez ce que c'est qu'un évêché, et d'avoir à rendre compte à Dieu des âmes des autres ! »

Dans ses afflictions, il n'oubliait pas de dérober quelque temps au monde pour aller visiter, dans les monastères, ses filles en Jésus-Christ. Lorsqu'elles eurent appris le chagrin qui le tourmentait et le péril qu'avait couru sa vie, elles s'étaient empressées de recourir à Dieu, pour qu'il daignât lui rendre la paix et la santé. Il leur imposa de redoubler d'instances auprès de Dieu, afin qu'il disposât de lui selon sa plus grande gloire. « Je suis maintenant Illustrissime, parce que je suis évêque, dit-il un jour à la sœur Marie Graziano ; mais lorsque le Pape me verra infirme et cassé : « Retirez-vous de moi, me dira-t-il, l'épiscopat n'est point fait pour vous ! » Il ajouta : « Priez beaucoup, parce que Dieu peut tout. »

Aussitôt qu'on apprit à Sainte-Agathe son arrivée dans Naples, un grand nombre de gentilshommes et d'ecclésiastiques allèrent l'y complimenter. L'humilité d'Alphonse les confondit d'admiration. Ils furent également surpris de son affabilité et de la tranquillité de son esprit. Ils ne remarquèrent en lui aucun air impérieux ; mais ils virent un homme ennemi du faste, dont le cœur était plein de douceur et de sincérité. De retour à Sainte-Agathe, ils ne cessaient de faire l'éloge de leur évêque et de publier ses vertus dans tout le diocèse ; ainsi, avant d'y être connu, Alphonse y était déjà désiré et proclamé pour un saint.

4

SAINT ALPHONSE À ROME ET À LORETTE ; NOUVELLES MARQUES DE PIÉTÉ D'HUMILITÉ ET DE SAINTETÉ.

Arrivé à Rome, Alphonse alla d'abord visiter le tombeau de saint Pierre. Il demeura tout ravi pendant plus d'une heure devant l'autel, et longtemps à genoux, pour honorer la statue du saint Apôtre. On était si prévenu en sa faveur, que partout il fut accueilli avec les marques d'une estime toute particulière.

Les pères de saint Vincent de Paul l'ayant un jour invité à dîner : « Mes pères, leur dit-il, veuillez donner mon dîner aux pauvres de Jésus-Christ, afin que le Seigneur me fasse connaître sûrement sa sainte volonté. » Le cardinal Orsini l'ayant fait convier à sa table, il voulut encore s'excuser, mais ce fut en vain ; Son Éminence avait invité d'autres grands personnages à cause de lui. Alphonse n'avait pas changé d'habits ; à Rome même, il se faisait gloire de porter la soutane de sa congrégation. Lorsqu'il se préparait à aller chez le cardinal, on lui fit observer qu'il ne serait pas bien de se présenter dans un pareil costume ; mais Alphonse ne tint pas compte de cet avis ; abordant le cardinal : « Monseigneur, lui dit-il, comme je me trouve, je viens. » Le cardinal sourit. « Je sais, ajoute Alphonse, que je vous fais honte. » — « Eh bien, je veux que vous me fassiez honte, reprend le cardinal. » Puis l'embrassant étroitement, il l'introduit dans son cabinet, avec les pieux sentiments de la plus profonde vénération.

Le pape se trouvait à Civita-Vecchia d'où il ne devait pas revenir de si tôt ; Alphonse prit la résolution d'aller visiter la sainte maison de Lorette. Le père Villani l'en détournait pour lui épargner ce surcroît de fatigue. « Marie, ma bonne mère, m'aidera, répondit Alphonse ; quand se présentera-t-il une occasion aussi favorable ? Rien ne me coûtera, si je puis avoir la consolation de visiter cette demeure où le Verbe éternel s'est fait homme pour nous. »

Ce voyage, comme celui de Naples à Rome, fut pour Alphonse un acte d'union continuelle avec Dieu. Il passa trois jours à Lorette éprouva des consolations ineffables dans la sainte chapelle. Il observait ou plutôt il méditait jusqu'aux plus petites circonstances locales. « C'est ici, s'écriait-il avec ravissement, c'est ici que le Verbe s'est fait homme, c'est ici que Marie le tenait dans ses bras ! » Un jour, il dit au père Villani de se retirer, voulant contempler à loisir les mystères que lui rappelait ce berceau de l'humanité divine.

Quoiqu'il y fut allé incognito, diverses personnes eurent connaissance de son arrivée et vinrent le complimenter. Le père jésuite, pénitencier de cette église, le combla d'égards et de prévenances : il l'accompagna continuellement, et lui fit voir toutes les raretés qui se trouvaient dans le trésor de la chapelle. Alphonse éprouvait une joie inexprimable d'entendre nommer les princes et les rois qui avaient donné à la Vierge ces riches témoignages de leur piété.

Lorsqu'il fallut enfin quitter Lorette, on peut dire qu'il laissa son cœur dans le saint lieu. Pendant le retour, il ne cessait de parler du grand mystère dont il venait de visiter le théâtre miraculeux.

Dans la nuit qui suivit son départ, il tomba une pluie abondante qui grossit les eaux de la rivière de Tarni. Le lendemain matin, en sortant de Marino sur un bateau, on fit une mauvaise manœuvre qui faillit faire chavirer la barque. Alphonse tomba dans l'eau et disparut au milieu de la rivière ; il était perdu sans le courage du serviteur qui l'accompagnait. Celui-ci, s'étant jeté dans le fleuve, eut le bonheur de le retirer ; et, par un vrai miracle, parvint à l'amener à bord. Quand on fut arrivé à Spolete, Mgr Aqua, évêque de cette ville, informé du passage de son collègue, l'envoya chercher à l'hôtel avec son carrosse. Ce prélat, retenu au lit par la goutte, avait de grandes inquiétudes sur l'état de son diocèse. Il s'estima trop heureux de pouvoir faire en personne la connaissance de celui qu'il admirait dans ses ouvrages. Il lui ouvrit son cœur, lui fit part de ses peines et lui dit, entre autres choses, qu'ayant dans son diocèse quatre cents paroisses et quarante monastères de religieuses, il n'avait pas assez de prêtres pour y suffire. Alphonse consola, par de sages réflexions, le pieux évêque, qui passa avec lui une grande partie de la nuit et bénit Dieu d'avoir pu s'entretenir avec un homme d'une piété si éclairée.

5

SAINT ALPHONSE AUX PIEDS DU SOUVERAIN PONTIFE ; SA CONSÉCRATION.

Alphonse revint à Rome dans la soirée du 8 mai 1762 ; le Pape arriva presque en même temps de Civita-Vecchia ; aussitôt Alphonse alla lui présenter ses hommages. Comme il s'était courbé pour lui baiser les pieds, le Pape s'empressa de le relever en l'embrassant et le fit asseoir à ses côtés ; mais Alphonse, aspirant uniquement à montrer son inaptitude et sa sainte horreur des dignités, se jeta de nouveau à ses pieds et le supplia tout en larmes de l'exempter d'une charge à laquelle ses infirmités, son âge et surtout son incapacité le rendaient inhabile. Le Pape fut touché, mais ne put changer de résolution : « L'obéissance, lui dit-il, fait des miracles ; confiez-vous en Dieu, et Dieu vous assistera. » Enfin, il le fit asseoir, l'interrogea sur l'état du royaume de Naples, sous le rapport politique et sous le rapport spirituel, le retint pendant une heure et demie, prenant un extrême plaisir à l'entretenir. Le Pape conçut la plus haute idée de ses vertus et de sa science, et ne cessait d'en parler avec admiration. Le bruit courut qu'Alphonse allait être nommé cardinal ; on en parla même à Naples, et Mgr Borgia tenait cette nomination pour certaine. Alphonse lui-même, rapportant à son frère ce qui s'était passé entre lui et le souverain pontife, écrivit en des termes qui semblaient confirmer ces bruits.

Dans une de ses visites au Saint-Père, l'entretien tomba sur la fréquente communion. Alphonse lui dit qu'il avait été contredit sur ce sujet à Naples, par certains esprits plus rigides que dévots, et qui, exagérant les dispositions qu'exige le sacrement, décourageaient les fidèles et les en éloignaient. « Que prétendent ces novateurs ? reprit le Pape affligé de cette nouvelle. Je sais par expérience combien est avantageuse aux âmes la fréquente communion ! » Il désapprouva le silence d'Alphonse, et le chargea de réfuter ses adversaires. Alphonse, pendant son séjour, composa, et publia un opuscule sur cette matière. Le Pape le reçut avec beaucoup de satisfaction ; Alphonse en fit présent à un grand nombre de cardinaux et de prélats, qui tous admirèrent la supériorité de son talent.

Le jour de saint Basile, 14 juin 1762, Alphonse reçut la consécration épiscopale, dans l'église de la Minerve. Ce fut pour notre saint une journée accablante. Il avoua dans la suite à son confesseur qu'il avait soutenu deux grands combats dans sa vie : le premier, lorsque, se séparant du monde, il avait lutté contre la tendresse d'un père qui le tenait étroitement serré dans ses bras ; le second, lorsqu'à Rome il fut obligé de recevoir le caractère épiscopal. « Car alors, dit-il, je me suis vu terrassé d'épouvante, en pensant au fardeau dont je me chargeais et au compte que j'en devais rendre à Dieu. »

6

DÉVOUEMENT EMPRESSÉ DE SAINT ALPHONSE POUR SON DIOCÈSE ; ÉDIFIANTE PRISE DE POSSESSION.

Comme on était dans les fortes chaleurs de l'été, époque où le temps change fréquemment, les habitants de Sainte-Agathe n'espéraient pas jouir si tôt de la consolante présence d'Alphonse. Tout autre eut différé le voyage ; c'était le conseil que lui donnaient les médecins de Nocera et de Naples ; mais Alphonse, considérant que le bon pasteur donne sa vie pour ses brebis, partit sur le champ, pour s'unir à son église. Comme on l'en voulait dissuader. « Un évêque, répondit-il, ne doit pas songer aux périls de sa vie ; mais il doit se sacrifier pour les âmes qui lui sont confiées. » Il aurait pu, du moins, s'arrêter à Arienzo ; on le lui conseillait beaucoup, à cause de l'habitation commode et de l'air plus salubre ; mais il voulut se rendre à Sainte-Agathe, comme au lieu que Dieu avait déterminé pour sa résidence. Quand on fut arrivé au Pont-Royal, entre le diocèse de Caserte et celui de SainteAgathe, le chanoine Germieri dit au saint prélat : « Voici votre diocèse, daignez lui donner votre bénédiction. » Alphonse pleurait d'attendrissement à la vue du peuple nombreux qui se pressait dans l'attente de la bénédiction ; tous les yeux admiraient l'humilité et la candeur qui brillait sur sa figure ; toutes les bouches proclamaient que c'était un saint qui venait gouverner le diocèse.

À son arrivée, je laisse à penser la réception que lui firent les habitants de la ville. Quand il descendit de voiture dans la cour du palais épiscopal, il reçut les félicitations et les hommages du clergé, et d'une multitude d'habitants distingués de la ville et du diocèse. Après un moment de repos, on le conduisit processionnellement à l'église. Lorsque le Saint-Sacrement fut exposé, Alphonse, longtemps prosterné la face contre la terre, l'inonda de ses larmes. La cathédrale, toute spacieuse qu'elle était, fut insuffisante ; une bonne partie du peuple dut rester à la porte. Lorsqu'on eût chanté le Te Deum, l'évêque descendit de son trône ; et se plaçant au côté droit de l'autel, consola pendant une heure tous les assistants par un discours où son amour et son zèle se dévoilèrent également. Tous versèrent des larmes d'allégresse, remerciant Dieu de leur avoir donné un ange pour pasteur.

Il commença par adorer les dispositions de Dieu qui le voulait, malgré son indignité, évêque de Sainte-Agathe ; il ne venait pas au milieu d'eux pour se donner du plaisir ni pour mener une vie commode, mais pour les exciter tous par ses fatigues et ses sueurs à travailler à leur salut ; il n'était pas venu dans le diocèse pour commander, mais pour se faire tout à tous ; si, comme pasteur, il allait fournir à son troupeau un pâturage salutaire, les brebis à leur tour devaient, pour échapper aux loups, mettre ses paroles à profit et se montrer dociles. S'adressant ensuite au clergé, il le pria, mais presque en pleurant, de l'aider à porter dignement son fardeau.

Tel fut à peu près le sens du discours de Mgr de Liguori, lorsqu'il ouvrit pour la première fois son cœur au peuple de Sainte-Agathe. Avant de terminer, il annonça pour le dimanche suivant une mission générale qu'il allait lui-même prêcher dans la cathédrale, ainsi que les exercices spirituels pour les clercs et pour les nobles. Après la bénédiction du Saint-Sacrement, il reçut la promesse d'obéissance de tout le clergé, et se retira dans son palais.

Pendant le sermon, il était arrivé un incident qui, plaisant d'abord, finit par être sérieux. Alphonse fut surpris d'un accès de toux très opiniâtre ; un des chanoines, se tournant vers les autres, dit en plaisantant : « Apprêtons-nous à élire un nouveau vicaire capitulaire ; si Monseigneur reçoit encore une nouvelle attaque, nous le perdrons infailliblement. » Alphonse, à qui on rapporta ce propos, en lui nommant l'auteur, dit en plaisantant à son tour : « Il ne sait pas que certaines poires vertes tombent plus facilement que les mûres. » Peu de temps après, ce prêtre, quoique dans la force de l'âge, fut enlevé par la mort, le premier de tout le chapitre.

Telle fut l'entrée de notre saint dans la ville de Sainte-Agathe. Les vieillards, qui se rappelaient la pompe des autres évêques en pareille circonstance, ne pouvaient s'empêcher d'admirer la pauvreté et l'humilité du nouvel évêque ; ces vertus lui concilièrent tout d'abord le respect et la vénération générale. Le peuple, sortant de l'église, répétait avec des sentiments de joie : « Nous avons un saint évêque ; nous avons un saint parmi nous. »

La mortification et l'humilité le suivaient partout. Il visita le palais ; et se choisit la chambre la plus incommode et la plus pauvre. Il assigna les meilleures à son grand vicaire, à son secrétaire et au père Ange Majone, qui devait lui tenir compagnie. Il ne se mit au lit le premier soir qu'après s'être donné une longue et rude discipline, voulant ainsi détourner de son peuple la colère divine, et implorer pour lui-même et pour son troupeau les miséricordes du Seigneur.

7

COMMENT SAINT ALPHONSE RÈGLE SA VIE ET SA MAISON PENDANT SON ÉPISCOPAT.

Alphonse continua dans l'épiscopat sa vie pauvre et pénitente, et se fit un règlement de conduite journalière qu'il ne cessa d'observer pendant les treize années qu'il sanctifia son église.

À peine levé, il se donnait chaque matin une sanglante discipline. Il faisait ensuite une demi-heure de méditation avec toutes les personnes de sa maison ; le grand vicaire seul avait la liberté de n'y point assister. Cet exercice ne pouvait jamais être omis. « La méditation, disait le pieux évêque, est à l'âme ce que l'esprit est au corps ; celui-là n'est pas un homme, mais une brute, qui à son lever ne s'empresse pas de rendre hommage à son Créateur et ne demande pas à Dieu les moyens de bien passer la journée. » Les heures canoniales suivaient la méditation ; après une préparation convenable, Monseigneur célébrait la sainte Messe ; il entendait ensuite, à genoux, celle que son secrétaire ou un autre prêtre disait immédiatement après lui. Un jour cette messe avait manqué ; Alphonse, affligé, s'en plaignit à son secrétaire : « Don Félix, lui dit-il, le plus grand déplaisir que vous puissiez me causer, c'est de me priver d'entendre une messe, après que j'ai dit la mienne. » Ayant ainsi rendu ses devoirs à Dieu, il donnait audience, et s'occupait surtout de satisfaire les messagers qui lui arrivaient des divers endroits de son diocèse. Pour épargner à tous l'ennui des antichambres, il avait enjoint à ses domestiques d'introduire toute espèce de personne ; le riche et l'indigent entraient sans distinction ; on observa même que plus la personne était pauvre et misérable, plus Alphonse l'écoutait avec intérêt. Les curés et les vicaires, les confesseurs et les vicaires forains n'avaient pas besoin de se faire annoncer ; il voulait qu'en tout temps ils entrassent avec une entière confiance « Ce sont mes privilégiés, disait-il ; ils ne doivent souffrir aucune sujétion. »

Lorsque personne ne lui demandait audience, il se mettait à composer ou à dicter. Dès qu'il s'agissait d'entendre quelqu'un, il quittait à l'instant son étude, et ne la reprenait qu'après avoir contenté les visiteurs.

On le savait ennemi des visites inutiles ; personne n'allait le trouver que pour des choses dignes d'intérêt. Si, après avoir été satisfait, l'on ne se retirait pas ; « Allons, disait-il, ne perdons pas de temps, recommandez-moi à Jésus et à Marie. »

Les jours de fête et spécialement en temps de carême, après vêpres, il instruisait lui-même, à l'église, les petits enfants, et leur enseignait le catéchisme ; il savait les attirer, en leur donnant des images et des chapelets. Mais ces enfants n'étaient pas seuls aux instructions de l'évêque ; les personnes plus âgées s'y rendaient en foule, pour apprendre de la bouche même du premier pasteur les devoirs d'un bon chrétien.

Notre saint était trop ami des hommes pour négliger les œuvres de charité ; il s'imposa la visite des malades, et surtout des malades pauvres et abandonnés, et dont la conscience était en désordre ; c'était vers cinq heures du soir qu'il les allait visiter ; il n'avait garde d'oublier les ecclésiastiques malades ; c'était pour lui un devoir indispensable de les consoler dans leurs infirmités.

À cinq heures et demie, il faisait sonner pour la visite au Saint-Sacrement, et lui-même adressait la parole au peuple pendant une demi-heure, pour lui inspirer des sentiments de foi et d'amour envers Jésus-Christ dans le divin mystère. Cette pratique produisit de très grands fruits ; il y attachait une extrême importance. À son retour de Rome et avant d'entrer dans son diocèse, il avait écrit à l'archidiacre Rainone d'introduire dans la cathédrale la visite au Saint-Sacrement ; et, depuis le second jour qu'il fut à Sainte-Agathe, il ne manqua jamais de faire lui-même cet exercice dans sa cathédrale.

La première fois, le sacristain lui ayant préparé un prie-Dieu avec un coussin, Alphonse s'agenouilla sur le pavé près de l'autel, et continua toujours à faire de même. Pendant cet exercice, voulant bannir de la bouche et du cœur des femmes les chansons profanes et malhonnêtes, il s'efforça d'introduire des cantiques pleins d'onction et de piété ; il en donnait lui-même le ton et répétait les strophes de concert avec le peuple. Le médecin l'ayant averti que ces chants lui fatiguaient la poitrine : « Il faut bien, lui répondit Alphonse, que je fasse aimer les cantiques au peuple, pour le dégoûter des chansons dangereuses. »

Rentré chez lui, il donnait audience et faisait sa distribution d'aumônes, ensuite il récitait matines et laudes ; puis faisait avec le frère lai une demi-heure de méditation. Si c'était en hiver, il travaillait ensuite jusqu'à neuf et dix heures ; mais en été, il réunissait aussitôt toute sa maison, sans excepter le grand-vicaire, pour réciter en commun le rosaire, les litanies de la Sainte Vierge et quelques autres prières. Venait ensuite l'examen de conscience, suivi des actes des vertus théologales. Ceux qui se trouvaient dans la maison devaient assister à ces prières ; employé dans l'évêché ou domestique, étranger, prélat même, tous y étaient soumis. Les princes et les grands seigneurs qui visitaient l'évêque de Sainte-Agathe, n'en étaient pas dispensés ; et, s'ils avaient témoigné de l'ennui, ils auraient affligé leur hôte, qui portait la même sévérité partout.

À la suite de cet exercice de la prière, venait le souper, après lequel Alphonse s'entretenait quelques moments avec son grand vicaire et les autres membres de la maison sur des sujets qui pouvaient intéresser le diocèse. Après cette conversation, tout le monde se retirait ; et Alphonse, demeuré seul, reprenait ses occupations scientifiques, ou se tenait en oraison. Son estomac n'en souffrait pas ; car il mangeait de manière à pouvoir immédiatement se remettre à la prière ou à l'étude. Souvent en été, lorsqu'il était pressé par l'impression de quelque ouvrage, il continuait son travail jusqu'à minuit ; il employait régulièrement chaque jour seize heures au travail et à la prière.

8

ZÈLE ET TRAVAUX DE MGR DE LIGUORI POUR LA SANCTIFICATION DE SON CLERGÉ ET DE SON DIOCÈSE.

Le dimanche qui suivit son entrée à Sainte-Agathe, Alphonse donna les exercices spirituels à tout le clergé. Tous croyaient voir en lui un apôtre : son style simple et animé était comme une rosée divine qui pénétrait les cœurs ; tout l'auditoire, forcé de se rendre à l'ardeur de son zèle, confessait hautement ses fautes et les détestait dans la confusion d'un repentir sincère.

Le soir de ce même dimanche, il ouvrit dans l'église la mission pour le peuple ; il se réserva le grand sermon et chargea le père Margotta du catéchisme. Afin d'animer le peuple à tous les exercices, Alphonse invitait quelques chanoines à parcourir la ville avant le sermon, pour faire aux habitants les plus vives exhortations. L'idée qu'on avait conçue du nouvel évêque attira de tous les villages voisins un tel concours de peuple que la cathédrale n'y pouvait suffire.

On répandait dans l'église des ruisseaux de larmes. La vie pauvre et mortifiée de l'évêque était comme un signal de componction, et les cœurs les plus endurcis étaient attendris à la vue du saint vieillard qui se frappait d'une grosse corde, faisant publiquement pénitence pour les péchés de son peuple. De mémoire d'homme, Sainte-Agathe n'avait eu l'exemple d'un aussi grand dévouement. La grâce triompha des pécheurs les plus obstinés. Pour donner toute liberté aux consciences et fermer la voie aux sacrilèges, il était défendu aux prêtres de la ville d'entendre les confessions ; on avait appelé les meilleurs curés du diocèse, qui furent logés dans le palais épiscopal. Ces sages dispositions produisirent les conversions les plus inespérées ; le bien de la mission fut immense ; il s'y fit des réconciliations et des restitutions remarquables ; des pécheurs croupissant depuis longues années dans le désordre embrassèrent une vie exemplaire.

Le dimanche suivant, Alphonse fit la communion générale. Il annonça qu'il avait obtenu du pape un bref particulier, accordant une indulgence plénière à quiconque s'approcherait des sacrements. Aussi la communion fut vraiment générale. Le saint évêque, comblé de joie, prononça lui-même les affections pour la préparation et l'action de grâces ; il le fit d'une manière si touchante que tout l'auditoire fondit en larmes, les riches comme les pauvres, les clercs comme les laïques. Il y eut un baiser de paix auquel tous prirent part. Enfin, la ville de Sainte-Agathe fut sanctifiée ; les communions devinrent fréquentes ; le très Saint-Sacrement et la très Sainte Vierge Marie devinrent l'objet d'une grande dévotion, et l'on vit chaque soir l'église remplie de fervents adorateurs.

Il n'avait pas encore célébré pontificalement à Sainte-Agathe, quoiqu'il eût déjà officié dans d'autres églises. Il se réserva de le faire dans la cathédrale le jour de l'Assomption, parce que c'était sous ce titre que la Sainte Vierge était la patronne de son église.

Pour relever la majesté de ces premières fonctions, le pape avait accordé, une indulgence plénière à quiconque y assisterait après s'être approché des sacrements, ou visiterait ce même jour la cathédrale. On l'annonça la veille au soir ; et, dès le matin, l'église fut remplie de fidèles. Le Saint-Père accorda la même grâce à tous ceux qui, pendant la première tournée d'Alphonse dans le diocèse, assisteraient à la messe pontificale, ou visiteraient le même jour l'église où il aurait officié.

À son arrivée, Mgr de Liguori trouvait son diocèse dans un état déplorable ; la ville de Sainte-Agathe et les paroisses offraient un champ digne de ses travaux et de son zèle ; le dévoué pontife mit de suite la main à l'œuvre. Les chanoines peu fervents ou vicieux, les clercs et les religieux indignes de leur saint état, les gentilshommes débauchés et les femmes scandaleuses furent les premiers objets de son zèle. Douceur, prudence, sévérité et rigueur furent employées à propos, et souvent avec le plus éclatant succès. Plus d'une fois, cependant, le mal s'obstinait ; et le zélé pontife dut braver les injures, et montrer la plus héroïque patience et la plus parfaite mansuétude.

Bientôt, il réforma le séminaire, y reconstitua l'enseignement, répara les bâtiments, y rétablit le bien-être et la piété, y plaça pour maîtres et supérieurs des prêtres vénérables, également distingués par la science et la vertu. Il se faisait un plaisir et un devoir d'assister aux leçons plusieurs fois la semaine ; il établit des séances solennelles pour les thèses théologiques et philosophiques, et pour des exercices littéraires ; il assistait, avec les chanoines et d'autres ecclésiastiques, aux exercices de prédication, et recommandait expressément le genre apostolique et populaire et plein de dignité, dont il était lui-même le parfait modèle. Mortifié et pénitent pour lui-même, le saint prélat était tout aimable pour les séminaristes. À ceux qui avaient officié dans les cérémonies pontificales, il donnait des gâteaux préparés par son cuisinier, ou des sucreries achetées à la foire de Salerne, ou d'autres douceurs et attentions délicates. Il aimait à voir régner une douce gaieté parmi les séminaristes. Il leur donna un excellent maître de chant ; fit mettre en musique les cantiques qu'il avait composés lui-même, et se plaisait à les entendre chanter en récréation. Très souvent, il se joignait à ses enfants, et jouissait de les voir gais et contents. Nous avons dû mettre en relief cette aménité de caractère, trop négligée par les historiens. « Tout mon clergé est ma couronne, disait-il, mais je compte principalement sur le séminaire pour cultiver et faire régner les bonnes mœurs dans mon diocèse. » Inflexible envers les vicieux, il avait une tendresse de père pour ceux qui se montraient dignes de ses soins. S'il voyait quelque part un enfant prévenu de la grâce, il lui ouvrait généreusement l'entrée du séminaire. « Les séminaires, disait-il, ont été fondés pour le secours des églises ; les personnes pieuses, en léguant des biens, n'ont eu d'autre intention que le bien des diocésains, et surtout des pauvres. » Il aidait aussi de sa bourse les sujets de mérite ; il procura ainsi d'excellents prêtres à beaucoup de pauvres campagnes qui en étaient dépourvues.

Ensuite, le saint évêque fit la visite de son diocèse. Examen des prêtres, des confesseurs ; inspection de tous les objets qui servent au culte sacré ; fondations et dotations de nouvelles paroisses, de nouvelles églises, de monastères et d'œuvres charitables ; réforme des abus et réparation des scandales ; tout fut entrepris, exécuté avec un zèle ardent, tempéré par la plus exquise charité, et parfois soutenu par la plus héroïque sévérité. Nous aimerions d'offrir, dans cet abrégé, le tableau complet des travaux de l'infatigable évêque ; mais notre objet spécial ne demande pas que nous retracions encore en détail les vertus que nous avons admirées déjà sous d'autres formes.

Dieu se plut à éprouver son serviteur au milieu des consolations et des fatigues pastorales. Son asthme, accompagné d'une fièvre violente et de symptômes mortels, vint le tourmenter à Airola. Il fit continuer la visite pastorale par son vicaire-général, et s'en faisait rendre compte. Pendant cette maladie, il ne passa pas un jour sans communier, sans entendre la messe dans sa chambre et sans faire tous ses exercices de piété. Le médecin lui avoua tout le danger de sa position. Il reçut les sacrements dans toute la joie de son âme, avec la plus parfaite soumission à la volonté divine. Loin de craindre la mort, il l'invitait comme une amie qui viendrait le délivrer de l'exil et l'introduire dans la véritable patrie. Son état s'améliora le quinzième jour ; à peine convalescent, il reprit avec ardeur les objets de la visite pastorale. De sa couche mortelle, il avait la force d'examiner les prêtres sur les rubriques ou sur la théologie morale. À peine relevé de maladie, il allait proposer aux fidèles les motifs d'amour envers Jésus-Christ dans les églises, où il établissait la visite au Saint-Sacrement et à la Sainte Vierge. Il institua la pratique de l'oraison commune dans la cathédrale et d'autres églises paroissiales, des congrégations pour les jeunes gens et les jeunes personnes, et plusieurs autres pratiques bien propres à nourrir et à fortifier la piété dans les fidèles.

Chemin faisant, il récitait habituellement le rosaire, les litanies, des prières en l'honneur de ses patrons et des saints protecteurs des lieux où il passait. Il bravait toute espèce d'incommodité, voyageait plus que modestement, choisissait toujours la plus mauvaise place, la plus mauvaise chambre ; et se trouvait toujours trop bien traité. Il édifiait par sa piété, sa mortification, son désintéressement, souvent même par des prophéties et des guérisons miraculeuses. Pendant que certains gentilshommes trop délicats étaient choqués de son austérité, les bons fidèles faisaient de pieux larcins sur les vêtements ou les objets sanctifiés par son attouchement, et les gardaient comme de précieuses reliques ou comme des instruments privilégiés de guérisons miraculeuses.

9

ZÈLE TOUT PARTICULIER DE SAINT ALPHONSE POUR LA PRÉDICATION.

Mgr de Liguori mettait la prédication au nombre de ses principaux devoirs. C'est en prêchant qu'il entra dans son diocèse, et c'est, en prêchant qu'il en sortit.
Lorsqu'il était à Sainte-Agathe, il ne manquait aucun dimanche de prêcher dans la cathédrale après vêpres ; tous les jours de fête qui tombaient dans la semaine, il allait prêcher dans les paroisses. Ses sermons attiraient un grand concours de personnes de toutes les conditions ; il suffisait de dire que Mgr de Liguori devait prêcher, pour voir toutes les maisons désertes. Tous les dimanches, avant le sermon, il se rendait à l'église pour catéchiser les petits enfants, qu'il attirait en leur donnant des rosaires, des images et quelquefois même de l'argent.

Dans ses prédications, il ne se départait jamais de son style familier. Il exposait les vérités d'une manière pratique ; s'il prêchait sur des matières fortes, il concluait chaque fois par des motifs de confiance. Il disait : « Si l'on n'encourage pas le pécheur à recourir à Dieu, en même temps qu'on le porte à la pénitence, tous les efforts sont infructueux. » Il avait coutume de chanter avant le sermon quelqu'un des pieux cantiques qu'il avait composés lui-même.

Tous les samedis, comme il en avait fait vœu, il se signalait en publiant les louanges de la très Sainte Vierge. Jésus et Marie étaient le centre de toutes ses affections ; jamais il ne parlait de l'amour de Jésus-Christ pour l'homme, sans parler aussi de l'amour de Marie ; et jamais il ne parlait de l'amour de Marie sans animer le peuple à aimer Jésus-Christ. Non content de le faire par lui-même, il établit cette dévotion dans tout le diocèse. Chaque mois, il visitait une église qu'il déterminait d'avance, et il avait coutume d'y faire la protestation pour la bonne mort, avec l'exposition du très Saint-Sacrement. On ne saurait croire le grand bien qu'il fit au moyen de cet exercice. Il exposait et faisait admirablement ressortir, devant un auditoire toujours nombreux, la laideur du vice et la beauté de la vertu, et montrait, d'une manière pratique, le grand contraste de la mort du juste avec celle du pécheur ; tous les auditeurs fondaient en larmes, et l'enfer y perdait beaucoup. Alphonse profitait aussi de la circonstance pour chanter quelques cantiques choisis qui n'avaient pas moins de succès que le sermon.

Il avait coutume de dire : « La parole de Dieu fait toujours du fruit ; il n'est rien que l'enfer s'efforce d'empêcher plus que la prédication. » Son zèle se montrait surtout lorsqu'il s'agissait de prêcher aux hommes et particulièrement aux nobles et aux lettrés : « Lorsqu'un homme est converti, disait-il, la piété règne aussi parmi les femmes. » Il lui suffisait d'apercevoir une lueur d'espérance pour qu'il s'empressât d'en poursuivre l'accomplissement en chaire.

Un soir, il retournait avec son grand-vicaire à Sainte-Agathe revenant d'Airola, où il avait assisté à la profession de deux jeunes personnes. Il arriva à l'église de l'Annonciade ; comme on l'y voyait pour la première fois, le peuple s'y portait en foule pour recevoir sa bénédiction. Monseigneur les bénit tous et continua sa route ; arrivé près de l'église des Virginiens : « Je me sens pressé, dit-il à son grand-vicaire, de dire deux mots à ce peuple. » Le grand vicaire voulait l'en dissuader, en le priant de réfléchir qu'il n'avait pas ses habits pontificaux. « Mais qui sait, répliqua Monseigneur, s'il n'y a pas là quelque âme à sauver ? » Puis, prenant son parti : « Il me suffit, ajouta-t-il, d'avoir le rochet et l'étole. » Il se dirigea donc vers l'église ; le peuple surpris de le voir rebrousser chemin, le suivit à l'église, on Alphonse prêcha pendant plus d'une heure. Il y gagna un refroidissement, suivi de fièvre ; néanmoins, voulant profiter du grand concours du peuple qui se montrait si avide de la parole de Dieu, il demeura encore trois jours, et prêcha tous les soirs pendant une heure. Il fut si convaincu du bien qu'il y avait fait, que depuis ce temps, chaque fois qu'il passait, il ne manquait jamais d'y faire quelque prédication.

Monseigneur mettait à profit même les calamités publiques pour accroître l'intérêt de ses sermons. Au printemps de l'année 1768, il y eut partout le diocèse, mais principalement à Arienzo, une si grande sécheresse que tous les puits étaient à sec Dans cette affliction générale, notre saint imagina de célébrer dans l'église de l'Annonciade une neuvaine en l'honneur de la très Sainte Vierge, pour implorer la clémence de Dieu ; cet exercice devint une mission. Le premier soir, s'adressant à ses nombreux auditeurs, il assura que s'ils se convertissaient sincèrement, le Seigneur les consolerait en leur envoyant le jour de sainte Anne une pluie abondante. Il continua chaque soir de prêcher sur les justes châtiments qui atteignent le pécheur ; souvent il se frappait lui-même cruellement avec une grosse corde. Après le sermon, il envoyait deux pères capucins parcourir les campagnes voisines pour exhorter les habitants à la pénitence ; puis il retenait chez lui ces pères avec quelques autres pour entendre les confessions. La neuvaine eut le plus heureux succès ; et les prières du saint obtinrent que la calamité cessât, comme il l'avait promis. Le temps avait continué d'être sec, et il n'y avait aucune espérance de pluie ; mais le jour de sainte Anne, vers midi, le ciel se couvrit de nuages qui abreuvèrent les campagnes désolées.

L'éternité seule nous apprendra tout le bien que Mgr de Liguori opéra dans son diocèse par ses prédications. Ses paroles faisaient du fruit, parce qu'elles partaient d'un cœur humble et plein de l'amour de Dieu. « Depuis la venue de Monseigneur à Sainte-Agathe, disait un officier de justice, préposé à la surveillance du diocèse, nous n'avons plus rien à faire ; car les sermons de Monseigneur et ceux qu'il inspire ont rendu les gens tout paisibles ; et l'on ne voit plus un seul désordre. »

10

SAINT ALPHONSE INTRODUIT LES MISSIONS DANS SON DIOCÈSE ; SA PRUDENCE, SA DÉLICATESSE, SON DÉSINTÉRESSEMENT ET SON ESPRIT APOSTOLIQUE.

Dès que Monseigneur de Liguori eut accepté l'épiscopat, il se fit aider par des ouvriers animés du même esprit et de la science nécessaire, pour le seconder et pour hâter la maturité des fruits ; il traita avec les supérieurs de toutes les congrégations de Naples, pour obtenir leur coopération.

Tandis que ces missionnaires travaillaient, le premier pasteur du diocèse ne prenait point de repos et ne se contentait pas d'être simple spectateur. « Et moi aussi, disait-il modestement, je veux faire quelque chose. » Il s'attacha spécialement à réformer la conduite des gentilshommes, et résolut de leur donner les exercices spirituels. Après avoir uni tous les nobles par la charité, il établit en leur faveur une congrégation à laquelle il donna des statuts particuliers et les anima surtout à fréquenter les sacrements. Il donna ces exercices dans l'église des Carmes. Dans son sermon sur le patronage de Marie, il parla avec tout le feu d'un Séraphin ; son visage était rayonnant, et son éclat animait l'église d'une splendeur surnaturelle : il s'écriait en même temps ravi en extase : « Voici la Vierge qui vient, pour répandre les grâces ; demandez-lui des grâces, elle est prête à tout vous accorder. »

Après la mission d'Arienzo, Alphonse entreprit d'aller en faire une autre lui-même dans le village de Sainte-Marie de Vico, qui compte plus de 4.000 habitants, il appela à son aide dix pères dominicains. La mission dura vingt-deux jours, et chacun était émerveillé de voir comment un vieillard de soixante-sept ans, brisé par les infirmités, pouvait résister à tant de fatigues. Mais ce qui confondait, c'était surtout sa vie pénitente : son repas, composé d'un simple potage, de quelques onces de bouilli et d'un peu de fruits, était mal apprêté par le frère lai, devenu cuisinier par nécessité. Tel fut toujours son régime dans toutes les missions.

Dès son arrivée à Sainte-Agathe, Alphonse ne voulut pas se servir des missionnaires de sa congrégation, dans la crainte qu'on ne les soupçonnât d'être ses espions ; c'est pourquoi il employa des sujets qui pussent exercer leur ministère en toute liberté. Il fondait cependant ses espérances sur ceux de sa congrégation ; et dans la suite il en fit venir chaque année de Nocera, de Ciorani et de Saint-Ange.

Il exigeait de tous les missionnaires une grande charité envers les pécheurs ; il ne manquait pas de leur rappeler les vrais principes qui rendent efficace le ministère de grâce et de pardon. Une fois, il s'expliqua bien clairement avec quelques missionnaires, qu'il savait être coupables de rigorisme, quoiqu'ils appartinssent à une congrégation respectable. « Mes pères, leur dit-il, le trop d'indulgence dans un confesseur nuit aux âmes ; mais le trop de rigueur ne leur est pas moins préjudiciable. Je blâme certains esprits rigides, qui ne sont pas selon la science, et qui détruisent plus qu'ils n'édifient ; avec les pécheurs, il faut user de charité et de douceur. Tel fut le caractère de Jésus-Christ ; et si nous voulons porter les âmes à Dieu et les sauver, ce n'est pas Jansénius qu'il faut imiter, mais Jésus-Christ, le chef des missionnaires. »

Il leur recommandait également de prêcher dans un style populaire, familier et sans enchaînement de périodes. « Lorsque Jésus-Christ prêchait, disait-il, il ne se servait pas de tournures, ni d'expressions empruntées à la rhétorique ; toutes ses paroles étaient à la portée du peuple, ses preuves étaient naturelles et nullement abstraites. Il faisait usage de paraboles et de comparaisons, qui, en frappant les esprits et les cœurs, triomphaient de la volonté. Les apôtres ont été instruits par lui, ils ont imité sa manière ; et nous aussi, faisons comme eux ; sinon, tous les voyages, toutes les dépenses et toutes les fatigues deviennent inutiles. » Ces instructions courtes, mais solides, faisaient réfléchir les plus renommés d'entre les missionnaires et n'étaient jamais sans profit.

Il serait difficile de dire combien Alphonse s'intéressait à l'œuvre des missions ; son désintéressement et sa sollicitude à ce sujet sont des preuves du plus grand dévouement. Le zèle du salut des âmes le consumait ; comme un cultivateur qui n'épargne rien pour rendre ses champs plus fertiles, le saint évêque était infatigable pour mettre en honneur la piété dans son diocèse. Il envoyait des courriers à Naples pour avoir des ouvriers. Il était attentif à pourvoir à tous leurs besoins et à prévenir tous les inconvénients. Les dépenses pour les missions, hors celles de Naples qui étaient soutenues par des fondations, se faisaient toutes à son compte. Il payait les voyages, les logements et la nourriture ; il affranchissait de tous frais les curés et les communes, et fournissait même l'huile et les cierges aux églises. Partout les missionnaires se trouvaient logés et nourris à son compte, dans les travaux mêmes qu'ils entreprenaient de leur propre mouvement. Il veillait surtout à ce qu'ils pussent donner des lits et d'autres objets indispensables aux pauvres que la misère contraignait de faire coucher leurs enfants avec eux ; et il appelait tous leurs soins sur les familles nécessiteuses, les femmes converties et les jeunes filles en danger.

Lorsque les prédicateurs et les confesseurs, se présentaient chez lui, afin de recevoir sa bénédiction, Alphonse aimait à les retenir quelques jours ; et, tout en discourant avec eux, il jugeait de leur habileté et de leur science. Les obligations du saint ministère, la charité envers les pauvres et la nécessité de les encourager à la pénitence lui fournissaient un sujet inépuisable d'entretien, mais surtout les motifs de ses recommandations particulières.

Jusque dans les panégyriques, il voulait que le prédicateur parlât simplement : « Pour quelle fin fait-on les panégyriques, disait-il, sinon pour exposer clairement les vertus d'un saint, et exciter à les imiter ? Si on se borne à l'éloge, il n'en résulte aucune utilité ; si le peuple ne comprend pas ce qu'il entend et ne s'en fait pas l'application, comment pourra-t-il imiter le modèle qu'on lui propose ? » À la célébration de la fête du Sacré-Cœur de Jésus, à Arienzo, on avait fait venir pour panégyriste un sujet d'une congrégation distinguée de Naples ; Alphonse trop malade pour officier lui-même, voulut cependant y assister ; mais que ne souffrit-il pas en entendant les expressions fleuries et les phrases guindées du prédicateur ? Il ne sortit point de l'église, pour ne pas troubler la cérémonie ; il se tourna du moins vers le grand autel, et tourna le dos à la chaire et au prédicateur. Lorsqu'il fut rentré chez lui, il le fit appeler ; et d'un ton d'autorité, l'apostropha ainsi : « N'est-ce pas vouloir trahir Jésus-Christ et le peuple, que de prêcher de la sorte ? Si je ne vous ai pas fait descendre de chaire, c'est par respect pour l'habit que vous portez.

Quel fruit a retiré le peuple de toutes les figures et des pompeuses descriptions dont vous avez paré votre discours ? Tout cela est le fruit de la vanité, et vous méritera le feu du purgatoire. Vous deviez avoir pour but de toucher les cœurs et de faire verser des larmes ; mais le peuple a été insensible, parce qu'il n'a rien compris. »

11

ADMIRABLE CHARITÉ DE SAINT ALPHONSE PENDANT LA DISETTE.

L'an 1763, l'Italie entière, mais surtout la ville de Naples, fut en proie à une affreuse détresse, qui valut à notre saint un surcroît d'afflictions et de mérites. Il avait prévu cette calamité. À la mission de Sainte-Agathe, lorsqu'il prêchait la pénitence au peuple, il s'était écrié : « Mes enfants cessez de pécher, parce qu'un grand châtiment nous menace. » Une autre fois, il apostropha son auditoire en ces termes : « Corrigez-vous, je vous le répète, et recommandez-vous à Dieu, parce qu'une grande disette ne tardera pas de vous affliger. » Il s'expliqua en ces termes plus précis, dans la collégiale d'Arienzo ; il représentait vivement au peuple l'énormité du péché : « Le Seigneur s'écria-t-il, nous châtiera par une grande disette ; la famine sera telle que, manquant de pain, on mangera même les herbes qui croissent près des haies. » Un autre jour : « Prenez garde et tremblez ; car Dieu nous prépare un grand fléau, non parce qu'il veut notre perte, mais parce qu'il veut notre salut. Dans un an, nous serons affligés d'une affreuse disette. » Le peuple ennuyé de ces menaces réitérées disait : « D'où nous est venu cet évêque ? il ne prédit que famine et mauvaise année. »

La prophétie fut trop vraie ; Dieu voulut qu'il fut prophète, mais ne permit pas qu'il le fût pour lui-même. Après la récolte de l'année 1763, Alphonse, manquant d'argent pour faire ses aumônes, ne réserva que la quantité ordinaire de grain pour les pauvres et vendit le reste pour subvenir à leurs besoins. Bientôt il se trouva au dépourvu. Mais, quelques jours après avoir vendu son grain, il parait tout-à-coup se réveiller, appelle son secrétaire ; et, tout animé, lui ordonne de faire acheter une grande quantité de fèves et d'autres légumes. Personne ne comprenait le mystère, et l'on en rit, le secrétaire tout le premier, car la récolte avait été au moins médiocre. Monseigneur voulut qu'on obéit ; pendant le mois de septembre, et d'octobre, on amassa une forte provision de ces légumes. L'empressement qu'il mit à prendre ces mesures fut sans doute l'effet d'une nouvelle lumière qu'il reçut de Dieu ; tout porte à le croire.

Le mois de novembre 1763 n'était pas encore à son terme ; la disette se répandait d'un bout à l'autre du royaume. On ne pourrait s'imaginer l'affliction que ressentit le saint évêque à la vue des pauvres affamés ; ils n'avaient plus de pain, et ils recouraient tous à leur père commun. Le grand salon du palais épiscopal était quelquefois encombré de quatre à cinq cents malheureux, qui, dans la posture la plus suppliante et les larmes aux yeux, demandaient un peu de pain. Alphonse, n'écoutant que sa charité, tâchait de les consoler. « Faites qu'ils se retirent contents, disait-il aux serviteurs, ils demandent des biens qui leur appartiennent. » Cependant il se recommandait à ses riches protecteurs, pour en obtenir du grain et des légumes. Il fit venir de Cerra, à un prix très élevé, cinquante mesures de fèves. Il s'adressa aussi à Naples, à son frère Hercule, l'un des gouverneurs de la cité ; et comme la disette n'était pas encore extrême à Naples, il en reçut beaucoup de grains. Alphonse reçut de nombreuses aumônes ; il ne pouvait contenir sa joie de secourir ses pauvres enfants.

Plein de zèle pour tout le monde, il s'informait exactement de tous les besoins. Il fit placer dans son grand salon un tableau sur lequel étaient notées par ordre alphabétique toutes les familles nécessiteuses ; à mesure qu'elles se présentaient, elles recevaient, selon leur indigence, une portion de fèves ou d'autres légumes, avec une certaine aumône en argent. Il avait dressé une note particulière et secrète des familles que la honte, ou quelque autre raison, empêchait de se présenter à son palais.

Malgré tous les soins qu'il prenait, il lui arriva un jour à l'église un compliment qu'il n'attendait pas. Il prêchait, et engageait le peuple à rendre des actions de grâces à Dieu, pour la protection qu'il accordait à la ville de Sainte-Agathe, beaucoup moins châtiée que tant d'autres pays. Une femme du peuple lui coupa la parole, et lui reprocha la vente qu'il avait faite de ses grains. Alphonse fut déconcerté et ne put retenir ses larmes ; il n'avait plus de voix pour répondre à cette attaque. Heureusement, l'auditoire était en état de juger entre son pasteur et la calomnie. Tout le monde fut indigné de la hardiesse de cette femme ; elle fut fort heureuse de s'esquiver. Dépourvu d'argent, Alphonse voulut emprunter à intérêt, mais il fut constamment refusé ; qui aurait voulu risquer ses fonds et se contenter de la garantie que présentait l'existence précaire d'un vieillard de 67 ans, asthmatique et accablé d'infirmités ? Dans cette extrémité, il pensa vendre la bague que lui avait donnée Jeanne Sersale, et celle qui avait appartenu à son oncle, évêque de Troie ; il confia ces objets à un ami, le chargea de les vendre, avec une petite croix pectorale en or, qu'il avait aussi reçue en présent, réservant pour les cérémonies pontificales une croix d'argent doré. En outre, il ordonna à son secrétaire de vendre le peu de couverts qu'il avait, voulant se contenter de couverts en cuivre ; il était sur le point de vendre son rochet et sa montre ; mais tous l'empêchèrent, en lui représentant que ces objets étaient de trop peu de valeur, et que sa montre lui était indispensable.

La disette faisant toujours plus de progrès, Alphonse résolut de vendre son carrosse ; mais il eut à combattre l'opposition du grand vicaire, des chanoines et des gentilshommes, qui lui représentaient non seulement ses infirmités, mais sa dignité d'évêque. « Saint Pierre était pape, répondit Alphonse, il n'avait point de carrosse, pourquoi en aurais-je un, moi qui ne suis pas plus que saint Pierre ? » Son frère Hercule intervint dans ce débat et se joignit aux opposants, convaincu du besoin qu'Alphonse avait de sa voiture. « Tous ces prétextes, pour m'engager à garder mon carrosse, répondit le charitable Pontife, sont à mon avis une véritable tentation du démon, pour m'inquiéter ainsi que vous. Je prends conseil dans les choses douteuses, mais non dans celles où il y a certitude ; or, j'en suis certain ; Dieu ne veut pas que je conserve inutilement un objet de valeur. Je suis vieux, j'ai déjà un pied dans la fosse ; je suis chargé de dettes ; j'ai besoin d'argent, pour subvenir à plusieurs dépenses nécessaires à la gloire de Dieu ; et je meurs de n'en pouvoir rien faire, parce qu'il faut d'abord que j'acquitte les dettes que j'ai contractées envers vous et envers le grand séminaire. Je vous prie de ne plus me tourmenter sur cette affaire, car je ne vous répondrai plus. Vous le savez bien d'ailleurs ; lorsque, après un mûr examen, j'ai pris une résolution, je n'en reviens plus. Je ne puis souffrir de voir, durant presque toute l'année, les mules rester à ne rien faire dans l'écurie, et le cocher perdre son temps, tandis que les pauvres me demandent du pain. » Don

Hercule lui avait écrit que Mgr Testa le désapprouvait. « Si Mgr Testa m'entendait moi-même, répondit Alphonse, il me donnerait certainement gain de cause ; mais je devrais pour cela lui dire toutes mes raisons. »

Don Hercule ne cessa d'insister, et lui représenta le besoin qu'il pourrait avoir de se rendre à Naples. Monseigneur lui répondit : « Sachez que très probablement je n'irai plus à Naples ; car, si j'avais le désagrément d'y être appelé, j'enverrais mon grand-vicaire ou quelque chanoine ; mon excuse est toute prête : je suis vieux et malade ; je ne sors plus de ma maison. » Ce qu'il avait résolu, il l'exécuta. Il envoya à Naples son carrosse et ses mules. Son frère Don Gaëtan ne voulant pas les laisser passer en des mains étrangères, les acheta pour lui, à un prix très élevé. « Je me flattais, lui écrivait le même jour Don Hercule, que vous auriez enfin changé de sentiment ; toutefois, si vous persistez dans votre manière de voir, vous pouvez compter que le carrosse est toujours à vous ; quand vous le voudrez, je vous le procurerai à mes frais. Vous êtes et vous serez toujours le maître absolu de toute ma maison, qui est la vôtre. »

Le fléau faisait toujours plus de ravages ; le zélé pasteur s'adressa au Pape, lui représenta les besoins de son peuple et sollicita la permission d'engager les biens de la mense, afin de secourir les pauvres. Le Pape y consentit, mais la réponse n'arriva pas à temps ; Alphonse fit réunir les chefs des chapelles et les pria, ou plutôt leur commanda de placer à gage toute l'argenterie qu'ils avaient. Tout cela fut exécuté ; mais c'étaient quelques gouttes d'eau pour jeter sur un grand incendie ; l'infatigable évêque ne se donna plus de repos ; tous les jours il convoquait les premiers gentilshommes, les chanoines et les principaux fonctionnaires, et tenait conseil avec eux pour aviser aux moyens de soulager la ville et d'empêcher les pauvres de mourir de faim. Beaucoup lui refusèrent de l'argent ; mais beaucoup aussi, émus de compassion, lui déposèrent dans les mains de généreuses aumônes ; d'autres lui fournirent de l'argent à titre de prêt, mais sans doute ils ne s'attendaient pas à recouvrer jamais les avances. Le père de Matteis, provincial des jésuites, informé du grand embarras dans lequel se trouvait le saint évêque, lui envoya un billet de trente ducats pour être distribué aux pauvres.

Cependant le pieux pasteur s'était chargé des péchés du peuple, et s'offrait en victime à la justice du ciel ; il se garrottait de cilices, et se donnait tous les jours de cruelles disciplines ; pour animer ses enfants à la pénitence, il prêchait tous les jours de fête, et répétait sans cesse que le péché était la seule cause de tous les maux présents ; chaque soir, à la visite au Saint-Sacrement, il renouvelait ses exhortations, qui n'étaient pas toujours accueillies avec reconnaissance. Un soir qu'il allait rentrer chez lui, une femme du peuple accourut, et cria : « Plut à Dieu que vous ne fussiez jamais venu parmi nous ! Depuis que vous êtes ici, vous n'avez fait qu'annoncer des calamités ; et maintenant vous nous faites manger notre pain à sept grains la livre ! » Ensuite, levant une main menaçante, elle ajouta : « Tu as bien le moyen, toi, d'en manger à ce prix. » Alphonse, bien loin de s'émouvoir de ces paroles violentes et inattendues, donna sa bénédiction à la femme. Le sacristain qui l'accompagnait, gourmanda l'insolente et la prit par l'épaule pour la forcer à se retirer. Alphonse en fut indigné, et le punit par quatre jours d'emprisonnement. « Ces malheureux, dit-il, méritent compassion ; ce n'est pas le cœur, mais la faim qui les fait parler. » Dieu néanmoins ne laissa pas impuni un pareil attentat ; cette méchante femme, qui vivait dans l'aisance auparavant, fut bientôt réduite à la dernière mendicité.

12

LE FLÉAU REDOUBLE ; LE SAINT PASTEUR REDOUBLE AUSSI DE CHARITÉ ET D'ÉNERGIE ; IL SURABONDE ENFIN DE CONSOLATION.

La rareté des grains fut augmentée par l'avarice des riches qui, redoutant d'en être les victimes, sacrifièrent de grandes sommes d'argent pour faire des provisions exagérées ; de cette manières le pain manqua bientôt entièrement à Naples et dans toutes les campagnes de la Pouille.

Pendant cette calamité, Alphonse fut à Sainte-Agathe le glorieux apôtre de la charité chrétienne. Les pauvres à ses yeux étaient avant tout les membres de Jésus-Christ, et tous avaient part à sa sollicitude. Il était ravi lorsqu'il pouvait les secourir, il pleurait s'il n'avait rien à leur donner ; tout leur était ouvert, et il n'y avait pas de chambre au palais où l'on ne vit quelque pauvre réconforté, arraché aux bras de la mort. Un soir, que tous les pauvres avaient été satisfaits, le secrétaire vit un homme étendu sur un banc du salon ; s'étant approché dans l'intention de l'éveiller, il s'aperçut qu'il était sans mouvement et près d'expirer. Il en avertit aussitôt son maître qui accourut en toute hâte. La vue de ce malheureux l'accable de douleur ; il fait chercher du vinaigre, des essences pour le ranimer ; lui-même court à sa chambre, y prend un morceau de chocolat et parvient non sans peine à l'introduire dans la bouche du moribond. Enfin, à force de soins, il a le bonheur de lui faire reprendre ses sens, et ne se sent plus de joie à la vue du pauvre rendu à la vie. Toujours plus sensible aux maux de son peuple, Alphonse, depuis cet accident, ordonna qu'on tînt toujours prêtes, en cas de besoin, des liqueurs et des essences spiritueuses, et que les pauvres affamés qu'on rencontrerait dans la ville fussent restaurés avec la nourriture qu'on préparait pour lui et ceux de sa maison.

Les pauvres n'avaient jamais attendu à la porte d'Alphonse ; pendant la famine, ce fut Alphonse lui-même qui allait frapper à leur porte. Il faisait le tour de la ville, et soulageait une multitude de misérables, en leur procurant des remèdes et des vivres. Il se recommandait aux monastères de Naples, à ses pénitentes, ou à ses parents pour avoir des douceurs à donner aux malades ; ainsi les pauvres étaient consolés, et leur consolation le remplissait d'une joie indicible.

La ville de Sainte-Agathe n'était pas seule à souffrir de la calamité ; le pain manquait partout le diocèse, et tous recouraient à Monseigneur. Souvent les gentilshommes les plus distingués, et même beaucoup de personnes opulentes, ne pouvaient se procurer le pain nécessaire. Alphonse leur tendait une main secourable. Il n'y avait pas de population dans le diocèse qui ne reçût de lui quantité de grains et de légumes, ainsi, que de l'argent. Comme évêque, il était seigneur du fief de Bagnoli ; les habitants de ce domaine réclamèrent aussi des secours. Il parvint à se procurer secrètement, de Naples, une grande quantité de grains à six ducats la mesure, et fit journellement une distribution de pain aux pauvres de cette terre.

L'année 1763 avait été bien difficile ; les suites en furent encore bien plus déplorables. De nouvelles inquiétudes vinrent achever d'oppresser le cœur d'Alphonse ; sa sollicitude ne pouvait suffire aux besoins de tous. Le 20 février de l'année 1764, les horreurs de la famine se faisant toujours sentir davantage, le peuple exaspéré se révolta et choisit pour objet de son aveugle ressentiment le syndic chargé de l'intendance des vivres. L'infortuné s'était retranché dans sa maison ; mais les mutins, voulant l'assassiner, l'y attaquèrent, et brisèrent sa porte à coups de hache. Il eut le bonheur de s'esquiver et de se réfugier dans le palais épiscopal. Les séditieux courent aussitôt, sans égard pour leur évêque, assiéger le palais ; ils pénètrent dans l'intérieur, et cherchent le syndic pour le massacrer. Alphonse alarmé vient au-devant de forcenés ; et s'offrant en victime à leur emportement, il court au milieu d'eux, les embrasse, les serre contre son cœur, et tout en larmes s'efforce de disculper le syndic : « Vie pour vie ! » s'écriait la multitude. Alphonse, ne sachant plus que faire pour calmer la fureur de cette troupe sourde à ses raisons, distribue toute la farine qu'il gardait en réserve pour les pauvres les plus nécessiteux ; il court au séminaire, et distribue encore tous les pains et toutes les provisions qui s'y trouvent. Alors l'émeute cessa, mais Alphonse ne se vit pas hors d'inquiétude : « Nous sommes ici dans une grande crise, écrivait-il le 21 février à son frère Hercule ; hier nous avons eu une émeute épouvantable, nous en craignons une nouvelle pour dimanche. »

Il ne se contentait pas de faire des aumônes, il avait recours à l'oraison ; assisté des lumières d'en haut, il prévoyait souvent les accidents qui devaient arriver même hors de la ville, et savait les prévenir. À Arienzo surtout, il sauva du plus grand malheur le premier magistrat de cette ville. Il prévint également d'autres malheurs en divers lieux du diocèse ; il fut d'un grand secours à une foule d'infortunés doublement affligés par la famine et par des imputations calomnieuses. Sainte-Agathe eut cependant beaucoup moins à souffrir que les autres diocèses du royaume ; car, tandis qu'on mangeait le pain à dix ou douze grains la livre, il ne coûtait à Sainte-Agathe que six grains et demi.

Enfin, le printemps de 1764, amena de nouvelles ressources qui mirent un terme à la disette. Le saint évêque reprit le cours de sa visite pastorale, et put voir les désordres et les abus causés par le fléau. Des créanciers cupides avaient profité du malheur général ; Monseigneur tâcha de tout réparer, rétablit l'ordre partout, donna un nouvel essor à la charité ; et trouva la plus douce récompense pour son cœur ; les cris d'allégresse dont les fidèles saluaient partout la présence du bon pasteur et du bon père.

13

PROJET D'ABDIQUER L'ÉPISCOPAT ; APOLOGIE DE LA THÉOLOGIE MORALE ; FATIGUES, AUSTÉRITÉS ET MALADIE ; CONVALESCENCE ; FAVEURS SPIRITUELLES.

Vers la fin de cette calamité, la congrégation du très-Saint Rédempteur devait se réunir à Nocera en chapitre général ; et l'on pria le saint fondateur de vouloir bien y présider. Il agréa l'invitation. Il écrivait au père Villani : « Il faut que cette réunion ait lieu avant le mois d'octobre. Alors viendront les froids, il sera temps que je me recommande à Dieu, car je suis accablé de la poitrine, et ce que j'ai enduré l'hiver dernier me force à me tenir sur mes gardes. Priez Dieu pour moi ; demandez-lui d'avoir pitié d'un pauvre vieillard épuisé, incapable de porter plus longtemps la fatigue des combats qu'il faut livrer tous les jours dans un diocèse où le désordre est si invétéré ! »

Alphonse pensa dans ce moment à se décharger de l'honorable fardeau de l'épiscopat, il écrivit au Saint-Père, lui représenta son grand âge et ses infirmités ; mais le Pape lui répondit qu'il ne pouvait point quitter, qu'il devait gouverner de son lit son diocèse, et que c'était assez.

Il se rendit à Nocera vers la fin de septembre ; il fut l'âme des délibérations, et tout s'y passa de la manière la plus satisfaisante. Il reprit ensuite le chemin de Sainte-Agathe, et trouva bientôt un nouvel ennemi à combattre. Depuis quelque temps, le dominicain Patuzzi, théologien distingué, s'était fait l'interprète des opposants à la doctrine morale de saint Alphonse. Il venait de publier une longue et injurieuse dissertation avec une grande apparence de savoir et de démonstration, pour renverser le système moral que le saint théologien avait si longtemps et si profondément travaillé aux pieds du crucifix. « Je me réjouis de cette attaque, dit Alphonse ; elle me donnera l'occasion de faire triompher la vérité... S'il me prouve que j'ai tort, je suis prêt à me rétracter. » Aussitôt, il répondit par une apologie savante et modérée, appuyée sur les saints canons, sur l'autorité des Saints Pères, des grands théologiens et surtout de saint Thomas. Le violent adversaire fut vaincu, et l'apologie de notre saint eut un succès universel et unanime. Il dit, en finissant, à son rigide et obstiné contradicteur : « Je vous invite aussi à examiner si vous n'aurez pas à rendre devant Dieu un compte plus sévère, pour avoir suivi l'opinion rigide ; pour avoir ainsi embarrassé les consciences en leur proclamant comme certainement illicite ce qui ne l'est pas ; pour avoir fait commettre beaucoup de péchés formels qui n'étaient pas tels devant Dieu et pour avoir ainsi causé la damnation de beaucoup d'âmes ! »

Plus tard, d'autres ennemis attaqueront de même ce chef-d'œuvre de science et d'esprit apostolique ; et toujours le triomphe du saint docteur sera aussi modeste et aussi complet.

Presque en même temps, l'infatigable prélat publiait six ordonnances très sages et très détaillées, pour reconstituer le chapitre de son église cathédrale, pour tracer les devoirs des chanoines, des archiprêtres, des curés, de tous les ecclésiastiques et des divers ordres de personnes. Il érigeait de nouvelles paroisses, augmentait les revenus des anciennes, malgré les difficultés et les contradictions les plus diverses. Son zèle n'était pas encore satisfait d'avoir pourvu aux besoins de tant d'âmes ; il aurait voulu donner un pasteur à chacune de ses brebis, il veillait du moins à ce que les chapelles rurales, éloignées des paroisses, entendissent la parole de Dieu. « Si l'on ne frappe à l'oreille, disait-il, la porte du cœur ne s'ouvre point. » Il fournissait lui-même à l'entretien des chapelains ; son zèle était ingénieux et fécond pour l'avantage des paroisses et des âmes, et pour attirer au concours les prêtres dignes qui se tenaient à l'écart dans la crainte de la détresse.

Tant de travaux altéraient insensiblement la santé du zélé pasteur ; à la fin de l'année 1764, il tomba malade, épuisé de fatigues et d'austérités. La fièvre fit de rapides progrès ; on désespéra de sa vie, et l'on s'empressa de lui administrer le viatique et l'extrême-onction. Tout le monde était sensiblement attendri de voir l'évêque de Sainte-Agathe mourir sur la paille, avec tous les insignes de la pauvreté. Le père dominicain Caputo l'assistait d'un côté, et le doyen de l'autre ; le malade les pria de lui inspirer quelques sentiments d'amour. Le père dominicain voulut lui suggérer quelques saintes pensées ; mais les pleurs étouffèrent sa voix ; il ne put proférer une seule parole : « Monseigneur, dit alors le doyen, lorsque saint Martin se vit près de mourir, il adressa cette prière à Dieu : « Seigneur, si je suis encore nécessaire à votre peuple, je ne refuse pas le travail. » Alphonse, qui pouvait à peine remuer les lèvres, répéta : « Je ne refuse pas le travail ! »

Jamais enfants ne pleurèrent à la vue d'un père sur un lit de mort, comme pleuraient les habitants de Sainte-Agathe, se voyant près de perdre Monseigneur. Sa charité pour son peuple s'était montrée durant la famine d'une manière si touchante, que les pauvres particulièrement semblaient faire violence au ciel par leurs cris, pour obtenir le rétablissement de leur père commun. Il n'y eut pas de lieu dans le diocèse où l'on ne fit des prières publiques. À Naples, plusieurs communautés religieuses firent aussi des neuvaines et d'autres prières, pour que le Seigneur daignât rendre son pasteur au diocèse, ou plutôt à l'église entière, intéressée à sa conservation.

Dieu, pendant cette maladie d'Alphonse, manifesta par un miracle la sainteté de son serviteur. Un jour qu'il était encore retenu au lit, il reçut la visite d'un chanoine, qui lui apportait quelques becfigues qu'il avait pris à la chasse. Il était accompagné d'un neveu âgé de quatre ans ; et qui ne parlait pas encore. L'enfant présenta les becfigues à Monseigneur ; Alphonse dit au frère servant de lui donner quelques bonbons ; et, s'adressant au chanoine, lui demanda comment s'appelait son neveu. L'oncle répondit que l'enfant s'appelait Thomas, mais que l'on croyait qu'il resterait muet. Aussitôt, Monseigneur fit le signe de la croix sur le front de l'enfant ; et, prenant une image de Notre-Dame, la fit baiser à Thomas, et lui demanda : « Comment s'appelle cette dame ? » L'enfant baisa l'image ; sa langue se délia ; il répondit : « C'est Notre-Dame. » Alphonse se tournant alors vers le chanoine : « Cet enfant n'est pas muet, dit-il pour cacher le miracle, il est vrai que sa langue est empêchée, mais peu à peu elle se déliera. » L'enfant recouvra l'usage de la parole, articula parfaitement tous les sons, et demanda tout ce qu'il désirait. Toute la ville admira ce miracle, et conçut une idée plus haute encore de la sainteté de son évêque.

Les médecins, prévoyant la longueur de sa convalescence, et craignant qu'il n'eut à languir tout l'hiver, lui conseillèrent d'aller respirer l'air plus salubre de Nocera. Cette proposition l'épouvanta. « Je ne puis, répondit-il, me tenir loin de ma résidence. Mettons-nous entre les mains du Seigneur, il fera le reste. » Le père Villani se trouvait alors à Sainte-Agathe ; tout le monde l'engagea d'un commun accord à user de son autorité sur son pénitent ; et il fallut le commandement du saint prêtre, pour qu'Alphonse consentît à se rendre à Nocera.

Alphonse, dans la congrégation, ne manqua jamais, bien que convalescent, de suivre tous les exercices de la communauté ; il reprit en même temps toutes ses occupations scientifiques sans se permettre aucun moment de relâche.

Le recteur le faisait traiter avec quelque distinction pour la nourriture, non en considération de son caractère d'évêque, mais par égard pour sa convalescence. Ces attentions étaient un martyre pour le fondateur de la congrégation ; il aurait voulu n'être distingué en rien. Aussi le Seigneur, pour seconder en quelque sorte ses désirs, permit un jour une méprise des plus mortifiantes. Comme il ne prenait pas de vin, il demanda de l'eau ; le frère, voyant un vase rempli, le lui présenta ; Alphonse le prit et but sans laisser rien apercevoir. Le père Apiéelli sentit s'exhaler une mauvaise odeur, et vit que le vase était rempli d'une eau corrompue, qui avait servi à conserver des fleurs ; Alphonse ne témoigna aucun déplaisir, et ne proféra aucune parole contre le maladroit serviteur.

Il disait un jour la messe dans la chapelle de Marie affligée ; arrivé au psaume Judica me, il jette les yeux sur la statue, et s'arrête au milieu des paroles commencées. Le père qui servait sa messe, croyant qu'il était distrait, veut le remettre sur la voie, lui disant la suite du verset ; mais Alphonse n'ouvre pas la bouche. Le père répète inutilement une deuxième et une troisième fois, enfin il lève les yeux et voit Alphonse en extase. Le père le secoua plusieurs fois, en le tirant par l'aube ; et il put continuer.

Loin de Sainte-Agathe, le saint évêque avait toujours présents les besoins de son diocèse ; il voulait être informé de tout : des courriers partaient incessamment de Nocera et d'autres y arrivaient de la part, de son grand-vicaire, des curés et des vicaires. Beaucoup de laïques avaient aussi recours à lui. Il donnait réponse à tous ; une affaire à peine terminée, il en commençait une autre ; et, sans prendre garde à sa santé, il hâta son retour à Sainte-Agathe.

Lorsqu'il fut assez rétabli, il se mit de nouveau en tournée. Le père

Villani considérant ses graves infirmités, son âge et tant d'autres maladies qui avaient consumé ses forces, lui défendit de faire encore usage de sa paillasse pendant la visite, et voulut qu'il se servit partout du lit que la providence lui présenterait. Alphonse obéit ; mais cette soumission lui coûtait beaucoup, lorsqu'il n'avait pas la fièvre ; car alors il se trouvait toujours trop de santé.

14

DOULEURS DE SAINT ALPHONSE, EN VOYANT LES ERREURS ET LES IMPIÉTÉS DU SIÈCLE.

Alphonse avait dans ce temps l'esprit agité de pénibles soucis. Chaque jour il apprenait qu'un grand nombre de mauvais livres répandaient la contagion dans plusieurs pays, et particulièrement en France, au grand dommage de la religion et de l'État ; ces désordres ne lui laissaient plus de repos. Il déplorait surtout l'introduction clandestine de ces livres en Italie par l'entremise des libraires de Naples qui les propageaient dans les provinces, et il était principalement alarmé des écrits envenimés de Voltaire et de J.-J. Rousseau.

Il était affligé de voir des livres qui affectent la pureté de l'Évangile, mis au jour par de faux catholiques. « Il n'y a rien, disait-il, qui soit aussi pernicieux aux âmes et à l'Église que l'erreur cachée sous le masque d'une spécieuse perfection évangélique. » Il voulait surtout parler des Jansénistes.

Il était aussi transporté d'indignation outre la secte des Franc-Maçons. « Cette secte, disait-il les larmes aux yeux, fera un jour le malheur, non seulement de l'Église, mais aussi des royaumes et des souverains. Les rois n'y prennent pas garde ; ils reconnaîtront, mais trop tard leur funeste négligence. Les Franc-Maçons s'en prennent à Dieu aujourd'hui, et bientôt ils s'attaqueront aux rois. »

Dans ce même temps, il composa contre les incrédules modernes, son grand ouvrage de la Vérité de la foi. Il disait à cette occasion au père Sapio : « Je suis occupé à composer un ouvrage complet contre les erreurs modernes des déistes et des matérialistes. J'en ai déjà achevé une grande partie. Recommandez-moi à Dieu pour qu'il m'aide à écrire de manière à détromper tant de pauvres jeunes gens infectés de ces erreurs, principalement par les mauvais livres qui sortent continuellement de la France et qui sont introduits ici par des hommes du parti. Il faut pleurer et prier pour la pauvre Église qui est ainsi attaquée ; ayons cependant confiance. Les portes de l'enfer ne prévaudront pas. Je vais encore faire paraître un livre sur toutes les hérésies ; il me semble assez bon ; mais comme c'est un travail de longue haleine, je ne sais si je pourrai l'achever. »

Il voyait avec la plus grande douleur l'infaillibilité du Pape attaquée et mise en doute. Comme le plus grand argument dont on se prévalait était puisé dans la déclaration de l'assemblée de Paris en 1682, il entreprit de la réfuter dans un opuscule qu'il publia sous le titre : Réflexions sur la déclaration de l'assemblée de France, au sujet de l'infaillibilité du Souverain Pontife. Il y prouve l'infaillibilité du Pape en matière de foi, par l'autorité des saints Pères et des Conciles œcuméniques.

Il gémissait aussi beaucoup en voyant cette tempête qui, par toute l'Europe, s'élevait contre les Jésuites et les ordres religieux. Il déplorait l'aveuglement de souverains qui, trompés par les faux rapports de prétendus catholiques se déclaraient contre ces religieux : « La Religion et l'État, disait-il, se donnent mutuellement la main ; lorsque celle-là est ébranlée, l'autre chancelle et court à sa ruine. »

Il écrivait au père Provincial des Jésuites : « J'éprouve sur les affaires de votre compagnie une inquiétude presque plus grande que s'il s'agissait de notre petite congrégation. On menace une société qui a, pour ainsi dire, sanctifié tout le monde, et qui continue incessamment à le sanctifier. » Le bruit courut que la compagnie allait être supprimée ; le saint évêque crut en mourir de douleur. « L'Église est la vigne de Jésus-Christ, disait-il ; mais, si on enlève les ouvriers qui la gardent et la cultivent, elle produira des ronces et des épines ; les serpents s'y cacheront pour miner la Religion et l'État. Si ces ouvriers ne sont plus, nous sommes perdus ! » Il estimait heureuses les villes qui possédaient un collège de la Compagnie. « Outre le bien des missions, disait-il encore, les Jésuites savent jeter, par l'éducation, des semences de piété dans le cœur de la jeunesse ; et ces plantes, transportées ensuite dans toutes les classes de la société, sanctifient les villes et les campagnes. Les jansénistes et les novateurs voudraient anéantir la compagnie de Jésus, parce qu'elle est le boulevard de l'Église. Contre de tels ennemis, où trouver une milice vigoureuse comme celle que fournit cette société ? » Le pape Clément XIII confirma de nouveau par une bulle l'Institut et la compagnie. Alphonse crut devoir le remercier ; et le souverain Pontife lui répondit affectueusement. Mais bientôt devait arriver le règne plus agité de Clément XIV ; et le coup qui frappait la compagnie de Jésus devait retentir bien douloureusement dans le cœur de saint Alphonse.

Il tournait souvent les yeux vers la France, soit pour déplorer les mauvais livres, les blasphèmes, les impiétés de la secte philosophique, la faiblesse ou la connivence de l'autorité civile, et les vains efforts de la puissance spirituelle ; soit pour bénir et animer les défenseurs de la vérité catholique. Il s'écriait un jour ; « Paris est donc devenu une autre Genève ! Quoi ! l'Église serait sans force contre un impie Voltaire ? Malheureuse France, je te plains ; je plains tant de pauvres innocents qui seront enveloppés dans ta catastrophe ! Je voudrais écrire au roi de France ; mais que puis-je de si loin, si l'archevêque de Paris et tant d'excellents évêques ne sont pas écoutés ? » Il écrivit une lettre de félicitation et d'encouragement au savant et spirituel abbé Nonnotte, qui osa combattre Voltaire au moment de sa plus grande vogue, tourna contre le patriarche de l'impiété ses propres armes, le ridicule, et l'empêcha plus d'une fois de dormir. Bien plus, le saint vieillard écrivit à Rome pour obtenir au généreux apologiste un bref apostolique en faveur de ses ouvrages contre le philosophisme. Quelques années après, apprenant la mort de Voltaire et de J.-J. Rousseau, il écrivait : « Voltaire est mort dans l'impénitence, et le voilà dans la malheureuse éternité ! » Et dans une autre lettre : « Je reçois la nouvelle de la mort de l'infortuné J.-J. Rousseau ! Dieu soit loué, d'avoir délivré l'Église de ses deux plus grands ennemis ! » Pauvre France ! combien le saint vieillard a prié pour toi ; il prie aussi beaucoup pour toi dans le ciel ! Hélas ! il est bien vrai que ton influence est souveraine pour le mal comme pour le bien, dans les destinées du monde !

15

LES PÉRILS DE LA CONGRÉGATION EXIGENT LA PRÉSENCE D'ALPHONSE À NAPLES ; SES TRAVAUX APOSTOLIQUES PENDANT SON SÉJOUR.

La congrégation était dans un état florissant ; l'enfer jaloux vint lui susciter des orages. Quelques malentendus, mais bientôt des tracasseries sérieuses vinrent mettre l'alarme dans les maisons d'Iliceto et de Ciorani. D'absurdes calomnies voulaient perdre l'institut aux yeux du roi et du gouvernement ; le saint fondateur, plein de confiance en Dieu, en fut affligé avec ses enfants ; il recourut à la prière, et adressa cette circulaire à la congrégation : « Chers frères, le Seigneur nous visite en nous envoyant beaucoup de tribulations ; nous en sommes alarmés à cause des efforts de nos ennemis qui travaillent à détruire la congrégation, et nous ne savons quelle sera la fin. C'est notre négligence à observer la règle, qui nous attire ce châtiment. Espérons en la miséricorde du Seigneur, il ne permettra pas la ruine de la congrégation ; apaisons-le par nos prières, par la fuite des fautes volontaires, et surtout des fautes contre l'obéissance, qui nous rendent dignes de tout châtiment. Nous sommes affligés depuis qu'on a laissé le jeûne du samedi ; méritons la protection de Marie, dans cette tempête, en reprenant ce jeûne en son honneur, et la divine Mère nous sauvera de la ruine ! »

Dans une autre occasion, il écrivait : « Mettons-nous avec résignation entre les mains de Dieu. » Il se reposait sur la bonté divine, sur l'innocence des siens et sur les bonnes dispositions du roi.

Dès qu'il fut délivré de la fièvre, il se rendit Naples pour mettre en œuvre les moyens humains qu'il savait si bien combiner avec les moyens surnaturels, « Mes frères, écrivait-il encore, unissons-nous à Jésus-Christ ; faites votre étude du crucifix ; je vous recommande l'amour de la sainte pauvreté et de l'humilité. » Un autre jour : « Je vais à Naples pour nos affaires, faites une neuvaine à cette intention ; mon séjour dans cette ville sera long. »

L'humble et pauvre prélat fut reçu à Naples avec distinction ; sa modestie eut à souffrir plus d'une fois. Il sut justifier ses enfants sans médire de ses ennemis, et repousser la calomnie sans blesser les calomniateurs ; son triomphe fut complet, ou plutôt sa sainteté avait plaidé pour lui, et il triompha presque sans combattre.

On eût dit un jour que le démon avait juré de le faire périr. Il était en carrosse avec quelques hommes puissants de Naples ; le cocher précipita une fausse évolution et fit verser. Mais Monseigneur seul n'eut pas de mal ; il n'eut à regretter que son beau chapeau et son magnifique bâton de bois, perdus dans la bagarre.

La Providence avait ses vues : le saint fondateur s'était rendu à Naples uniquement pour les intérêts de sa congrégation, mais il sut rendre sa visite utile aux âmes et à la gloire de Dieu.

Le chanoine Mazzaccara, supérieur de la congrégation de la Propagande, voulant mettre à profit la présence d'Alphonse à Naples, résolut de l'inviter à prêcher la neuvaine de l'Assomption, dans l'église de sainte Restitute ; mais il craignait que, malade et surchargé d'affaires, Alphonse ne put accéder à sa demande. « Si vous voulez l'avoir, lui dit l'avocat Melchionna, vous avez un moyen infaillible ; il est frère de votre congrégation, faites valoir votre autorité de supérieur, commandez-lui, et vous serez obéi. » Cet expédient réussit. Lorsque l'humble évêque reçut cet ordre, il ne résista pas ; mais, inclinant la tête, il dit : « Priez la Vierge qu'elle me donne des forces, car je n'ai rien d'écrit, ni le temps de me préparer ; vous vous contenterez de ce que Dieu et la Vierge voudront bien me suggérer. » Cependant, comme il souffrait de son asthme, il crut qu'il y aurait imprudence à se risquer, mais Mgr Sersale l'ayant prié à son tour : « Je commencerai la neuvaine, lui dit Alphonse, mais je ne sais si je pourrai la continuer. » — « Commencez toujours, reprit le cardinal, et si votre asthme vous fait trop souffrir, je vous remplacerai. »

À peine sut-on dans la ville que Mgr de Liguori donnait cette neuvaine, que l'église fut remplie d'une foule de prêtres et de religieux ; le cardinal Sersale ne manqua pas de s'y trouver avec toute sa suite. Le même jour, vers le soir, notre saint devait se rendre à l'archevêché ; son carrosse, celui-là même qu'il avait vendu à son frère Gaëtan, avait été donné à réparer et n'était pas revenu, son intendant prit une autre voiture de Don Hercule, qui était riche et de belle apparence. Ce luxe effraya l'humble évêque ; il fallut, pour l'empêcher d'aller à pied, jeter de vieux harnais sur le dos des chevaux et couvrir le siège d'une vieille couverture. Dans cet état et avec ce mélange bizarre, l'évêque de Sainte-Agathe fit une apparition assez remarquable.

La nouvelle qu'il donnait cette neuvaine se répandit, l'élite de la noblesse voulut y assister, ainsi que beaucoup de dames des familles les plus distinguées. Comme l'église était trop étroite, on vit des seigneurs des premières conditions s'y rendre bien avant l'heure du sermon. Le concours fut si grand que, pour éviter le désordre, on dut mettre des gardes à la porte de l'église, pour empêcher l'encombrement et contenir la multitude. La voix d'Alphonse faisait merveille ; et, malgré son grand âge, il se faisait entendre dans toutes les parties de l'édifice.

Les gens de lettres les plus distingués s'empressèrent d'y assister, sachant bien qu'ils n'avaient pas à attendre des discours pompeux et fleuris ; mais ils venaient admirer l'énergie de l'éloquence apostolique : « Plut à Dieu, dit l'un d'eux, que tous prêchassent de la sorte ! L'Évangile cesserait d'être un objet de mépris. » Un autre disait que la parole de Dieu avait beaucoup plus de poids dans la bouche de Mgr de Liguori ; on versait des ruisseaux de larmes dans l'église, et Son Éminence qui se faisait un devoir d'y assister chaque jour, ne pouvait s'empêcher de pleurer à la vue du touchant spectacle d'un peuple entier dans la componction. À la fin du sermon, et surtout lorsqu'il excitait aux affections, il aurait fallu ne pas avoir de cœur pour ne pas être touché. Ses transports d'amour envers la très Sainte Vierge et le très Saint-Sacrement étaient si tendres, que les plus durs ne pouvaient s'empêcher de manifester leur émotion par leurs sanglots. Dix missions n'auraient pas fait tant de bien, ni tant de conversions que Dieu en fit dans cette neuvaine par Mgr de Liguori.

Le dernier jour, celui de la bénédiction, Alphonse acheva de remplir les cœurs d'une confiance sans bornes en la mère de Dieu et des hommes. Ce sermon fut divin. L'impression fut extraordinaire ; tous les jours précédents, le cardinal en se retirant après le sermon avait fait une inclination de tête à Monseigneur ; mais cette dernière fois, sans faire aucun geste, il s'en retourna sanglotant et s'essuyant les yeux. Alphonse ne faisait pas sa préparation à la maison, mais à l'église devant le très

Saint-Sacrement. Après le sermon, quoique trempé de sueur, on le voyait comme ravi devant l'autel, et il ne se retirait de l'église qu'après avoir reçu la bénédiction du Saint-Sacrement. Des chanoines, des chevaliers, des personnages du plus haut rang s'empressaient de lui baiser la main, et plusieurs se jetaient à ses pieds pour recevoir sa bénédiction. On ne manquait pas non plus de lui dérober en cachette quelques morceaux de ses vêtements ; on lui coupa une pièce de son manteau.

Il y eut cependant quelques partisans du faste et des grandeurs mondaines qui ne portèrent pas le même jugement. La veille de l'Assomption, il entra pour sa visite au très Saint-Sacrement, dans l'église du monastère Regina caeli. Les religieuses chantaient vêpres ; il se mit à genoux dans un coin de l'église, une chaise devant lui. Trois abbés célébraient pontificalement ; l'un d'eux, qui le connaissait, ne le vit pas plus tôt dans son chétif accoutrement, qu'il se retourna vers les autres : « Voyez, dit-il, quelle figure d'évêque ! ne fait-il pas honte à son caractère ! »

L'abbé vit bientôt qu'il n'était pas bon juge. Le prince de Monte-Miletto, ayant aperçu Alphonse, demanda à son valet quel était ce prélat ; apprenant que c'était Mgr de Liguori, il l'aborda avec respect, lui baisa la main et la tint quelque temps sur son front. Le duc d'Andria vint aussi se présenter à lui ou plutôt se jeter à ses pieds, et ne consentit à se relever qu'après en avoir reçu un signe de croix sur la tête ; d'autres seigneurs s'empressèrent de lui rendre les mêmes hommages. Les abbés confus lui firent alors présenter par le sacristain un coussin de velours ; mais Alphonse ne s'en servit point.

Avec le don de science et celui de conseil, on trouvait encore dans Alphonse le don de prophétie. Une fille de la duchesse de Bovino, étant sur le point de sortir du couvent pour embrasser le mariage, hésitait encore sur sa vocation ; la duchesse alla trouver Monseigneur et le supplia de penser à elle dans ses prières : « Non, non, reprit Alphonse, elle ne se mariera pas ; Dieu la détachera du monde, et l'attirera à lui. » La jeune demoiselle avait eu jusqu'alors l'esprit occupé de tout autre chose que de se faire religieuse ; sa mère fut surprise d'entendre ces paroles du saint homme ; mais elle le fut davantage encore quand, à son arrivée chez elle, on lui remit un billet dans lequel sa fille lui déclarait son intention de prendre le voile dans le monastère. La jeune duchesse se fit religieuse, et édifia par ses hautes vertus le monastère d'Alvina.

Une fois à l'œuvre, Alphonse ne pouvait plus contenir son ardeur pour le salut des âmes ; il n'en exceptait aucune, et il se réjouissait de s'employer au bien des pauvres et des gens les plus obscurs. Le curé Don Bergame l'invita à faire un sermon dans son église de l'Avocate, à la confrérie des cochers, laquais et domestiques. Enfin, ces chers confrères des chapelles, parmi lesquels était le célèbre Barberèse, son ancien pénitent, obtinrent d'entendre encore ses saintes exhortations.

Un maître sellier le pria de venir prêcher à sa chapelle située à la porte de Capoue ; Alphonse se fit un plaisir de s'y rendre. Il y trouva un très grand concours de menu peuple ; mais, la chapelle ne pouvant suffire, il les rassembla dans l'église du monastère de Saint-Onuphre. Il fit exposer le Saint-Sacrement, excita ses nombreux auditeurs à aimer Jésus-Christ et à servir dévotement la très Sainte Vierge ; il leur recommanda la charité fraternelle et les pressa de s'employer à la recherche de nouveaux confrères. Un autre jour, ces bonnes gens se réunirent dans l'hospice de l'Annonciade ; le très Saint-Sacrement fut exposé au bout de la galerie ; et Alphonse les anima tous à la pratique des vertus chrétiennes. Il fut encore invité à leur faire un sermon le jour de la Nativité de la très Sainte Vierge, et se rendit à leurs désirs. Les orphelines qui sont élevées dans cet hôpital, au nombre de plus de trois cents, ayant appris les heureux fruits de componction qu'il avait opérés dans ces exercices, demandèrent aussi à l'entendre ; et Monseigneur ne manqua pas de les satisfaire le dimanche suivant. Le peuple, non content de profiter de sa parole à l'église, accourait en foule à sa maison ; et, comme il n'y avait pas assez de sièges pour tout le monde, on s'asseyait par terre. Monseigneur se réjouissait bien plus au milieu de cette multitude de pauvres, que de se voir entouré des chevaliers de saint Janvier ; et sa bienveillance envers les malheureux lui attirait l'admiration de toute la ville de Naples.

Parmi les prophéties que Monseigneur fit dans les monastères, je citerai les suivantes.

La sœur d'Alphonse, Marianne de Liguori, religieuse dans le monastère de saint Jérôme, se montrait peu soumise à son directeur ; Monseigneur lui prédit qu'elle mourrait folle, ce qui arriva bientôt en effet. La princesse Zurlo, élève au couvent de Saint-Marcellin, brillait du désir de se faire religieuse ; on redisait à Monseigneur la ferveur de cette jeune demoiselle. Il répondit : « Non, elle ne sera pas religieuse ; mais elle retournera dans le monde et y vivra saintement. » Ce qu'il avait dit arriva.

— À Sainte-Claire, Dona Beatrix Folgori lui recommanda une nièce, pour la faire admettre en qualité de novice dans le monastère, quoiqu'elle en fût déjà sortie. « Laissez-la, répondit Alphonse, le monastère n'est pas fait pour elle. » En effet, elle ne voulut plus se consacrer à Dieu.

Alphonse ne faisait acception de personne. Il tint dans les couvents des simples dames la même conduite que dans ceux des dames nobles. Il aimait surtout à prêcher dans les lieux de pénitence. On était surtout édifié de le voir retourner dans les lieux les plus humbles et les plus méprisés, avec plus de plaisir que dans le monastère des nobles.

Il n'oublia pas d'aller aussi consoler beaucoup de religieuses infirmes, surtout ses anciennes pénitentes. Il montra, dans les visites qu'il leur fit, combien il était délicat sur la sainte modestie. Pour prévenir tout baisement de main, il tenait la gauche sur sa poitrine, et s'enveloppait l'autre d'un mouchoir. Prié de faire un signe de croix sur le front d'une malade, il la bénit à distance. Chaque fois qu'il entrait dans quelque monastère, il voulait être accompagné d'un prêtre, pour se soutenir, comme il le disait ; c'était en réalité par précaution. Quoiqu'à cet âge et accablé d'infirmités, il était muni de cilices et de chaînettes de fer, et se donnait de sanglantes disciplines.

Quoique Alphonse opérât tant de bien à Naples, il y gémissait de se voir loin de son diocèse ; il comptait les moments, et soupirait pour y rentrer. « Si ce n'était, dit-il un jour, à cause des intérêts de la congrégation qu'on persécute et qui travaille avec tant de succès à la gloire de Dieu et au bien des âmes, je croirais pécher mortellement en restant à Naples si longtemps. »

Ne pouvant oublier les grâces qu'il avait reçues de la très Sainte Vierge dans l'église de la Rédemption, il alla l'y visiter plusieurs fois : « Ma reine, lui dit-il le dernier jour, à revoir dans le paradis ; car à Naples nous ne nous reverrons plus ! »

Tel fut le séjour que Mgr de Liguori fit à Naples ; il était parti à regret de son diocèse ; et, malgré la riche moisson qu'il avait recueillie à Naples, il quitta cette capitale avec l'intention de n'y, jamais revenir. « Dites à Don Hercule, écrivit-il de Sainte-Agathe au frère Tartaglione, qu'il dispose librement du logement qu'il tient à mon service, parce que je n'y retournerai plus. »

16

NOUVELLE MALADIE DE SAINT ALPHONSE ; NOUVELLES OCCASIONS DE VERTUS HÉROÏQUES.

Lorsque le Seigneur veut élever un de ses serviteurs à une grande sainteté, la conduite ordinaire de sa providence est de l'abîmer, pour ainsi dire, dans une mer de douleurs. Alphonse, destiné à être une des brillantes colonnes de la Jérusalem céleste, dut souffrir comme le divin Maître, et entrer par là dans sa gloire.

En 1768, la soixante-douzième de son âge et la septième de son épiscopat, le vingt-trois juin, Alphonse fut atteint d'une fièvre légère ; mais le deuxième et le troisième jour, elle s'accrut et fit tant de progrès qu'on la prit pour une fièvre putride et dangereuse. Lorsque les médecins vinrent le visiter : « De l'eau et de l'huile ! » leur dit agréablement Monseigneur. Comme on lui demandait ce qu'il entendait par là, il répondit que, si la fièvre était putride comme on le croyait, il fallait de l'eau glacée ; et, par précaution, de l'huile sainte pour la mort.

Trois jours après, la fièvre disparut ; et, contre toute attente, il fut attaqué de douleurs aiguës au côté droit ; il éprouvait dans l'os de la hanche des douleurs continuelles, mais assez supportables. Comme il était sans fièvre et libre de la tête, il ne cessait de donner audience et n'interrompait pas ses occupations scientifiques et spirituelles.

À l'approche de l'Assomption, malgré ses souffrances, il entreprit de donner la neuvaine dans l'église de l'Annonciade, et parvint, à se traîner dans la chaire ; mais la douleur ne tarda pas à le saisir d'une manière beaucoup plus cruelle et s'arrêta opiniâtrement sur l'os de la hanche, et l'empêcha de continuer. Le prêtre Manucci, missionnaire Napolitain qui l'accompagnait, le remplaça le sixième jour. Depuis ce moment, son mal fit tant de progrès qu'il ne savait plus quelle position tenir, ni le jour, ni la nuit. Malgré cela, comme si un autre eut souffert à sa place, il s'occupait de son diocèse ; il dictait ses ouvrages, et continuait avec sa maison les exercices accoutumés. « Voilà déjà six jours que je ne dis pas la messe, écrivait-il à Naples, le 18 août, au prêtre Don Tramontana, son confident. Je suis avec des vésicatoires aux jambes ; je veux rester comme cela durant toute ma vie, si c'est le bon plaisir de Dieu. Priez le Seigneur qu'il me donne une soumission parfaite à sa volonté. » Le 27, il écrivit encore : « Je continue de porter ma croix dans mon infirmité ; il y aura demain quinze jours que je suis au lit ; lundi il y en aura quinze que je n'aurai célébré, et je ne vois pas d'amélioration. Je suis comme si j'avais perdu l'estomac, mais je suis content parce que Dieu le veut ainsi. »

Cependant la fièvre augmenta, les douleurs redoublèrent, au point que l'on craignit bientôt pour sa vie ; il reçut les derniers sacrements le 26 août 1768, et fit son testament. Il n'y aurait pas eu matière si son intendant n'avait perçu, à quelques jours de là, 423 ducats, provenant des fermages de la mense. Il voulut que cette somme fût déposée entre les mains de l'archiprêtre Romano, et fixa le nombre de messes qu'on célébrerait pour lui ; il désigna les aumônes qu'il voulait faire aux pauvres, et prescrivit que, deux heures après sa mort, le surplus fût distribué, à titre de reconnaissance, à tous ceux qui étaient à son service ; enfin, il demanda que son corps fût transporté dans la cathédrale de Sainte-Agathe.

Cependant la fièvre s'éteignit sensiblement, quoique les souffrances fussent toujours fort aiguës. Le rhumatisme faisait toujours de nouveaux progrès ; il avait d'abord son siège dans l'os de la hanche ; bientôt il gagna la jambe et se répandit avec un surcroît de douleurs dans les articulations. Le pieux évêque endurait tout avec une patience inaltérable ; jamais un gémissement ne sortit de sa bouche ; mais ce qui comblait l'admiration, il ne cessait de s'occuper de son diocèse.

Dans cet excès de souffrance, il faisait de vives aspirations à un grand crucifix placé devant lui ; un de ceux qui l'assistaient ne put s'empêcher d'en recueillir une grande partie : « Seigneur, je vous remercie de me donner quelque part aux souffrances que vous endurâtes dans les nerfs, lorsque vous fûtes cloué sur la croix. — Je veux souffrir, mon Jésus, comme vous voudrez, et autant que vous voudrez ; seulement donnez-moi la patience. — Mon Dieu, brûlez, coupez ici-bas ; ne m'épargnez point dans ce monde ; mais épargnez-moi dans l'éternité. — Malheureux damnés, s'écriait-il quelquefois, comment pouvez-vous souffrir en enfer sans mérite ? — Mon Jésus, mon espérance, unique remède à tous les maux ! »

Déjà entre les bras de la mort, il s'écriait joyeux : « Oh ! qu'il est beau de mourir attaché à la croix ! — Un pauvre qui aime Dieu, meurt plus content que tous les riches du monde. — Une heure de souffrance vaut plus que tous les trésors de la terre. » Dans l'épuisement causé par une longue insomnie, il disait : « Je voudrais prendre un peu de sommeil, mais Dieu ne le veut pas et moi, je ne le veux pas non plus. »

Les souffrances ne se bornèrent pas là. Le rhumatisme ayant pris son siège dans les vertèbres du cou, sa tête s'inclina si fort et s'appuya tellement sur sa poitrine, que regardé par-derrière, il paraissait un corps sans tête. « Il n'y aurait qu'un miracle, dit le médecin Nicolas Ferrare, qui pût empêcher cette courbure de lui ôter tout à fait la respiration. »

Mais ce n'était encore qu'une partie de son martyre. Son menton s'était enfoncé au milieu de sa poitrine ; comme la barbe était forte et hérissée, elle y occasionna une plaie considérable : l'humeur qui ne tarda pas à en sortir causa bientôt les plus vives alarmes ; on voulut relever sa tête pour l'examiner, mais lui faire violence de ce côté, l'eut été lui rompre le cou. On entreprit de le placer sur un canapé, dans une position horizontale ; ainsi on put examiner la plaie. Elle était profonde et dangereuse ; peu s'en fallait que les os de la poitrine ne fussent à découvert. Les médecins parvinrent cependant à empêcher la gangrène, et bientôt la plaie fut complètement guérie. Au bout de quelques mois, il entra en convalescence ; cependant l'humeur maligne s'étant fixée sur les nerfs, son corps demeura toute sa vie contracté, et sa tête recourbée sur sa poitrine ; il resta dans cet état pendant les dix-sept ans qu'il vécut encore.

Pendant tout le cours de cette cruelle maladie, notre saint fit preuve d'une patience surhumaine. Il n'était pas triste ; au contraire, il jouissait de souffrir ; car il se considérait comme attaché avec Jésus-Christ sur la croix. « Nous admirions tous, dit le docteur Mauro, tant de courage et de patience ; et l'on eut dit que les tourments agissaient sur un autre corps. N'eût-il eu que cette horrible plaie sur la poitrine, de quelle force n'avait-il pas besoin pour supporter l'infection d'un ulcère qu'on ne pouvait soigner ! Moi qui l'ai assisté dans toutes ses maladies, et dans cette dernière qui fut si douloureuse, je puis attester en toute vérité qu'il a tout souffert avec la plus grande patience, sans laisser échapper la moindre plainte, toujours uni à la volonté divine, comme si les souffrances avaient été celles d'un autre. » — « Mgr de Liguori, dit aussi le père Raphaël, était une véritable image du saint homme Job. Devenu comme un monceau de douleurs, il ne lui arriva jamais d'ouvrir la bouche pour proférer la plainte la plus légère. Un regard vers le ciel avec une pieuse aspiration était le signe de la souffrance ; encore s'exprimait-il avec tant de calme qu'il me consolait et me confondait, ainsi que tous ceux qui se trouvaient présents. » Pendant tout le temps de cette cruelle maladie, qui ne dura pas moins de cinquante jours, on le vit toujours calme, armé d'un courage invincible, sans manifester le moindre ennui, ni le moindre désir d'être soulagé. Il montrait la vérité de ces paroles de saint Augustin : « Celui qui aime ne souffre pas, et désire souffrir, davantage. » « Il était cloué sur son pauvre lit, racontait Don Benoît Barba ; et tandis qu'avec le frère François-Antoine j'arrangeais les draps, je m'aperçus qu'il avait son grand rosaire sous lui ; autant il y avait de grains, autant il s'était formé de trous dans sa chair. Attribuant cela au hasard, je dis au frère de retirer le rosaire. Mais celui-ci me répondit de manière à me faire comprendre que, non content de son infirmité, ce grand serviteur de Dieu cherchait encore à se crucifier davantage. »

Il ne fut pas moins admirable dans sa soumission aux médecins. « Soyons obéissants, disait-il souvent ; résignons-nous à mourir. » Le docteur Mauro atteste que le saint malade montrait toujours la plus grande obéissance à prendre toute espèce de remède, quelque désagréable qu'il fût. Comme il avait un corps très délicat, les vésicatoires lui étaient fort douloureux ; mais il ne lui arriva jamais de chercher à s'en exempter. Le docteur Ferrare dit à son tour qu'il était soumis aux médecins, non par le désir de prolonger sa vie, mais parce qu'il reconnaissait dans leur volonté celle de Dieu. Un jour, le saint lui dit : « Je ne suis plus maintenant qu'un vieillard ; que puis-je espérer et que puis-je prétendre ? J'obéis pour faire votre volonté et la volonté de Dieu. »

Il n'était pas seulement content et serein, il poussait l'héroïsme jusqu'à être jovial. Recevant un jour la visite du docteur Ferrare : « Vous vous efforcez, lui dit-il, de me soutenir à force d'étais mais un jour, lorsque vous mettrez un nouvel appui, si vous levez un peu trop, les autres tomberont et vous perdrez vos peines. » Une autre fois, il dit : « Ils m'ont si souvent appelé estropié, qu'à la fin m'y voilà pris. »

Quoique réduit à cet état d'infirmité, il ne se dispensa jamais de ses exercices de piété. Le soir spécialement, il voulait que toute sa maison avec son grand vicaire vînt dans sa chambre pour réciter ensemble le rosaire, les litanies de la Sainte Vierge et les autres prières accoutumées. Il passait presque toute la journée à entendre quelque lecture spirituelle.

Dans cet état d'accablement et de douleur, il n'oublia jamais ses chères ouailles, et ne cessa jamais de leur donner les soins d'un bon pasteur. Il dictait, ordonnait et faisait tout comme s'il eût été bien portant. Il fit écrire à plusieurs seigneurs pour réformer les abus, et s'adressa à certaines congrégations de Naples afin d'avoir des missionnaires pour tout son diocèse.

Comme le lit de douleur n'était pas seulement pour Alphonse un objet de patience, mais aussi un objet d'amour, ses souffrances ne l'empêchèrent pas de revoir une dernière fois et de publier un grand ouvrage qu'il intitula Pratique de l'amour de Jésus-Christ. Il découvre dans ce livre les sentiments de son cœur, en traitant d'abord de l'amour que nous devons à Jésus-Christ, à cause de l'amour qu'il nous montre dans sa passion, et dans l'institution du très Saint-Sacrement. Il démontre ensuite la grande confiance que nous devons avoir en lui, puis il commente ces paroles de saint Paul : « La charité est patiente, bienveillante, » où il trouve les caractères de la vraie charité qui tend à nous lier plus étroitement à Jésus-Christ ; après cela, il expose la manière de se conduire dans les tentations, et la grande utilité qu'elles nous procurent ; enfin, en faveur des âmes saintes, il passe en revue les désolations spirituelles et les motifs de les supporter avec paix et courage. Dans la dernière partie de cet ouvrage, il commente toute la passion de Jésus-Christ d'après les écrits des saints Évangélistes, et propose diverses pratiques de piété les plus propres à nous enflammer de l'amour divin.

La convalescence fut très pénible et dura plus d'un an. « Je continue à être sans fièvre, écrivit-il le 8 octobre 1768 au père Villani ; mais quant aux douleurs, elles sont toujours les mêmes : Ils me font promener sur des béquilles, soutenu cependant par deux personnes ; et c'est déjà le sixième jour, mais je ne vois pas que cela me fasse aucun bien. Je passe presque toutes les nuits les yeux ouverts, la nature s'en ressent ; mais il me paraît que ma volonté est résignée à celle de Dieu. Recommandez-moi à la messe, afin que Dieu me donne une parfaite résignation. »

17

ADMIRABLES VERTUS ET TRAVAUX ÉTONNANTS DE SAINT ALPHONSE PENDANT SA LONGUE CONVALESCENCE.

Nous avons admiré la patience avec laquelle notre saint endurait les longues souffrances d'une maladie cruelle, et l'énergie qui les lui faisait surmonter pour se livrer aux soins de son administration, à des travaux de polémique et aux exercices spirituels dont il s'était fait une habitude ; nous n'admirerons pas moins le genre de vie qu'il embrassa dès que son état fut devenu moins pénible. Oubliant son infirmité et ses souffrances, il travaillait comme s'il eut été en pleine santé et sans faire trêve à ses pénitences. Il prenait environ cinq heures de sommeil ; cloué sur un lit de douleur ; il s'occupait de son diocèse, écoutait et satisfaisait tout le monde.

Le matin, après une demi-heure d'oraison, il se préparait à la sainte communion qu'il n'omettait jamais, et assistait à la messe qui était célébrée par son secrétaire. Après son action de grâce, qui était très longue, il récitait avec beaucoup de difficultés les heures canoniales ; et, dans le cours de la journée, à des heures fixes, il s'acquittait de tous ses autres exercices de dévotion.

On le voyait sur son petit lit, environné de livres, s'occupant jusqu'à minuit ; et souvent, si on lui apportait une misérable collation, un peu de lait, ou simplement de l'eau, il la prenait la montre à la main.

Ceux qui s'intéressaient le plus à sa personne, voyant une si grande application, et croyant qu'il abrégeait ses jours, s'adressèrent au père

Villani pour qu'il lui ordonnât de se modérer. Mais lorsqu'il lui en parla, notre saint se justifia doucement.

Plus tard encore, le père Villani insistait pour qu'il se ménageât : « Ne craignez point, lui répondit-il ; pour ce nouvel ouvrage je ne me donne pas de fatigue. J'écris quelques versets tous les mille ans ; je sors matin et soir, et je fais toujours ma promenade ordinaire. J'ai pris ce travail en forme de délassement, en cela je suis le conseil que vous m'avez donné. C'est un véritable délassement, mais il peut en même temps être utile par les nombreux et intéressants extraits que j'ai recueillis depuis neuf mois que j'y travaille. Par la grâce de Dieu, je me sens bien ; mais, soixante-huit ans, c'est une lourde infirmité. » On voit, par ce peu de mots où son âme vient se peindre, qu'il pensait à tout, excepté aux maux qui l'accablaient.

Sans prendre un moment de relâche, il prolongeait ses audiences et ses occupations jusqu'à la dernière heure, et ne les interrompait que lorsqu'on lui apportait à manger ; mais la nourriture lui était pénible à prendre ; il éprouvait la plus grande difficulté pour introduire les morceaux dans sa bouche, et ne pouvait boire qu'à l'aide d'un tuyau. On lui proposa de faire un chalumeau d'argent ; il repoussa cette idée qui lui faisait horreur. Au commencement, il se servait de tuyaux de bois ; mais l'usage du café et d'autres boissons chaudes en fit éclater plusieurs. Un des frères servants fabriqua un autre chalumeau en fer étamé, le frère Antoine le fit bientôt jeter, parce que la rouille le rongeait, bien qu'Alphonse ne s'en plaignît jamais. On s'adressa enfin à un orfèvre qui en fit un en argent ; mais il fallut feindre qu'il était d'un autre métal.

Il s'affligeait de ne pouvoir visiter ses chers malades ; toutefois il y suppléait par le moyen des curés et de divers ecclésiastiques.

Dieu le secondait aussi dans l'exercice de sa charité ; beaucoup de malades furent guéris par ses prières. Le père Joseph Morgillo, de la congrégation des Pieux-Ouvriers, se trouvant à Arienzo, descendait un jour une montagne où des parents le conduisaient en promenade ; il fit une chute et se rompit la jambe ; l'os fut remis, mais l'opération n'ayant pas réussi, il était depuis dix jours dans les douleurs, sans trouver le moindre repos. Alphonse, informé de son triste état, lui envoya un de ses serviteurs avec une image de la Sainte Vierge, lui faisant dire d'avoir confiance en elle, et qu'il obtiendrait sa guérison. Le père s'appliqua l'image sur la figure en disant : « Ma Reine, par les mérites de Mgr de Liguori, délivrez-moi de ce tourment. » Et à l'instant, il se trouva guéri.

Les médecins, voyant son corps si perclus et son esprit livré à tant d'études, lui ordonnèrent de faire tous les jours une promenade en voiture. Toujours empressé à suivre leurs avis, il se montrait cette fois indifférent, mais les médecins et ceux de sa maison insistaient : « Pourquoi ces promenades ? répondit-il, je me trouve bien comme je suis, et je ne souffre pas. L'argent qu'il me faudrait dépenser pour le carrosse et les chevaux, je dois l'employer à soulager les pauvres. » Voyant le besoin qu'il en avait, le frère Antoine et d'autres résolurent de lui acheter une voiture telle quelle, ce qui, avec les chevaux occasionna une dépense de cent treize ducats. Il se plaignit au frère Tartaglione de l'avoir entraîné pour ces objets, dans une dépense considérable.

« Vous auriez pu économiser, lui écrivait-il, en achetant un carrosse et des chevaux d'une moindre qualité. » Il voulut que les chevaux fussent traités et équipés le plus pauvrement possible ; aussi ses promenades divertissaient beaucoup les gentilshommes d'Arienzo : « Vieil évêque, disaient-ils, vieux cocher, vieux carrosse, vieux chevaux. »

Il était à peine placé dans la voiture, qu'il récitait un Ave à la Sainte Vierge, trois Gloria Patri, aux saints protecteurs, et un De profundis, pour les âmes du purgatoire. Ensuite, il se faisait lire une vie de saint ou quelque autre livre traitant de matières ecclésiastiques. Il se dirigeait le plus souvent vers Sainte-Marie-de-Vico, y visitait le Saint-Sacrement, et animait le peuple à la ferveur, par quelque sainte exhortation.

Après avoir suivi pendant près de deux ans ce régime, dont il se trouvait bien, il eut un scrupule au sujet de la dépense occasionnée par les chevaux et le cocher, et demanda qu'on vendit l'équipage pour en distribuer le prix aux pauvres. Le vicaire-général, les médecins et tous ceux de sa maison s'unirent pour lui représenter la nécessité absolue qu'il avait de sortir et l'impossibilité de faire autrement. Ces représentations l'ébranlèrent peu, il fallut recourir à son directeur ; il céda au commandement du père Villani. La célébration des saints mystères manquait à son bonheur. « Dieu veut que je ne dise pas la messe, que sa volonté soit faite ! » disait-il un jour. Cette privation était pour lui la plus sensible ; elle avait déjà duré deux ans, pendant lesquels il avait dû se contenter de recevoir la sainte communion.

Il avait à peine retrouvé quelques forces, qu'il voulut reprendre le ministère de la parole. Pendant qu'il prêchait, on ne lui voyait pas la figure, ses bras seulement s'agitaient vers le peuple ; cependant il ne tarissait pas des heures entières, et je ne sais s'il touchait plus par ses paroles que par le spectacle attendrissant de lui-même.

18

VUES CHRÉTIENNES DE SAINT ALPHONSE SUR LA PREMIÈRE ÉDUCATION ET LA VOCATION DE SES NEVEUX.

Le double fardeau d'un diocèse et d'une congrégation n'était pas le seul objet de la sollicitude d'Alphonse. Son indifférence pour les intérêts temporels de son frère n'eut d'égal que son zèle éclairé et dévoué pour ses intérêts spirituels. Hercule lui avait demandé le secours de ses prières, quand il voulut contracter un second mariage ; Alphonse lui adressa les réflexions, les conseils les plus admirables dans cette circonstance délicate et difficile.

Il s'intéressait aussi beaucoup à l'éducation de ses neveux. L'un d'eux avait été régénéré dans les eaux du baptême par Alphonse lui-même, et lui était cher à double titre. Jamais le saint évêque n'écrivait à son frère sans lui recommander l'éducation de ses fils. Il composa même pour eux, un règlement approprié à leur âge, pour leur faire passer dévotement la journée. Dans une lettre du 4 décembre 1770, à Don Hercule, il s'exprime ainsi : « Par charité, rappelez-vous souvent tout ce dont je vous ai prié tant de fois touchant l'affaire de votre salut éternel. J'apprends avec bonheur que les petits filleuls observent les dévotions que j'ai recommandées, j'espère qu'ils auront la volonté d'être des saints. »

Alphonse aimait les enfants de son frère, et il aurait voulu les rendre impeccables, il leur conféra lui-même la confirmation après les avoir instruits sur ce Sacrement. Lorsqu'ils venaient le voir à Sainte-Agathe, il leur expliquait leurs devoirs envers Dieu et envers leurs parents ; il leur inspirait par-dessus tout l'amour de Jésus-Christ, et une tendre dévotion envers la Sainte Vierge.

Don Hercule pensait aux avantages temporels ; il aurait voulu placer ses fils dans la maison royale des jeunes pages ; mais Alphonse l'en dissuada : « Plus les enfants sont innocents, lui écrivit-il, plus ils peuvent être facilement corrompus par la fréquentation des autres, surtout si ces derniers sont plus âgés. La malice d'un seul suffit pour causer la ruine de cent. Gardez-les sous vos yeux ; et Dieu pourvoira au reste, quand il sera temps. Ayez leur bien spirituel à cœur ; et la Providence saura suppléer aux intérêts temporels, sans nuire à ceux de l'âme. » Quoique ses ancêtres se fussent illustrés par les armes et eussent mérité la protection de leurs souverains, Alphonse était cependant ennemi de cette carrière : « Il y a des gens de bien dans cet état, disait-il souvent, mais la généralité et surtout les jeunes gens sont volages ; je ne sais trop s'ils ont la grâce de Dieu. » Son frère voulait présenter ses fils au roi, en profitant de la première occasion où il serait admis au baisemain ; Alphonse l'avertit de ne pas le faire. « Si le roi désire vos fils dans un régiment, vous serez forcé de les faire cadets ou soldats, et de risquer ainsi la perte de leur âme aussi bien que de leur corps. Je vois que vous n'entrez pas dans mes sentiments sur la manière d'élever ces chers petits ; et vous faites le contraire de ce que je vous dis. Vous êtes le père, faites ce que vous voulez ; mais je crains fortement que vous n'ayez un jour à vous repentir de quelque malheur, auquel vous ne pourriez porter remède. L'amour que je vous porte et à vos enfants me fait écrire ceci... Je suis retenu dans ma chambre par un catarrhe, semblable à ceux que j'ai ordinairement et qui m'ont réduit plusieurs fois à l'agonie ; mais je suis en paix, et j'attends la mort sans frayeur. »

Alphonse donna à son frère une nouvelle preuve de son désintéressement. Don Charles Cavalieri, son cousin, général et gouverneur de la place de Mantoue, avait laissé environ soixante mille ducats d'héritage en faveur de l'évêque de Sainte-Agathe et de Don Hercule. Alphonse laissa le tout à son frère, et lui dit dans une lettre du 23 mars 1770 : « Je ne veux ni rentes, ni bien, ni autre chose qui puisse me regarder ; quand même je n'aurais plus l'évêché, je pourrais vivre avec mon revenu du collège des docteurs. Soyez content et n'ayez pas d'inquiétude sous ce rapport. Il suffit que vous sachiez que je ne prétends de vous aucune rente, ni passée, ni future. »

Monseigneur, considérant le grand âge de Don Hercule, et se voyant lui-même à son déclin, le décida à faire son testament et à choisir des tuteurs à ses neveux. Hercule avait jeté les yeux sur le conseiller Caracciolo et l'avocat Pierre Gavotti ; Alphonse approuva ce choix, et il écrivit à son frère : « Je vous prie de continuer d'avoir bon courage et de ne pas vous épouvanter à cause du testament ; faire son testament n'abrège pas la vie. Et puis, je vous le répète encore ; je ne veux rien de vos biens, disposez librement de tout en faveur de mes chers neveux. »

19

SOLLICITUDE PATERNELLE DE SAINT ALPHONSE POUR LE BIEN SPIRITUEL DE SA CONGRÉGATION.

Au milieu de toutes ces occupations et malgré les peines corporelles, l'homme de Dieu n'oubliait pas ses premiers enfants spirituels, les membres de la congrégation du très Saint Rédempteur. Pour faire connaître le désir qu'il conservait d'y voir fleurir les vertus et la perfection évangélique, il adressa une circulaire à toutes les maisons de l'ordre, le 26 février 1771.

« Mes très chers frères, vous savez déjà qu'en très peu de temps le Seigneur a appelé dans l'éternité plusieurs de nos compagnons ; vous savez aussi combien la congrégation est persécutée. Toutefois, rien de cela ne m'épouvante ; mais je m'épouvanterais d'en voir parmi vous qui eussent peu de ferveur et de nombreux défauts. Saint Philippe de Néri disait que dix saints ouvriers suffiraient pour convertir le monde. Je vous écris cette fois les larmes aux yeux, parce que j'apprends que plusieurs d'entre vous correspondent mal au but pour lequel Dieu les a appelés dans notre petite congrégation, et qu'ils se laissent dominer par l'esprit d'orgueil. Dans les cœurs où ne règnent pas l'humilité chrétienne, la charité fraternelle et la paix, Dieu ne peut régner. Notre défaut de correspondance à Dieu me fait plus trembler que les persécutions les plus furieuses des hommes et des démons ; Dieu nous protège contre ses ennemis, lorsque nous vivons selon son cœur ; et alors nous pouvons dire : Si Dieu est pour nous, qui sera contre nous ? Mais si nous nous conduisons mal envers Dieu, il nous châtiera au lieu de nous protéger.

J'éprouve un grand déplaisir lorsqu'un jeune frère ne vit pas selon la perfection évangélique, le propre des ouvriers de Jésus-Christ ; mais la peine m'est plus sensible et l'amertume reste dans mon cœur, si les fautes contre la subordination et l'observance de la règle sont commises par des pères ou des frères plus anciens, par ceux enfin qui devraient servir de modèles aux plus jeunes et aux nouveaux reçus.

« J'ai toujours recommandé, par mes discours et, par mes lettres, la sainte obéissance et la soumission aux supérieurs, qui sont ici-bas les interprètes de la volonté de Dieu. De là dépendent le bon ordre, la gloire de Dieu, le succès des missions et la paix de notre âme. Quiconque obéit ponctuellement est sûr de faire en tout la volonté de Dieu, dans qui seul on trouve la véritable paix. Pour détruire ces vérités et l'effet qu'elles produiraient pour notre plus grand bien, le démon continue de tenter quelques-uns d'entre vous, et de les porter à mépriser l'obéissance. Par suite de cette tentation, ils sont inquiets ; ils inquiètent leurs compagnons et leurs supérieurs en cherchant à les abuser ; ils s'abusent eux-mêmes par de mauvais prétextes, que l'ennemi du salut représente comme les effets d'un zèle qui aurait pour but la réforme des abus et l'amour de la justice. On parle de réforme et de zèle ! Mais on ne pense pas à réformer sa conduite plus vicieuse que celle des autres. Celui qui veut rester parmi nous, doit se résoudre à obéir et à ne pas inquiéter la maison où il se trouve, ou celle qui lui serait assignée. Je suis déterminé à ne plus souffrir de pareils sujets qui, par leur vie peu édifiante, discréditent l'œuvre des missions et ne font aucun bien, ni pour eux, ni pour les autres mes frères et mes fils en Jésus-Christ, comprenez bien ce que je vous dis : Dieu veut de vous obéissance et soumission respectueuse aux supérieurs, plutôt que mille sacrifices et mille autres œuvres éclatantes. Dieu nous veut pauvres et contents de la pauvreté que nous professons ; nous devons le remercier, lorsque sa miséricorde nous donne le pain de chaque jour et ne nous laisse pas manquer du nécessaire. Celui qui ne se résigne pas à mener une vie pauvre dans la nourriture et les vêtements, peut prendre congé de notre société, sans plus nous inquiéter, et s'en aller vivre comme il lui plaît dans sa maison. Je suis prêt à lui en accorder La permission ; car Dieu ne veut pas de serviteurs mécontents, qui le servent par force et causent des troubles continuels.

« Il y en a dont les plaintes sont vraiment dignes de risée. Ils disent que leur santé souffre dans la congrégation, comme si on y entrait pour acquérir l'immortalité et l'exemption de toute infirmité. Il faut mourir ;

et avant de mourir, il faut être malade. Quelle doit être la fin principale de celui qui entre dans la congrégation, sinon de plaire à Dieu, et de faire une bonne mort ? Grâce qu'ont déjà obtenu tant de nos bons frères qui sont allés dans l'éternité, et qui maintenant, comme je le tiens pour certain, sont occupés à remercier Dieu de les avoir fait mourir dans la congrégation. Mes frères, quand vient l'infirmité, embrassons-la comme venant de Dieu, et ne nous laissons pas séduire par les suggestions du démon. »

Passant ensuite à la manière de prêcher, il recommande celle qu'il a toujours pratiquée lui-même, qu'il avait si souvent enseignée. « Que chacun renonce à la vaine gloire de briller dans la manière de prêcher la parole divine, comme font tant d'autres. Je ne veux absolument pas, de ce style prétentieux, orné de périodes et de paroles choisies, qui sont la peste de la prédication ; car de cette manière, on perdrait peu à peu le style simple et familier par lequel nos missions n'ont cessé de faire, grâce à Dieu, des prodiges de conversions ! Lors même qu'il s'agit d'un discours sur quelque saint, il faut faire l'éloge de ses vertus dans un style simple et familier, s'appliquant à conclure par des réflexions morales et utiles aux auditeurs. Nous ne devons pas nous prêcher nous-mêmes ; prêchons Jésus crucifié ; il faut publier sa gloire, et non étaler notre vanité. Je prie Dieu d'envoyer ses châtiments à ceux qui prêchent avec vanité ; je désire, oui, je désire qu'ils soient dans l'impossibilité de monter dans la chaire de vérité ; j'espère que mes vœux seront exaucés.

« Mes frères, je vous aime tous plus que je n'aimerais un frère selon la chair ; lorsqu'un de vous sort de notre compagnie, je ressens une peine indicible. Mais quand je vois la gangrène s'attacher à un membre malade, quand il est besoin de faire usage du feu, j'emploie le feu ; quoiqu'il m'en coûte. Le Seigneur me conserve la vie dans cet âge avancé, afin de remédier aux désordres qui surviennent au détriment des missions ; je suis résolu d'y remédier à tout prix. Dieu n'a pas besoin de beaucoup de monde. Il suffit qu'il en reste peu, mais qui soient bons ; ce petit nombre fera plus de bien qu'une grande quantité d'autres qui seraient imparfaits, superbes et désobéissants.

« Je prie toujours pour vous, mes frères, priez aussi pour moi ; je fais un devoir à chacun en particulier de me recommander particulièrement à Jésus pour qu'il me donne une bonne mort ; elle ne doit plus tarder, à cause de mes infirmités et de mes années ; j'approche de ma soixante-seizième ; j'espère que je me sauverai, et que dans l'autre vie je pourrai traiter avec Dieu les intérêts de la congrégation. Je dis à tous ceux qui voudraient peut-être mépriser mes avis, qu'au jour du jugement ils m'auront pour premier accusateur devant le tribunal de Jésus-Christ. Je n'ai jamais cessé de donner les mêmes avertissements à tous mes frères ; et, malgré tout cela, beaucoup ont tourné le dos à Dieu en quittant la congrégation. Ces malheureux et tous ceux qui leur ressembleront, je les attends au jour du jugement !

« Encore un avis sur les jeunes frères qui ne sont pas encore prêtres. Lorsqu'ils auront à recevoir quelque ordre sacré, je veux en être informé ; car je ne permettrai pas qu'un seul soit ordonné avant que toute sa conduite n'ait été examinée, et qu'il ne soit libre de toutes les exceptions établies dans les décrets de Sa Majesté. J'espère ne jamais faire la plus petite chose qui puisse déplaire à Dieu et au roi ; c'est pourquoi, je vous prie tous en général et en particulier de m'écrire avec sincérité les défauts que vous auriez observés dans chacun de nos ordinands, quoique je ne vous en aie point chargés d'ailleurs.

« Je veux absolument que les jeunes gens n'aillent pas en mission avant l'âge de trente ans ; quand il y aura, sous ce rapport quelque dispense à donner par nécessité, je veux en être instruit.

« Je vous recommande à tous l'observance exacte des pratiques louables qui sont en usage parmi nous pour favoriser la piété et la sanctification. Je recommande l'obéissance aux supérieurs, l'amour envers Jésus-Christ et sa passion ; je fais de même pour l'oraison, les exercices spirituels et la retraite. Que celui qui aime Jésus-Christ obéisse, qu'il soit content de tout, et se tienne toujours tranquille.

« Je finis en vous priant tous avec larmes de vous bien comporter et de ne pas me causer de chagrin pendant le peu de jours qui me restent à vivre. C'est ce que me font espérer cet amour et le respect que vous m'avez toujours témoignés. Je vous bénis tous. »

Les peines extérieures dans lesquelles se trouvait quelquefois la congrégation, le faisaient souffrir intérieurement. Les bons se décourageaient ; les autres s'affranchissaient de l'observance, et semblaient ne craindre plus ni Alphonse, ni les recteurs. Dans ces temps critiques, il fallait user de modération, aussi Alphonse jugeait qu'il n'était pas à propos d'augmenter l'incendie ; et au lieu de jeter l'huile sur le feu, il préféra mettre à profit les bonnes dispositions des uns pour retenir ceux que le démon pouvait tenter et les empêcher de se joindre aux ennemis du dehors ; il temporisait et n'était plus si prompt à prononcer des exclusions.

Nous ne dirons pas en détail les tribulations intérieures ou extérieures de la congrégation, ni les travaux que le saint vieillard exécutait par ses missionnaires, pendant son épiscopat ; le pieux lecteur peut se représenter, dans une perfection toujours croissante, les mêmes prodiges de vertus et de grâces, que nous avons tant de fois admirés.

20

SAINT ALPHONSE ASSISTE MIRACULEUSEMENT CLÉMENT XIV ; IL EST CONSULTÉ SUR LE FUTUR CONCLAVE ET SUR LES BESOINS GÉNÉRAUX DE L'ÉGLISE.

On sait combien l'église fut cruellement agitée sous le pontificat de Clément XIV, et quels malheurs ces troubles présageaient à la religion. Alphonse ressentait les plus vives alarmes, et offrait au ciel de continuelles prières pour la paix de l'église. Ses afflictions redoublaient, en voyant la tempête se déchaîner de plus en plus contre les Jésuites ; il en parlait avec de profonds sentiments de douleur : « Tout n'est qu'intrigue, disait-il, de la part des Jansénistes et des incrédules. S'ils parviennent à renverser la Compagnie, leurs désirs seront accomplis ; et, si ce boulevard vient à tomber, quelles convulsions dans l'église et dans l'État ! Les Jésuites une fois détruits, le Pape et l'église se trouveront dans la plus fâcheuse situation. Les Jésuites ne sont pas le seul point de mire des Jansénistes ; ils en veulent à la compagnie de Jésus pour frapper plus sûrement l'église et les États. »

Telles étaient les pensées et les craintes d'Alphonse ; mais les jugements de Dieu sont impénétrables. Clément XIV, par un bref du 22 juillet 1773, supprima la compagnie de Jésus. Ce fut pour Alphonse un coup terrible ; il n'en parlait pas, mais sa figure manifestait combien son cœur était navré. Lorsqu'il reçut le bref, il adora quelque temps en silence les jugements de Dieu dans la conduite de son Pontife ; puis, prenant la parole : « Volonté du Pape, s'écria-t-il, volonté de Dieu ! » Et l'on n'entend plus de sa bouche une seule parole qui manifestât sa peine intérieure. Le grand vicaire et d'autres personnes de distinction voulant jeter le blâme sur les dispositions du souverain Pontife : « Pauvre Pape ! s'écria le saint évêque, que pouvait-il faire dans les circonstances difficiles où il se trouvait, tandis que toutes les couronnes demandaient cette suppression ? Nous ne pouvons qu'adorer en silence les secrets jugements de Dieu et nous tenir en paix. Cependant, ne restât-il qu'un Jésuite au monde, il suffirait pour rétablir la Compagnie ! »

Dans la matinée du 21 septembre 1774, Alphonse, après avoir fini la messe, se jeta contre sa coutume dans son fauteuil ; il était abattu, ne faisait aucun mouvement, n'articulait aucune parole et ne demandait rien à personne. Il resta ainsi tout le jour et la nuit suivante : durant tout ce temps, il ne prit aucune nourriture et ne chercha pas à se déshabiller. Les domestiques, ne sachant ce qui allait arriver, se tenaient à la porte de sa chambre ; mais aucun n'osait entrer.

Le 22, au matin, il n'avait pas changé d'attitude ; on ne savait plus que penser ; il était dans une extase prolongée. Lorsque l'heure fut plus avancée, il agite la sonnette pour annoncer qu'il veut célébrer la sainte Messe. À ce signe, non seulement le frère Antoine, mais toutes les personnes de la maison accoururent avec empressement. En voyant tant de monde, Monseigneur avec un air de surprise demande ce qu'il y a. « Ce qu'il y a ? lui répondirent-ils ; depuis deux jours vous ne parlez plus, ni ne mangez, et vous ne donnez plus aucun signe de vie. » — « C'est vrai, répliqua Alphonse ; mais vous ne savez pas que je viens d'assister le Pape qui vient de mourir ! » On crût que c'était un songe ; mais on ne tarda pas à recevoir la nouvelle de la mort du Pape Clément XIV, décédé au moment même où Alphonse avait repris ses sens. Cette miraculeuse assistance est invinciblement constatée par les procès juridiques, et la congrégation des rites.

Le cardinal Castelli connaissait la haute réputation de sainteté dont jouissait Alphonse ; il savait combien où le vénérait pour sa sagesse que l'on disait inspirée de Dieu ; il connaissait aussi la grande vénération que le sacré collège des cardinaux avait pour le saint homme ; il conçut l'idée de demander à Alphonse avant le conclave une lettre détaillée sur les abus qu'il y avait à réformer dans tous les ordres de la hiérarchie ecclésiastique. Le cardinal voulut que ce mémoire fût présenté au conclave et servît à déterminer l'élection d'un Pape capable de remédier à tous les maux de l'église. Une pareille commission l'effraya ; mais, comme elle lui était imposée par un cardinal qu'il avait en grande estime, il se recommande à Dieu, et se décide à exposer ses sentiments de la manière suivante dans une lettre du 23 octobre 1774.

« Très Révérend cardinal, vous me demandez mes sentiments sur les affaires présentes de l'église et sur l'élection d'un Pape. Eh ! Quel sentiment puis-je vous exposer, moi pauvre évêque ? Tout ce que je trouve à dire, c'est qu'il faut prier et prier beaucoup ; pour relever l'Église de l'état de relâchement et de confusion où sont généralement tombées toutes les conditions, la prudence et la sagesse humaines sont insuffisantes ; et pour y porter remède, il faut le bras puissant de Dieu. Ainsi, il faut prier Jésus-Christ de donner à son Église un chef qui ait quelque chose de plus que la science et la prudence humaines, que l'esprit de Dieu remplisse d'un grand amour et d'un grand zèle pour sa gloire, et qui soit entièrement détaché de tout parti, et sache résister aux attaques du respect humain. Si, pour notre malheur, nous avions jamais un Pape qui n'eût pas uniquement en vue la gloire de Dieu, le Seigneur l'assisterait moins, et les choses iraient de mal en pis. Les prières sont le remède à de si grands maux. Non seulement j'ai imposé à toutes les maisons de ma congrégation de prier avec plus de ferveur pour l'élection du nouveau Pontife ; mais encore, j'ai ordonné dans tout, mon diocèse à tous les prêtres, séculiers et réguliers, de dire à la messe la collecte : *Pro eligendo summo Pontifice*.

« Voilà le meilleur sentiment que je puis vous communiquer. Plusieurs fois le jour, je prie moi-même pour cette élection ; mais que peuvent mes froides prières ? Néanmoins, je mets toute ma confiance dans les mérites de Jésus-Christ et de la très Sainte Vierge Marie ; et j'espère qu'avant ma mort, que mon âge avancé et mes infirmités m'annoncent être bien prochaine, le Seigneur me consolera, en me faisant voir l'église soulagée. Moi aussi, je désirerais, comme votre Éminence, de voir réformer tous les désordres ; sur cette matière, il me vient mille pensées que je souhaiterais ardemment communiquer à tous, si la vue de ce que je suis ne m'en ôtait la hardiesse, en m'avertissant qu'il ne m'appartient pas de réformer le monde. » Et le saint vieillard continue en exposant avec modestie et simplicité les plus austères conseils, et les directions les plus sages pour la conscience du futur vicaire de Jésus-Christ, et pour le bien de son Église.

21

LA DÉMISSION DE SAINT ALPHONSE EST ACCEPTÉE. DEUIL GÉNÉRAL ET REGRETS DE SON DIOCÈSE ; SES HUMBLES ADIEUX.

Le successeur de Clément XIV n'était pas encore élu ; Alphonse pensa de nouveau à donner sa démission. Octogénaire et paralytique, il trouvait insupportable le poids de l'épiscopat ; il ouvrit son cœur au père Villani, alors en mission à Tarente, et lui écrivit le 9 novembre 1774 : « La pensée de donner ma démission m'est revenue ; recommandez cette affaire à Jésus-Christ parce que je ne veux pas suivre ma volonté, mais faire ce qui plait à Dieu ; je veux me soumettre à l'obéissance. Pour le moment, il ne s'agit pas encore d'en parler ; j'attendrai que le Pape soit nominé. » Il lui expose ensuite avec simplicité et candeur les raisons pour et contre sa démission, et ajoute en finissant : « Lorsque vous viendrez nous en parlerons ; car je veux uniquement la volonté de Dieu. »

Il consulta aussi plusieurs personnages prudents et zélés ; tous furent d'avis qu'il pouvait sans scrupule abdiquer le fardeau. Le père Villani pensait que le Pape n'y consentirait pas ; mais Alphonse répéta plusieurs fois : « N'en doutez pas ; le saint Père acceptera. Je suis certain que je mourrai dans la congrégation ; et même j'y mourrai comme simple sujet ; vous le verrez. » Il prophétisait ; mais on ne comprit pas alors le mystère.

Le 15 février 1775, le cardinal Braschi fut élu Pape, sous le nom de Pie VI. Peu de temps après, Alphonse écrivit au père Villani : « Donnez-moi du courage ; montrez-moi que je fais la volonté de Dieu, en quittant le diocèse. » En même temps, il adressait à Pie VI une demande, où il exposait son âge, ses infirmités, l'état de son diocèse, et la confiance avec laquelle il attendait l'agrément de Sa Sainteté, avec sa bénédiction, afin que dès ce jour il put tranquillement se préparer à la mort. Il faisait aussi appuyer sa supplique par les dignitaires les plus recommandables. Dès que le diocèse de Sainte-Agathe apprit les démarches de son digne évêque, l'affliction fut générale ; tous adressaient des vœux au ciel pour la conservation du tendre père et du bon pasteur. L'infatigable vieillard, malgré sa position qui semblait légitimer un repos anticipé ; redoublait de soins et de travaux pour le bien de son peuple. Il animait les prêtres au travail par ses exhortations et ses exemples, redoublait de sollicitude pour son séminaire, faisait donner des missions pour achever de sanctifier les âmes confiées à sa tendresse, en réglait les circonstances et les détails avec le plus grand zèle et la plus haute sagesse.

Pie VI appréciait trop bien le zèle et les succès du saint évêque, pour accepter sa démission ; mais un jour, recevant les hommages de deux religieux de sa congrégation, il leur demanda comment se trouvait Monseigneur de Liguori. Les missionnaires, impatients de revoir ce bon père au milieu d'eux, et certains de lui faire une chose agréable, confirmèrent très amplement ce que le Pape avait appris de ses infirmités : « Très saint Père ; son état fait compassion : sourd, aveugle, accablé de maux, il n'a plus même l'apparence d'un homme. » « Ah ! s'il en est ainsi, dit le Pape, il ne faut pas l'affliger ! » Aussitôt il lui fit écrire combien il appréciait ses mérites et ses services, mais qu'il reconnaissait la justice de ses motifs. Alphonse, transporté de joie, écrivit au père Villani, alors en mission à Capoue : « Que la divine volonté soit faite !... Je quitte le diocèse sans scrupule, car je le quitte par obéissance. » Mais bientôt le deuil fut universel dans le diocèse. Un archidiacre s'écria : « C'est un châtiment de Dieu ; nous n'avons pas su apprécier ce saint évêque ! »

Tous les chanoines, tous les gentilshommes, ceux même qui avaient éprouvé sa rigueur, rendaient justice à son mérite et laissaient éclater leurs regrets. « Que faites-vous, Monseigneur ? le tort que votre abdication fait au diocèse est irréparable ! » — « Ah ! disait un autre, le grand âge et la paralysie de Mgr n'y font rien ! Son nom seul pouvait gouverner le diocèse ! » — « Pensez-vous, disait le saint vieillard, que je ne sois pas triste de partir ? Dieu le veut ainsi ; j'ai déclaré au Pape, que si mon diocèse devait en souffrir le moindre dommage, j'étais disposé à traîner la charrue jusqu'à la mort. Si je nous quitte de corps, mon cœur reste avec vous ! » Le clergé perdait sa lumière et son modèle ; les classes élevées perdaient le confident discret des peines qui empoisonnent le bonheur apparent des riches ; mais les pauvres et les âmes souffrantes étaient surtout inconsolables. Ils s'écriaient : « Nous n'aurons plus Monseigneur pour nous consoler ! Qui plaidera pour nous près des magistrats, ou des créanciers ? Quand nous allions à la montagne, nous laissions nos enfants au palais de Monseigneur, nous étions sûrs qu'ils seraient nourris ; maintenant qu'il va partir, à qui donc aurons-nous recours ? »

Hors du diocèse, les impressions étaient les mêmes. L'un disait : « Si Monseigneur de Liguori dépendait de moi, je le ferais rester dans son diocèse ; sa présence est suffisante pour le gouverner. » L'archevêque de Capoue disait : « Le pape accepte la démission de Mgr de Liguori qui faisait tant de bien dans l'église ; et il refuse la mienne, à moi qui suis un serviteur inutile ! »

La renonciation fut formellement acceptée en consistoire, le 17 juillet. À cette nouvelle, quelqu'un du diocèse dit à Monseigneur : « Votre Grandeur semble porter la tête plus droite qu'auparavant. » — « Oui, répondit Alphonse ; on a ôté de mes épaules le mont Taburno. » C'est le nom de la montagne voisine de Sainte-Agathe.

En remerciant le Pape, Alphonse, loin de solliciter une pension de retraite, ou un titre d'évêque in partibus, comme c'est l'usage en Italie, demanda seulement de garder les privilèges spirituels annexés à l'épiscopat, surtout pour l'autel portatif. Le saint Père l'exauça dans le sens le plus étendu, et même lui offrit une pension sur les revenus de l'église de Sainte-Agathe. Alphonse, pour ne point grever cette église, détermina un chiffre très modéré, à la grande édification du souverain Pontife. Quelque temps auparavant, il avait écrit à son frère : « Vous craignez peut-être une réclamation sur ma part d'héritage. Soyez sans crainte ; si je n'ai pas de pension, je me contenterai de l'honoraire de ma messe, et j'aurai assez pour vivre. » Le saint aimait à s'oublier ; mais il était plein de sollicitude pour ses enfants. Il écrivit à Don Hercule : « Je vous prie d'arranger au plus tôt le don que vous pensez faire à nos frères, d'un asile dans votre palais ; si Dieu vous appelait à lui avant cette disposition, la congrégation n'aurait rien. Je désire que tout soit réglé, pour n'avoir plus à y penser ; car je ne veux plus m'inquiéter d'affaire temporelle ; je veux uniquement me préparer à la mort. »

Des bruits couraient sur la nomination de son successeur ; il s'écria :

« Pauvre église ! Combien de temps devras-tu rester veuve et sans pasteur ! » Il prophétisait ; des obstacles empêchèrent la translation de l'évêque d'Ischia au siège de Sainte-Agathe ; et cette église resta veuve pendant cinq ans. Dans la suite, saint Alphonse en perdit le sommeil et l'appétit, et se fût volontiers sacrifié pour la gouverner.

Lorsqu'il fut sur le point de quitter le siège épiscopal, le saint vieillard, infirme et défaillant, voulut encore visiter ses enfants, leur faire ses humbles adieux. Il visita les paroisses de Sainte-Agathe et d'Arienzo, fit ses dernières recommandations aux fidèles ; il demandait humblement pardon de ses nombreux manquements et des scandales qu'il avait donnés dans son gouvernement. Il protestait avoir aimé ardemment tous ses enfants, il recommanda d'aimer toujours Jésus et Marie, et de les prier pour lui, et surtout quand on apprendrait sa mort.

Il s'humilia de la manière la plus touchante, en visitant les communautés religieuses ; il demandait pardon de ses rigueurs, et recommandait aux supérieurs le zèle persévérant et le mépris des considérations humaines, pour la gloire de Jésus-Christ et le salut des âmes. Les personnes pieuses désiraient avoir des souvenirs de ce bon Père. Aux unes, il donna un petit tableau de Notre-Dame-de-bon-Conseil, écrivit qu'il leur laissait son cœur et réclamait leurs prières. À d'autres, il offrait les crucifix de bois simple et les insignes de la Passion qu'il baisait dévotement quand il sortait de la maison ou quand il y rentrait ; à d'autres, les fleurs qui ornaient, dans sa chapelle, l'autel du Saint-Sacrement. Aux séminaristes, il laissait quelques livres avec les plus saintes et les plus touchantes exhortations. Il s'était dépouillé pour les pauvres ; aussi n'eut-il rien à leur léguer que son cœur ; il les quittait la douleur dans l'âme ; jusque dans son sommeil, il pensait aux pauvres ; il croyait entendre leurs plaintes : « Pourquoi nous abandonnez-vous ? » Sur la fin de son séjour, la vue d'un mendiant suffisait pour l'attendrir ; au moment suprême, son palais fut comme assiégé par ses enfants de prédilection qui venaient chercher les dernières largesses et les dernières consolations.

Lorsqu'il fut sur le point de partir, la vénération fut au comble avec la douleur. On perdait un saint ; on saccagea sa chambre, afin d'y prendre comme relique tout ce qu'il avait consacré par l'usage ou l'attouchement ; tout disparut. Un pauvre barbier, ne voyant plus rien à prendre, demanda la béquille dont Monseigneur s'était servi pendant son rhumatisme. « Prenez, lui dit Alphonse, un jour elle pourra vous servir. »

Quelques années plus tard, la bru de ce brave homme était en danger de mort. Il aperçut, par hasard, la béquille dans un coin ; il se ressouvint d'Alphonse honoré déjà comme un saint. « Ah ! dit-il, cette béquille de Monseigneur a déjà fait tant de miracles ; ayez confiance, touchez la seulement, et vous serez guérie ! » À peine cette femme l'eût touchée, qu'elle fût merveilleusement délivrée, et guérie.

En abrégeant le récit des derniers instants et de ses humbles adieux, nous n'avons pu transmettre tout leur charme sympathique ; en lisant tous les détails, on est irrésistiblement pénétré d'un profond et religieux attendrissement, à la vue de ce que la grâce peut mettre de simplicité et de mansuétude dans une âme originellement si grande et si fière.

Alphonse avait gouverné l'église de Sainte-Agathe pendant treize ans. Il s'absenta trois fois seulement de son diocèse, et pour les motifs les plus urgents. Il alla deux fois à Nocera, pour le chapitre général et pour sa santé par ordre des médecins ; une fois à Naples, pour les affaires pressantes de la congrégation. Il se faisait même un scrupule de s'éloigner de la cathédrale sans raison légitime. « Dieu m'a envoyé à Sainte-Agathe, disait-il, c'est là que je dois demeurer, fallût-il y mourir ! » La perspective de son départ définitif lui inspirait un mélange de douleur et de joie ; de douleur, en se séparant d'une épouse tendrement aimée ; de joie, en venant se faire oublier et se préparer au grand jour dans sa chère cellule.

22

EXPLICATION DES MERVEILLES DE L'ÉPISCOPAT DE SAINT ALPHONSE, PAR LES IDÉES SUBLIMES QU'IL AVAIT DE SA DIGNITÉ PONTIFICALE ET DE SES DEVOIRS.

I. Pensées de saint Alphonse sur la dignité du souverain Pontife Romain, le chef et le centre de tous les Pontifes dans l'Église.

« Jésus-Christ, en accomplissant l'œuvre de la rédemption, promit à son Église sa présence et l'assistance du Saint-Esprit jusqu'à la fin des siècles. Il promit que les hérésies, ou les portes de l'enfer, ne prévaudront jamais contre elle. Mais le divin fondateur, Chef et Pasteur de l'Église, devait quitter ce monde ; il a dû établir, il a établi, en effet, dans l'Église un chef visible, un juge souverain, qui le représente lui-même ; qui, par un jugement infaillible sur les questions de foi et de morale, conserve à jamais l'unité de foi, garantisse les fidèles contre les fluctuations du doute, et mette un terme aux controverses et aux schismes, par son autorité unique, suprême et sans appel. »

« Pierre fut constitué le principe de l'unité sur lequel est fondée l'Église. À l'origine, sans doute, les Apôtres étaient les égaux de Pierre, pour l'honneur et le pouvoir ; mais, pour faire l'unité de l'Église, Jésus-Christ donna la primauté au siège de Pierre, afin que l'origine de l'unité vînt d'un seul. La suprématie est donnée à Pierre, pour que de ce principe unique le pouvoir se communique aux autres ministres, et que l'on voie une seule Église et une seule chaire. L'unité de l'Église dérive de l'unité de la chaire de saint Pierre ; et les docteurs ont raison de comparer le siège apostolique à une tête, à une racine, à une source.

Dans le corps, toute la force active des membres vient de la tête ; dans l'arbre, la sève des branches vient de la racine ; dans les fleuves, l'eau vient de la source ; ainsi dans l'Église, tout évêque dépend du Pape, la tête, la racine et la source de toute la puissance. Tous les évêques tiennent l'épiscopat solidairement ; chicon administre pour sa part ; et tous ensemble dépendent d'un seul chef, comme tous les rayons émanent d'un seul soleil. Ainsi se conserve l'unité de l'Église et de la foi. »

« En finissant, je conjure les âmes zélées pour le bien de la religion, de prier Dieu avec ardeur et persévérance, afin qu'il daigne assister l'Église jusqu'à la fin des siècles, rendre impuissantes les portes de l'enfer, fortifier et augmenter dans tous les fidèles le respect et l'obéissance au Souverain Pontife Romain, placé par la bonté de Jésus-Christ pour garder la foi. » (Réfutation de Fébronius.)

II. Dignité des évêques, unis entre eux, et rattachés à Jésus-Christ même, par leur union avec le Souverain Pontife.

Dans plusieurs passages de ses œuvres dogmatiques, saint Alphonse aime à répéter avec les saints Pères, que toute la puissance pontificale a été donnée immédiatement à Pierre et à ses successeurs, les Pontifes romains, pour être communiquée aux évêques et aux autres ministres, dans les proportions de la hiérarchie ecclésiastique. Pour lui, la grandeur de l'épiscopat vient de son unité, de son union avec le Souverain Pontife, qui est la continuation visible et permanente de la personne invisible de Jésus-Christ. Ces grandes idées, qui sont, du reste, la doctrine catholique, lui, étaient habituelles ; elles étaient écrites dans son cœur plus encore que dans ses livres ; et, en les méditant, il activait son zèle et ses travaux.

L'humble vieillard, si pénétré de son néant et de son indignité, ne se voyait plus du même œil, quand il contemplait sur lui-même la dignité épiscopale et ses prérogatives sublimes. Il appliquait éminemment à l'épiscopat les grandes idées qu'il aimait à recueillir sur le sacerdoce, sur la dignité et les devoirs du prêtre. « Médiateur entre Dieu et l'homme, inférieur à Dieu seul, mais plus grand que l'homme ; revêtu d'une dignité non seulement angélique, mais divine ; homme vraiment divin ! » Voilà le prêtre ; voilà plus encore l'évêque, en qui se trouve la plénitude du sacerdoce !

« Le pouvoir des clefs, ou puissance de délivrer un pécheur de l'enfer, de l'élever au ciel ; changer un esclave du démon en enfant de Dieu ; prononcer un jugement que Dieu sanctionne ; colonnes de l'Église ; arbitres des grâces divines ; pouvoir exercé au nom de Dieu, sur les intérêts éternels et sur les âmes ; tenir la place de Jésus-Christ même, et parler en son nom ; exercer les fonctions mêmes du Saint-Esprit ; être les coadjuteurs et les plénipotentiaires de Dieu ! ! ! » Voilà les attributs du prêtre, et plus encore ceux de l'évêque. Rien n'est impossible, les dévouements sublimes deviennent des devoirs ordinaires de conscience, quand on fait dériver ses obligations d'une source aussi divine.

III. Estime de saint Alphonse pour les terribles devoirs de l'épiscopat ; sa défiance de lui-même, et sa confiance en Dieu.

Comme il voyait, comme il sentait ses devoirs, le saint évêque habitué à la méditation de telles, vérités ! Comme il se sacrifiait pour son peuple, et avec quelle allégresse ; en même temps que son humilité le faisait trembler à la vue de la terrible responsabilité de son ministère ! « Quel compte un évêque doit rendre à Dieu ! je ne comprends pas qu'il puisse dormir ! » Tel fut, plus d'une fois le cri de son âme ; on peut dire que c'était là sa devise habituelle et son mot d'ordre.

« Dieu a confié aux évêques le gouvernement de l'Église ; des évêques dépend la sanctification des peuples. Saint Charles Borromée dit avec raison : « Les mauvais pasteurs causent la mauvaise vie et la mort des brebis ; comme les saints pasteurs sanctifient leurs troupeaux. » Ce grand saint, modèle des évêques, et que je proposerai plus d'une fois pour exemple, réforma si bien ses sujets, que leur bonté alla jusqu'à rendre bons les peuples voisins. Disons avec saint Athanase : « L'évêque, avant d'être consacré, peut vivre encore pour lui-même ; après sa consécration, il doit vivre uniquement pour son troupeau, dont il doit un terrible compte à Dieu, comme il est dit dans Ezéchiel : Malheur aux pasteurs d'Israël qui se paissent eux-mêmes ; je vais leur demander compte de leur troupeau ! » « Chaque fidèle rendra compte de son âme au tribunal de Jésus-Christ ; l'évêque doit rendre compte d'autant d'âmes qu'il compte de sujets. » (Réflexions utiles aux évêques.)

Ensuite, le saint prélat décrit avec une austère simplicité et un détail profond les diverses charges de l'épiscopat, concernant les séminaires, les différents ordres du clergé et des religieux ; et trace les moyens spéciaux que la grâce et l'esprit de Jésus-Christ met à leur disposition.

Il est inutile de donner ici les détails ; notre but exige seulement quelques pensées et la conclusion, pour mieux montrer aux fidèles combien est sérieuse, auguste et vénérable, la vie d'un évêque selon le cœur de Dieu.

« L'évêque doit, sans faiblesse, chasser les séminaristes incorrigibles ; un seul peut gâter les autres. Il est très utile que l'évêque se montre souvent au séminaire, pour encourager les jeunes gens sur les choses spirituelles et sur les études. Il doit assister à leurs exercices académiques, ce qui excite admirablement l'émulation. »

« Combien de couvents ont perdu l'esprit d'observance et se sont ruinés spirituellement, parce qu'on y avait envoyé des prêtres manquant de piété, d'autorité où de prudence ! »

« L'évêque doit donner l'exemple de la douceur, en supportant la grossièreté des diocésains, en traitant avec amour les insolents, les détracteurs et les ingrats. Il doit entrer dans son diocèse avec la persuasion qu'il sera payé d'ingratitude, et avec l'intention de rendre le bien pour le mal. C'est l'esprit de Jésus-Christ et de ses vrais serviteurs. »

« L'évêque doit être persuadé que rien ne donne au peuple une idée bonne ou mauvaise de la vie ecclésiastique comme la frugalité ou le luxe. »

« À combien de désordres ne remédie pas le prélat dans ses courses, en voyant tout de ses yeux ! Il est impossible de gouverner sur les relations des autres, qui trompent pour des motifs personnels, quand ils ne sont pas eux-mêmes trompés. »

« On ne peut apprécier tout le fruit produit par les missions. Il est impossible à ceux qui les suivent de ne pas s'y convertir ; Dieu lui-même y concourt d'une manière spéciale. »

« L'évêque doit prendre conseil de Dieu, puis des hommes prudents. Qu'il agisse ensuite avec fermeté, en donnant les ordres nécessaires, et en les faisant soigneusement exécuter. L'onction sacrée est le symbole de la force ; celui qui craint de déplaire aux hommes ne sera jamais un bon évêque. »

« Pour terminer cet humble travail, je ne puis m'empêcher de dire : Un évêque, en acceptant cette dignité, se met un grand poids sur la conscience. Pour se sauver, il doit être résolu, dès le premier instant, de mener, non pas une vie de repos et de plaisir, mais une vie pleine de fatigues, de croix et d'ennuis, une vie appelée par saint Jean Chrysostôme : « Un océan de peines et un abîme de soucis. » De là, pour les prélats, un extrême danger de se perdre, danger dont plusieurs saints ont été effrayés à tel point, qu'ils ont mieux aimé désobéir à l'autorité supérieure que se charger d'un tel fardeau. Leur crainte n'était point vaine ou excessive, s'il est vrai de dire, avec saint Augustin, que la difficulté du salut pour un évêque est proportionnée à ses obligations grandes et immenses, infiniment difficiles à remplir. Saint Jean Chrysostôme a dit une parole terrible, et je la crois vraie : « Je ne puis croire que le plus grand nombre des évêques se sauve ; c'est le plus grand nombre qui périt ! » Encore, il parle ici des évêques vraiment appelés à l'épiscopat, et qui l'acceptent par obéissance. Pour ceux qui l'ambitionnent et le cherchent, il en parle bien autrement : « Je serais étonné si un seul était sauvé ! » Saint Pie V, lors de son élection à la papauté, trembla et pâlit : « Quand j'étais religieux, dit-il, j'avais grand espoir de me sauver ; devenu évêque, je commençai à craindre beaucoup ; aujourd'hui que je suis Pape, je désespère. »

« Ceci ne doit point décourager les bons évêques, mais les exciter à remplir leurs devoirs, et ranimer leur espérance. Si le châtiment du serviteur infidèle est terrible, la récompense donnée au pasteur zélé, par un Dieu infiniment généreux, est, au contraire, plus grande et plus magnifique. »

« La différence entre un simple particulier et un monarque, sur la terre, existera, dans le ciel, entre un saint solitaire et le pasteur dévoué au salut des âmes. »

« Si vous tremblez à cause de votre faiblesse, faites d'abord pour Dieu selon vos forces ; puis recourez à Dieu, avec confiance et vous pourrez tout ; et dites avec saint Paul : Je puis tout en Dieu qui me fortifie. » (Réflexions utiles aux évêques.)

Voilà comme saint Alphonse unissait le plus humble mépris de lui-même avec l'estime de son incomparable dignité d'évêque, et la plus modeste défiance de ses propres forces avec la plus ferme confiance dans le secours de Dieu. Nous avons dû toucher quelques aspects de cette auguste matière ; présenter, pour ainsi dire, quelques fragments détachés du miroir chrétien de sa vie pontificale, pour expliquer les merveilles de son épiscopat, et en même temps, pour affirmer et augmenter de plus en plus dans les fidèles qui liront ces lignes, le respect, l'estime et la vénération pour les premiers pasteurs de l'Église.

FIN DU LIVRE QUATRIÈME

LIVRE CINQUIÈME

(1773-1787)

Dernières années de saint Alphonse jusqu'à sa mort. — Efforts suprêmes de ses vertus, ou témoignage suprême sur la valeur de notre âme.

1

ALPHONSE RETOURNE À NOCERA, ÉDIFIER ET SOUTENIR SA CONGRÉGATION SOUFFRANTE.

Alphonse, délivré des honneurs et du fardeau de l'épiscopat, comptait les jours, en attendant l'heureux instant où il pourrait aller mourir dans sa chère cellule de Nocera. Enfin, le 27 juillet 1775, dès qu'il fit jour, il donna la dernière bénédiction à sa chère église de Sainte-Agathe et à son peuple, distribua largement l'aumône à la foule des pauvres, et monta en voiture avec le Père Villani. On ne pourrait décrire l'attendrissement et les regrets du peuple ; le clergé pleurait, les gentilshommes aussi ; les pauvres éclataient en douloureux gémissements. Cette affliction perçait le cœur d'Alphonse ; il ne put voir tant de larmes sans en verser lui-même. Lorsqu'il se fut mis en route, il adressa ses prières ordinaires à ses patrons, et recommanda particulièrement à la protection de Jésus-Christ et de la très Sainte Vierge la terre d'Arienzo et tout le diocèse de Sainte-Agathe ; puis il continua son chemin en récitant, avec le Père Villani, le saint Rosaire et les Heures canoniales.

Il faisait beau voir ce vénérable évêque, de famille princière, chercher la retraite dans une pauvre cellule, monté sur une misérable voiture, et rapportant sur un simple mulet son pauvre bagage, accepté à titre d'aumône ! Mais il avait le plus riche cortège : une population immense, inconsolable, une foule de pauvres fondant en larmes, qui ne pouvaient quitter un si bon père ; le deuil universel redisait assez haut les éloges de sa vertu, de sa grandeur et de son mérite !

Arrivé à Nole vers l'heure du dîner, il voulut dire la sainte Messe ; car, dans l'émotion que lui causait son départ, il n'avait pas voulu la dire à Arienzo. Souffrant, accablé au dernier point, il la célébra en présence de tout le séminaire. On versait des larmes de tendresse en voyant sa dévotion.

Dieu se plut à faire éclater, par un miracle, la sainteté de son serviteur. Depuis un an, Michel Menichino, à la suite d'une fluxion, avait la vue tellement affaiblie, qu'il ne pouvait plus marcher sans guide. On avait tenté différentes cures à Naples et à Nole, mais son mal avait empiré au point de le rendre entièrement aveugle. Lorsqu'il apprend qu'Alphonse est au séminaire ; plein de confiance dans son pouvoir auprès de Dieu, il s'y fait conduire, se jette à ses pieds, et le prie, en versant des larmes, de faire un signe de croix sur ses yeux. Alphonse attendri fait ce qu'il demande, et l'aveugle recouvre la vue.

L'allégresse fut grande parmi les habitants de Pagani, lorsqu'ils revirent Alphonse au milieu d'eux. Son état excitait la compassion générale ; mais on répandait surtout des larmes d'émotion en se rappelant la promesse qu'à son départ pour Sainte-Agathe, il avait faite, treize ans auparavant, de venir terminer ses jours à Nocera. En descendant de voiture, il se vit entouré d'une multitude. Tout le clergé et un grand nombre de gentilshommes s'empressèrent pour lui baiser la main et recevoir sa bénédiction. Lorsqu'il fut sur les degrés, il s'écria avec transport : « Gloria Patri, etc. La croix que je porte sur la poitrine était bien pesante lorsque je montais l'escalier d'Arienzo ; mais aujourd'hui, qu'elle est devenue légère ! Gloria Patri, etc. » Arrivé au chœur, il se jeta la face contre terre devant le très Saint-Sacrement, et dit : « Mon Dieu, je vous rends grâces de m'avoir délivré d'un si grand fardeau ! Mon Jésus, je n'en pouvais plus ! »

Alphonse retrouva sa congrégation extrêmement abattue par les nombreuses persécutions de ses ennemis ; beaucoup y avaient perdu cette force d'âme qui les animait au commencement. Les vicissitudes de la persécution et cette crainte qu'avaient les sujets d'être chassés d'un jour à l'autre, les jetaient dans une grande perplexité ; si l'on ne quittait la congrégation, on y vivait du moins dans le malaise, et chacun faisait son plan pour l'avenir. Ce découragement faisait une profonde plaie dans le cœur d'Alphonse. Dès sa rentrée, il s'efforça d'exciter la confiance dans la protection d'en-haut, et dans la très Sainte Vierge Marie.

« Les persécutions, disait-il, sont aux œuvres de Dieu ce que sont en hiver les gelées aux plantes fortes ; loin de leur nuire, elles les aident à pousser de plus profondes racines, et les rendent plus fructueuses. Il n'y a que le ver qui puisse nuire aux plantes. Les vers que nous devons éviter sont les fautes et les manquements volontaires ; corrigeons-nous, et Dieu ne manquera pas de nous protéger. Une seule inobservance me fait plus de peine que toutes les persécutions. Baisons les murs de notre cellule ; et, à mesure que nous nous verrons plus persécutés, tenons-nous plus étroitement unis à Jésus-Christ. »

Tous les samedis, il ne manquait pas de se traîner à la chapelle, pour assister au chapitre des coulpes, et exciter ses enfants à une plus grande perfection. Il prêchait avec ferveur sur les devoirs de la règle et sur les vertus particulières, dont il faisait resplendir les moindres beautés. « Pourquoi sommes-nous dans la congrégation, dit-il un jour, sinon pour devenir des saints ? Le but de Dieu en nous arrachant au monde, c'est notre sanctification : s'il ne l'avait pas voulu ainsi, il nous aurait laissés au milieu des dangers. Il rappelait continuellement que la fin de l'Institut est le zèle pour le salut des âmes.

Il s'était engagé par vœu à prêcher tous les samedis les Gloires de Marie ; et la maison célébrait ce même jour un salut avec exposition du très Saint-Sacrement. Brûlant du désir de voir honorer la Mère et le Fils, il ne manqua pas, dès le samedi qui suivit son arrivée, de se faire conduire à l'église par le frère lai et son serviteur, qui eurent la plus grande peine à le placer dans la chaire. Dès qu'il parut en présence du peuple accouru en foule pour l'entendre, tous laissèrent échapper des cris d'attendrissement ; ils pleuraient en voyant ce vieillard brisé d'infirmités, et se réjouissaient en voyant se vérifier la prophétie qu'il avait faite de venir mourir au milieu d'eux. Il prêcha comme s'il se fût bien porté ; et, dans la suite, il fit de même tous les samedis.

Les religieuses voulurent aussi entendre ses instructions. Il ne manquait pas de les visiter ; sa présence suffisait pour toucher les cœurs. Deux personnes consacrées à Dieu vivaient dans une inimitié scandaleuse ; mais rien qu'à le voir, l'une d'elles s'humilia, courut se jeter aux pieds de son ennemie ; et toutes deux, se demandant pardon, s'embrassèrent en toute charité. Un autre jour, il consola doublement les religieuses et la prieure du monastère. Celle-ci lui demanda un souvenir dans ses prières, pour obtenir la guérison d'un cancer que les médecins regardaient comme incurable ; Monseigneur l'encouragea à souffrir avec patience : « Quand même votre mal empirerait jusqu'à la dernière extrémité, lui dit-il, ne vous affligez pas ; remettez-vous entre les mains de Dieu ; embrassez le crucifix ; vous ferez ainsi plaisir à Jésus-Christ ; et votre douleur vous deviendra plus légère. » De retour à la maison, Alphonse, compatissant aux souffrances de la religieuse, lui envoya un flacon d'eau pure, et lui fit dire de s'en arroser la partie malade : la mère prieure l'ayant fait, le mal disparut, à sa grande consolation et à celle des religieuses.

Toujours fidèle à sa chère pauvreté, Alphonse la fit reluire dans sa retraite à Nocera ; ses deux petites chambres en offraient un miroir admirable. On y voyait aussi dominer son amour et sa tendresse pour le Sauveur et sa divine Mère. Dans une, qu'il destina pour son oratoire, on voyait sur l'autel le grand crucifix qu'il avait reçu du père Longobardi, et au pied de ce crucifix une très belle image de Marie, au milieu de deux autres représentant la divine bergère et la Vierge avec le Saint-Esprit sur la poitrine. Dès le matin jusqu'au soir, il était sur sa chaise, en présence de ces objets de dévotion ; là, il faisait ses exercices de piété, et s'occupait de la composition de ses ouvrages. La chambre était aussi ornée d'images qui représentaient en grand les différents mystères de la Passion ; ses yeux rencontraient partout des souvenirs propres à nourrir sa ferveur. Cette chambre n'avait pas d'autres ornements ; trois ou quatre chaises de paille et une petite table en formaient tout le mobilier. Il avait aussi ce fauteuil grossièrement travaillé dont on lui avait fait charité à Sainte-Agathe.

Les médecins et le père Villani voulurent, pour lui prolonger la vie, qu'il continuât à faire chaque jour une petite promenade en voiture. La dépense qui en résultait lui déplaisait beaucoup ; il voyait en cela quelque chose de superflu, et tourmentait souvent les médecins pour obtenir la permission de s'en défaire. Oubliant qu'il était accablé d'infirmités, il pleurait et gémissait continuellement de ce qu'il ne faisait plus de pénitence. Il aurait voulu se donner la discipline aux jours établis par la règle ; mais comment eût-il fait ? Il avait besoin d'un aide pour se lever et se tenir debout.

La lecture des Livres saints, la méditation et la prière faisaient plus que jamais ses délices ; sa vie était une conversation continuelle avec Dieu. Il faisait tous les exercices de la communauté, et beaucoup plus encore. Après sa méditation du matin, il récitait les Petites Heures, disait la sainte Messe, après une longue et fervente préparation ; il faisait de même son action de grâces ; et, avant le dîner, son examen particulier.

Après son repas, il prenait un peu de récréation avec plusieurs pères de la maison. Sa conversation roulait sur la piété, sur les missions, ou sur tout autre sujet sérieux. Souvent, il mêlait à la conversation des plaisanteries et d'aimables traits d'esprit ; car il n'avait rien perdu de sa gaîté et de sa vivacité naturelles. Dès qu'il fut nommé évêque, il ne voulut plus toucher son clavecin.

« Monseigneur, lui disait-on, pourquoi ne jouez-vous plus ? » Le bon père avait une réponse bien digne de son cœur : « Eh ! Que dirait le pauvre peuple ? Il dirait : Pendant que nous sommes dans le travail et la misère, Monseigneur s'amuse ! » Mais il reprit son clavecin, après avoir donné sa démission ; il en jouait souvent, pour divertir la communauté. Il la divertissait et l'édifiait à la fois, en exécutant les pieux cantiques de sa composition. Si la franche et cordiale gaîté était un jour bannie de la terre, il faudrait encore la chercher dans les inimitables récréations des maisons religieuses.

Après une courte méridienne, d'obligation en Italie, Alphonse faisait sa lecture spirituelle, suivie d'une méditation sur la passion de Jésus-Christ. Venait ensuite sa visite au Saint-Sacrement, à l'Église, nonobstant la difficulté de s'y rendre, ou plutôt ; de s'y faire traîner ; elle durait souvent des heures entières. Après six heures, il reprenait sa méditation et récitait matines. Il faisait ensuite le chemin de la croix, en parcourant les stations dans un long corridor. Nous ne dirons pas avec quelle ferveur, avant son coucher, il faisait son examen de conscience et la prière du soir, attendant le sommeil, comme l'image de la mort.

L'infatigable vieillard saura trouver quelques intervalles libres dans la journée, pour lire les ouvrages nouveaux en faveur de la religion, pour écrire des lettrés de félicitations et d'encouragement aux apologistes, et pour travailler à la composition de ses propres ouvrages.

2

TRIBULATIONS, TEMPÊTES INTÉRIEURES ET EXTÉRIEURES CONTRE LA CONGRÉGATION ; FERMETÉ, DOUCEUR, RÉSIGNATION ET CHARITÉ DE SAINT ALPHONSE, AU MILIEU DE SES ÉPREUVES.

La congrégation du très Saint Rédempteur, comme toutes les œuvres instituées franchement pour la plus grande gloire de Dieu et le salut des âmes, avait des ennemis puissants et acharnés, dans les divers ordres de la société. Nous ne donnerons pas le fastidieux détail des persécutions et des calomnies ; nous aimons mieux mettre dans tout son jour l'héroïsme des vertus que déploya le saint fondateur dans de si terribles épreuves.

Les ennemis faisaient à cette œuvre divine un crime de ce qui faisait sa gloire, cherchaient des motifs de ruine, dans ce qui lui donnait le plus de force surnaturelle, et s'écriaient hautement qu'elle allait périr, ou du moins ne survivrait pas au pauvre vieillard.

« Ne craignons rien, disait Alphonse à ses enfants ; je ne veux pas encore mourir ! Dieu veut que je meure sujet dans la congrégation, et non recteur-majeur !... Cette congrégation est l'œuvre de Dieu, et subsistera après ma mort. Notre conservation dépend de Dieu et de la manière dont nous nous conduirons. Soyons unis à Dieu ; observons notre règle, soyons charitables envers tous ; soyons résignés dans le malheur ; attachons-nous à l'humilité !... Je me confie en Dieu ; mais je ne veux pas négliger les moyens humains... Les prières sont nos armes ; confiez-vous en Dieu ; Jésus-Christ et la Sainte Vierge ne manqueront pas de nous consoler ! » Il envoya, au mois de novembre 1776, une circulaire à toutes les maisons, pour recommander le bon ordre et la parfaite observance des règles ; il y recommande surtout la prudence, la charité, la vigilance, la pauvreté, la mortification et l'humilité.

Il faisait diversion aux alarmes de ses frères, en les envoyant dans les diocèses, dans les maisons religieuses, déployer leur zèle, et recueillir des moissons de grâces.

Il écrit des apologies, où s'unissent, d'une manière triomphante, la théologie et le droit ; il adresse au Pape Pie VI un récit détaillé de la naissance, des progrès, des travaux et des souffrances de la congrégation, et obtient des grâces et privilèges nouveaux pour le bien spirituel des âmes. Il déjoue toutes les menées de ses adversaires devant les ministres et les personnages influents de la cour ; et le roi accorde enfin les dispositions les plus bienveillantes pour la conservation et la prospérité des maisons déjà fondées.

Attentif à tous les besoins, il console le pays attristé depuis six mois par une sécheresse obstinée ; il ordonne une procession, y assiste lui-même, malgré ses infirmités ; il donne plusieurs exercices de piété ; enfin, il prédit, et obtient une pluie merveilleuse qui rend à tout un peuple l'espérance et la joie.

À la fin de l'année 1778, le roi donna une marque toute spéciale de sa faveur, en choisissant la congrégation du saint Rédempteur pour publier le jubilé, et promit des preuves de sa royale reconnaissance. Les principaux ennemis jetèrent en vain un dernier cri de fureur et de désespoir ; une mort prématurée et sinistre vint les frapper ; et les autres cessèrent leurs aveugles poursuites.

Après la tempête, saint Alphonse, comme un sage pilote, s'occupa de remédier aux maux et aux dommages que son navire avait soufferts. Rien n'est plus admirable que ce mélange d'énergie et de douceur avec lequel il rappelle ses religieux à l'étroite observance de la règle. « Dans la congrégation, disait-il, il faut édifier ou partir..... Mieux vaut que nous soyons peu, mais bons ; les autres nuisent à eux-mêmes et aux autres. »

Il savait, dans l'occasion, commander absolument. Il avait déterminé un changement de maison pour deux religieux ; le recteur faisait difficulté : « Par cette autorité que Dieu m'a donnée, lui écrivit saint Alphonse, je veux, je commande qu'à la réception de la présente, vous disposiez tout ce qui est nécessaire pour le départ : je le veux ainsi, je commande ; si je désire être obéi, ce n'est point par vaine gloire, mais pour la gloire de Dieu. »

Il écrivait à un autre recteur : « J'ai bien réfléchi ; j'ai pris cent fois conseil, avant de venir à cette résolution. Un peu plus d'obéissance, si vous voulez plaire à Jésus-Christ ! »

Dans une autre occasion : « Je suis recteur-majeur, et chef de la congrégation ; à moi il appartient de décider ; à vous d'obéir ! si vous détournez les yeux de l'obéissance et de l'étoile qui vous guide, c'en est fait de la Congrégation ! »

Cette fermeté n'était jamais séparée de la prudence. Quelquefois, il n'intimait pas d'ordre, il parlait sur le prix de l'obéissance et les maux causés par l'insubordination ; le sujet indécis réfléchissait et s'offrait de lui-même aux désirs du saint. Autant il savait trancher, expulser, rejeter un sujet rebelle et mauvais ; autant, il savait compatir aux faiblesses de caractère, et tempérer l'amertume du commandement par la mansuétude et l'humilité. « Je vous plains, dit-il à un recteur, vous avez écrit dans le trouble.... Je vous avais écrit avec toute l'affection que j'ai pour vous.... Votre piété devait recevoir en paix cette mortification.... Le père Villani m'a fait la même réprimande à moi-même. Grâce à Dieu ! je l'ai reçue en paix ; elle m'a servi à être, dans l'occasion, plus modéré et plus humble. »

Lorsqu'il vit sa congrégation justifiée des calomnies de ses ennemis, Alphonse comptait sa quatre-vingt-troisième année et semblait pouvoir finir en paix sa longue carrière ; mais une nouvelle tempête ne devait pas tarder à lui faire éprouver les plus cruelles angoisses. Le démon qui n'avait pu prendre la place en assiégeant ses murs, suscita la trahison dans l'intérieur pour la réduire à se ruiner elle-même.

La règle, confirmée par le Pape, n'était pas encore sanctionnée par le gouvernement. On avait obtenu, par un décret du 21 août 1779, l'approbation royale sur différents points ; alors on crut le moment favorable pour demander une approbation générale qui pût mettre un terme à toutes les tentatives des adversaires. Le projet ne déplut point à Alphonse ; il voulut toutefois qu'on agît avec prudence et qu'on prît conseil de personnes sages et éclairées.

On confia l'affaire au père Ange-Majone, l'un des consulteurs généraux, qui s'était jusque-là bien acquitté de sa charge, et continuait de fréquenter les tribunaux et la cour, dans les intérêts de la congrégation. Alphonse, jaloux de la règle, protesta plusieurs fois qu'il n'y permettrait aucun changement ; seulement il consentait à passer ce qui avait rapport aux acquisitions défendues par le roi. Le père Majone ne paraissait pas sans crainte. « Si l'on fait opposition, disait-il, et si nous recevons un refus du roi, ce sera un coup dont nous nous ressentirons toujours, surtout si la chose devient publique ; ce qui me paraît inévitable, à moins que tout ne reste secret entre tous les consulteurs. » Ces raisons persuadèrent Alphonse et les autres membres du conseil, qui prêtèrent tous le serment de garder le secret sur tout ce qui se ferait dans le cours de cette affaire. Mais le père Majone ne fut pas fidèle, et voulut être plus sage qu'Alphonse et le Saint-Siège. De concert avec le consulteur qui lui avait été adjoint à Naples, et, comme lui, imbu de l'esprit de nouveauté, il fit à la règle les changements les plus arbitraires. Malgré ses précautions pour tenir les choses secrètes, il ne tarda pas à faire soupçonner ses intentions, et le bruit se répandit parmi les religieux qu'on allait faire des innovations à la règle. L'alarme fut générale ; on communiqua les craintes à Alphonse ; le pauvre vieillard, qui n'avait aucun motif de soupçonner une trahison, s'efforçait de rassurer tout le monde.

Le père Majone vient au mois de septembre à Nocera, présente à Alphonse le règlement de sa composition, lui assure que, sauf ce qui regarde les acquisitions, tout le reste est conforme à la règle. Le vieillard ne pouvant lire lui-même, à cause de l'écriture qui était petite et indéchiffrable, chargée de ratures et de renvois, le donne à examiner au père Villani.

Comme le père Majone était d'un caractère violent et fait pour imposer, le père Villani n'eut pas le courage de s'élever contre lui ni contre son collègue. Il va trouver Alphonse ; et, craignant de l'accabler par la révélation d'une si triste nouvelle, lui dit que tout va bien ; Monseigneur se tranquillise dans l'attente d'un heureux dénouement. De retour à Naples, le perfide consulteur consomme l'œuvre d'iniquité, obtient l'approbation royale pour la prétendue règle ; et, par une lettre captieuse, entretient le saint vieillard dans son illusion.

Le 27 février 1780, troisième dimanche de carême, la règle mutilée parvint à Nocera, accompagnée d'une lettre officielle du grand aumônier. Le soir même, les pères firent si bien auprès du père Villani, qu'ils eurent le règlement entre les mains. Personne n'alla se coucher, mais on se partagea les feuilles pour en prendre copie. Il ne faisait pas encore jour, qu'on vînt réveiller Alphonse pour lui annoncer la brèche faite à la règle, et lui demander justice. À cette nouvelle, le vieillard demande les pages fatales, les parcourt de ses yeux affaiblis ; et, la douleur dans l'âme, s'écrie : « Cela ne se peut, cela ne se peut ! » puis, se tournant vers le père Villani : « Don André, lui dit-il, je ne m'attendais pas à cette déception de votre part » ; et, s'adressant à la communauté : « Je mériterais, dit-il, d'être traîné à la queue d'un cheval ! Je devais tout lire moi-même, en qualité de supérieur. » Jetant ensuite sur le crucifix ses yeux baignés de larmes, il s'écria : « Mon Jésus, pardonnez-moi !... Vous savez, ajoutât-il, en s'adressant à la communauté, combien il m'en coûte pour lire une ligne. » Puis, donnant cours à ses larmes : « J'ai été trompé », dit-il en sanglotant ; et il se tut. Il passa toute la matinée dans un profond silence et dans un tel accablement, que la douleur semblait l'avoir anéanti ; c'est à peine s'il consentit à prendre quelque nourriture qu'il arrosa de ses larmes. « Ah ! Seigneur ! répétait-il, ne châtiez point les innocents ; mais punissez le coupable qui a gâté votre œuvre. » Enfin, le cœur percé par ces cruelles angoisses, Alphonse ne dormit plus, et bientôt sa vie fut en danger.

Le père Majone, voyant l'opposition qu'on lui faisait, se para d'un faux zèle ; feignant d'avoir pitié d'Alphonse, il représenta au grand aumônier le pauvre vieillard comme succombant d'affliction au milieu de ses enfants rebelles. Alphonse lui écrivit à Naples, le 20 mars 1780, sans lui parler de son infidélité : « C'est en tenant embrassés les pieds de Jésus-Christ, lui dit-il, que je vous écris cette lettre ; je vous prie de faire la même chose de votre côté, dans ces jours où Jésus-Christ a donné sa vie pour notre amour. Mon cher Don Ange, oublions tout le passé, et mettons sous les pieds tout ce qui a été fait. Je vous prie de vous retirer dans votre maison de Ciorani ; et si cette maison ne vous plaît pas, choisissez celle que vous voulez. Soyez sûr que pour moi, je vous aimerai comme auparavant, et plus qu'auparavant ; je suis prêt à vous en donner des preuves. Vous resterez consulteur général, comme ci-devant, et vous donnerez votre avis dans toutes les affaires importantes de la congrégation. Pour votre honneur, abandonnez-le entre mes mains, je ne cesserai de le défendre dans la congrégation et auprès des étrangers. Tranquillisons-nous donc, je vous en prie par les plaies de Jésus-Christ ; je n'ai rien d'autre à dire. Prenez conseil du très Saint-Sacrement, et ensuite donnez-moi une réponse, quand il vous plaira. Je vous bénis et prie Jésus-Christ de vous remplir de son saint amour, et de vous attirer tout à lui comme il le désire. »

Le même jour, il écrivit au père Corrado : « J'ai cru devoir agir en toute douceur avec le père Majone, parce que c'est ainsi que le veut et me l'inspire Jésus-Christ. Je lui ai écrit une lettre toute bienveillante, en le priant, pour l'amour de Jésus-Christ, d'oublier tout le passé. Je continuerai d'agir ainsi à son égard, jusqu'à ce que le Seigneur nous ait rendu la paix. Je l'ai prié de se retirer à Ciorani ou dans telle autre maison qu'il lui plaira : j'espère que par ce moyen, qui certainement plaît à Jésus-Christ, j'obtiendrai la paix et tout le reste. Il faut avoir patience et nous recommander à Jésus-Christ et à la Vierge Marie qui est la Reine de la paix. » Bien loin de se rendre à des procédés si pleins d'amour, le père Majone s'enflamma toujours plus contre la congrégation et contre Alphonse lui-même. Voyant ses desseins traversés, il était résolu d'adresser une supplique au roi, pour contraindre les sujets d'embrasser le nouveau règlement, sous peine d'être chassés de la congrégation.

Les sujets, se voyant sommés, par les lettres réitérées du grand aumônier, de suivre une règle dont ils n'avaient pas promis l'observance, réclamèrent tous contre les consulteurs et contre Alphonse lui-même, qui avait tenu la chose secrète. Le mécontentement alla si loin qu'on perdit pour Monseigneur cette vénération qu'on lui avait toujours témoignée. Le pauvre vieillard, ne sachant sur quel point se diriger au milieu d'une mer si orageuse, ne faisait que gémir en silence aux pieds du crucifix. N'ayant aucune autre espérance que la protection du grand aumônier, il lui écrivit encore une longue lettre, pour lui faire mieux connaître la situation critique où il se trouvait. Il lui dit, entre autres choses, que, si la règle était changée, il regardait la congrégation comme détruite, et que s'il ne daignait pas se prêter à y porter remède, lui-même était en danger d'en perdre la vie.

Dès le 25 janvier de cette année 1780, Alphonse avait prévu cette tourmente. Se réveillant d'une profonde méditation, il dit aux pères, et écrivit le même jour au père Majone à Bénévent : « Je prévois que, cette année, le démon fera tous ses efforts pour nous renverser. Que votre Révérence fasse donc réciter en commun tous les soirs les courtes prières marquées sur le papier ci-inclus, depuis le mois de février jusqu'à la fin de mai. »

3

LES ÉPREUVES REDOUBLENT ; LA CALOMNIE FAIT TOMBER ALPHONSE DANS LA DISGRÂCE DU SOUVERAIN PONTIFE ; IL EST DÉCHU DE SON TITRE DE SUPÉRIEUR ; SOUMISSION HÉROÏQUE AU PAPE ET AU NOUVEAU SUPÉRIEUR ; HORRIBLES TENTATIONS ET VICTOIRE.

Il advint à Alphonse ce qui arrive parfois au pilote aux prises avec la tempête, qui, pour se sauver d'un écueil, se jette dans un autre. Pour rétablir l'ordre et la paix dans la congrégation ; sans encourir la disgrâce du Pape ni celle du roi, il suspendit l'exécution du règlement. Après avoir recommandé l'affaire à Dieu, et imploré pendant plusieurs jours la protection de la très Sainte Vierge, il décida que dès le retour des missionnaires, on tiendrait une assemblée générale composée de deux sujets de chaque maison, et que, d'un commun accord, après avoir examiné les choses, on présenterait au roi le résultat des délibérations. Il fit consulter à cet effet plusieurs personnages de Naples ; tous lui assurèrent que ces mesures auraient la plus heureuse issue.

Lorsque le grand aumônier fut persuadé du mécontentement général, il se montra porté à favoriser Alphonse, qui s'empressa d'en faire part à toutes les maisons, en recommandant la paix. Il leur fit ensuite savoir qu'une réunion était fixée au 1er mai ; et que deux sujets devaient être élus dans chaque maison, à la majorité des voix, pour composer cette assemblée.

La maison de Frosinone comptait alors parmi ses membres un caractère remuant et inquiet, partout à charge à la communauté, et sans cesse transféré d'un lieu à un autre. Ces changements ne lui plaisant point, il s'irrita contre le saint fondateur, et profita des circonstances, pour désaffectionner les maisons des États pontificaux, et les rendre indépendantes. Des démarches furent faites, le 3 février, pour obtenir qu'un conseil fut tenu à Rome ; Alphonse y fut dénoncé comme complice de la nouveauté et déchu de sa dignité de supérieur ; on décida que le Pape en serait informé, et qu'on le supplierait de convoquer un chapitre général des maisons de ses États, pour prononcer leur démembrement de celles du royaume, et leur donner la faculté de se choisir un chef. D'autre part, Alphonse n'ayant pu présider l'assemblée qu'il avait convoquée, on y prit les décisions les plus arbitraires, tant au mépris qu'en faveur de la règle. Au milieu de cette confusion, le turbulent procureur de Frosinone ne perdit pas de vue son dessein criminel ; voulant se soustraire à l'autorité d'Alphonse, il fit tous ses efforts pour consommer la scission entre les maisons du royaume et celles des États. Ne pouvant réussir dans ses injustes prétentions, il se retira de Nocera avec ses partisans, l'esprit rempli de méchantes pensées ; et la réunion, qui devait procurer la paix, fut pour la congrégation une occasion de haines et de discordes.

Pendant les douze jours que dura cette lutte, Alphonse fut comme le point de mire ; sa neutralité à l'égard des partis le fit regarder comme la cause de tout le mal. Les uns lui reprochaient d'avoir gardé le secret avec les consulteurs, les autres, de n'avoir pas prêté l'oreille aux réclamations générales ; et, au lieu d'admettre ses raisons, ne considérant que le malheur présent, on oubliait le respect dû à sa personne et on l'accablait de reproches. Un zèle mal réglé ne peut manquer de donner dans les derniers excès : « Vous l'avez fondée, lui disait-on, et vous l'avez détruite. Nous ne savons si Dieu vous pardonnera cette faute. » Il souffrait en silence, attribuant tout à ses péchés ; loin de se plaindre, il répondait par des paroles respectueuses et bienveillantes : quelque amers que fussent ses chagrins, il les recevait comme de la main de Dieu, et s'offrait à boire jusqu'à la dernière goutte ce calice dont la lie n'était pas encore épuisée. Alphonse ne trouva plus dans la congrégation l'esprit de soumission qui régnait auparavant, ni cette paix, cette harmonie qui unissait naguère les maisons du royaume avec celles des États. Dans les maisons même du royaume, on vit naître plusieurs partis : chacun se constituait juge de ce qui s'était fait ; les uns approuvaient, les autres blâmaient la déposition des anciens consulteurs, et faisaient de même à l'égard de toutes les autres décisions de la malheureuse assemblée.

Le turbulent procureur, pour humilier Alphonse et diviser la congrégation, se rendit à Rome, se présenta au Saint Père, et, avec un grand étalage de zèle, lui exposa le dommage qu'avait subi la règle dans le royaume ; puis, par ses protestations de soumission au Saint-Siège, il obtint la protection du Pape pour lui et les maisons des États. Il garda le silence sur la trahison dont Alphonse avait été victime, et le représenta comme peu soucieux d'obéir aux ordonnances pontificales. Le Pape, trompé par ces calomnies, ne pouvait cependant concevoir comment Alphonse, si dévoué au Saint-Siège, et comblé de ses faveurs, avait pu donner dans de pareils écarts, au point d'altérer les sages règlements de Benoît X IV. Le procureur, poursuivant son dessein perfide, se rendit favorables les membres de la sacrée Congrégation, et leur représenta que, si Sa Sainteté ne prenait pas des mesures convenables pour arrêter le cours de ces nouveautés, Mgr de Liguori allait bientôt les introduire dans les maisons de ses États. Ceci acheva d'indigner le Pape. Il fait venir Mgr Carafa, et lui ordonne d'écrire ce qui suit à l'Éminence Banditi de Bénévent. « Le Saint-Père, ayant appris que, dans la congrégation du très Saint-Rédempteur, on a fait et l'on veut faire des changements aux règles et aux constitutions approuvées l'an 1749 par Benoît XIV d'heureuse mémoire, à ordonné d'écrire à Votre Éminence de faire savoir aux membres de la congrégation qui se trouvent dans les deux maisons de votre diocèse, qu'ils doivent absolument observer les règles et constitutions approuvées par Benoît XIV, sans y rien changer. Sa Sainteté veut que Votre Éminence prenne copie des susdites règles et constitutions, et veille à ce qu'on ne leur fasse subir aucune altération ; en cas contraire, Votre Éminence en donnera avis à la sacrée Congrégation, pour qu'elle puisse y remédier par des mesures efficaces. »

Cette disposition du Souverain Pontife, loin de déplaire à Alphonse, lui rendit courage : « Béni soit Dieu ! s'écria-t-il. Par cet ordre du Pape, les sujets des États n'ont plus liberté de faire des changements à la règle ! Mon Jésus, bénissez l'œuvre ; c'est vous qui l'avez faite ! »

Dès que la détermination du souverain Pontife parvint à la connaissance des maisons du royaume, un grand nombre de sujets, fidèles à la règle, passèrent dans les deux maisons de Bénévent et de Saint-Ange. Cette transmigration fut pour Alphonse d'autant plus douloureuse qu'il l'avait moins prévue, et qu'il se voyait abandonné par les jeunes gens, portion chérie de son cœur. Toutefois, sa résignation fut toujours parfaite ; et, baissant la tête, il bénissait la main qui le frappait. Mais, comme un pilote intrépide n'abandonne jamais le gouvernail, Alphonse, sans jamais perdre courage, vit une dernière ressource dans la protection du cardinal Banditi ; il s'empressa d'y recourir : « Mon père et monseigneur, après mille pensées qui me sont venues dans l'esprit, j'ai finalement cru devoir m'adresser à Votre Éminence. Si elle veut sauver la congrégation, il faut qu'elle prenne en main tous ses intérêts, pour agir librement, comme Dieu le lui inspirera ; autrement les désaccords continueront parmi nous, et nous ne viendrons jamais à un bon résultat. Il est nécessaire, je le répète, que vous preniez en main tous nos intérêts, sans tenir compte d'aucun écrit fait par nous, non plus que de l'assemblée et des élections qu'on y a faites. Si même Votre Éminence veut m'ôter la charge de recteur-majeur, qu'elle fasse comme bon lui semble devant Dieu. Tout mon désir est de voir la paix rendue à ma pauvre congrégation ; et je ne vois que Votre Éminence qui puisse y parvenir. Ne prêtez l'oreille à personne, et écrivez au Saint-Père ce qui vous paraîtra le plus expédient pour ressusciter ce cadavre. Je prie la très Sainte Vierge Marie de vous aider à triompher de tous les obstacles. J'ai ordonné à tous d'obéir aveuglément à votre Éminence. » L'insubordination des sujets fit encore échouer ce sage expédient, et personne ne voulut soumettre son jugement à celui du cardinal.

Tandis qu'Alphonse, au milieu d'un océan de douleurs, mettait tout en œuvre pour rétablir la règle dans le royaume ; à Rome, on le faisait passer pour infidèle et prévaricateur. Lorsqu'il apprit confusément que le Pape prenait des dispositions au sujet des maisons des États, il appela aussitôt, pour s'en informer, les Pères les plus anciens de Bénévent et de Saint-Ange ; mais on lui répondit qu'on n'était pas tenu de lui obéir, puisqu'il n'était plus supérieur légitime. Ces paroles furent pour Alphonse un glaive qui lui perça le cœur. Les combats intérieurs qu'elles lui firent éprouver mirent deux fois sanie en danger. C'était au commencement d'août 1780. Son âme, inséparablement unie à la volonté de Dieu, attendait la mort avec calme ; mais le Seigneur pour couronner plus glorieusement son serviteur lui préparait de plus rudes épreuves. Il reçut de Rome l'ordre de remettre à la sacrée congrégation les actes de la dernière assemblée et un compte exact des faits. Mais la cour de Naples défendait alors avec la dernière rigueur d'entrer en relation sur aucune affaire avec la cour de Rome. Alphonse ne sachant à quoi se résoudre, pour obéir au Pape et ne pas manquer envers le souverain, répondit, dans son embarras et sur le conseil qui lui en fut donné, qu'il enverrait en novembre prochain deux de ses Pères à Rome pour donner de vive voix tous les renseignements désirés. Il écrivit dans l'intervalle plusieurs lettres touchantes et bien humbles, et croyait regagner bientôt la faveur du Saint-Siège ; mais Dieu ne permit pas que le Pape découvrît sitôt son innocence. Le procureur ne manqua pas de faire passer le délai pour une supercherie dans l'intention de gagner du temps et d'éluder les ordres du Saint-Siège. Multipliant les suppliques et les perfides insinuations, il exagéra de tout son pouvoir le prétendu délit d'Alphonse, et surtout le tort que l'absence d'un chef occasionnait aux maisons des États, redoubla d'instances pour qu'un supérieur leur fût donné. Le centre d'où partaient toutes les clameurs était la maison de Frosinone, cette maison pour laquelle Alphonse, quelques mois auparavant, avait vendu ses quatre couverts, voulait vendre sa voiture et se priver du nécessaire. Le procureur fut écouté ; et, à la faveur de la mésintelligence qui régnait alors entre les deux cours de Naples et de Rome, il parvint à noircir Alphonse encore davantage. Pie VI, mal informé, ne voyant à Rome aucun sujet de la congrégation pour justifier la conduite de l'accusé, déclara que les maisons du royaume ne faisaient plus partie de la congrégation. Il dépouilla Alphonse de son autorité, et nomma le père François de Paule président des maisons de ses États. Ô profondeur des jugements de Dieu ! Qui jamais aurait imaginé qu'Alphonse serait regardé comme peu soumis au Saint-Siège, et, comme tel, déposé, condamné et disgracié du souverain Pontife ? Ce coup fatal fut porté le 22 septembre 1780. Le procureur ne s'en tint pas là ; il publia partout son odieux triomphe et envoya des lettres à tous ses amis du royaume, ne négligeant aucun moyen pour augmenter la honte d'Alphonse. Poursuivant ses manœuvres, il obtint de la pénitencerie un rescrit portant que la congrégation était abolie dans le royaume de Naples, et qu'on n'admettrait plus aucune supplique adressée par les missionnaires du très Saint Rédempteur hors des États romains. Il fit circuler dans les autres congrégations de cardinaux un écrit tendant à obtenir une semblable déclaration. Ces démarches hypocrites étaient prises pour autant d'effets de son zèle. Plusieurs prélats, trompés par l'apparence, disaient dans leur admiration : « Voyez avec quelle ardeur ce bon Père soutient l'honneur de Dieu et les droits du Saint-Siège ! »

Au moment où Alphonse se préparait à communier et à entendre la messe, le Père Villani lui fit part de la décision prise contre lui : Ce coup fatal l'interdit tout d'abord ; mais bientôt, adorant la volonté divine dans celle du souverain Pontife, il dit en s'inclinant profondément : « Dieu seul ! Dieu seul ! Il suffit que sa grâce ne me manque pas ! Le Pape le veut ainsi, que Dieu soit loué ! » Il n'en dit pas davantage, continua paisiblement sa préparation, entendit la messe, et s'y fortifia du pain eucharistique. Après son action de grâces, il sortit en voiture, selon sa coutume. Le démon vint assaillir d'une horrible tentation ; il lui représenta la ruine de la congrégation comme son ouvrage et la punition de ses péchés ; il voulut lui persuader que Dieu l'avait abandonné et qu'il n'y avait plus pour lui d'espoir de salut. Dans ce conflit cruel, il s'humilie et se confond, repousse la tentation, et tâche de dilater son cœur par la confiance ; mais son humilité lui semble fausse, et son espérance présomptueuse. Malgré tous ses efforts, il ne voit de ressource que dans le désespoir ; il hâte son retour à la maison ; il n'est pas plutôt sur le seuil de la porte qu'il se met à crier d'une voix déchirante : « Secourez-moi ! Le démon veut me désespérer ! Secourez-moi. Je ne veux point offenser Dieu ! » À ces cris, les Pères Villani et Mazzini s'empressent d'accourir ; et Alphonse de répéter : « Secourez-moi ! le démon me tente de désespoir ! » Bientôt toute la communauté entoure le saint vieillard, qui dit en s'adressant à tous : « Mes péchés sont cause que Dieu abandonne la congrégation ! Aidez-moi, car je ne veux pas offenser Dieu ! Le démon veut me désespérer ! » Les Pères Villani et Mazzini parvinrent à le calmer en lui découvrant le piège du démon, et lui assurant que Dieu n'abandonnerait pas son œuvre. Il reprit courage, mais son corps affaibli demeura dans le plus grand accablement. Lorsque la tentation fut dissipée, il répétait en se tournant vers le crucifix et l'image de Marie : « Ma mère, je vous remercie, vous m'avez secouru ! Secourez-moi, ma bonne mère ! Mon Jésus, mon espérance, je ne serai jamais confondu ! »

Le soir, il avait recouvré toute sa sérénité. « Le démon, dit-il, m'a tenté de désespoir ; mais la Vierge m'a aidé, et, par la grâce de Dieu, je n'ai fait aucun acte de défiance. » Cette même tentation revint de temps en temps : « Le démon ne me quitte pas, dit-il un jour au Père Villani ; mais je ne veux pas déplaire à Dieu. Jésus-Christ et la Vierge viendront à mon aide ! »

Il ne laissa jamais échapper la moindre plainte. « Le Pape, disait-il, a jugé ainsi, Dieu soit loué ! La volonté du Pape, c'est la volonté de Dieu. » Le samedi suivant, il voulut, tout malade qu'il était, se rendre à l'église pour exalter, comme de coutume, la très Sainte Vierge. « Priez Jésus-Christ et la Vierge ; dit-il au peuple, pour notre pauvre congrégation, qui se trouve dans de grandes tribulations, Priez-les pour que nous fassions leur sainte volonté et que nous ne leur causions aucun déplaisir. »

La correspondance à la grâce redouble les forces de l'âme fidèle ; les victoires d'Alphonse le préparaient à de plus glorieux triomphes. Non content d'avoir soumis sa volonté à celle du Pape, il voulut encore prêter obéissance au nouveau supérieur, et résolut d'aller mourir en simple sujet dans la maison de Bénévent. Cette détermination héroïque était néanmoins plus admirable que possible ; car ses infirmités s'y opposaient. On eut beau le lui représenter, il persistait dans son dessein. Alors le Père Villani, pour l'y faire renoncer, lui fit observer que, la règle n'ayant pas été abandonnée, la congrégation subsistait toujours dans le royaume. Alphonse lui répartit : « Quelque soit l'état des choses, le Pape ne reconnaît plus ces maisons comme faisant partie de l'Institut. » Un seul motif le fit renoncer à son projet, ce fut le bruit que causerait à Naples une démarche de ce genre dans un temps où le roi était en mésintelligence avec Rome. Mais si lu crainte de faire déplaisir au Pape suffit pour l'arrêter, il s'empressa d'écrire au nouveau président pour lui protester de son entière obéissance et de sa disposition à se rendre dans celle des maisons qu'il lui plairait de désigner. Enfin il recouvra sa tranquillité quand le Père de Paule lui eut commandé de rester à Nocera, avec l'assurance qu'il faisait toujours partie de la congrégation. C'est ici le lieu de se rappeler la prophétie qu'il avait faite par deux fois, c'est-à-dire en 1776 et 1774, concernant cette déposition que l'événement seul pouvait rendre croyable.

Les mesures du Pape furent comme un coup de foudre qui frappa les maisons du royaume : toute la congrégation se concentra dans les États de l'Église. Ceux qui avaient le plus de respect pour Alphonse vinrent lui demander conseil, et ne reçurent que cette réponse : « Obéissez au Pape. »

Insensible à sa propre humiliation, Alphonse ne pensait qu'à la désolation de ses enfants divisés ; mais ce qui l'affligeait le plus, c'était le déplaisir que cette scission causait au souverain Pontife, et la pensée si cruelle pour lui-même d'être tombé dans sa disgrâce. « Le Pape est irrité contre nous, écrivait-il au Père-président, le 8 octobre ; s'il savait que nous avions été en danger de tout perdre, certainement il ne me condamnerait pas. J'espère lui faire tout connaître en son temps, et recouvrer ses bonnes grâces ; car je n'ai jamais oublié l'affection qu'il m'a toujours montrée à moi, misérable ; et j'espère vivre et mourir en serviteur très fidèle de sa personne et de la sainte Église ! »

Alphonse n'oubliait pas les missions ; comme un vaillant capitaine, après une grande défaite, rallie ses soldats et fait tête à l'ennemi, il rassembla le peu de sujets qui lui restaient et les mit en campagne. Tandis qu'il montrait ainsi sa courageuse sollicitude pour l'œuvre des missions, les affaires de la congrégation, grâce aux calomnies du procureur, empiraient chaque jour davantage. Au milieu de ces humiliations, il ne trouvait de consolation qu'à méditer la passion de Jésus-Christ et les vérités éternelles, à lire et relire la vie du bienheureux Joseph Calasanz, dont la vieillesse avait été en proie à une cruelle persécution. Hormis le temps qu'il employait à parler de choses nécessaires, il gardait un silence continuel et se tenait étroitement uni à Dieu.

4

LE SOUVERAIN PONTIFE PORTE UN GRAND COUP À LA CONGRÉGATION ET AU CŒUR D'ALPHONSE ; LE SAINT VIEILLARD S'ÉLÈVE AU DEGRÉ LE PLUS SUBLIME DE L'ABNÉGATION.

Un rayon d'espérance vint cependant ranimer Alphonse et ceux qui lui avaient gardé fidélité. Le roi, satisfait des services rendus aux populations par la congrégation, avait promis de la récompenser. Alphonse lui demanda qu'il fût légalement permis à chaque religieux, de faire le serment de vie commune, de pauvreté et de persévérance dans l'Institut ; et enfin aux communautés, de demander quelques secours à leurs bienfaiteurs dans le temps des récoltes. La demande fut bien présentée et bien appuyée ; et le président de Paule lui était favorable.

Tout en prenant les moyens humains, Alphonse mettait toute son espérance dans la prière. Il ordonna que dans chaque maison on exposerait, tous les soirs, pendant neuf jours, le très Saint-Sacrement à l'adoration de la communauté, et qu'on réciterait diverses prières qu'il détermina. Tous se revêtirent de l'esprit de pénitence ; on célébra beaucoup de messes à cette intention, et l'on fit d'abondantes aumônes.

« Faisons tout ce que nous pourrons pour avoir la réunion, écrit Alphonse au père de Paule. Si Dieu veut que nous soyons séparés, je ne puis que dire : « Fiat voluntas tua. » J'ai déjà le pied dans la tombe ; si, après ma mort, il y a deux recteurs-majeurs, la congrégation se dissipera. Parlons clairement : supposé que nous ne parvenions pas à nous réunir, le pays où nous pourrons gagner le plus d'âmes ne sera pas Rome, mais le royaume de Naples, où nos missions sont si nécessaires et si désirées. Si nous restons divisés, la congrégation ne pourra plus faire le même bien. Du reste, l'unique prière que je fais maintenant à Dieu, c'est que son bon plaisir s'accomplisse. »

Le roi accorda tout ce qu'on avait demandé. Cette nouvelle combla de joie Alphonse et toutes les maisons ; mais le séditieux procureur était plus envenimé que jamais.

Le souverain Pontife devait aller après Pâques aux Marais-Pontins ; Alphonse pria l'Éminence Banditi de se rendre en personne, près de Sa Sainteté pour l'informer de l'état des choses. Il fit la même prière à Mgr. Bergame, évêque de Gaëte, qui était bien vu du Pape. Pie VI alla donc à Terracine, mais l'esprit préoccupé contre Alphonse et ses maisons. Mgr Bergame lui dit tout ce qui pouvait dissiper ses préventions contre l'innocent vieillard, exalta le bien que la congrégation faisait dans les provinces de Naples, où elle était presque seule pour se livrer aux travaux apostoliques. « Qu'ils exposent donc avec vérité tout ce qui s'est fait, dit le Pape, car ce n'est pas bien de changer la règle d'une congrégation religieuse sans l'autorisation du Saint-Siège. » Mgr Bergame, insistait sur l'attachement que Monseigneur n'avait jamais cessé de témoigner au Saint-Siège. « Je sais, répondit le Pape, que c'est un saint, et qu'il a toujours été attaché au Saint-Siège ; mais dans cette occasion, il n'a pas tenu la même conduite. »Enfin le cardinal représenta l'état où il était réduit et l'infidélité des deux consulteurs ; mais le Pape se borna à répondre : « Qu'il envoie à Rome quelqu'un pour m'instruire. » Mgr Bergame le pria alors d'accorder sa bénédiction à Alphonse Oui, reprit le Pape, de tout mon cœur je le bénis, et je bénis aussi tous les membres de sa congrégation. » Mais l'astucieux procureur de Frosinone détruisit bientôt la plus chère espérance du saint vieillard, l'espérance de regagner les bonnes grâces du souverain Pontife. Dans l'audience de la sacrée Congrégation, il jeta sur la sainte victime l'ironie, la calomnie et la défaveur. Le Pape, abusé et indigné déclara qu'il n'admettrait plus de prières de la part d'Alphonse. L'œuvre des missions était comme anéantie dans le royaume de Naples par ce dernier coup. Alphonse apprenant la décision, s'écria avec tout le calme de la résignation parfaite : « Depuis six mois je ne demandais que l'accomplissement de sa volonté ! Seigneur, je veux ce que vous voulez ! » Ainsi, il offrit à Dieu en parfait holocauste cette œuvre qu'il avait soutenue pendant quarante ans, parmi tant de contrariétés, et pour laquelle il avait sacrifié son repos et sa réputation.

Les jugements de Dieu sont toujours adorables. Alphonse, qui s'était constamment montré soumis et respectueux envers le Chef de l'Église, en fut néanmoins regardé d'un œil sévère et traité avec rigueur. Ainsi, Jésus-Christ, le plus beau des enfants des hommes avait senti la colère du Seigneur, qui le voyait recouvert de nos iniquités. Ce n'est pas à dire qu'après sa mort, Alphonse ait continué d'être regardé comme coupable par le souverain Pontife. Lorsqu'on procéda à l'examen de ses vertus dans la congrégation des rites, avec cette scrupuleuse exactitude que l'on sait, les calomnies furent découvertes et l'innocence mise au grand jour. Le saint Père, désabusé, pleura d'avoir contristé un saint, et déclara, le 29 avril 1796, par un décret solennel, qu'Alphonse avait toujours été très soumis envers le Saint-Siège.

Le Pape, en accablant l'œuvre d'Alphonse dans le royaume de Naples, fondait de nouvelles maisons dans ses États. Le saint vieillard écrivit à ce sujet les lettres les plus généreuses au Père de Paule, avec le respect dû au recteur-majeur ; il le félicita de cet agrandissement, lui recommanda le sermon sur la Sainte Vierge, pour chaque samedi, et dans les missions, ainsi que l'instruction sur le grand moyen de la prière. Mais la pensée que les maisons du royaume de Naples étaient privées des grâces du Saint-Siège, lui affligeait le cœur. Réduit à l'extrémité par un vomissement de sang, il disait dans un accès de fièvre :

« Comment, nous ne sommes plus de la congrégation ! » Une autre fois : « Si nous observons la règle, pourquoi ne serions-nous plus de la congrégation. » Un autre jour : « On croit que nous n'observons pas la règle de Benoît XIV, voilà pourquoi nous sommes maintenant rejetés ; Dieu le veut ainsi, patience !... » Comme on avait compassion de son état, ou lui disait, pour le calmer que lui et les siens étaient de vrais Rédemptoristes ; alors il se taisait et se tenait en paix. Dans ses crises de fièvre et de délire, il ne sortit jamais de sa bouche une parole qui indiquât le plus léger mécontentement contre le Pape ou toute autre personne.

Toujours plus grand que son malheur, il ne cessa jamais d'espérer des jours plus heureux pour la congrégation. On voulait, un jour, lui persuader qu'elle ne se rétablirait plus comme auparavant : « Je vous assure, répondit-il, que Dieu a voulu et veut que la congrégation subsiste dans le royaume ; c'est pour le royaume que je l'ai fondée, et c'est pour cela que Dieu m'a donné la vocation. »

À ses frères abattus, il inspirait sans cesse du courage, par la certitude que le Pape rendrait un jour ses faveurs. « Ne perdons pas courage, disait-il, Lazare a bien pu ressusciter le quatrième jour ; soyons fidèles envers Dieu qui peut tout ; prions et résignons-nous. »

5

CALME INALTÉRABLE DE SAINT ALPHONSE DANS CETTE TRIBULATION SUPRÊME ; MALHEURS ET FIN MISÉRABLE DE SON PERSÉCUTEUR.

Les évêques partagèrent l'affliction du saint fondateur, en se voyant frustrés d'une congrégation d'ouvriers qui prenaient tant de part à leur sollicitude ; la plupart se mirent en devoir de représenter au Saint-Père, ou aux grands personnages de Rome, l'innocence d'Alphonse et les tristes conséquences qui résulteraient pour leurs diocèses, si Pie VI, par sa clémence, ne rendait pas ses bonnes grâces aux maisons du royaume de Naples.

Il y avait plus de deux ans qu'Alphonse déplorait sa disgrâce, et n'osait pour ainsi dire, lever les yeux au ciel, ni s'adresser au Saint-Père, surtout depuis qu'il se voyait abandonné de tant de cardinaux qui avaient eu pour lui jusqu'alors une si grande vénération. Le pauvre vieillard souffrait principalement de voir l'œuvre des missions paralysée par la perte des grâces du Saint-Siège. Fort de son innocence et se confiant dans la clémence du Pape, il lui adressa une supplique au mois de mars 1780.

Le Saint-Père ne crut pas devoir encore reconnaître la Congrégation du royaume, comme formant un corps ecclésiastique ; il rendit cependant une partie de ses grâces à Alphonse et à tous les siens, autant qu'il en fallait pour continuer l'œuvre des missions. Il accorda donc à tous les membres présents et futurs de la congrégation toutes les indulgences et les faveurs spirituelles dont jouissaient dans ses États, les missionnaires du Très-Saint Rédempteur en temps de mission et en tout autre exercice de leur ministère.

Dans le même temps, Alphonse eut la consolation de se voir disculpé dans la chambre royale et justifié devant le roi de toutes les accusations criminelles dont un autre ennemi l'avait accablé. Cette faveur du roi qui coïncidait si bien avec celle du Pape remplit son cœur d'une joie indicible, et releva le courage de ses enfants désolés. Il voulut que dans toutes les maisons, on rendît à Dieu et à la Sainte Vierge des actions de grâces signalées pour ce qu'il appelait un grand miracle, miracle sans doute, mais qui fut le fruit des prières et des pénitences du serviteur de Dieu et de sa confiance illimitée en la protection de Marie.

S'il est vrai que la bouche parle de l'abondance du cœur, les paroles d'Alphonse, au milieu de ses plus grandes tribulations, sont une preuve irrécusable de sa parfaite union à la volonté divine. Le Père de Paule, ne manqua pas, lorsqu'il fut nommé président, de lui représenter qu'il s'était vu contraint, par le commandement du Pape, à lui faire ce grand déplaisir. Lorsque Alphonse entendit parler de déplaisir pour une chose ordonnée par le Pape, dont il révérait les moindres volontés, il répondit : « Par la grâce de Dieu, je n'ai pas perdu le jugement, et je me réjouis de ce que Votre Révérence soit nommée Supérieur ; tout va bien, et vous devez tout accepter, puisque c'est la volonté du Pape. » Il fut si indifférent à sa déposition qu'un Père de l'Oratoire étant venu le consoler de la division qui venait d'avoir lieu, et lui ayant témoigné son grand déplaisir au sujet de l'élection du président, Alphonse n'ouvrit la bouche que pour lui dire : « Qu'on m'ait enlevé ma dignité de recteur-majeur, cela me touche peu ; il me suffit qu'on ne m'ait point enlevé Jésus, mon sauveur, et Marie, ma mère ! »

Comme le père procureur, avec ceux de son parti, persistait dans la désunion : « J'ai la confiance, dit Alphonse au père Villani, et je prédis qu'un jour ceux-là mêmes qui s'opposent à la réunion demanderont à être admis parmi nous ; mais il faut que la volonté de Dieu se fasse. » En effet, lorsque les choses furent pacifiées, il y en eut un grand nombre qui, détestant leur conduite antérieure, adressèrent des supplices réitérées pour rentrer dans le royaume. Ils trouvèrent tant d'imitateurs que le président, voyant que ses maisons se dépeuplaient, demanda au Pape si, en conscience, il pouvait permettre ces transmigrations ; et il en reçut une réponse négative. Ce dernier oracle fut comme la lie du calice qu'Alphonse dut avaler. « Si le Pape le juge ainsi, dit-il, moi aussi, je le veux !

Sainte volonté de Dieu qui me rendez doux tout ce qui est amer ! Volonté du Pape, volonté de Dieu ! » Dans une foule d'autres occasions, il fut aussi admirable de résignation, d'humilité, et de conformité à la volonté de Dieu.

L'humiliation d'Alphonse et de ses maisons n'avait pas assouvi la haine du procureur. Les bons procédés d'Alphonse à son égard ne purent amollir son cœur. Plein de vanité au sujet des nouvelles maisons fondées par le Pape, il disait. « Il est vrai que Mgr de Liguori a fondé la congrégation ; mais il l'a détruite lui-même. Moi, je puis me dire fondateur ; car, si la congrégation subsiste, c'est à moi, et non à Mgr de Liguori qu'on en a toute l'obligation. Je l'ai soutenue et la soutiens encore. » Nous abrégeons les détails révoltants par lesquels ce persécuteur cherchait à jeter son fiel sur le saint vieillard. Il ne put un instant le troubler ; il lui fournit seulement des occasions de montrer les trésors de sa charité, de sa mansuétude et de son humilité. Il ne changea point tant que vécut le serviteur de Dieu. Sa rage le poursuivit même au-delà du tombeau. Lors même que Dieu glorifiait par des miracles la sainteté d'Alphonse, l'implacable persécuteur voulut empêcher sa canonisation ; mais ses odieuses démarches excitèrent l'indignation. Pie VI reconnut, mais trop tard, l'hypocrisie de cet imposteur, on lui interdit d'approcher désormais du Vatican et de mettre le pied dans la Congrégation des évêques et réguliers. Alphonse avait prédit, en voyant cet impie prospérer, qu'il aurait un jour à subir un grand châtiment. L'an 1801, ce misérable tombait malade ; dans son délire, il se prétendait bien portant. Quand on lui proposa le viatique, il répondit que ce n'était pas nécessaire ; mais on eut à peine le temps de lui administrer l'extrême onction. Bientôt, les angoisses de la mort le saisirent ; et, en proie à toutes les agitations de désespoir, il expira en frappant violemment de sa main contre le lit, sans proférer aucune parole qui pût rassurer à l'égard de son sort éternel.

6

DERNIERS EFFORTS DE ZÈLE DANS L'EXTRÊME CADUCITÉ ; OUBLI DE SOI-MÊME ; HÉROÏQUE FIDÉLITÉ À TOUS LES EXERCICES DANS LES PLUS GRANDES SOUFFRANCES ; ACCIDENTS MORTELS ; PRIVATION DÉFINITIVE DE CÉLÉBRER LES SAINTS MYSTÈRES.

Quelque temps avant la catastrophe de 1780, Alphonse, réduit à une extrême faiblesse, paraissait toucher à ses derniers moments ; mais après le coup funeste qui le sépara de la plupart de ses enfants, sa vie ne fut qu'une mort prolongée. Jusque-là, il n'avait cessé de prêcher, tous les samedis, les vertus de Marie. On accourait en foule pour l'entendre et pour recueillir, comme on disait, les dernières perles précieuses de la bouche du saint évêque. Mais l'ordre des médecins et son directeur mirent un terme à l'exercice de ce zèle qui abrégeait ses jours.

La charité se perfectionne au milieu des souffrances. Alphonse avait toujours été un modèle par son zèle pour le salut des âmes ; mais sa sollicitude parut redoubler à mesure que les maux augmentèrent. Au mois d'octobre, lorsque les missionnaires partaient pour les missions, il s'y intéressait on ne peut davantage. Il voulait savoir les lieux où ils allaient, quels évêques les avaient demandés ; il les animait à faire le bien et à prendre à cœur la gloire de Dieu et le salut des pécheurs. Lorsqu'ils étaient de retour, il les recevait à bras ouverts, trouvait ses délices dans le récit des conversions extraordinaires, et gémissait de se voir un misérable, inutile à la congrégation. Naguère encore, il se traînait au chevet des moribonds impénitents, et leur prodiguait les soins les plus affectueux ; quelle était sa joie, quand il pouvait les gagner à Jésus-Christ !

Aujourd'hui, il offre pour eux ses prières et ses peines, et s'unit à la passion du saint Rédempteur.

Il s'intéressait à l'état général de l'Église, et s'informait des affaires religieuses dans tous les royaumes catholiques, et de l'intelligence qui régnait entre les souverains et le Pape. S'il apprenait sous ce rapport quelque mauvaise nouvelle : « Prions Dieu, disait-il, pour qu'il établisse l'harmonie et la concorde entre Rome et les puissances catholiques. Pauvre Pape, s'écriait-il avec émotion, qu'il est affligé et contrasté par ses enfants. »

Jusqu'aux dernières années de sa vie, il exprima son indignation contre le faux zèle des jansénistes qui repoussent les pécheurs. « Jésus-Christ, disait-il, les reçut toujours avec bonté ; ne les rebutez donc point par de trop longs délais ; ce n'est pas le moyen de les aider, mais de les perdre. Quand le pécheur connaît son état et le déteste, il ne faut pas l'abandonner à sa faiblesse ; il faut l'aider ; et le plus grand secours est celui des Sacrements. Ils suppléent ce que nous ne pouvons par nous-mêmes. Différer l'absolution pendant des mois entiers, c'est la doctrine des jansénistes ; ils n'ont pas à cœur d'inspirer aux fidèles de l'amour pour les Sacrements, mais de les leur rendre inutiles. Beaucoup de pécheurs se présentent, et ne sont pas disposés ; mais on leur inspire des sentiments de repentir, en leur montrant la grièveté du péché, l'injure qu'il fait à Dieu, le paradis perdu, l'enfer s'ouvrant sous leurs pieds ; c'est là qu'on voit la charité du confesseur. Il y en a qui voudraient mettre les pécheurs sur le bûcher, tandis qu'il faut leur tendre les bras ! »

Lorsqu'on donnait à la maison les exercices spirituels au peuple, il avait coutume, le dernier jour, de se faire transporter à l'église pour encourager les fidèles à persévérer dans la grâce de Dieu. Une fois, il voulut donner ses avis accoutumés, quoiqu'il eût été saigné le matin. Il s'étendait sur l'amour que nous portent Jésus et Marie et sur l'amour que nous devons leur porter ; il commença ainsi son exorde : « L'amour se paie par l'amour, » et fit un véritable sermon qui ne dura pas moins d'une heure. À la fin, lorsqu'il voulut donner la bénédiction avec le grand crucifix, l'effort ouvrit sa blessure, et le sang coula pendant la cérémonie. Au retour, il ne s'aperçut pas de l'accident, ni ceux qui l'aidaient à marcher ; tout son passage jusqu'à la chambre fut arrosé de sang. Les fidèles s'empressèrent de le recueillir avec un religieux respect. Et même certains esprits forts, revenus à de meilleurs sentiments, imitèrent la foule empressée, et remportèrent chez eux la terre rougie du sang de notre saint.

Bien souvent, à la fin, il ne pouvait plus célébrer les divins mystères. Chaque matin, après avoir entendu la messe dans son oratoire, reçu la communion et fait son action de grâces, il descendait à l'église, aidé d'un serviteur et d'un frère, et se faisait placer à côté du maître-autel. Il y demeurait plusieurs heures, immobile sur une chaise, et entendait plusieurs messes. Dans le courant de la journée, il se faisait reconduire à l'église, et priait pendant plusieurs heures devant le Saint-Sacrement. Il faisait les stations du chemin de la croix tous les jours. Son amour pour la Sainte Vierge s'accroissait avec les années ; il n'omettait aucun hommage en son honneur. On admirait surtout sa constance dans les exercices de la communauté et ses dévotions particulières. Il était exact à l'examen du matin et du soir, à faire la lecture spirituelle et l'oraison de l'après-dîner. La persévérance fut son caractère distinctif. « Je ne veux pas de grandes choses, disait-il souvent ; si peu que ce soit, pourvu que l'on soit constant. »

Sa plus grande peine dans les infirmités était les soins qu'il occasionnait aux autres. S'il appelait quelqu'un pour demander un service, il le faisait en priant et dans les termes les plus humbles. Croyant incommoder la communauté en mangeant dans sa chambre, il voulut aller avec les autres au réfectoire. Cette prétention divertit beaucoup ; il ne cédait cependant point aux raisons qu'on lui apportait pour lui persuader le contraire ; il se rendit, lorsqu'on lui dit que sa lenteur à manger serait gênante pour la communauté.

Jusqu'en 1784, Alphonse était sorti matin et soir en carrosse, les médecins et la communauté ayant à cœur de prolonger sa vie. Le 19 septembre de cette année, il lui arriva, pendant sa promenade, une défaillance d'entrailles qui s'augmenta par les cahots de la voiture, et le plongea tout-à-coup dans la plus fâcheuse position. On dut le descendre de carrosse et recourir à la charité d'une pauvre femme, qui le recueillit dans sa maison. On le plaça sur un lit, et il y demeura comme mort. Les chirurgiens parvinrent à lui remettre les entrailles ; mais on le rapporta dans un état fort alarmant. Les médecins, afin de ranimer un peu ses forces par un mouvement bien réglé, ordonnèrent de le promener dans une chaise à porteurs. Il trouvait mille prétextes pour s'en dispenser ; mais le recteur lui dit que c'était l'ordre du médecin, et il y consentit. Le jour qui suivit cette première promenade, il fit tant de difficultés que le recteur et les pères s'unirent en vain pour le persuader. « Comment, leur dit-il en pleurant, il faut que je sois porté sur les épaules de ces malheureux ! Hier, cette pensée m'a rendu la promenade plus pénible que salutaire. » On lui répondit que ces hommes étaient habitués à de pareilles fatigues, et gagnaient ainsi leur vie ; mais il en témoigna tant de répugnance que les médecins, pour ne pas l'affliger, ordonnèrent une chaise roulante pour le promener dans les corridors.

Cette même année le priva définitivement de sa plus grande consolation : celle de dire la Messe. Depuis longtemps, la célébration des Saints Mystères lui était devenue très pénible, surtout parce qu'il voulait observer exactement les rubriques, et faire les génuflexions jusqu'à terre. Le père Villani, considérant que, plusieurs fois, il avait été sur le point de ne pouvoir achever, lui fit entendre que la volonté de Dieu était qu'il s'abstînt du Saint Sacrifice. Dès qu'il entendit que c'était la volonté de Dieu et celle de son directeur, Alphonse baissa la tête, et le 25 novembre 1784, un jour de vendredi, il célébra la Messe pour la dernière fois.

7

SOLLICITUDE PERSÉVÉRANTE DE SAINT ALPHONSE POUR LE BIEN SPIRITUEL DE SES NEVEUX.

Autant saint Alphonse était indifférent pour le temporel de ses proches, autant il s'intéressait à leur bien spirituel. Ses embarras, ses douleurs et les soins de sa congrégation ne l'empêchèrent jamais de veiller au bonheur de ses neveux. Tandis qu'ils étaient au collège des nobles, il apprit que son frère Hercule avait commencé une négociation de mariage pour l'aîné avec la fille du conseiller Vespoli. Le jeune homme n'avait pas encore treize ans, mais Don Hercule désirait le voir établi avant de mourir. Lorsque Alphonse entendit parler de ce mariage : « Ah ! s'écria-t-il avec l'accent de la douleur, mon petit Joseph va perdre la grâce de Dieu ! » Le père Villani ajoutant que la chose resterait secrète entre Don Hercule et le conseiller : « Il suffira, reprit Alphonse, qu'un des domestiques l'apprenne pour que le petit Joseph le sache aussi bientôt ; les enfants des grands se perdent par le moyen des serviteurs... ! » Don Hercule voulut justifier sa conduite. Alphonse lui répondit le 4 septembre 1779 : « J'ai reçu votre seconde lettre ; mais je ne sais que vous répondre. Le petit Joseph est trop jeune pour songer à se marier ; j'apprends que la fille est aussi fort jeune. C'est une chose très scabreuse de traiter maintenant d'un mariage qui pourra se réaliser dans six ou sept ans, pour le moins. Je suis vieux ; et aujourd'hui ou demain je me verrai dans l'autre monde ; vous aussi, vous êtes avancé en âge. Si Joseph, abandonné à lui-même, est établi à l'âge de quinze ou seize ans, je ne sais quelle allure il prendra. Je vous le répète, ne lui faites rien savoir touchant ce mariage ; mais je crains qu'il ne le sache déjà. Je me réjouis qu'il soit au collège, parce que, s'il était à la maison, un domestique ne manquerait pas de lui parler de ce mariage, et de lui faire perdre la grâce de Dieu, en lui occasionnant de mauvaises pensées. »

Comme les enfants de Don Hercule étaient en âge de distinguer le bien du mal, Alphonse leur écrivit le 4 avril 1780, une longue lettre pleine d'instructions et de sages conseils.

« Mes très chers neveux,

« Je vous attendais ici pour vous donner ma dernière bénédiction et mes derniers conseils ; car c'est un miracle de la bonté du Seigneur s'il me reste quelques jours à vivre pour pleurer mes péchés. Mais que Dieu soit toujours béni ! S'il n'a pas daigné me donner cette consolation, je ne la mérite pas. Je vous bénis de loin ; mais je vous bénis de tout mon cœur, priant le bon Dieu de vous bénir aussi du haut du ciel, et de répandre dans vos tendres cœurs sa crainte et son amour, un amour durable qui vous conduise à l'éternité bienheureuse, où, par la miséricorde de Dieu, j'irai vous attendre. Appliquez-vous à craindre Dieu comme votre maître, mais plus encore à l'aimer comme votre père, nom bien doux, que vous lui donnez tous les jours dans l'Oraison dominicale, en disant : Notre Père ! Oui, il est votre père ; aimez-le donc avec tendresse ! Il est père, mais bon, mais doux, amoureux, tendre, bienfaisant et miséricordieux. À combien d'autres titres ne devez-vous pas aimer ce père avec une affection sincère, avec tendresse et reconnaissance ! Heureux si vous l'aimez avec sincérité de cœur depuis votre enfance ! Le joug du Seigneur ne vous paraîtra pas dur, il vous sera agréable, et vous aimerez sa très sainte loi. Soyez attentifs à vaincre vos passions déréglées et à surmonter les ennemis de votre âme. L'habitude de bien faire se fortifiera de petit à petit ; enfin, vous trouverez facile et suave ce qui est désagréable et difficile à ceux qui sont tombés dans le vice. Aimez Dieu, mes chers petits enfants ! Je vous appelle mes enfants, parce que je vous aime avec toute la tendresse et l'amour d'un père, et parce que je voudrais faire croître en votre âme la sainte charité. Mes enfants, aimez le Seigneur votre Dieu et Notre-Seigneur Jésus-Christ ; mais aimez-les beaucoup, et soyez jaloux de garder cet amour dans votre cœur, par la crainte de le perdre. C'est une grande perte que celle de l'amour de Dieu, de sa grâce et de son amitié. Je vous recommande d'être humbles ; l'humble fuit les périls ; dans les tentations involontaires, il recourt à Dieu avec confiance ; par là, il conserve l'amour divin. La superbe tombe facilement dans le péché et l'offense du Seigneur. Sans humilité, ou vous ne ferez jamais aucun véritable bien, et vous n'aurez jamais une vertu solide, ou vous la perdrez facilement. Dieu résiste aux superbes et fait miséricorde aux humbles. Il les regarde d'un œil compatissant ; car ils sont ses amis. Si vous vous considérez attentivement, vous ne serez pas superbes, parce que vous trouverez en vous des motifs de toujours vous humilier. Vous êtes bien nés, mais c'est un don de Dieu ; vous êtes dans un collège dirigé par des supérieurs pleins de zèle et de sagesse, et qui ne se distinguent pas moins par leurs vertus que par leur naissance ; vous y recevez une bonne éducation sous la conduite de maîtres sages, savants et exemplaires, mais tout cela est encore un bienfait du Seigneur. Vous êtes toujours, comme je l'espère, dans la grâce de Dieu, et c'est encore un pur effet de la bonté divine. En un mot, tout ce que vous avez de bien est un don de la Providence ; mais vous en êtes plus redevables à sa bonté, et vous ne devez pas en tirer vanité. Si vous considérez aussi toutes les fautes que vous commettez, et c'est là véritablement ce qui vous appartient, vous trouverez de quoi vous humilier toujours. Obéissez à vos supérieurs avec humilité amour et reconnaissance ; car, soit qu'ils vous donnent des leçons, qu'ils vous caressent ou vous corrigent, ce sont autant de preuves qu'ils vous donnent de l'affection charitable de leur cœur ; et, quoique les corrections puissent vous déplaire, elles proviennent de l'amour que vous portent ces bons religieux. Obéissez-leur comme à autant de pères, puisque le vôtre vous a confiés à leurs soins et vous les a donnés pour le remplacer. Obéissez-leur, respectez-les, aimez-les, comme vous devez obéir à votre père, le respecter et l'aimer. J'espère que vous le faites pour plaire à Dieu, à votre père et à moi.

« J'ai appris avec peine que vous vous appliquez peu à l'étude. Ô mes enfants ! vous pleureriez, si vous compreniez, combien vous faites mal ! L'ignorance et l'oisiveté sont les sources fécondes des péchés et des vices. Étudiez donc avec soin, avec application, avec efforts, pour connaître Dieu, ses bienfaits et ses récompenses, et pour pouvoir le contempler et l'aimer beaucoup. L'ignorant connaît peu Dieu et ses bienfaits, si toutefois il les tonnait ; il ne connaît pas les obligations et les devoirs qui lui ont été imposés par le Seigneur : c'est pourquoi il fait le mal. Étudiez donc ; et, avant que je meure, donnez-moi la consolation d'apprendre que vous avez profité de mes conseils. Je suis au terme de mes jours, et je ne sais si vous pourrez encore me voir ; que ces dernières exhortations restent donc gravées dans vos tendres cœurs, et qu'elles produisent en vous le fruit que je désire.

« Lisez ma longue lettre, demandez l'explication de ce que vous ne comprendrez pas, et imprimez-la dans votre mémoire, afin que vous puissiez mettre en pratique tout ce que je vous dis. Aimez beaucoup Dieu ; étudiez pour apprendre à le connaître et pour l'aimer toujours davantage. Conservez dans votre cœur ce saint amour et l'humilité ; obéissez avec docilité à vos supérieurs et à votre père. Observez les règles du collège pour faire plaisir à Dieu.

« Soyez dévots envers la très Sainte Vierge Marie ; je vous laisse sous sa garde et sous sa protection ; je vous recommande à elle, avec l'affection la plus ardente, et je vous bénis en Jésus-Christ, Ô afin que vous soyez à lui dans le temps et dans l'éternité, comme je l'espère. À Alphonse remplissait ainsi, comme par avance, la charge de père à l'égard des enfants de son frère, que la mort devrait bientôt leur enlever. Trois mois auparavant, Alphonse avait eu le pressentiment de ce malheur. Don Hercule était robuste et en parfaite santé. Un jour, Monseigneur méditait comme de coutume, sur son fauteuil ; il se tourna vers le père Costanzo, et lui dit : « Hercule me causera cette année de l'affliction. » Après avoir dit ces paroles, il se tut ; on n'y attacha pas d'importance, on crut même que c'était un songe ; mais trois mois plus tard, le 8 septembre 1780, Don Hercule mourut d'une manière aussi violente qu'inattendue.

Alphonse, uni à la volonté de Dieu, reçut la nouvelle avec calme. « Bon Dieu ! » s'écria-t-il ; puis, joignant les mains, il se tut. Lorsqu'il apprit que Don Hercule avait laissé pour tuteur de ses fils l'avocat Gavotti, mais sous sa dépendance et sous celle du conseiller Vespoli, leur parent, il en fut consolé. Gavotti était un homme respectable et très attaché à la famille Liguori. Alphonse lui écrivit aussitôt, moins pour lui recommander les intérêts temporels de ses neveux que leur éducation religieuse. Le père Costanzo, appelé pour écrire la lettre, se ressouvint du présage qu'il lui avait entendu faire : « N'est-il pas vrai, mon père, lui dit-il, c'est là l'affliction que devait bientôt vous causer Don Hercule ! » Mais Monseigneur l'interrompant : « Allons, lui dit-il, écrivez ! » Aussitôt, il lui dicta la lettre.

Cette charge porta bonheur à Gavotti ; il souffrait presque continuellement de si violentes migraines, qu'il pouvait à peine se livrer à ses occupations. « Je suis tout à vous, répondit-il à Monseigneur, et je m'emploierai autant que je pourrai à servir vos neveux ; mais votre Grandeur doit prier Dieu qu'il me délivre du mal de tête qui me tourmente sans cesse. »

« Prenez bien soin de ces petits enfants, lui répondit Alphonse, et soyez sûr que Dieu vous consolera. » Gavotti attesta qu'à la réception de cette lettre, il se sentit à l'instant guéri, entant qu'il vécut, il ne souffrit plus de ce mal. En reconnaissance de ce bienfait, il se fit toujours un devoir de soigner avant tout les intérêts de ses pupilles.

L'avenir de la jeune Thérèse, seule fille de Don Hercule, n'intéressait pas moins le saint vieillard, impatient d'assurer son salut éternel. Elle était alors âgée de seize ans, et pensionnaire au couvent de Sainte-Marcelline. Alphonse la regardait comme un des objets les plus chers à son cœur. « À cet âge de quatre-vingt-cinq ans ; lui écrivit-il, je suis devenu incapable de toute chose par moi-même ; mais, lorsque vous avez quelque besoin, faites-le-moi savoir, et, j'y pourvoirai par d'autres. N'oubliez pas de me recommander à Jésus-Christ, et si quelque personne vous conseille de quitter le couvent pour aller vous jeter dans le précipice, c'est-à-dire, pour vous marier, ne lui prêtez pas l'oreille, parce que certainement vous vous en repentiriez dès le second jour. Pensez à sauver votre âme, ce qui est la seule chose importante et nécessaire. Prenez conseil d'un bon confesseur et de quelque religieuse d'une vie exemplaire. Je vous recommande à Jésus-Christ, afin qu'il vous fasse prendre la voie la plus sûre pour vous sauver ; de votre côté, recommandez-moi aussi à Marie, car ma mort ne doit plus tarder. »

Monseigneur n'avait pas d'autre désir que de voir sa nièce se consacrer à Jésus-Christ, et il ne négligeait rien pour soutenir sa vocation. Il obtint ce qu'il désirait si ardemment. Thérèse déclara bientôt qu'elle voulait embrasser la vie religieuse ; elle déploya même de l'énergie pour obtenir cette consolation. Le conseiller Vespoli, considérant que la jeune personne n'avait que dix-huit ans, ne pouvait se décider à donner son consentement, d'autant plus que son père avait demandé qu'elle ne prît pas le voile avant l'âge de vingt ans. Elle insista ; Gavotti faisait aussi des difficultés, mais Alphonse ne flanqua pas de la seconder. Plusieurs fois il s'efforça de faire comprendre à Vespoli et à Gavotti que ce n'était pas dans sa nièce une simple velléité, mais une volonté réfléchie, d'embrasser l'état religieux. Il leur fit considérer l'instabilité du cœur humain et le péril auquel sa nièce serait exposée, en différant plus longtemps ; ses raisons furent trouvées persuasives, et toute opposition cessa.

Néanmoins, les inquiétudes d'Alphonse ne finirent pas là. Thérèse devait, selon l'usage, sortir du monastère avant d'entrer au noviciat. Au lieu de la confier à ses parents, Monseigneur s'adressa à sa pénitente la duchesse de Bovino, connue par sa rare vertu. « Si nous la mettons dans la maison de ses parents, disait Alphonse, elle courra mille dangers ; ce seront des sociétés, des spectacles et des soirées ; il n'en faudra pas davantage pour lui faire perdre sa vocation. » La duchesse se prêta volontiers à recevoir Thérèse, qui sortit du monastère le 16 février 1781. Alphonse, pendant ce temps, eut soin de lui donner de sages conseils. Le 16 juin, Thérèse rentra dans le monastère, Alphonse insista auprès de Gavotti pour que son entrée au noviciat et sa profession religieuse fussent célébrées avec une modeste magnificence. La première cérémonie fut embellie par le concours de la première noblesse de Naples. Thérèse eût bien désiré la présence d'un oncle vénéré à sa profession. « Votre dernière lettre, lui écrivit Alphonse, m'a fait éprouver une si grande consolation, que je n'ai pu retenir mes larmes : je suis triste de n'avoir pu me rendre à vos désirs. Si Dieu m'avait accordé de pouvoir être témoin de votre sacrifice, je n'aurais certainement fait que verser des larmes ; mais il n'a pas voulu m'accorder cette consolation. Je ne cesse de vous recommander à Jésus-Christ, pour qu'il vous enflamme de son saint amour, et que vous puissiez aller un jour le voir face à face au paradis. Je vous prie de me recommander souvent à Jésus-Christ, pour qu'il m'aide à bien mourir ; car mes péchés m'inspirent une grande crainte sur mon salut éternel. Je vous bénis, et je ne laisserai passer aucun matin sans penser à vous dans la sainte communion, afin que Jésus-Christ vous unisse toute à lui. » Il fallait faire un présent à Thérèse ; Monseigneur n'y manqua pas. « Je vous envoie, lui dit-il, cette image de la très Sainte Vierge Marie, pour que vous la remerciez et que vous ne cessiez jamais d'implorer sa protection. »

Lorsque son neveu Joseph fut en âge de se marier, Alphonse, plein de confiance dans Vespoli et Gavotti, leur recommanda de ne pas le contraindre, mais de lui choisir une femme de mœurs exemplaires et d'une naissance assortie à la sienne. Joseph alla lui-même l'informer de la conclusion de son mariage ; Monseigneur en reçut la nouvelle avec indifférence, lui donna sa bénédiction et dit : « Je prie Dieu de vous bénir à son tour. » Il lui donna ensuite de sages avis, le renvoya content et l'accompagna par ses vieux et ses prières.

8

SAINT ALPHONSE EST ASSIÉGÉ DE SCRUPULES, DE PEINES SPIRITUELLES, ET D'HORRIBLES TENTATIONS ; SES VERTUS ACHÈVENT DE S'ÉPURER, ET IL TRIOMPHE PAR SON HUMBLE DOCILITÉ IL EST RÉCOMPENSÉ PAR PLUSIEURS DONS SURNATURELS.

Vingt-deux ans de la plus douloureuse infirmité et vingt-quatre de la persécution la plus acharnée, avaient été témoins de l'héroïsme du saint vieillard, lorsque la plus cruelle épreuve vint le porter à son comble ; je veux parler des peines d'esprit, des scrupules, des frayeurs et des perplexités, le martyre des âmes privilégiées.

D'épaisses ténèbres obscurcirent son esprit, un fantôme d'iniquités vint alarmer son cœur. Il ne voyait en tout que péché et péril d'offenser Dieu ; celui qui avait dirigé des milliers d'âmes, qui les avait consolées dans leurs peines, éclairées dans leurs doutes, rassurées dans leurs craintes, était lui-même le jouet des tentations et des illusions du démon, au point qu'il en perdit la paix et la sérénité. À la crainte de se trouver dans l'inimitié de Dieu se joignit bientôt la défiance de son salut. « Qui sait, disait-il en pleurant, qui sait si je suis dans la grâce de Dieu, et si je me sauverai ? » Dans ces violentes anxiétés, il tournait les yeux vers le crucifix, et s'écriait : « Non, Jésus, ne permettez pas que je sois damné ! Seigneur ne m'envoyez pas en enfer, parce qu'en enfer on ne peut pas vous aimer. » Un jour, on lui demandait comment il se trouvait : « Je me trouve, répondit-il, sous le fléau de la justice de Dieu. » Puis, se tournant vers le crucifix « Ah ! Seigneur, s'écria-t-il, châtiez-moi, je le mérite ; mais ne me rejetez pas de votre face ! »

Son unique soutien, dans ses angoisses, était la voix du confesseur ;

mais l'esprit tentateur lui suggérait sans cesse des doutes et des raisons contraires. « Ma tête, disait-il, ne veut point obéir. » C'était beau de le voir triompher de lui-même et se soumettre aux décisions de son directeur. Souvent on l'entendait s'écrier : « Mon Jésus ! faites-moi la grâce de me vaincre et de me soumettre ; je ne veux pas m'en rapporter à moi-même, et mon intention n'est pas de contredire. »

Les scrupules ne furent pas seuls à le tourmenter. Il eut tout à endurer : révolte des sens, pensées de vanité, présomption, incrédulité, tentations contre tous nos saints mystères. Tantôt le démon l'attaquait sur un peint, tantôt sur un autre, tantôt sur plusieurs vertus à la fois. « J'ai été épouvanté de ses tentations, dit le père Mazzini, et ravi de son courage à les surmonter. » Attaqué contre la foi, il répétait avec feu : « Je crois, Seigneur, et je veux vivre et mourir enfant de la sainte Église ! » Sa confiance en Jésus et Marié lui faisait invoquer leurs saints noms, lorsqu'il était tenté de défiance. Ses tentations contre la pureté étaient surtout accablantes : « J'ai quatre-vingt-huit ans, dit-il un jour en pleurant,, et le feu de ma jeunesse n'est pas encore éteint ! » On l'entendait quelquefois s'écrier pendant la nuit : « Mon Jésus, faites que je meure plutôt que de vous offenser ! Ô Marie, si vous ne me secourez pas, je puis faire pis que Judas ! » La concupiscence s'enflammait au point que, ne sachant plus distinguer le sentiment de la volonté, il éclatait en gémissements et frappait des pieds contre la terre. Un curé étant venu le visiter : « Monseigneur, dit-il à Alphonse, vous me paraissez mélancolique, vous qui avez toujours été si gai. Ah ! répondit Alphonse, je souffre un enfer ! »

Très souvent, au milieu de la nuit, ne pouvant dormir, à cause de ses tentations, il réveillait le serviteur ou le frère assistant, pour l'aider à dissiper ses frayeurs. Son unique soulagement était la prière ; mais souvent il n'y trouvait aucun soutien. « Je m'adresse à Dieu, dit-il un jour au père Villani, et à chaque parole, il me semble qu'il me rejette. Une nouvelle tempête m'a assailli ce matin. Je dis : Non Jésus, je vous aime, et je m'entends répondre : Ce n'est pas vrai. » Il se trouvait quelquefois dans de si grandes obscurités, qu'il croyait le paradis fermé pour lui. « Ainsi donc, mon Jésus, disait-il, je n'aurais point le bonheur de vous aimer éternellement ? » Puis s'adressant à la Vierge : « Ma bonne mère, pourquoi ne dois-je pas vous aimer dans l'éternité ? » Il se croyait surtout perdu, parce qu'il craignait de n'avoir jamais fait une seule bonne œuvre.

Un jour qu'il était au comble de la désolation ; le père Villani accourut et lui adressa des paroles de consolation. « Je m'entends dire, lui répondit Alphonse : Tu as abandonné ton Dieu, et ton Dieu t'a abandonné. » Le père Villani, louant alors la bonté de Dieu et l'excitant à la confiance, lui cita, ce passage d'Ézéchiel : « Je ne veux pas la mort de l'impie ; je veux qu'il se convertisse et qu'il vive. » Cela suffit pour le rassurer. « Ô mon Dieu ! s'écria-t-il, combien de fois ne l'avais-je pas dit aux pécheurs pour les ranimer, et je l'avais oublié ! » Un texte de l'Écriture qu'on lui citait à propos, dissipait toutes ses alarmes. Ses inquiétudes redoublaient surtout lorsqu'il était sur le point de communier. Son amour pour Jésus-Christ lui faisait désirer de s'unir à lui, et la crainte d'être en mauvais état le faisait reculer. Il était si embrasé du désir de la communion, que les moments lui paraissaient des siècles. « Quand viendrez-vous, répétait-il, quand viendrez-vous, mon cher Jésus ? » Quoique rebuté de Dieu, comme il le disait, il n'en était que plus avide de s'entretenir avec lui dans le Saint-Sacrement. « Je veux rassasier mon amour, disait-il, et j'espère aimer éternellement mon Dieu, quoique je mérite l'enfer pour mes péchés. » Une de ses cousines, religieuse à Naples, tourmentée, comme lui, de tentations et de scrupules, lui demanda conseil, et Alphonse lui répondit : « Consolons-nous ensemble et prenons bon courage ; car je suis dans la même épreuve. Tout proche de la mort que je suis, les tentations ne me quittent pas, et toute ma ressource est, comme la vôtre, de regarder le crucifix. Embrassons donc la croix et tenons toujours les yeux fixés sur Jésus-Christ mourant. De cette manière nous devons espérer qu'il ne nous enverra pas en enfer, où, séparés de lui, nous ne pourrions plus l'aimer, ce qui ferait l'enfer de notre enfer. Disons-lui donc sans cesse : Seigneur, faites que je vous aime, et puis envoyez-moi où vous voulez. À cause de mes péchés, je mérite toutes sortes de peines ; châtiez-moi comme vous voulez, mais ne me privez pas du bonheur de vous aimer ; privez-moi de tout, mais ne me privez pas de vous !... Je vous prie de me recommander à Jésus-Christ, surtout après la communion ; je ferai de même pour vous. Quand je serai plus près de la mort, je vous le ferai savoir, pour que vous m'aidiez d'une manière toute particulière dans mon passage à l'éternité. Quoique vous soyez dans toutes ces inquiétudes, n'oubliez pas, à la fin de l'oraison, de recommander toujours à Jésus-Christ les pauvres pécheurs. »

Il demeura plus d'un an dans cet état déplorable, pendant lequel, selon le témoignage du père Villani, l'obéissance aveugle et l'abandon entre les mains de Dieu ne le quittèrent jamais. À certains intervalles, il retrouvait la sérénité ; mais ces moments étaient passagers, et semblables aux feux qui brillent un instant dans l'obscurité de la nuit pour se dissiper aussitôt. Cependant ces désolations intérieures ne lui furent jamais un prétexte pour omettre ses exercices de dévotion ; tout son temps était consacré à la prière et à la lecture spirituelle ; il mettait ses délices dans la vie de saint Grégoire de Nazianze, et dans celle de Saint François de Sales, qui avaient souffert les mêmes épreuves.

Le démon, n'ayant pu réussir à ébranler Alphonse par les tentations, tâcha de le faire tomber dans ses pièges, en se présentant à lui sous des fantômes étrangers. Un jour, violemment tenté contre la foi, il fit appeler le père Corrado, et lui dit tout épouvanté :

— « Une personne ennemie est venue ici, et m'a jeté dans un grand trouble ; elle m'a dit que je n'ai pas la foi et que je suis damné. »

— « Croyez-vous, lui dit alors le Père, ce que Dieu a révélé à son Église et ce qu'enseigne la sainte Église ? »

— « Certainement, lui répondit Alphonse, et je suis prêt à donner ma vie pour la foi. »

— « Espérez-vous, reprit le Père, la vie éternelle, par les mérites de Jésus-Christ ? »

— « Je l'espère, lui répliqua Alphonse d'un ton animé, j'espère tout par le sang de Jésus-Christ, qui est mort pour moi ! »

Enfin, après plusieurs alternatives de trouble et de sérénité, il retrouva son calme, par des actes de foi et d'espérance. Il fut plusieurs autres fois tourmenté par de semblables apparitions.

Ce qui déplaisait le plus au démon, c'était l'humilité d'Alphonse ; aussi il mettait tout en œuvre pour le porter à se complaire dans ses bonnes œuvres. Il lui apparut sous l'extérieur d'un missionnaire napolitain, l'entretint sur ses nombreux ouvrages, et lui dit que tout le monde ne cessait d'exalter ses écrits et d'admirer le bien qu'ils faisaient partout. À ces mots, Alphonse s'humilia et se confondit :

— « J'ai fait, dit-il, ce que j'ai pu ; mais tout a été le fruit de l'assistance de Dieu. »

— « C'est vrai, répondit le faux missionnaire ; mais on dira toujours que ce sont vos ouvrages, et que vous êtes l'auteur de tout ce bien. »

Alphonse, sentant alors quelque chose de chatouillant pour l'amour-propre, s'humilia davantage, recourut à Dieu par la prière, fit le signe de la croix ; à l'instant le fantôme disparut.

Un autre jour, le démon vint le visiter sous la forme d'un prêtre, et lui parla de ses livres :

— « Après vous être fatigué à composer tant d'ouvrages, que vous en revient-il ? Tout ce que vous avez dit et écrit, est inutile pour vous, et avec tout cela vous n'en serez pas moins damné, car il n'y a plus pour vous d'espoir de salut. Il faut autre chose que des livres et des missions pour se sauver. »

Alphonse répondit en s'humiliant :

— « Je n'ai rien fait par moi-même ; je ne pouvais rien faire de bon ; je n'ai d'autre mérite auprès de Dieu que les mérites de Jésus-Christ et de la très Sainte Vierge Marie. » Aussitôt l'illusion s'évanouit.

Malgré les soins qu'il prenait à passer les derniers jours dans l'obscurité, sa charité le faisait quelquefois paraître au-dehors ; et Dieu, qui ne laisse jamais la lumière sous le boisseau, se plaisait à manifester alors la sainteté de son serviteur.

Dans une éruption du Vésuve, la montagne de Somma, voisine de Pagani, menaçait d'un nouveau désastre et lançait des torrents de feu. Épouvantés de ce spectacle, les frères s'empressèrent d'avertir Alphonse ; aussitôt le vieillard se traîne vers la fenêtre, et se montre pénétré de douleur. On le prie de bénir la montagne ; il s'y refuse ; sur les prières réitérées ; il élève la main et dit : « Je te bénis au nom du Père, du Fils et du Saint-Esprit. » À peine eut-il parlé que le danger cessa : le feu prit une autre direction, et le volcan vomit ses tourbillons et ses pierres dans la gorge d'une vallée.

Alphonse avait une tendresse toute particulière pour les petits enfants, en qui il voyait l'image de l'innocence. Autrefois lorsqu'il sortait en carrosse, les mères se pressaient sur son passage, lui présentaient leurs enfants malades en le priant de les bénir. Tout plein de charité, il faisait arrêter le carrosse ; il leur imposait les mains et disait quelques prières ; il les rendait ensuite pleins de santé à leurs mères, en disant : « Recommandez-les à Marie. » Lorsque ces promenades cessèrent, on lui apportait les petits enfants ; le serviteur les présentait lui-même à Alphonse qui leur imposait les mains, et aussitôt ils étaient guéris. Le serviteur Alexis et le frère François Antoine assurent qu'il opéra des milliers de semblables guérisons.

Dans ses dernières années les prophéties lui devinrent familières Entre autres choses, il prédit la mort du père Alexandre de Meo : « Dans peu de jours, dit-il, la congrégation souffrira une grande perte. » En effet, ce fut vers ce temps que le père Alexandre, prêchant à Nole, fut frappé d'apoplexie dans la chaire, et mourut dans l'église même.

Alphonse prédit encore l'entrée des armées françaises à Naples, et les malheurs qui s'ensuivirent. Un jour, sortant tout à coup d'une profonde méditation, il s'écria : « Un grand malheur doit affliger Naples, l'an 99, et je remercie Dieu de ce qu'il m'en épargnera la vue. » Or, on sait combien, cette année fut triste pour l'Italie.

9

LA PIÉTÉ DE SAINT ALPHONSE GRANDIT, ET SON ÂME SE FORTIFIE À MESURE QUE SON CORPS S'AFFAIBLIT ; ACTES HÉROÏQUES DE VERTU QUI LE PRÉPARENT À SA MORT.

Le corps d'Alphonse s'affaiblissait tous les jours ; mais son âme devenait plus forte, et sa ferveur plus admirable. Plus il approchait du terme, plus il redoublait d'efforts pour se rendre agréable à Dieu, s'enrichir de mérites et embellir sa couronne éternelle. Toujours soumis à la volonté de Dieu, il souffrait tous ses maux sans se plaindre ; les contrariétés qui en sont inséparables ne purent jamais lui faire commettre la plus légère impatience. Un jour, il avait demandé quelque chose au père Villani ; et comme il ne pouvait saisir la réponse : « Que puis-je faire ? dit-il, si le Seigneur a voulu m'envoyer la surdité, qu'il soit à jamais béni ! » Un soir, il ne pouvait lire un passage de l'Écriture ; il dit agréablement : « Lorsqu'une fois, on est vieux, on perd l'ouïe et on perd la vue ; si Dieu le veut ainsi il faut prendre patience, c'est le meilleur remède ! »

Son humilité semblait s'accroître à mesure qu'il approchait de sa fin. Il n'avait qu'un désir, celui de se cacher et de s'anéantir. Quelques personnes malades s'étant un jour présentées pour le prier de les guérir : « Si j'étais saint, leur dit-il, et si je savais faire des miracles, je me guérirais moi-même, qui suis estropié, et ne vaux pas une obole. »

L'esprit d'obéissance naissait naturellement de cette humilité. Quoique supérieur et évêque, il voulut toujours dépendre du recteur local dans toutes ses actions. Lorsque, tourmenté par la soif, il avait besoin d'un peu d'eau, si le recteur était absent, il envoyait demander la permission au père-ministre. Il cherchait toutes les occasions de se soumettre à la volonté des autres ; et lors même qu'il était mal servi, il remerciait encore avec humilité.

Si la nourriture n'était pas ordinaire, il en perdait la paix et refusait même de manger. À Nocera comme à Arienzo, il ne voulait d'autre poisson que des sardines, parce qu'elles sont de peu de valeur. « Je suis pauvre, disait-il, et je dois me nourrir en pauvre. » On lui servit un jour deux surmulets, mais il n'en voulut pas goûter : « À quoi bon ces surmulets ? dit-il tout agité, achetez des sardines, elles sont également bonnes. »

Loin de se plaindre, il oubliait ses maux pour compatir aux peines de ceux qui le servaient. Croyant incommoder le frère et le serviteur qui devaient le conduire dans sa chaise roulante, il s'y plaçait à regret. Il aurait voulu se priver de ce soulagement ; mais les ordres des médecins, du père Villani et du recteur l'en empêchèrent.

Avec la pauvreté, Alphonse chérit toujours la mortification qui en est inséparable. Un jour, il avait témoigné le désir d'avoir quelques petits gâteaux ; le frère s'empressa de lui en procurer ; mais, lorsqu'ils arrivèrent, il n'y eut pas moyen de lui en faire manger. Le lendemain, on les lui présenta de nouveau ; mais il se récria comme la veille : « Non, non, ces mets délicats conviennent pas aux pauvres ! »

Un jour qu'il avait peu mangé, on lui présenta des primeurs de raisins et quelques figues : « Prenez ce raisin, lui dit le serviteur, il est excellent ; c'est l'abbé Tortora qui vous l'envoie. » Alphonse mangea les figues ; quant au raisin, aucune instance ne put le persuader d'en manger. Il s'en débarrassa en disant que le magasin était rempli.

Tout mets lui était insipide, s'il n'était assaisonné du sel de la mortification. Il avait toujours les poches pourvues d'herbes amères, desséchées et souvent réduites en poudre ; et c'étaient là ses aromates.

Pendant quelques années, chaque soir, avant de se mettre au lit, il buvait deux doigts de vin, afin de pouvoir se reposer ; mais dans les derniers temps, il voulut encore s'en priver ; et, pour cacher sa mortification : « Un peu d'eau, disait-il, vaut mieux que tous les nectars du monde. »

Ne pouvant, comme il aurait voulu, crucifier sa chair par des instruments de pénitence, il sut trouver un expédient qui ne lui faisait jamais défaut : c'est la position immobile qu'il tenait sur sa chaise depuis le matin jusqu'au soir. Le serviteur le voyant un jour placé d'une manière incommode : « Monseigneur, lui dit-il, redressez-vous un peu, vous êtes mal assis. » Mais Alphonse lui répondit : « J'ai beau vouloir me redresser, je suis toujours tortu. » Par cette insensibilité apparente, il ressemblait à un bloc de marbre plutôt qu'à un corps vivant ; et cet acte héroïque, il le pratiqua durant ses vingt dernières années.

La charité, ce noble lien qui unit toutes les vertus fut aussi dans Alphonse le fondement et le comble de la perfection ; en toutes ses actions, il ne visa qu'à l'union avec Dieu. « Par la miséricorde de Jésus-Christ, dit-il un jour au père Villani, je ne me sens attaché à aucune créature. » Ses élans d'amour vers Dieu étaient si fréquents, surtout dans ses dernières années, qu'il en formait un seul acte depuis le matin jusqu'au soir. Malgré l'accablement produit par ses maux, il s'acquitta toujours des plus petits actes de religion ; il ne prenait jamais la plus légère nourriture sans la bénir et réciter un Ave Maria, lorsqu'il entendait sonner l'heure, il ne manquait jamais de saluer la Vierge par un Ave Maria.

Son respect pour le saint sacrifice l'empêcha toujours de se dispenser de tomber à genoux au moment de la consécration, jusqu'à ce que le père Villani le lui eût défendu. Lorsqu'il avait communié, il n'était plus maître de lui-même ; il entrait comme dans une douce extase, et répétait souvent, de manière à être entendu : « Mon amour, mon Dieu ! à vous, ma mère, aimez-le pour moi ! » Depuis sa retraite à Nocera jusqu'à sa quatre-vingt-huitième année, ses délices étaient de se tenir toute la journée devant le Saint-Sacrement. Au mois d'octobre 1784, le dernier jour de la neuvaine de sainte Thérèse, qu'il avait suivie avec le peuple, il entra dans une longue extase, et ne cessa de répéter : « Amour éternel, je vous aime ! »

Lorsque le serviteur le promenait par les corridors sur sa chaise roulante, Alphonse ne pensait qu'à Jésus dans le Saint-Sacrement. « Allons un peu à l'église, disait-il, allons visiter Jésus-Christ ! » — « Comment voudriez-vous y aller ? lui disait le serviteur ; vous ne pouvez vous soutenir. » — « Qui vous dit cela, reprenait vivement Alphonse ; savez-vous qu'il y a des mois que je ne vais plus à l'église visiter Jésus-Christ ? » Il se mettait quelquefois dans une telle agitation à ce sujet, qu'on devait appeler le Père Mazzini pour le calmer. Jusque dans son sommeil, il ne songeait qu'au Saint-Sacrement et à la Sainte Vierge, et il faisait les aspirations les plus attendrissantes.

Son affection pour Jésus crucifié n'était pas moins vive ; il avait toujours son image sous les yeux, et ses actes d'amour ne discontinuaient pas. Il l'aimait et le contemplait avec tendresse ; sa méditation n'avait jamais d'autre objet, comme il l'assura lui-même, que la passion de Jésus-Christ. Il aurait voulu donner son sang pour un Dieu qui avait versé le sien pour lui. Il ne cessa de faire tous les jours le chemin de la croix dans un grand corridor, jusqu'à l'âge de quatre-vingt huit ans. Quand cela lui fut interdit, il ne manqua jamais de le faire en esprit, dans sa chambre, devant un crucifix.

Son amour pour la très Sainte Vierge devint, dans ses dernières années, plus ardent que jamais : Il ne laissait passer aucune occasion de lui rendre hommage. Comme le rosaire avait été de tout temps sa dévotion spéciale, il le récitait plusieurs fois par jour avec le serviteur et le frère, tandis qu'ils le promenaient par les corridors ; il n'omettait jamais d'en méditer les mystères.

Il avait toujours soin de recommander la dévotion à la Sainte Vierge à tous ceux qui venaient le visiter. « Soyez dévots à la Vierge, leur disait-il ; celui qui est dévot à la Vierge, se sauvera. » Il recommandait de visiter ses images, de réciter le rosaire et de jeûner en son honneur le samedi et les veilles de ses fêtes.

Un jeune clerc partant pour le noviciat, l'an 1784, vint trois fois lui demander sa bénédiction, ne pouvant se contenter de la première ; et trois fois notre saint vieillard l'accueillit avec amour, et lui donna ses conseils : « Mon fils, lui dit-il la première fois, si vous voulez persévérer, communiez plusieurs fois la semaine, et soyez dévot envers la très Sainte Vierge Marie et le très Saint-Sacrement. » La deuxième fois, il lui dit : « Mon fils je vous recommande la sainte obéissance. Par votre obéissance, vous plairez à Dieu, et vous serez bien vu dans la congrégation ; mais surtout je vous recommande d'être dévot envers la très Sainte Vierge Marie et Jésus au Saint-Sacrement. » Et la troisième fois : « Si l'ennemi de Dieu, lui dit-il, vous tente de quitter la congrégation, recourez aussitôt à Jésus et à Marie ; et ne cessez de les invoquer jusqu'à ce que la tentation soit passée. »

Voici quelques pratiques de dévotion qu'Alphonse n'omettait jamais avant de s'endormir ; elles seraient inconnues, si, dans la crainte de les oublier, il ne les eût fait écrire un jour de l'an 1784, par le frère François Antoine : Dix actes d'amour, dix actes de confiance, dix actes de contrition, dix actes de conformité à la volonté de Dieu, dix actes d'amour envers Jésus-Christ, dix actes d'amour envers la Sainte Vierge, dix actes d'amour envers le Saint-Sacrement, dix actes de confiance en Jésus-Christ, dix actes de confiance en la Sainte Vierge, dix actes de résignation à souffrir, dix actes d'abandon à Dieu, dix actes d'abandon à Jésus-Christ, dix actes d'abandon à Marie, et dix prières pour faire la volonté de Dieu.

10

DERNIÈRE ANNÉE DE LA VIE DE SAINT ALPHONSE ; CIRCONSTANCES EXTRAORDINAIRES QUI PROUVENT LA PERFECTION DE SES VERTUS ET LA GRANDEUR DE SA SAINTETÉ.

Nous voilà parvenus à la quatre-vingt-dixième année de la vie d'Alphonse et à la quatre-vingt-sixième de son siècle. À mesure qu'il approchait du terme de sa course, il se dépouillait davantage des affections de la terre, et se purifiait de tout ce qui n'était pas Dieu. Les visites de civilité lui étaient devenues insupportables ; il savait s'en débarrasser. Il tenait une tout autre conduite à l'égard des personnes religieuses qui l'entretenaient de choses qui méritaient son attention. Deux pères conventuels vinrent le visiter dans ces derniers temps ; l'un d'eux, nouvellement ordonné prêtre, voulait lui baiser la main. Au mot de prêtre, Alphonse s'écria : « Grande dignité, grande dignité, la dignité sacerdotale ! » Celui-ci se recommandait à ses prières : « Je suis un misérable, lui dit Alphonse, mais vous, priez le Seigneur pour moi, qui suis à la veille de faire le grand passage du temps à l'éternité, et de me présenter devant le tribunal de Dieu ! » Il dit ces paroles avec une telle expression d'épouvante, que les deux religieux, saisis de crainte, se retirèrent en disant : « Si Monseigneur tremble, qu'en sera-t-il de nous ? »

Il avait une si haute idée du sacerdoce, qu'il n'y pouvait penser sans être ravi. Deux jeunes pères, ayant été promus à la prêtrise, vinrent le trouver pour le remercier et lui baiser la main ; mais par respect pour la dignité dont ils venaient d'être revêtus, il voulut lui-même la leur baiser, et le fit en s'écriant : « Ô la grande dignité, ô la grande dignité du prêtre !

Maintenant vous êtes au-dessus des souverains, des rois et des empereurs. » Devant certaines visites d'apparat, Alphonse aimait à se donner des airs de simplicité et d'ignorance puériles, par mortification ; mais la justesse de son jugement et sa présence d'esprit se retrouvaient dans les affaires sérieuses, importantes et difficiles ; là, on admirait sa mémoire toujours fidèle ; il montrait souvent combien sa tête était ferme et solide jusque dans les derniers jours.

Le Seigneur, qui a coutume de révéler à ses saints l'approche de leur délivrance, fit connaître à Alphonse l'époque de sa mort. Au mois de septembre 1786, il la prédit. Un père Carme étant venu le visiter, ce qu'il faisait chaque année, Alphonse lui dit :

« Père Joseph, l'année prochaine nous ne nous reverrons plus ! Priez pour moi le bon Dieu et Notre-Dame-des-Sept-Douleurs ! »

Puis il se recueillit, resta immobile sur sa chaise, et parut tout absorbé en Dieu. Le 16 juillet 1787, se tournant vers le frère François Antoine, il lui dit tout joyeux : « Frère, il me reste à remplir une nouvelle fonction. » Il voulait parler de ses funérailles. On comprit le mystère, lorsque pendant la nuit du 18, il fut atteint d'une forte dysenterie ; c'était avec ses infirmités naturelles une complication qui ne permit plus de doute sur sa fin prochaine. Le matin du 19, après avoir assisté à la messe et reçu la sainte communion, la fièvre le saisit. Le 20 dans la matinée, quoique la fièvre ne l'eût pas quitté, il voulut sortir du lit pour entendre la messe et communier ; le soir, il tomba dans un si grand affaissement et une telle faiblesse, qu'il parut près d'expirer. Il mangea ; et, après avoir repris ses forces, il dormit une partie de la nuit suivante.

Aussitôt qu'il fut proche de la mort, tous ses scrupules s'évanouirent, et la sérénité ne le quitta plus durant tout le cours de sa pénible maladie, malgré quelques épreuves passagères.

Le 21 juillet, quand on vit que la fièvre ne le quittait pas et que sa faiblesse était extrême, on dressa un autel dans sa chambre, on y dit la messe et on lui administra la sainte communion. Dans le courant de la journée, il mangea comme s'il eut été bien portant ; mais il ne tarda pas à tomber dans un grand abattement. La nuit suivante, il reposa fort bien et n'eut besoin d'aucun secours.

Le 22, vers huit heures du matin, comme il conservait toujours le plein usage de ses facultés intellectuelles, on lui demanda s'il voulait entendre la messe et communier. « Hâtez-vous », répondit-il tout agité. Lorsqu'on l'avertit que la messe commençait, il fit comme à l'ordinaire, le signe de la croix, et répéta : « Hâtez-vous ! » Plus tard, il n'était plus tout à fait à lui, mais on lui dit qu'il devait communier ; alors il rappela ses sens, communia et continua à faire des actes d'amour envers Jésus-Christ. Dans la journée, le père recteur lui demanda comment il se trouvait, il répondit : « Recommandez-moi à Jésus-Christ. » Le médecin lui ayant ordonné une limonade, il obéit, puis rentra dans son recueillement.

Vers quatre heures, on lui demanda encore comment il se trouvait ; il répondit : « Grâce à Dieu ! » Le frère François Antoine lui suggéra de bénir tous les pères et frères de la maison. « Et vous aussi, lui répondit Alphonse, priez Dieu et la Vierge pour moi ! »

En disant ces paroles, il les bénit.

Jusqu'au soir, il fut toujours parfaitement calme et serein ; mais alors la fièvre le saisit, et il entra en délire. « Donnez-moi Jésus-Christ », disait-il, en lui tendant les bras.

Dans la nuit, son état empira ; lorsqu'il fit jour, le frère François Antoine lui dit qu'il était l'heure d'entendre la messe et de communier. « Qu'on se hâte ! » répondit Alphonse dans un grand abattement ; il répéta plusieurs fois : « Ne voulez-vous donc pas me donner la communion ? » Mais lorsque le moment de la lui donner fut arrivé, il avait perdu les sens. On lui dit de se disposer à recevoir l'extrême-onction et on le lui répéta plusieurs fois, mais il répondit : « Je ne comprends pas. » Enfin, voyant qu'on ne lui donnait pas la communion, il dit : « Je veux son corps ! » On lui dit encore de se disposer à recevoir l'extrême-onction ; et il dit de nouveau : « Donnez-moi son corps ! » On ne le satisfit point, car on craignit qu'il n'eût pas l'esprit présent. Lorsqu'on lui eut administré l'extrême-onction ; le père Villani lui dit de bénir la congrégation ; mais il ne put rien comprendre. Le père Villani s'avisa de lui faire entendre que par obéissance au nom de Jésus-Christ et de la très Sainte Vierge Marie, il devait bénir la congrégation comme évêque et comme supérieur. Alphonse, au mot d'obéissance rappela ses esprits, leva la main et donna la bénédiction désirée.

Lorsque sa vie fut désespérée, le Pète Villani s'empressa d'en informer toutes les maisons. Le deuil fut général. À la réception de la triste nouvelle, il n'y eut pas de sujet qui ne voulût assister à sa mort et recevoir sa dernière bénédiction. Tous les recteurs se mirent en route, et avec eux tous les sujets qui n'étaient pas nécessaires dans leurs maisons. Trois jours après, tous étaient arrivés, même de Bénévent et de Saint-

Ange. Dès que le saint vieillard les aperçut, il témoigna son contentement et les bénit du signe de la croix.

Vers sept heures du matin, le 22, après qu'on lui eût appliqué des vésicatoires, il parut un peu soulagé. Pour prévenir son désir de communier, on se hâta de célébrer une seconde messe ; et, lorsqu'on lui eut fait entendre qu'il allait recevoir Jésus-Christ, il montra une joie extrême. Comme on doutait qu'il fût en état de communier, on lui donna d'abord une parcelle non consacrée, et l'on remarqua que toutes ses forces physiques l'avaient abandonné. Il demanda son chapelet, et avec la main tâta çà et là comme pour le trouver. On le lui donna ; et, quoiqu'il eût perdu ses sens, il le parcourut en balbutiant.

Comme son état ne changeait point, les médecins voulurent qu'avec la limonade on lui fît avaler du quinquina. Après en avoir pris trois ou quatre cuillerées, il n'en voulut plus ; mais on lui dit que le médecin l'exigeait et qu'il avait l'obédience d'en prendre davantage ; aux mots de médecin et d'obédience, il ouvrit aussitôt la bouche, et dit : « Me voilà, mon Dieu ! »

Quoique brûlé par la fièvre et au plus fort des chaleurs de l'été, son amour pour la modestie ne lui permit jamais de se découvrir. Un jour, on avait un peu soulevé ses draps pour le laver : « Ils m'ont découvert, s'écria-t-il en se plaignant au serviteur Alexis ; n'y a-t-il pas là de péché ? »

Il est impossible de croire combien l'on fit de demandes, même de pays éloignés, pour avoir de ses reliques, dès qu'on apprit son état. Ses linges qui se donnaient à laver, ou ne revenaient pas à la maison, ou n'y rentraient que par morceaux. On apportait sans cesse des chapelets et d'autres objets de dévotion qu'on désirait lui faire toucher. Quantité d'ecclésiastiques, de réguliers et de séculiers, venaient à l'envi le contempler et chercher de ses reliques.

Dans la journée du 23, l'état d'Alphonse ne subit guère de changement. Le soir, vers trois heures, il avait plus de présence d'esprit ; on lui demanda s'il désirait la communion. À cette proposition, le saint vieillard tressaillit, et s'écria plusieurs fois tout joyeux : « Venez, mon cher Jésus ! » Il fit encore plusieurs actes de désir, et montra par ses gestes un saint empressement. Lorsqu'il eut communié, il dit en se tournant vers le Père Magaldi : « Maintenant, que dois-je faire ? » Il voulait dire qu'on lui suggérât les actes de remerciement ; on le fit, et Alphonse écouta et balbutia sans qu'on pût distinguer ses paroles. On lui dit : « Remerciez Jésus-Christ que vous avez dans votre cœur, et priez la Vierge de le remercier pour vous. » — « Mais vous, dit-il alors, priez aussi Marie pour moi. » Le Père continua et lui dit de bénir au nom de Jésus-Christ tous ceux qui étaient présents ; Alphonse éleva la main assez haut, et les bénit tous avec l'esprit présent.

Dans la matinée du 24, on dit plusieurs messes votives dans sa chambre ; il avait reçu la sainte communion la veille, vers six heures du soir ; mais il parut l'avoir oublié. Il était alors quatre heures, et il répétait avec de vives instances : « Donnez-moi Jésus-Christ ! » Les actes de désir qu'il faisait, et son impatience d'être bientôt consolé arrachèrent des larmes ; on le satisfit ; après avoir communié, il se tint recueilli, faisant des actes d'amour et de remerciement.

Les neveux d'Alphonse ayant reçu à Naples la triste nouvelle, Don Joseph vint le soir, avec sa femme et son oncle, le prince de Polleca. Ils lui demandèrent sa bénédiction ; mais on eut beaucoup de peine à le lui faire comprendre. Cependant il leva la main, et les bénit. Don Joseph lui dit qu'il était venu expressément pour lui rendre visite : « Je vous remercie, lui dit Alphonse, soyez béni. » Il lui demanda ensuite un conseil ; Alphonse, rappelant alors ses esprits, lui dit : « Sauvez votre âme. » Joseph, s'approchant davantage, lui prit la main et lui dit qu'il était son neveu ; Alphonse la lui serra à son tour et la tint quelque temps, après quoi il le bénit encore. Voyant qu'ils ne panaient pas « Soyez tous contents, leur dit-il, cela suffit ; maintenant vous pouvez vous retirer. » Le 25, au matin, pendant que le Père Néri célébrait, Alphonse entendit ces mots : « Celui qui pêche est ennemi de Dieu. » Le Père, voyant qu'il était tenté, interrompit un instant, et l'exhorta à se confier dans les mérites de Jésus-Christ, et à recourir à la très Sainte Vierge Marie. Alphonse respira et reprit sa sérénité. Au même instant la fièvre reparut ; il avait l'esprit agité, et ne put communier. Vers quatre heures, il fut de nouveau tenté, et dit : « Voulez-vous me faire désespérer ? » Le même Père lui rappela aussitôt la passion de Jésus-Christ et les mérites de la très Sainte Vierge. Lorsqu'il entendit parler des mérites de Jésus-Christ et de la Sainte Vierge, il ouvrit les yeux et écouta avec attention. On lui suggéra d'offrir ses souffrances à Jésus-Christ ; et il dit d'une voix claire : « J'offre tout à la passion de mon Jésus. » Quelques minutes après, il s'écria : « Je crois et je veux croire tout ce que l'Église m'enseigne. » Puis il ajouta : « Oui, j'espère ! » Le Père continuait à lui suggérer d'autres actes de foi et de confiance ; Alphonse les répéta intérieurement et remua les lèvres.

Quelques temps après, il demanda d'une voix entrecoupée : « Qu'ai-je à faire pour mériter ? » On lui répondit : « Faites la volonté de Dieu. » Il se tut, et par intervalle on le voyait fixer les yeux sur le tableau de Notre-Dame-des-Sept-Douleurs. Pendant ce temps, on ne cessait de célébrer des messes en sa présence.

Vers sept heures, il fut pris d'une si grande défaillance, qu'on le crut près d'entrer en agonie. On commença les prières, et on lui donna l'absolution. Il recouvra ses sens ; le médecin demanda sa bénédiction ; alors Alphonse dit d'une voix claire : « *Dominus noster Jésus-Christus te benedicat* ! Que Notre-Seigneur Jésus-Christ vous bénisse ! Le frère et le serviteur se jetèrent aussi à genoux, et lui demandèrent sa bénédiction. Le frère. François Antoine lui suggéra de bénir toutes les maisons de la congrégation et tous les sujets. « Oui » répondit Alphonse, et de la main il les bénit. Tous fondant en larmes vinrent la lui baiser ; ce qui parut lui faire plaisir. Un peu après, on le pria de bénir le diocèse et les religieuses de Sainte-Agathe et de Scala ; il fit encore avec la main le geste pour les bénir ; ensuite il dit de lui-même d'une voix haute et intelligible : « Je bénis le roi, tous les généraux, les princes et les ministres et tous les magistrats qui rendent la justice. »

Le recteur de la maison lui demanda ensuite s'il voulait recevoir Jésus-Christ ; il répondit plein de joie : « Donnez-moi la communion. » On courut à l'église pour le satisfaire ; mais, trouvant qu'on n'allait pas assez vite, il répéta plusieurs fois : « La communion arrive-t-elle ? » Lorsqu'il entendit du bruit, il ouvrit les yeux ; et, voyant le prêtre avec le saint ciboire, il parut en extase, et se mit à faire une foule d'actes d'amour.

On lui demanda s'il voulait entendre la messe, il fit de la tête un signe affirmatif. Quand on la commença, il fit trois fois le signe de la croix, selon sa coutume, et la troisième fois il en prononça distinctement les paroles. Plus tard, le père Néri, sans rien dire, lui présenta un crucifix ; Alphonse fit signe d'une main tremblante qu'il le désirait. Lorsqu'on le lui eut donné, il l'approcha de ses lèvres, le baisa, et le tint ainsi pendant quelque temps ; puis il tomba dans le délire.

Lorsqu'on sut qu'Alphonse était à l'extrémité, on adressa partout des prières et des vœux au ciel pour son heureux passage ; Naples fut plongée dans l'affliction. La ville et le diocèse de Sainte-Agathe signalèrent semblablement leur attachement pour leur ancien évêque.

11

DERNIERS JOURS, DOUCE AGONIE ET PRÉCIEUSE MORT DE SAINT ALPHONSE.

Un grand accident vint encore ajouter aux souffrances du serviteur de Dieu. Cette large plaie de l'œsophage, dont il avait tant souffert à Arienzo, s'étant rouverte, rendit sa position infiniment pénible ; mais ce surcroît de douleurs servit à embellir sa couronne. Réduit à ce pénible état, il consola les assistants par un miracle. Vers le soir, le chanoine Dominique Villani vint le visiter. Il souffrait depuis trois ans d'un mal de genoux qui l'empêchait de marcher sans béquilles. Mais à peine eut-il pris congé d'Alphonse, qu'il se trouva parfaitement guéri ; et, rencontrant sur la porte plusieurs prêtres, il leur dit tout joyeux : « Je suis venu boiteux, et je m'en retourne redressé ; je me suis furtivement appliqué sur la jambe le scapulaire de Monseigneur qu'il avait au chevet de son lit, et je me suis senti délivré. » Le chanoine avait tenté plusieurs remèdes, mais sans aucun succès. Cinq jours après, le prince de Polleca lui ayant demandé comment il se portait : « Je me porte à merveille, lui répondit le chanoine, et je suis prêt à donner toutes les attestations juridiques de ma guérison miraculeuse. »

Le 25, entre dix et onze heures du soir, il parut si défaillant qu'on le crut mort. Les pères, s'empressant de l'aider dans ce passage par leurs prières et les saints sacrifices, commencèrent la messe, le 26, vers deux heures du matin. On lui proposa la sainte communion ; mais il ne répondit pas. À la messe, lorsqu'on agita la sonnette au Sanctus, Alphonse ouvrit les yeux et regarda le célébrant ; ne voyant pas l'élévation, il les referma ; puis à l'élévation, il se réveilla, regarda du côté de l'autel ; et remua les lèvres. À trois heures, il fut surpris par un nouvel accès ; on lui donna l'absolution, et on commença la prière des agonisants ; mais à la fin des litanies, il reprit ses sens.

Plus tard, après qu'on eut commencé une autre messe, on tâcha de savoir s'il désirait communier. Il communia et, pendant la messe suivante, il continua son action de grâces. Comme il balbutiait, on ne put comprendre que ces mots : « C'est ainsi que j'espère. » Il demanda distinctement son rosaire ; on lui vit remuer les lèvres et parcourir les grains.

Pendant ce temps, la chambre ne désemplissait pas de gentilshommes et d'ecclésiastiques. Le père Samuel, ex-provincial des capucins d'Arienzo et grand ami d'Alphonse, ne fut pas en retard. Ayant fait de vains efforts pour obtenir sa bénédiction, il lui prit la main, s'en signa la tête et s'en toucha spécialement une oreille malade, qui fut aussitôt guérie. Depuis deux jours, le père Buonapane souffrait d'un abcès à la gorge, dont on craignait beaucoup les suites ; le soir, il s'appliqua un petit linge qui avait servi à bander la plaie d'Alphonse ; et le lendemain matin, il se trouva guéri. La journée du 27 fut douloureuse. Vers sept heures du matin, il fut surpris par de fortes coliques ; ne pouvant trouver de situation, il s'écriait : « Secourez-moi.... déliez-moi, mettez-moi par terre ! » Pendant ces violentes attaques, il arrêta plusieurs fois les yeux sur l'image de la très Sainte Vierge, et dit d'une voix éteinte : « Mon Jésus ! » Le 28, vers deux heures du matin, on lui demanda comment il se portait ; il répondit : « Je vais mourir. » Puis, voyant l'empressement des pères et des médecins, il dit : « C'en est fait ! » On lui demanda s'il voulait entendre la messe et communier ; il fit d'un air joyeux un signe affirmatif. Avant de communier, il fit le signe de la croix et sa préparation. Pendant son action de grâces, il put encore entendre deux messes. Comme on s'apprêtait à lui faire une friction, il dit vivement : « Ne me touchez pas ! » Mais ensuite, il céda par obéissance. Le médecin lui demanda comment il se trouvait ; il répondit : « Je vais mourir. » Alors celui-ci le pria de bénir une image de la très Sainte Vierge Marie, et Alphonse fit avec la main le signe de la croix. Ses esprits s'étant affaiblis, Alphonse épuisé voulut qu'on l'aidât à recourir à Dieu et à souffrir avec courage ; tandis qu'on lui suggérait par intervalles de saintes affections, il y prenait plaisir, et les répétait d'une voix mourante. La gangrène faisant des progrès, ses douleurs augmentèrent et lui causèrent des spasmes fréquents. Voyant alors combien il souffrait, sans qu'il fût possible de le soulager, on le considérait en silence ; mécontent de ce qu'on ne lui suggérait plus des aspirations, il demanda avec un reste de force que lui donnait son amour « N'avez-vous plus de saintes pensées à m'inspirer ? » Ainsi, le vénérable prédestiné était vraiment exigeant pour tout ce qui tenait à son âme. Mais son indifférence pour le corps était parfaite : « Non, c'est inutile... tout est fini, disait-il, je suis mort ! »

Son affaissement s'accroissant toujours, on crut qu'il allait expirer ; on alluma le cierge bénit ; on commença les prières de l'Église pour la recommandation de l'âme. Lorsqu'on s'aperçut qu'il reprenait ses sens, on lui présenta une image de la très Sainte Vierge ; aussitôt il ouvrit les yeux, remua les lèvres et joignit les mains ; ensuite il baisa l'image, et on l'entendit réciter d'une voix distincte l'Ave Maria. Après cela, il parut agité ; et, portant la main au front, il dit : « Pensées, vous ne me laissez point en repos ! » À sept heures du matin, il parut de nouveau abattu ; on lui présenta le crucifix ; il le prit, le porta à ses lèvres, et, le tenant en main, il ouvrit souvent les yeux pour le considérer. On lui présenta de même une image de la Sainte Vierge, et on lui dit de remettre son âme et sa vie entre ses mains. Alphonse le comprit, ouvrit les bras en signe d'offrande ; et, tournant les yeux vers l'image sainte, il murmura des paroles qu'on ne put saisir ; la nuit fut meilleure, et il reposa paisiblement.

Dans la matinée du 29, quoiqu'il se trouvât mieux, il ne fut pas en état de communier. Pendant la messe, on l'entendit s'écrier : « Que d'ennemis étrangers ! » On continua plusieurs messes dans sa chambre ; on lui rappela la mort de Jésus-Christ et on lui suggéra de faire l'offrande de la sienne. Alphonse alors éleva les mains, les joignit et remua quelque temps les lèvres ; ensuite, il tourna les yeux vers l'image de la Sainte Vierge ; et, d'une voix claire, il récita l'Ave Maria. On lui donna à baiser une image de saint. Joseph ; il la prit entre ses mains, la considéra quelque temps, et se retournant vers le frère. « C'est saint Joseph ! » dit-il ; alors on le vit balbutier en tenant les yeux attachés avec complaisance sur l'image du digne époux de Marie. Le serviteur Alexis lui demanda s'il ne désirait rien ; il répondit : « C'est fini » ; mais d'une voix mourante. Le père Magaldi voulut lui suggérer de saintes pensées ; Alphonse dit de lui-même : « Donnez-moi la Madone. » Lorsqu'il l'eut entre les mains, il la pria très affectueusement.

Vers le soir, le râle commença et ne le quitta plus. Ses enfants, empressés de l'animer à la confiance en la très Sainte Vierge, lui mirent entre les mains une de ses images ; il la baisa et récita lentement et avec peine les paroles de l'Ave Maria.

Sa barbe était devenue fort longue, et c'était une grande incommodité pour un moribond, dans un temps de si fortes chaleurs. Le frère Raphaël la coupa le mieux qu'il put ; et Alphonse en parut soulagé. Lorsque l'opération fut terminée, on se disputa ces quelques poils ; ils devinrent plus tard de précieuses reliques, avidement recherchées.

Vers neuf heures du soir, on le crut en agonie. Toute la communauté entoura son lit, et on commença les prières des agonisants ; mais cette fois encore il revint à lui ; on le pria de bénir de nouveau toute la congrégation ; ne pouvant plus élever la main, il fit signe avec la tête. Le 30 au matin, on célébra plusieurs messes, mais il ne put communier.

Il suffisait de lui rappeler les saints noms de Jésus et de Marie, ou de lui présenter quelque image de ses saints patrons, pour le voir reprendre ses sens. Le père Criscuoli, en lui suggérant de pieuses affections, lui présenta une image de l'archange saint Michel, qu'il avait ordinairement à la tête de son lit ; il la prit entre ses mains, la baisa, ouvrit les yeux et la contempla ; puis, remuant les lèvres, il se recommanda au saint archange. On le vit également ouvrir les yeux et balbutier pendant qu'on lui suggérait les actes de foi, d'espérance et de charité. Comme on lui présentait un crucifix, il montra le désir de l'avoir entre les mains ; il le serra avec amour, et s'efforça trois fois de l'approcher de sa bouche. Mais comme il était défaillant, le père Capriola l'aida à le baiser ; et il le fit en remuant les lèvres. Comme il souffrait encore des douleurs d'entrailles, il agita les mains comme pour chercher du soulagement ; mais après les avoir élevées avec peine, il les joignit et les croisa en signe de conformité.

Vers onze heures, il but avec plaisir quelques cuillerées de lait ; puis, il refusa tout ce qu'on voulut encore lui faire prendre. Pendant tout le jour et la nuit suivante, il conserva l'usage de ses facultés ; il répondait aux saintes affections qu'on lui suggérait, soit en ouvrant les yeux, soit en remuant les lèvres.

Le 31, vers deux heures du matin, comme il était proche de l'agonie, on commença les messes dans sa chambre, à l'église et dans son oratoire. On lui présenta le crucifix ; il ouvrit les yeux, le regarda et le prit entre ses mains. On lui offrit aussi l'image de la Sainte Vierge ; et il la considéra avec dévotion. Vers sept heures, on lui présenta de nouveau le crucifix, en l'animant à la confiance ; il le baisa avec tendresse. Vers midi, il prit entre ses mains une image de la Sainte Vierge qu'il avait sur la poitrine, la baisa et la serra contre son cœur ; vers deux heures, il la reprit et la tint pendant près d'un quart d'heure. À trois heures, il fut saisi d'une nouvelle crise ; on le crut en agonie, mais il revint encore à lui.

La Sainte Vierge ne manqua pas de l'assister et de le consoler dans ces derniers moments : c'est la grâce qu'il n'avait cessé de lui demander. Voici la prière qu'il écrivit à ce sujet dans un de ses ouvrages : « Ô consolatrice des affligés ! ne m'abandonnez point au moment de ma mort !... Obtenez-moi la grâce de vous invoquer alors plus souvent, afin que j'expire avec votre très doux nom et celui de votre divin Fils sur les lèvres. Bien plus, ma Reine ! pardonnez-moi mon audace ! venez vous-même, avant que j'expire, me consoler par votre présence ! Cette grâce, vous l'avez faite à tant d'autres de vos serviteurs ; je la désire et je l'espère aussi. Je suis un pécheur, il est vrai, je ne le mérite pas ; mais je suis votre serviteur, je vous aime et j'ai une grande confiance en vous. Ô Marie ! je vous attends ; ne me refusez pas alors cette consolation ! » (Visites.)

Ailleurs, il dit en s'adressant encore à la Vierge : « Lorsque je me trouverai dans les derniers combats de la mort, ô Marie, mon espérance ! ne m'abandonnez point ! Alors plus que jamais, assistez-moi et fortifiez-moi, pour que je ne me désespère pas à la vue de mes péchés, que le démon me remettra devant les yeux. Ô ma Reine ! pardonnez-moi mon audace ! venez alors vous-même me consoler par votre présence : cette grâce, vous l'avez faite à tant d'autres, je la veux aussi. Si mon audace est grande, votre bonté l'est encore davantage, et va à la recherche des plus misérables pour les consoler. » (Gloires de Marie.)

Il fut exaucé. Son état empirait à chaque instant, mais sa paix et sa sérénité étaient inaltérables. Vers six heures, comme il était assisté de deux pères et tenait en main l'image de la Sainte Vierge, on vit son visage s'enflammer tout-à-coup et devenir resplendissant ; en même temps, un doux sourire brillait sur ses lèvres. Toute la nuit suivante, il fut dans le plus grand affaissement, mais toujours tranquille et serein. Concentré en lui-même, il écoutait avec plaisir les pieuses affections qu'on lui inspirait. Lorsqu'on lui présentait le crucifix, il répondait en s'efforçant de le baiser. Le matin du 1er août, tandis qu'on lui mettait des compresses, il saisit de ses mains tremblantes les draps pour se couvrir.

Depuis une heure du matin, on ne cessa de célébrer des messes dans sa chambre, à l'église et dans l'oratoire. Ses enfants voulaient comme faire violence au ciel pour obtenir un secours particulier du Seigneur, au dernier moment de leur père.

Depuis la veille au soir, Alphonse, uni tout entier à Jésus-Christ, serrait son crucifix. Chacun désirait avoir un crucifix qui eût passé quelque temps dans ses mains mourantes ; on lui en substituait sans cesse un nouveau.

Il avait toujours désiré mourir au milieu de ses enfants. Il dit dans un de ses ouvrages : « Ô mon Dieu ! je vous remercie d'avance de la grâce que vous me ferez de mourir entouré de mes chers confrères, qui n'auront alors d'autre sollicitude que mon salut éternel, et qui tous m'aideront à bien mourir ! » (Préparation à la mort.) Dieu, en effet, lui accorda cette consolation : on arrivait de toutes les maisons ; et, comme un autre Jacob, Alphonse vit sa dernière heure, environné de ses nombreux enfants, sa joie et sa couronne.

Il semblait moins lutter contre la mort que s'entretenir avec Dieu dans une extase prolongée. Il n'éprouva aucune révolution dans son corps, aucun serrement de poitrine, aucun soupir douloureux. Tenant entre ses mains une image de la Sainte Vierge, au milieu de ses religieux en prières et en larmes, il s'endormit tranquillement dans les bras de Jésus et de Marie.

Monseigneur Alphonse-Marie de Liguori mourut le 1er août de l'année 1787, vers onze heures du matin, à l'âge de 90 ans, 10 mois et 5 jours. Pie VI, de glorieuse mémoire, siégeait sur la chaire pontificale ; et la congrégation du très saint Rédempteur comptait la 55e année de son existence.

12

FUNÉRAILLES DE SAINT ALPHONSE ; MIRACLES ; CONCERT UNANIME DE LOUANGES EN SON HONNEUR.

Nous n'essaierons pas de raconter avec détail les circonstances glorieuses, par lesquelles le ciel et la terre ont voulu, comme à l'envi, honorer l'humble serviteur de Dieu. Les pompeuses funérailles, le concours de peuple, le concert de louanges qui s'éleva tout-à-coup dans les différentes parties de la chrétienté, les miracles éclatants qui ont provoqué sa béatification et sa canonisation. Un tel récit, facile à composer, avec des matériaux nombreux, serait bien intéressant pour la pieuse curiosité ; mais il ne rentre pas dans le plan que nous traçait notre but, tout de pratique et d'édification. Après avoir montré la perfection où s'éleva cette âme fidèle à la grâce, les œuvres opérées pour le salut des âmes par ce grand apôtre, notre tâche est accomplie. Néanmoins, pour satisfaire la pieuse curiosité et la dévotion, nous retracerons brièvement les principales circonstances. Elles ont été toutes triomphales ; autant saint Alphonse de Liguori avait cherché l'humiliation ; autant Dieu s'est plu à rendre son tombeau glorieux, et sa mémoire vénérable.

Grand concours du peuple, de la noblesse et du clergé pour honorer le bon Père ; il fallut un détachement militaire pour maintenir l'ordre à la porte de la maison. Les torrents de fidèles se succédaient, faisant toucher au saint corps différents objets de piété, et le couvrant de fleurs que l'on emportait ensuite comme autant de reliques ; « Le saint est mort ! Nous voulons voir le saint ! » Tel était le cri général.

Un artiste de Naples vint spontanément pour mouler le portrait. Le corps de l'homme juste n'était point l'image de la mort ; il avait toutes les apparences d'un sommeil paisible. Malgré les chaleurs et la gangrène locale, les chairs étaient flexibles et sans décomposition. Le visage était vermeil, avait de la fraîcheur et de l'éclat, avec un air à la fois gracieux et vénérable. En ôtant le masque de plâtre apposé sur les traits pour former le moule, il se fit une légère écorchure, aux narines ; il en sortit quelques gouttes d'un sang vif et pur, que l'on recueillit sur des linges. La plaie resta fraîche et vermeille, jusqu'au moment où l'on ferma le cercueil.

L'église était trop étroite pour contenir la foule ; on plaça la chaire près de la porte, pour l'oraison funèbre. Le catafalque n'était pas très haut ; le corps était peu élevé au-dessus de terre ; et le peuple put, à sa dévotion, le baiser, le toucher avec des chapelets et lui jeter des fleurs. Le bon frère Antoine et le fidèle serviteur Alexis étaient aux deux côtés de leur saint maître ; les mères de famille leur présentaient les petits enfants, pour leur faire toucher des lèvres le vénérable Père qui avait béni et guéri, pendant sa vie, un si grand nombre de ces innocentes créatures, à l'exemple de celui qui a dit le premier : « Laissez venir à moi les enfants ! »

Avant même que la dépouille mortelle fût confiée à la terre, Dieu montra miraculeusement que son serviteur jouissait de la gloire éternelle. Un petit enfant, âgé d'un an, avait une fièvre ardente, avec les symptômes les plus alarmants ; on désespérait de son rétablissement. Une parente, plus hardie, le porte dans ses bras, à l'église, et le remet aux prêtres, pour qu'ils lui fassent toucher le corps du saint. Dès qu'il l'a touché, il reprend ses forces, et redevient joyeux et plein de vie ; on n'aurait pas dit qu'il avait été malade. Le lendemain, un prêtre, son oncle, lui présenta l'image d'Alphonse. L'enfant la prit, la baisa, et la posa sur son front, et demeura un instant comme en extase. D'une main, il tenait l'image, et de l'autre, il montrait le ciel en criant : « Alphonse au ciel ! Alphonse au ciel ! » Jusque-là, sa langue ne s'était pas encore déliée, et jamais il n'avait appris le nom d'Alphonse. Plusieurs fois se renouvela cette merveilleuse extase. On lui ôta l'image ; il se mit à crier en pleurant. On lui présenta celle d'un autre saint, de même format ; il la repoussa en disant : « Non, non ! ce n'est pas Alphonse ! » On lui rend le portrait, il s'apaise, et, tout serein, il le baise, et se l'applique sur le front, comme auparavant. Une carmélite de très grande piété, dans le monastère de Melfi, priait au chœur avec une dévotion de séraphin. Alphonse lui apparut ; elle entendit une voix claire et distincte qui lui ordonnait de faire connaître à son confesseur qu'elle a vu Alphonse rayonnant de splendeur et de gloire. « J'ai vu, dit-elle plusieurs fois avec serment, j'ai vu le serviteur de Dieu dans un globe de lumière, dans une incomparable splendeur. Le saint évêque était d'une inexprimable beauté ; son teint effaçait la blancheur de l'ivoire ; sa vue me remplissait d'une joie si vive, que j'étais sur le point de m'évanouir..... Il me dit avec douceur et bonté : « Ma fille, gardez la pureté du cœur ; que votre cœur soit à Dieu seul, et toujours à Dieu : soyez disposée à tout souffrir ; et vivez sur la terre comme si vous n'étiez plus sur la terre ! »

Il y eut aussi, dans ces mêmes jours, d'autres apparitions merveilleuses, des guérisons extraordinaires, à Naples, à Sainte-Agathe et ailleurs.

Le deux août, vers sept heures du soir, le saint corps fut descendu publiquement dans un caveau creusé au côté gauche du maître-autel ; et l'entrée en fut fermée par une dalle de marbre où était gravé le nom d'Alphonse de Liguori. La Providence voulut contenter l'humilité du grand homme, après son trépas. Elle ne permit point d'exécuter, ni les grandes cérémonies projetées par l'évêque de Nocera pour l'enterrement, ni le magnifique tombeau, ni les fastueuses épitaphes ; la principale beauté de ses funérailles ne devait pas être dans les appareils extérieurs ; elle consista surtout dans la piété, les larmes et les invocations des assistants. On pleurait un père, mais on invoquait un protecteur dans le ciel. Telle fut, dès le premier instant, la gloire de l'humble Alphonse.

Mais les honneurs funèbres ne furent pas célébrés seulement le deux août, et dans la seule église de Saint-Michel-de-Pagani. L'évêque de Nocera fit des obsèques solennelles dans sa cathédrale ; toutes les maisons de la congrégation, dans le royaume de Naples, en Sicile, et dans les États pontificaux, payèrent avec éclat leur tribut de regrets et d'hommages, avec un grand concours du peuple et du clergé, et des éloges funèbres.

De nouveaux miracles vinrent accroître la dévotion et répandre le culte anticipé du saint missionnaire. Les maisons religieuses, les curés et les évêques qui avaient mis à contribution son zèle infatigable, firent éclater leur pieuse reconnaissance.

En particulier, le chapitre de Sainte-Agathe et le vicaire capitulaire montrèrent combien leur attachement pour leur ancien évêque était profond. Tout le diocèse imita l'exemple de l'église cathédrale. Là, surtout, on pleurait un bon père, on invoquait au ciel un puissant protecteur.

Bientôt, le concert d'éloges fut au comble. De toutes parts, la congrégation recevait des lettres de félicitations sur le glorieux patron qu'elle avait au ciel. Partout, dans l'Italie, dans la France et dans d'autres parties de l'Europe, et la voix populaire, et les voix éloquentes des prélats, des savants, des orateurs, redisaient la science éminente, la sainteté incomparable de saint Alphonse. On célébrait le nouvel apôtre, le nouveau François-Xavier ; les uns le comparaient à saint Philippe de Néri, d'autres à saint Charles Borromée, d'autres à saint François de Sales.

Partout on désirait de ses reliques ; partout on se disputait ses images. Des artistes, de divers mérites, s'empressaient de reproduire ses augustes traits, avec la plus grande rapidité et sous toutes les formes ; la piété publique, impatiente, les enlevait plus vite encore et à tout prix.

Un éclatant témoignage ne tarda pas à venir de la chaire suprême. Abusé quelque temps par une adroite calomnie, Pie VI avait reconnu la vérité. Sa Sainteté, recevant un portrait d'Alphonse avec l'oraison funèbre prononcée aux funérailles, posa respectueusement l'image sur sa tête, en présence des personnes qui la lui avaient présentée. Un peu plus tard, le grand Pape attestera, solennellement et avec larmes, l'inaltérable vertu et l'inviolable attachement d'Alphonse pour le Saint-Siège.

13

BÉATIFICATION ET CANONISATION DE SAINT ALPHONSE.

Bientôt une nouvelle affluence de miracles, de guérisons et d'apparitions, en Italie, en France et ailleurs, vint, à différentes époques, redoubler la dévotion publique, et activer les instances pour la béatification et la canonisation de l'humble Alphonse. Nous donnerons seulement une idée sommaire de ces merveilles, en disant que le résultat des procès constatera plus de cent miracles, opérés du vivant même d'Alphonse, et que les informations juridiques portent le total bien au-delà d'un millier. Dès les premiers instants, la congrégation du très saint Rédempteur fit constater les miracles et l'héroïsme des vertus ; les témoins les plus distingués et les plus recommandables furent entendus ; des procès-verbaux furent dressés ; et les demandes les plus imposantes furent adressées au Saint-Siège.

Plusieurs congrégations préliminaires et plusieurs décrets pontificaux déclarèrent que nul obstacle ne s'opposait à l'introduction de la cause, et donnèrent à Alphonse le titre de Vénérable. Le malheur des temps et l'exil du Saint-Père, Pie VI, interrompirent la cause heureusement commencée ; mais le sage Pontife ne la perdit pas de vue dans son exil, et accorda aux juges les pouvoirs pour recueillir les dépositions et les documents.

Avant l'examen des vertus, il fallut procéder à celui des ouvrages et des manuscrits. La sacrée congrégation des Rites décida, le 14 mai 1803, que d'après un examen théologique, il ne s'était rien trouvé dans les œuvres imprimées les manuscrites du vénérable Alphonse de Liguori, qui fut digne de censure : « *Nihil censura dignum fuisse repertum* » ; et qu'on pouvait procéder ultérieurement. Cette décision fut approuvée du Pape le 18 du même mois, et complétée le 24 septembre suivant.

L'examen des vertus fut commencé le 10 juin 1806, et terminé le 28 avril 1807. Les cardinaux et les consulteurs déclarèrent unanimement que les vertus du vénérable Alphonse de Liguori s'étaient élevées à un degré héroïque. Cependant, avant de rendre sa décision ; le souverain Pontife voulut attendre quelques jours, pour se donner le temps d'implorer mieux encore les lumières du Saint-Esprit.

Le 7 mai, jour de l'Ascension, le Saint-Père publia, dans la basilique de saint Jean-de-Latran, son décret solennel sur les vertus. Sa Sainteté proclama « que le vénérable serviteur de Dieu, Alphonse-Marie de Liguori, avait possédé à un degré héroïque les vertus théologales et cardinales. »

Il restait pour la béatification solennelle l'examen des miracles. On en choisit trois qui devaient être proposés dans une congrégation extraordinaire. Les circonstances ne permirent pas de la tenir : la captivité du Pape, la dispersion des cardinaux, l'envahissement des États romains, suspendirent la procédure. Après la persécution, l'affaire de la béatification du serviteur de Dieu fut reprise. Le 28 février 1815, eut lieu, au palais Quirinal, la troisième congrégation générale d'usage sur la même question ; deux miracles suffisaient ; la congrégation en approuva deux. Le Pape voulut prendre encore du temps pour implorer les lumières du Saint-Esprit ; mais le 17 septembre, jour auquel on célébrait pour la première fois dans toute l'Église catholique la fête de Notre-Dame-des-Douleurs, fut choisi par le Saint-Père pour la promulgation du décret en faveur des miracles, à cause de la grande dévotion d'Alphonse pour les souffrances de la Sainte Vierge.

Après avoir offert le saint sacrifice dans sa chapelle domestique du Quirinal, Sa Sainteté publia le décret qui reconnaissait deux miracles du second ordre, dont voici le résumé historique.

Le père François Ottojano, franciscain, avait depuis longtemps un rhumatisme douloureux ; la fièvre et la toux viennent compliquer son mal, il est déclaré étique. Plus tard ; les célébrités médicales de Naples s'accordent à dire qu'il est au dernier degré de la phtisie la plus incurable. Devenu comme un squelette, il se prépare à la mort. Le 27 août 1787, on lui donne un linge qui avait servi à saint Alphonse ; il se l'applique sur la poitrine, et dit : « Monseigneur, si vous êtes cher à Dieu, si vous jouissez du bonheur éternel, obtenez-moi de ne pas mourir de cette horrible maladie ! » Il éprouve un changement instantané, mange avec appétit, s'endort paisiblement, et s'éveille parfaitement guéri. Il vivait encore en 1802. — Madeleine de Nunzio avait un abcès au sein gauche. Après les plus profondes opérations chirurgicales, et les plus horribles incidents, les ravages de la gangrène deviennent plus alarmants ; elle reçoit les sacrements. Une de ses amies lui présente une image et un morceau des vêtements du bienheureux. Elle applique l'image sur la plaie, avalé dans un peu d'eau quelques fils de l'étoffe. Elle entre à l'instant dans un profond sommeil, s'éveille parfaitement guérie ; la plaie se ferme ; et l'heureuse mère peut allaiter son enfant.

Après l'approbation des miracles, il restait à prendre l'avis de la sacrée congrégation, pour inscrire le nom du vénérable Alphonse parmi les noms des Bienheureux reconnus par l'Église. D'après l'avis unanime, le Saint-Père publia le décret qui permettait de procéder à la béatification solennelle. Il signa, le 26 septembre 1816, le bref de la Béatification, qui, en conférant à l'illustre évêque le titre de Bienheureux, déclare qu'il est certainement en possession de la gloire céleste, et qu'on peut exposer ses images et ses reliques à la vénération des fidèles. Ce bref autorisait les diocèses de Nocera et de Sainte-Agathe, et la congrégation du très saint Rédempteur, à célébrer tous les ans en l'honneur du Bienheureux l'office de la messe pour laquelle le Pape prescrivit des oraisons propres. La cérémonie de la béatification eut lieu neuf jours après, dans la basilique de Saint-Pierre. On y mit le plus grand éclat. On avait placé sur l'entrée principale du majestueux portique de Saint-Pierre un très beau tableau du miracle de Foggia, représentant le moment où les rayons de lumière viennent d'une image de la Sainte Vierge se réfléchir sur le front du saint prédicateur en extase. Diverses inscriptions rappelaient divers traits du Bienheureux, et les deux miracles reconnus par le décret pontifical. L'immense basilique était toute décorée de riches tentures de damas, brodées en or ; c'était de la plus grande magnificence. Au fond de l'église, au-dessus de la chaire de Saint-Pierre, se trouvait placé au milieu d'une lumière éblouissante, un grand tableau de forme ovale représentant le bienheureux Alphonse ; un nombre prodigieux de cierges de toute grandeur l'environnaient comme d'une gloire céleste. À dix heures du matin, le postulateur de la cause, Vincent Giattini, procureur-général du très saint Rédempteur, vint en présence de toute la congrégation des

Rites et accompagné du prélat-secrétaire, demander dans un discours latin, au cardinal de la Somaglia, préfet de la sacrée congrégation, la permission de publier le bref de la béatification solennelle. Après ce discours et la lecture du bref, un des plus grands dignitaires entonna le Te Deum ; au même instant le rideau se tire et laisse voir le tableau du nouveau Bienheureux ; au son de toutes les cloches et au bruit de nombreuses salves d'artillerie, tous les assistants tombent à genoux et lui offrent le premier hommage religieux et public de leur vénération. L'hymne d'actions de grâces se continue avec l'accompagnement d'une brillante musique. L'archevêque célébrant dit ensuite la nouvelle oraison approuvée par le souverain Pontife ; et l'on commença la messe solennelle chantée par un chœur nombreux, composé des meilleurs maîtres de Rome. Le soir, vers six heures, Pie VII se rendit avec son cortège ordinaire à la basilique de Saint-Pierre ; il y fut reçu par tout le sacré collège. Après avoir adoré le Saint-Sacrement, le Saint-Père alla avec tous les cardinaux se prosterner devant le tableau du bienheureux Alphonse. Quand il eut fini sa prière, le postulateur de la cause lui fit hommage d'une vie du Bienheureux, ainsi qu'à tous les membres du sacré collège et de la maison pontificale. Ainsi se termina cette cérémonie glorieuse, prélude des honneurs plus grands réservés au serviteur de Dieu.

Le Seigneur ne tarda pas à manifester sa volonté, par de nouveaux prodiges et par de nombreuses et illustres sollicitations. Ces requêtes, ayant pour but le procès de la canonisation, obtinrent l'assentiment de la sacrée congrégation des Rites ; et le 28 février 1818, le Saint-Père Pie VII signait le décret qui introduisait la cause du Bienheureux pour la canonisation. Dans l'espace de dix ans, on organisa, avec une sage lenteur, différents travaux ; on constata la validité des procès antérieurs ; et le révérend père Mantone, procureur-général de la congrégation du très saint Rédempteur, fut nommé postulateur de la canonisation. En 1828, commença le triple examen des deux miracles choisis. À cette fin, une première congrégation fut tenue le 19 août, dans le palais de l'Éminentissime Odescalchi, rapporteur de la cause. La seconde congrégation préparatoire eut lieu le 7 juillet 1829, dans le palais Quirinal, sous le pontificat de Pie VIII. Enfin, le 23 septembre 1829, les miracles furent approuvés dans la congrégation générale des cardinaux, prélats et consulteurs. Sa Sainteté confirma cette reconnaissance juridique par son décret solennel du 3 décembre 1829, publié le jour de saint François-Xavier, dans l'église des pères jésuites. Voici les deux miracles approuvés : Vingt jours après la béatification solennelle, le frère Pierre Canali, Camaldule, reçut en un instant la guérison d'une plaie profonde et mortelle par l'attouchement d'une image du Bienheureux. — Un an après, Antonia Tarsia, de Catanzaro, tomba du haut d'un escalier sous le poids d'une lourde charge, et se cassa la jambe. La violence de cette chute ébranla tellement son corps, qu'elle ne pouvait plus supporter de nourriture et souffrait de fréquents vomissements. Peu après, la mort était inévitable. Saint Alphonse lui apparut plein de gloire, revêtu des ornements pontificaux, et la bénit ; au même instant elle fut guérie, allaita sa petite fille et mangea avec beaucoup d'appétit.

Il restait à examiner si on pouvait procéder en sûreté à la canonisation du Bienheureux. Une assemblée générale fut tenue à cet effet, le 20 avril 1830. L'avocat Hyacinthe Amici, le même qui avait commencé la cause à la mort du Bienheureux, ayant été entendu, il fut déclaré unanimement qu'on pouvait procéder à la canonisation. Enfin, le 16 mai 1830, Sa Sainteté prononça qu'on pouvait procéder en toute sûreté à la canonisation solennelle du bienheureux Alphonse-Marie de Liguori ; ordonna que ce décret fût publié et conservé dans les actes de la congrégation des Rites, et qu'on adressât les lettres apostoliques sur la canonisation qui serait célébrée en son temps, dans la basilique du Vatican. Ainsi, le souverain Pontife Pie VIII faisait diversion aux chagrins que lui causaient les ennemis de l'Église. Bientôt la tempête, qu'il avait prédite dans son encyclique, éclata sur l'Europe, et mit un empêchement à la solennisassion si ardemment désirée. Le Pontife mourut quelques mois après ; Grégoire XVI lui succéda, le 2 février 1831. Sous son glorieux pontificat, le décret favorable devait recevoir son entier accomplissement. Aux raisons politiques se joignaient celles des dépenses qu'entraînent les magnifiques cérémonies de la canonisation ; diverses souscriptions furent ouvertes ; enfin, le 26 mai 1839 fut fixé pour élever solennellement à l'honneur des autels les serviteurs de Dieu : Alphonse-Marie de Liguori ; François de Hiéronymo, de la compagnie de Jésus ; Jean-Joseph de la Croix, de la réforme de saint Pierre d'Alcantara ; Pacifique de saint Séverin, Mineur réformé ; et Véronique Juliani, capucine.

Plusieurs semaines avant la solennité, Rome était remplie d'étrangers qui voulaient assister à cette grande fête. Le Saint-Père y avait invité tous les évêques de l'Italie ; environ cent membres de la congrégation du très Saint-Rédempteur s'étaient rendus à Rome, de l'Italie, de l'Allemagne et de la Belgique, pour être présents au triomphe de leur Père.

Enfin, le 25 mai, veille de la canonisation, les canons du château Saint-Ange et le son de toutes les cloches de Rome annoncèrent l'approche du jour tant désiré. À minuit, les trompettes de la garde et du Sénat parcouraient la ville, la musique se faisait entendre de tous côtés ; à quatre heures du matin, cent un coups de canon saluèrent le grand jour.

La foule innombrable, qui de toutes les parties de chrétienté se trouvait réunie à Rome, se dirigea vers la magnifique place de Saint-Pierre.

Les colonnes de la galerie qui l'environne étaient garnies de riches tentures, de draperies et de fleurs. Pour le maintien de l'ordre, les grenadiers, la garde noble et la garde bourgeoise de Rome, en grand uniforme, étaient rangés tout autour.

À six heures, commença au Vatican la procession la plus imposante qui se puisse voir au monde. Les orphelins précédaient, suivis des écoles des Enfants nobles ; puis les ordres Mendiants, les Franciscains, les Capucins, etc., avec leurs bannières respectives ; ensuite les ordres religieux, les Augustins, les Servites, etc., après eux les séminaristes, les vicaires et les curés de Rome avec l'étole blanche. Ceux-ci étaient suivis des chapitres des nombreuses collégiales, avec leurs croix et leurs bannières ; de plusieurs officiers civils, et des membres de la congrégation des Rites. On remarquait une multitude de personnes portant des flambeaux allumés ; et, à la suite, les bannières des nouveaux saints. Les cordons de ces bannières étaient portés par les parents encore survivants des saints, et par les membres de leurs ordres respectifs. Auprès de la bannière de saint Alphonse marchaient un de ses neveux et plusieurs de ses petits-neveux ; le premier, général ; les autres, officiers, au service du roi de Naples.

La procession se partagea en deux parties, et se rangea aux deux côtés de la place Saint-Pierre ; le Saint-Père entonna, dans la chapelle Sixtine, l'hymne : Ave, Maris Stella, pour implorer l'assistance de la très Sainte Vierge Marie dans cette action solennelle. Il monta ensuite dans sa litière ; dès qu'il quitta son palais, toutes les cloches s'ébranlèrent, on entendit le roulement des tambours et le son de la plus magnifique harmonie.

Voici l'ordre dans lequel se dirigea vers l'église de Saint-Pierre tout le cortège du Souverain Pontife, depuis la chapelle Sixtine les hérauts du Pape précédaient ; venait ensuite la cour du Souverain Pontife avec les chantres de la chapelle papale, suivis de l'assistance de l'office pontifical, diacres, sous-diacres et acolytes, et des confesseurs établis à l'église de Saint-Pierre pour toutes les nations, tous en ornements blancs. On voyait après eux l'imposante réunion de plus de cent évêques, des abbés et des cardinaux qui se trouvaient à Rome. Les abbés mitrés précédaient ; puis suivaient les évêques et les cardinaux revêtus de leurs habits pontificaux. Le préfet de Rome et les principaux officiers suivaient les cardinaux ; devant le Souverain Pontife marchaient en habits de lévites les trois plus anciens cardinaux, suivis de la brillante assistance du trône. Enfin paraissait la litière du Saint-Père, dont le profond recueillement dans cette grande solennité, comme dans toutes les autres, frappa tous ceux qui l'ont vu. Il était en chape, blanche, la croix sur la poitrine. Il portait une mitre, tenait un cierge allumé à la main gauche, et bénissait de la droite la foule agenouillée. Il s'avançait sous un dais en étoffe d'or, environné des principaux personnages de sa cour et suivi des généraux d'ordres.

Avant de décrire la canonisation, telle qu'elle eut lieu dans l'église Saint-Pierre, décrivons sommairement la décoration de cette vaste basilique, afin qu'on puisse se faire une idée de la magnificence où parut dans cette occasion le plus beau temple de l'univers.

Au-dessus de la porte principale était un superbe tableau, où l'on voyait les nouveaux saints, transportés au ciel par des anges ; au-dessus de ce tableau, on lisait une inscription convenable à la fête. En entrant dans l'église, on lisait au-dessus de chaque porte du vestibule d'autres inscriptions analogues. Les murs étaient tapissés de soie rouge enrichie d'or. On voyait, entre les nefs, des ciels de différentes couleurs. Le trône du Saint-Père s'élevait derrière l'autel sur huit colonnes couvertes de velours rouge, entre lesquelles on avait placé des tableaux représentant différents traits des nouveaux saints. Le trône était environné d'une tribune couverte aussi de velours rouge, dans laquelle se trouvaient le roi de Naples et le roi de Bavière, Don Miguel de Portugal et la reine de Sardaigne, ainsi que les ambassadeurs étrangers. Des draperies empêchaient le jour de pénétrer par les fenêtres, afin qu'il ne nuisît pas à l'effet de l'illumination. Cent dix lustres d'or étaient suspendus dans les nefs collatérales, quarante lustres magnifiquement ornés étaient suspendus à la voûte, trente candélabres étaient placés devant les tableaux, et cent autres lustres étaient encore distribués dans la basilique ; de sorte que plus de quatre mille cierges éclairaient l'auguste basilique.

Aussitôt que le Saint-Père fut arrivé à l'église, il fut porté à la chapelle où reposait le Saint-Sacrement, afin de l'y adorer. Il fit ensuite porté au trône qui se trouve, derrière l'autel, où il reçut les hommages du haut clergé. Quand les cardinaux, les évêques et les abbés eurent pris leurs places respectives, le maître des cérémonies conduisit devant le trône du Pape le cardinal qui devait le supplier pour la canonisation, au nom de toute la chrétienté. Le cardinal s'inclina, tandis que son avocat suppliait à genoux le souverain Pontife en ces termes : « Très Saint-Père, le très éminent cardinal ici présent prie instamment Votre Sainteté de vouloir inscrire au nombre des saints de Notre-Seigneur Jésus, Christ les bienheureux Alphonse, François de Hiéronymo, etc., etc., et de vouloir déclarer qu'ils doivent être honorés comme tels par tous les fidèles. »

Le secrétaire du Pape répondit en son nom : « Sa Sainteté veut qu'on adresse à Dieu de ferventes prières dans une circonstance aussi importante, et qu'on implore l'intercession de la très sainte Mère de Dieu, des saints apôtres Pierre et Paul et de tous les autres saints, afin que tout se fasse avec dignité et sainteté. »

Après cette réponse, le cardinal revint à sa place. Le Pape descendit de son trône et s'agenouilla, pendant que deux chantres entonnaient les litanies des saints, auxquelles tous répondaient.

Après les litanies, le souverain Pontife remonta sur son trône ; le cardinal vint une seconde fois au pied du trône, où l'avocat répéta sa demande, en insistant sur la première : « Le très éminent cardinal ici présent supplie instamment et plus instamment Votre Sainteté, etc. »

Le secrétaire du souverain Pontife répondit à cette demande : « Sa Sainteté veut qu'on implore par de nouvelles prières les lumières du Saint-Esprit, etc » Le cardinal et son avocat reprirent place ; le Pape déposa la mitre et s'agenouilla, pendant que le cardinal, assis à sa gauche, exhortait tous les assistants à la prière. Tous prièrent quelque temps en silence ; le Pape se releva, et le cardinal assis à sa droite dit à tous les assistants de se lever. Deux évêques s'avancèrent alors avec des livres et des candélabres ; le Saint-Père entonna le Veni Creator, se mit à genoux pendant la première strophe. Il se leva ensuite, et resta debout jusqu'à la fin de l'hymne ; deux acolytes s'approchèrent du trône, et le Pape chanta l'oraison du Saint-Esprit.

Après que le souverain Pontife eut repris sa place, le cardinal et son avocat vinrent de nouveau à ses pieds renouveler pour la troisième fois leur demande, en disant : « Très-Saint Père, le très éminent cardinal prie instamment et très instamment Votre Sainteté de vouloir inscrire au nombre des saints, etc. » Le secrétaire répondit que le Saint-Père voulait prononcer le jugement définitif. L'imposante assemblée se lève alors tout entière, et le Saint-Père assis, la mitre sur la tête, prononce comme Docteur et Chef de l'Église catholique le grand et suprême jugement en ces termes : « En l'honneur de la très sainte et indivisible Trinité, pour l'exaltation de la foi catholique et l'augmentation de la piété chrétienne ; au nom de Notre-Seigneur Jésus-Christ, des bienheureux apôtres Pierre et Paul, et en notre nom ; après de mûres réflexions, et l'invocation réitérée du secours de Dieu ; après avoir consulté nos vénérables frères, les cardinaux de l'Église romaine, les patriarches, archevêques et évêques de cette capitale ; décidons et prononçons que les bienheureux Alphonse, François de Hiéronymo, etc., sont saints, et nous les comptons au nombre des saints, et ordonnons que leur mémoire soit honorée par le culte que l'Église leur rendra annuellement le jour de leur naissance ; savoir : du bienheureux Alphonse, le 2 août, etc. Au nom du Père et du Fils et du Saint-Esprit : Amen. »

Le Saint-Père, ayant ainsi recommandé à toute l'Église la vénération des nouveaux saints, entonna le Te Deum ; et, au même instant, les canons du château Saint-Ange, toutes les cloches de Rome, les tambours, les trompettes et une magnifique harmonie se firent entendre. Tous ces signes de triomphe, qui font une faible impression dans les cérémonies profanes, en font une si profonde en celle-ci, qu'il faut l'avoir éprouvée pour la comprendre. Après la parole prononcée par le vicaire de Jésus-Christ, qui juge dignes de la gloire éternelle ceux qui ont vaincu le monde, on sent que ces signes de joie et de triomphe ne sont pas un vain bruit, mais le commencement d'un culte de louanges et d'actions de grâces qui durera jusqu'à la consommation des siècles ; on sent qu'ils sont un écho des concerts du ciel où Jésus-Christ, le Pontife éternel, couronne ses saints dans un autre sanctuaire, qui n'est pas fait par la main des hommes.

Après l'hymne d'actions de grâces, le souverain Pontife invoqua les saints nouvellement canonisés, au nom de l'Église militante, en chantant l'oraison de leur office ; et, après le Confiteor, dans lequel on ajouta leurs noms, le Saint-Père donna la bénédiction.

La solennité fut suivie d'une messe solennelle, où le Saint-Père célébra lui-même. À l'offertoire, on lui fit, selon l'ordre établi pour les canonisations, des offrandes de cierges, de pain et de vin, de tourterelles, de colombes, et d'autres oiseaux. En voyant cette dernière offrande, faite par les religieux des ordres respectifs des saints nouvellement canonisés, on pense à la colombe de l'arche qu'ils ont si bien imitée, puisqu'ils sont retournés au ciel en passant sur la terre, sans s'y attacher.

Après la grand-messe, l'immense multitude se concentra sur la place de Saint-Pierre pour recevoir la bénédiction pontificale « urbi et orbi », c'est-à-dire « à la ville et au monde », que le Saint-Père donne rarement, et sur la tribune de l'église Saint-Pierre. Tout à coup régna le plus profond silence, et l'on entendit parfaitement les augustes paroles de la bénédiction. On sait tout ce qu'il y a de touchant, tout ce qu'il y a de catholique, de divin, dans ce mouvement d'un peuple innombrable qui tombe à genoux comme un seul homme devant les successeurs de saint Pierre, qui vérifient depuis vingt siècles la parole prononcée par le Fils de Dieu : « Tu es Pierre, et sur cette pierre, je bâtirai mon Église ; et les portes de l'enfer ne prévaudront pas contre elle. »

Je tressaille en écrivant ces divines paroles, vérifiées aujourd'hui plus que jamais par le concours des évêques, des prêtres et des fidèles autour du Pontife-Roi, autour du magnanime Pie IX. Augustes cérémonies qui proclamez en Occident la gloire des martyrs de l'Extrême-Orient ! Sublime discours de l'évêque d'Orléans aux deux sueurs d'Orient et d'Occident qui viennent unir leurs peines et leurs espérances ! Allocution si auguste et si calme du Pape-Roi, en face de la tempête ! Adresse unanime de l'épiscopat au Vicaire de Jésus-Christ ! Bénédiction donnée par le Père de tous les chrétiens à la ville et à l'univers ! Journées si consolantes pour le catholique et si terribles pour l'impie ! Merveilles de la foi, de l'espérance et de la charité ! Vous ne périrez point ; votre éclat est immortel ! À votre souvenir, on dira : « Jamais l'enfer n'avait si bien discipliné les forces du mal ; et jamais l'Église n'a remporté un plus beau triomphe ! »

Les émotions éveillées dans les cœurs catholiques par la canonisation des martyrs Japonais et par les circonstances providentielles qui l'accompagnent, nous ont semblé rendre l'actualité aux solennités de la canonisation de saint Alphonse. Nous avons donné à notre récit quelques développements, pour rappeler aux pieux lecteurs la beauté persévérante, et même croissante, de la Religion, enfin pour montrer que les magnificences de l'Église dans la canonisation des saints sont égalées par la sagesse, la sûreté et la circonspection de ses procédés.

14

CULTE PUBLIC DÉCERNÉ À SAINT ALPHONSE ; ESPÉRANCE DE LE VOIR DÉCLARER DOCTEUR DE L'ÉGLISE ; CATALOGUE DE SES OUVRAGES.

Bientôt après, la bulle de canonisation était publiée dans le monde catholique : bulle magnifique où l'on retrace substantiellement les grandes phases de la vie de saint Alphonse, ses vertus, ses miracles, et les principales opérations du procès. Presque en même temps, Sa Sainteté portait le décret spécial sur le culte publie, devenu bientôt obligatoire dans toute l'Église.

La ville de Naples voulut honorer le Saint qu'elle a vu naître elle le choisit pour son patron, avec saint Janvier ; lui dédia une statue en argent ; et fit une splendide fête napolitaine, pour cette inauguration. Un plus grand honneur encore était réservé dans la capitale du monde chrétien au fondateur de la congrégation du très Saint-Rédempteur. Les fondateurs d'ordre reçoivent une statue dans la basilique de Saint-Pierre. Une niche restait à remplir ; bientôt elle reçut la statue de marbre blanc érigée au saint instituteur par ses enfants. Elle est tellement colossale qu'un homme de la plus grande taille arrive à peine à ses genoux. Le saint évêque est parfaitement représenté ; un génie plein d'expressions tient la crosse et la mitre. Ce beau travail est d'un artiste de premier mérite.

Aujourd'hui, les œuvres ascétiques de saint Liguori font les délices des âmes pieuses ; ses œuvres dogmatiques étendent leur renommée hors de l'Italie ; et sa Théologie morale est un des principaux oracles dans l'enseignement ecclésiastique.

Il est permis de former encore un vœu pour la gloire de l'humble Alphonse ; le voir déclarer quelque jour Docteur de l'Église par le souverain Pontife. Ce vœu peut devenir un espoir ; un grand nombre de prélats ont déjà commencé la démarche, et le saint paraît avoir rempli les conditions nécessaires : le savoir éminent, la haute sainteté ; il manque la déclaration de l'Église. Au vicaire de Jésus-Christ, il appartient d'ajouter cette auréole à la gloire du Confesseur-Pontife.

L'éminente sainteté a été décrite dans les vertus, les grandes actions et les miracles ; le savoir éminent est consigné dans les livres publiés par saint Alphonse. La liste en est vraiment étonnante ; rien n'échappe à l'infatigable ouvrier. La modestie de l'auteur les a privés du cachet de l'originalité : toutes les fois qu'une pensée avait été exprimée déjà par un écrivain ecclésiastique, l'humble Alphonse adoptait l'expression d'autrui, sous la forme de citation. Aussi, ses ouvrages ont plutôt le caractère d'une immense érudition. Tout y est clair, onctueux, abondant, solide, mais sans éclat, comme doit être, à son avis, la science des Rédemptoristes. Mais la plus précieuse qualité, c'est l'approbation solennelle du Saint-Siège, qui déclare tous ces ouvrages à l'abri de toute censure.

Nous en donnerons deux listes : l'une, d'après les années de la publication ; l'autre, d'après la nouvelle traduction publiée présentement, avec une sage lenteur, par le R. P. Dujardin, avec l'approbation du supérieur général. Catalogue des ouvrages de saint Alphonse, d'après les années de publication.

I. Œuvres ascétiques.

1747. — Visites au Saint-Sacrement. — Aspirations. — Cantiques spirituels.

1750. — Gloires de Marie. — Divers opuscules en l'honneur de saint Joseph. — Avis sur la vocation religieuse. — Avis aux diverses conditions de personnes. — Avis à un jeune homme ; à une jeune personne, sur le choix d'un état.

1758. — Préparation à la mort.

1759. — Du grand moyen de la prière, première partie. — Sermons pour les dimanches. — Discours pour les temps de calamité. — Discours sur la naissance du Sauveur.

1760. — Réflexions et affections ; méditations et pratiques sur la Passion. — Selva, ou recueil de grandes vérités sur le sacerdoce. —

Instructions sur les missions. — Instructions aux prêtres sur la prédication. — Lettres sur l'utilité des missions. — Traité de la méditation et de la contemplation.

1768. — Pratique de l'amour de Jésus-Christ. — Règlement du chrétien ; du père de famille. — Maximes, ou vérités éternelles. — Méditations pour huit jours d'exercices. — La messe et l'office mal dits. — Du sacrifice de l'autel. — Des cérémonies de la messe. — Préparation et action de grâces. — Règlement de vie pour un prêtre ; avis à un prêtre. — La religieuse sanctifiée, ou la vraie épouse de Jésus-Christ. — Traits de feu, ou motifs d'aimer Jésus-Christ. — Opuscules relatifs aux religieuses. — Neuvaine et méditations sur l'enfance de Jésus. — Neuvaine au Sacré-Cœur de Jésus. — Neuvaine au Saint-Esprit. — Neuvaine préparatoire aux fêtes de la Sainte Vierge. — Octave du saint-Sacrement. — Neuvaine de saint Joseph. — Neuvaine de sainte Thérèse. — Chemin de la croix. — Prières diverses.

1772. — Réflexions sur divers points de spiritualité. — Manière de converser continuellement avec Dieu. — Traité sur la conformité à la volonté de Dieu. (Cette date n'est pas certaine pour cet opuscule excellent, il paraît plus ancien.) — Avis aux âmes scrupuleuses ; encouragements aux âmes désolées.

1774. — Paraphrase des psaumes et des cantiques de l'office divin.

1775. — Triomphe des martyrs. — Récit d'un miracle au sujet du Saint-Sacrement. — Vies des R. P. Caffaro et Sarnelli ; du frère Vito-Curzio ; et de la sœur Marie Thérèse de Liguori. — Lettres et règlements pour le gouvernement de son diocèse. — Lettres spirituelles. — Lettres et instructions aux religieux du saint Rédempteur.

1777. — La fidélité envers Dieu, garant de la fidélité envers les princes. — Réflexions utiles aux évêques. — Règlements pour les séminaires. — Avis aux jeunes étudiants. — Opuscules relatifs à l'état religieux ; sur l'utilité des exercices spirituels. — Avis et méditations sur la vocation religieuse. — Avis aux Novices. — De l'amour divin. — Octave pour les morts. — Instructions pour assister les moribonds et les condamnés à mort. — Règles de la congrégation du saint Rédempteur. — Règles pour les religieuses du saint Rédempteur.

II. Œuvres morales.

1753 et 1773. — Théologie morale. — Plusieurs opuscules relatifs à la Théologie morale.

1756. — L'homme apostolique, ou abrégé de la Théologie morale. — Instructions pratiques pour les confesseurs. — Apologies et dissertations relatives à la Théologie morale.

1764. — Le bon confesseur. — Avertissements aux confesseurs.

1767. — Instructions sur le décalogue et les sacrements.

1768. — Dissertation sur l'honoraire des messes. — Diverses apologies et instructions sur la morale. — Abrégé de la doctrine chrétienne.

III. Œuvres dogmatiques.

1759. — Du grand moyen de la prière, deuxième partie. — Immunité de l'Église.

1762. — Vérité de la foi rendue évidente par les signes de crédibilité. — Réfutation du livre de l'Esprit, et de la Prédication. — Dissertations contre les matérialistes et les déistes. — Apologie de la communion fréquente.

1767. — Vérités de la foi, contre les matérialistes, les déistes et les sectaires. — Traité dogmatique contre les hérétiques.

1772. — Histoire des hérésies. — Dissertations sur les fins dernières. — Dissertation sur l'immaculée conception. — Réfutation de Fébronius. — Réflexions sur les quatre articles de la déclaration gallicane.

Liste sommaire des œuvres de saint Alphonse, nouvelle traduction par le R. P. Dujardin.

Édition en 43 volumes, in-12, chez Casterman, à Tournay.

I. Partie dogmatique.

1er, 2e volume — Vérité de la foi.

3e, 4e, 5e, 6e volumes.— Triomphe de l'Église, ou histoire et réfutation des hérésies.

7e volume — Conduite admirable de la divine providence, dans la rédemption des hommes. Dissertation sur les fins dernières.

II. Partie morale.

1er à 10e volumes. — Theologia moralis.

11e à 14e volumes. — Homo apostolicus.

15e volume. — Compendium Theologia moralis.

16e volume. — Praxis confessarii. Institutio catechistica de praceptis et sacramenis.

17e volume. — De usu moderato opinionis probabilis.

18e volume. — Apologia.

III. Partie ascétique.

1er volume. — Préparation à la mort.

2e — Voie du salut et de la perfection.

3e volume. — Grands moyens de salut et de perfection.

4e, 5e, 6e volumes. — Amour des âmes.

7e, 8e volumes. — Gloires de Marie, etc.

9e volume. — Victoire des Martyrs.

10e 11e volumes. — La véritable épouse de Jésus-Christ, ou la Religieuse sanctifiée.

12e volume — Congrégation du T. S. Rédempteur.

13e volume. — Selva. Dignité et devoirs du prêtre.

14e volume. — La sainte Messe

15e volume. — L'office divin.

16e volume. — La prédication.

17e volume. — Sermons pour les dimanches.

18e volume. — Aux évêques. Aux princes.

Le titre sommaire de chaque volume indique seulement les ouvrages principaux ; les opuscules sont annexés d'après l'analogie des matières.

15

CONCLUSION DU CINQUIÈME LIVRE, TIRÉE DES OUVRAGES DE SAINT ALPHONSE.

Explication de la suprême perfection de saint Alphonse dans ses dernières années, par l'idée qu'il s'était formée sur les fortes vertus du christianisme.

I. La vie du chrétien est l'imitation du crucifix et des martyrs.

« Dieu nous a créés par amour ; il nous comble de biens, et nous appelle à partager sa gloire. Il nous a donné la plus grande preuve de son amour, en se faisant homme, en choisissant une vie de souffrances, en se livrant à une mort ignominieuse et cruelle. Et nous, croirions-nous montrer notre amour à Jésus-Christ par une vie voluptueuse et mondaine ? Dieu ne jouit pas de nos souffrances ; il n'est pas assez cruel pour mettre son plaisir à voir les douleurs, à entendre les gémissements de ses créatures. Au contraire, plein d'une infinie bonté, il veut notre vrai bonheur ; car tout nous montre sa douceur, sa bonté, sa miséricorde envers ceux qui recourent à lui. Mais notre misérable condition de pécheurs, la reconnaissance envers Jésus-Christ, exigent que nous renoncions pour l'amour de lui aux délices de la terre, que nous embrassions avec amour la croix qu'il nous offre en cette vie. Pour nous engager à le suivre sur la voie, il nous précède, chargé d'une croix beaucoup plus lourde que les nôtres, afin de nous conduire, après la mort, dans la véritable vie, dans le bonheur qui n'aura pas de fin. Dieu n'aime donc pas à nous voir souffrir ; mais, comme il est la véritable justice, il ne peut laisser nos fautes impunies. Ainsi, pour que la pénitence soit faite, et que nous arrivions à la félicité éternelle, il veut que par la patience nous purifiions notre conscience et que nous méritions le paradis. Quel plus doux moyen pouvait trouver sa divine providence pour donner en même temps, à nous le bonheur, à la justice pleine satisfaction ? »

« La passion de Jésus-Christ fut entière et complète, considérée en elle-même ; elle suffirait un million de fois pour sauver tous les hommes ; toutefois, pour que ses mérites nous soient appliqués, nous devons agir, de notre part, et souffrir avec patience les croix que Dieu nous envoie pour nous conformer à notre chef... Aussi, il faut souffrir ; les croix nous attendent partout... Quel saint pourrait entrer dans le ciel sans la croix, puisque la vie de Jésus-Christ, notre Rédempteur et notre guide, a été un continuel martyre ? Jésus innocent, le saint, le Fils de Dieu, a voulu souffrir toute sa vie ; et nous chercherions ici-bas le plaisir et le repos ? Pour nous donner l'exemple de la patience, il s'est volontairement dévoué à l'ignominie, aux douleurs du corps et de l'âme ; et nous voudrions nous sauver sans souffrir, sans souffrir avec patience ? Mais souffrir impatiemment, c'est double martyre, martyre sans fruit accompagné de châtiment. Comment nous flatterons-nous d'aimer Jésus-Christ, si nous ne voulons rien souffrir pour l'amour de celui qui a tant souffert pour l'amour de nous ? Comment me dire disciple de Jésus crucifié, si je repousse, ou si j'accepte malgré moi les fruits de la croix, les souffrances, les affronts, la pauvreté, les douleurs, les maladies, et tout ce qui mortifie l'amour de moi-même ? »

« Jésus-Christ, dit saint Paul, voulut souffrir la mort, pour détruire par elle l'empire du démon qui avait la mort dans son domaine, et pour nous délivrer de la crainte de la mort éternelle. Sentant que sa fin approchait, il voulut être sujet aux troubles, aux angoisses, afin que, si nous sommes troublés dans un pareil moment, nous ne soyons pas désespérés, en songeant qu'il s'y est assujetti lui-même. Dans ces moments, l'enfer met tout en œuvre pour nous faire désespérer de la miséricorde divine, en mettant sous nos yeux tous nos péchés ; mais le souvenir de Jésus mourant nous donnera la force, la confiance dans ses mérites, et nous verrons la mort sans effroi ! » (*Réflexions sur la Passion*, Ch. X)

« Ce qui donnait aux martyrs la force de mourir, c'était l'amour ardent qu'ils portaient à Jésus, roi des martyrs, qui a voulu mourir de douleur, dans la désolation, sur la croix, pour notre amour. Le nombre des martyrs qui donnèrent leur vie pour la foi, s'élève à onze millions... Oh ! la belle moisson pour le ciel ! Ô Dieu ! quelle sera, au jugement dernier, la confusion des tyrans et des persécuteurs !... Quel sera aussi, dans ce jour de justice, le désespoir de tant de chrétiens morts dans le péché ; quand ils verront tant de martyrs qui ont préféré perdre tous les biens terrestres, souffrir le comble des tourments et la plus cruelle mort, pour ne point perdre leur Dieu, tandis qu'eux-mêmes, misérables esclaves d'un faux point d'honneur, d'un vil intérêt, ou d'un plaisir coupable, ont méprisé la grâce divine et se sont perdus pour une éternité ! »

« À considérer les martyrs, on apprend à souffrir avec patience les contrariétés, les misères de la vie, la pauvreté, les douleurs, les persécutions, les mépris, et tous les autres maux, bien légers en comparaison des maux endurés par les martyrs ! Les saints héros adoucissaient leurs peines, en pensant qu'ils faisaient la volonté de Dieu, en supportant la douleur pour l'amour de lui. Le mérite du martyre appartient, non seulement à celui qui meurt pour la foi, par la main du bourreau, mais encore à celui qui accepte la mort naturelle, pour remplir la volonté divine, et pour faire le bon, plaisir de Dieu ; ce qui est le plus grand acte de vertu possible, puisque c'est se sacrifier tout entier à l'amour divin... Ainsi, autant de fois l'on s'offre à souffrir la mort ou le martyre, pour l'amour de Dieu, autant de fois on en gagne le mérite. »

« Aimons donc le Roi des martyrs, aimons le bon pasteur, qui a donné le premier avec tant d'amour sa vie pour ses brebis, pour ses brebis ingrates. Si nous l'avons jusqu'ici payé d'ingratitude, tâchons, tout le reste de notre vie, de lui plaire, de l'aimer de toutes nos forces. Pour y parvenir, ayons toujours les yeux sur Jésus crucifié ; méditons chaque jour le martyre douloureux que Jésus-Christ a souffert pour nous, martyre qui contient et surpasse infiniment tous les martyrs ! La vue seule du crucifix nous excitera à aimer, du moins par reconnaissance, un Dieu mort pour notre amour ! — Ô Fils de Dieu, notre Rédempteur, inspirez-nous, votre amour ! Ô Marie, mère de Dieu, intercédez pour nous ; obtenez-nous cet amour ! Ainsi-soit-il ! » (Triomphe des Martyrs.)

II. Pensées générales sur la parfaite conformité à la volonté de Dieu dans les grandes épreuves.

« Toute la perfection et le salut consistent dans l'amour de Dieu ;

toute la perfection de cet amour consiste dans la conformité de notre volonté à celle de Dieu ; car, selon saint Denys l'Aréopagite, l'effet principal de l'amour est d'unir ceux qui s'aiment, jusqu'au point d'en faire une seule âme, un seul cœur, une seule volonté. C'est surtout pour nous enseigner cette vérité par son exemple, que notre Sauveur est descendu du ciel. Il dit, en entrant dans le monde : « Mon père ! vous avez refusé les victimes des hommes ; et vous voulez que je vous sacrifie ce corps que vous m'avez donné ! Me voici, prêt à faire votre volonté ! »

« À son exemple, tous les saints, dans toutes leurs œuvres, n'ont eu qu'un but, un désir unique : l'accomplissement de la divine volonté. Le bienheureux Henri Suzo disait : « J'aime mieux être le ver le plus méprisable de la terre, par la volonté de Dieu, que d'être un séraphin, par ma propre volonté. » Et sainte Thérèse : « Tout ce qu'il faut chercher dans l'exercice de l'oraison, c'est de conformer sa volonté à celle de Dieu ; en cela consiste la plus haute perfection. Celui qui excellera le plus dans cette pratique, recevra de Dieu les plus grands dons, et fera le plus de progrès dans la vie intérieure. »

« Oh ! de quel mérite est un acte de parfaite résignation à la volonté de Dieu ! il suffit pour faire un saint... L'objet de toutes nos prières doit être d'obtenir la grâce d'exécuter fidèlement ce que la volonté divine exige de nous. C'est dans cette vue que nous devons réclamer l'intercession de nos saints patrons et spécialement de la bienheureuse Vierge Marie, afin qu'ils nous procurent la lumière et la force nécessaires pour nous conformer à la volonté de Dieu en toutes choses, mais particulièrement en acceptant de bon cœur ce qui mortifie notre volonté propre... Les maux temporels n'ont de mal que le nom ou que la réalité que nous leur donnons par notre faute ; car si nous les recevions de la main de Dieu avec résignation, comme il convient, ils ne seraient plus pour nous des maux, mais des biens... La plus grande satisfaction dont puisse jouir une âme, c'est de voir tous ses désirs accomplis ; car, celui qui veut en tout ce que Dieu veut, a tout ce qu'il veut, puisque tout arrive par la volonté de Dieu... Celui qui se repose dans la volonté divine, qui se complaît dans tout ce que fait le Seigneur, est comme établi au-dessus des nuages ; il voit sous ses pieds la tempête, sans en être atteint, ni troublé. »

« Ô Jésus, mon Rédempteur ! vous avez consumé votre vie sur la croix, dans les douleurs, pour opérer mon salut ! Je vous offre, dès maintenant même, le sacrifice de ma vie, en acceptant la mort que vous m'enverrez, avec toutes les peines et les circonstances qui l'accompagneront. Mon Jésus ! j'unis, dès maintenant, ce sacrifice au grand sacrifice de votre vie, que vous avez offert sur la croix. Je veux mourir pour faire votre volonté : Ah ! par les mérites de votre passion, donnez-moi la grâce d'être toujours soumis aux dispositions de votre providence ; et, quand la mort viendra, faites que je l'embrasse avec une entière résignation à votre sainte volonté. Mon Jésus, je veux mourir pour vous plaire ; je veux mourir en disant : Que votre volonté soit faite ! »

« Ô Marie ! ô ma mère ! c'est ainsi que vous avez terminé votre sainte vie ; obtenez-moi la grâce de terminer aussi la mienne dans ces sentiments ! » (Préparation à la mort, XXXVI.)

III. De la parfaite soumission à Dieu dans les plus grandes peines spirituelles.

« Les désolations d'esprit sont les peines les plus amères que puisse endurer une âme qui aime Dieu. Quand l'âme est inondée de consolations divines, les douleurs, les maladies, les persécutions sont un baume pour elle ; elle offre facilement ses souffrances au Seigneur, et s'unit plus étroitement à lui. Le plus grand supplice d'une âme qui aime Dieu, c'est de se voir sans dévotion, sans désir, sans ferveur ; de se trouver froide et sans goût dans la prière et à la Sainte Table ; mais, dit sainte Thérèse, Dieu ne leur envoie ce dégoût mortel que pour les éprouver. Si elles continuent à marcher avec patience dans la bonne voie, malgré cette froideur et ces angoisses, elles aiment Dieu véritablement. L'aridité et les tentations sont la pierre de touche de l'âme. Croyez-vous que les saints aient toujours joui des consolations divines ? Ils ont passé la plus grande partie de leur vie dans les désolations et dans la privation des lumières célestes. L'expérience enseigne à nous défier de ces âmes qui abondent en douceurs spirituelles : souvent elles ne font le bien que durant le cours des consolations ; quand l'aridité vient les éprouver, elles abandonnent tout et tombent dans la tiédeur. » (Religieuse sanctifiée, XIII.)

« Lorsque l'âme est moralement sûre d'être dans la grâce de Dieu, fût-elle d'ailleurs privée à la fois des plaisirs du monde et de ceux du ciel, elle est néanmoins contente de son état, sachant qu'elle aime Dieu et qu'elle est aimée de Dieu. Mais le Seigneur, voulant la purifier davantage, et la dépouiller de toute satisfaction sensible, pour l'unir entièrement à lui, au moyen du pur amour, que fait-il ? Il la met dans le creuset de la désolation, la plus mère de toutes les peines possibles, intérieures et extérieures. Elle demeure alors plongée dans des ténèbres si épaisses, qu'elle ne sait plus distinguer si elle est en état de grâce, et qu'il lui semble ne plus trouver Dieu. Quelquefois même, elle est assaillie de fortes tentations, des sens, accompagnées de mouvements impurs ; ou bien, elle est tourmentée par des pensées d'incrédulité, de désespoir, ou même de haine contre Dieu ; elle s'imagine que Dieu la repousse et n'écoute plus ses prières. D'un côté, les suggestions du démon sont violentes, et la concupiscence est vivement excitée ; de l'autre, l'âme, au milieu d'une profonde obscurité, n'apprécie pas bien les résistances de sa volonté, ne discerne pas suffisamment si elle résiste convenablement ou si elle consent à la tentation ; dès lors, elle craint de plus en plus d'avoir perdu Dieu et de se trouver totalement abandonnée de Dieu par un juste châtiment de ses infidélités dans le combat ; il lui semble enfin qu'elle est réduite à l'extrême malheur de ne plus aimer Dieu et d'être haïe de Dieu. Sainte Thérèse a subi cette terrible épreuve ; elle avoue que, dans cet état, loin de la consoler, la solitude était pour elle un tourment, et l'oraison lui paraissait un enfer. »

« Quand cela arrive à une âme qui aime Dieu, elle ne doit point se décourager, et le directeur ne doit point s'en effrayer ; ces mouvements sensuels, ces tentations contre la foi et l'espérance, ces agitations qui la pussent à la haine de Dieu, sont des efforts de l'ennemi ; et non des actes volontaires, ni par conséquent des péchés. L'âme qui aime véritablement Jésus-Christ, résiste et ne consent nullement à ces suggestions ; mais les ténèbres qui l'environnent ne lui permettent plus de rien distinguer et la jettent dans le trouble ; et, comme elle n'aperçoit plus la présence de la grâce, elle craint, elle se désole. On peut aisément s'assurer que tout, dans les âmes ainsi éprouvées de Dieu, n'est que frayeur et appréhension, sans mal réel ; qu'an leur demande ; même au plus fort du délaissement, si elles consentiraient à commettre un seul péché véniel de propos délibéré ; elles répondront sans hésiter qu'elles sont prêtes à souffrir la mort, non une fois, mais mille fois, plutôt que d'offenser Dieu. »

« Sainte Thérèse disait : « C'est par les aridités et les tentations que Dieu éprouve ceux qui l'aiment. Quand même cette épreuve durerait toute la vie, une âme ne doit jamais abandonner l'oraison ; un temps viendra où tout sera payé ! » On doit alors s'humilier, dans la pensée qu'on mérite d'être ainsi traité à cause de ses péchés, et se résigner entièrement à la volonté de Dieu, en lui disant : Me voici, Seigneur ! Si vous voulez que je sois dans la désolation et l'affliction toute ma vie, et même toute l'éternité, donnez-moi votre grâce, faites que je vous aime ! Ensuite, disposez de moi comme il vous plaira ! »

« Et il vous serait inutile, ce serait peut-être même augmenter votre inquiétude, de vouloir vous assurer que vous êtes en état de grâce, que c'est une simple épreuve, et non pas un abandon de Dieu : car le Seigneur ne veut pas que vous ayez cette connaissance ; et, s'il ne le veut pas, c'est pour votre plus grand bien, c'est pour vous porter à vous humilier, à redoubler vos prières et les actes de confiance en sa divine miséricorde. Vous voulez voir, et Dieu ne veut pas que vous voyiez. Oh ! qu'ils plaisent au cœur de Dieu, ces actes de confiance et de résignation au milieu des ténèbres de la désolation ! Confions-nous en un Dieu, qui, comme le dit sainte Thérèse, nous aime bien plus que nous ne nous aimons nous-mêmes. »

« Qu'elles se rassurent donc, ces âmes chéries de Dieu, qui sont bien résolues d'être entièrement à lui, et qui se voient en même temps privées de toute consolation ! Leur désolation est une preuve que Dieu les aime beaucoup, et qu'il leur a préparé une place en paradis, où les consolations sont pleines et éternelles ! » (Pratique de l'amour envers Jésus-Christ, XIII.)

« Ce qui inquiète les personnes scrupuleuses, c'est la crainte d'agir, non avec un simple scrupule, mais avec une conscience douteuse, et de tomber ainsi dans le péché. Qu'elles se persuadent, avant tout, qu'agir d'après les ordres d'un confesseur instruit et pieux, non seulement, ce n'est pas agir avec un doute, mais c'est agir avec la plus grande certitude possible sur la terre ; puisqu'elle est fondée sur la parole de Jésus-Christ, d'après laquelle, écouter ses ministres, c'est l'écouter lui-même. Il faut donc avoir la ferme confiance qu'en obéissant à son confesseur, on est sûr de ne pas pécher. »

« Le remède le plus efficace pour les scrupuleux, dit saint Bernard, c'est l'obéissance aveugle au confesseur. » Gerson ajoute : « Quelqu'un me dira : Plaise à Dieu que j'aie un saint Bernard pour directeur ! mais le mien est un sujet ordinaire. » Il répond : « C'est une erreur ; car vous ne vous confiez point à un homme plus ou moins habile, mais à celui que Dieu établit pour vous conduire ; obéissez-lui donc comme à Dieu même ! » Outre le remède ordinaire qui est de s'abandonner en tout et pour tout au jugement de son confesseur, saint Philippe de Néri en prescrivait un autre qui consiste à mépriser les scrupules. Il défendait aux personnes scrupuleuses de se confesser souvent ; et, lorsque, dans leurs confessions, elles revenaient sur leurs scrupules, il les envoyait à la communion sans les écouter. »

« Que les âmes affligées de scrupules supportent donc avec résignation cette croix, et ne se découragent pas dans les plus grandes peines, que Dieu envoie ou permet ordinairement pour leur avantage spirituel. C'est afin de les rendre plus humbles, de les tenir plus en garde contre les occasions certainement et gravement dangereuses, de les porter à recourir plus souvent au Seigneur ; à se confier plus parfaitement à sa divine bonté. Qu'elles s'adressent fréquemment à Marie, appelée à juste titre la Mère de la miséricorde et la Consolatrice des affligés. Qu'elles craignent le péché, quand elles le connaissent avec certitude ; mais, dès lors qu'elles ont la ferme résolution de mourir plutôt mille fois que de perdre la grâce de Dieu, qu'elles craignent par-dessus tout de manquer à l'obéissance qu'elles doivent à leur directeur ; qu'elles lui obéissent aveuglément ; qu'elles soient assurées que le Seigneur ne les abandonnera pas ; car il veut le salut de tous les hommes, il aime les bonnes volontés, et ne laisse jamais périr une âme vraiment obéissante. » (Des peines intérieures.)

IV. De la parfaite soumission à la volonté de Dieu dans les peines extérieures.

« Dans la prospérité, les pécheurs mêmes savent se conformer à la volonté de Dieu ; le propre des saints est de s'y conformer également dans les choses qui leur sont contraires et qui mortifient le plus l'amour-propre. Là, se fait voir la perfection de notre amour pour Dieu. Le vénérable père Jean d'Avila disait : Un Dieu soit béni ! dans les contrariétés, vaut mieux que mille actions de grâces dans le succès. »

« Il faut se conformer à la volonté divine, non seulement dans les maux qui viennent directement de Dieu, comme les maladies, les revers de fortune, mais encore dans les maux qui arrivent par le moyen des hommes, tels que les mépris et les persécutions. Observons cependant que, dans le tort fait à nos biens, à notre honneur, Dieu ne veut pas le péché de celui qui nous offense ; il veut seulement notre humiliation, notre appauvrissement, notre mortification.... Aussi les choses fâcheuses, que nous appelons à tort des maux, sont réellement des biens, quand nous les acceptons comme venant de la main divine.... Vienne la pauvreté, la persécution, la maladie, la mort ! Eh bien ! je veux être pauvre, persécuté, malade ; je veux mourir, parce que Dieu le veut ainsi ! Telle est la sainte liberté dont jouissent les enfants de Dieu ; elle vaut mieux que les principautés et tous les royaumes de la terre... La vertu, il est vrai, ne nous rend pas insensibles ; on ressentira bien quelque peine des contrariétés, mais seulement dans la partie inférieure ; la partie supérieure de l'esprit ne perdra pas la tranquillité, la paix y régnera toujours, tant que la volonté reste unie à celle de Dieu ! »

« Oh ! quelle est la folie de ceux qui refusent de se soumettre à la volonté de Dieu ! Ils n'ont pas moins à souffrir ; ils souffrent sans utilité ; ou plutôt, ils augmentent les peines qui les attendent en l'autre vie, et les inquiétudes qui les tourmentent dans celles-ci ! Un malade crie dans ses douleurs ; un pauvre murmure contre la Providence, il entre en fureur, il blasphème ; que lui en revient-il ? un redoublement de son mal. Faible mortel, s'écrie saint Augustin ; que cherches-tu hors de Dieu ? tâche de trouver Dieu, unis-toi à Dieu, embrasse sa volonté sainte ; et tu seras toujours heureux, dans cette vie et dans l'autre. »

Mais venons à la pratique, et voyons en détail en quoi nous devons nous conformer à la volonté de Dieu.

« 1° Nous devons nous résigner dans les contrariétés naturelles qui viennent du dehors, comme le chaud, le froid, la pluie, les maladies contagieuses... Nous devons accepter tout comme il se présente, car c'est Dieu qui règle tout. »

« 2° Si nous avons des défauts naturels d'esprit ou de corps, une mauvaise mémoire, une santé délicate, ne nous en plaignons pas. Avons-nous mérité, Dieu était-il obligé de nous donner un plus grand esprit, un corps mieux fait ? Qui sait si, avec plus de talents, une santé plus robuste, un extérieur plus agréable, nous n'irions pas nous perdre ? »

« 3° Il faut nous résigner surtout, dans les maladies corporelles, les supporter volontiers, de la manière et dans le temps, qu'il plait à Dieu de nous les envoyer. Nous devons user des remèdes ordinaires, parce que Dieu le veut ainsi ; mais, s'ils ne produisent pas d'effet, unissons-nous à la volonté de Dieu, ce qui nous vaudra beaucoup mieux que la santé. Disons-lui alors : Seigneur, je ne désire ni guérir ni rester malade ; je veux uniquement ce que vous voulez. Sans doute, il est plus parfait de ne pas se plaindre des douleurs ; cependant, quand elles affligent fortement, ce n'est pas une faute de les communiquer à nos amis, ni même de demander la délivrance au Seigneur. Jésus-Christ, au moment de subir sa douloureuse passion, découvrit à ses disciples la tristesse mortelle de son âme, et supplia son Père de l'en délivrer ; mais ce divin Sauveur nous enseigne en même temps, par son exemple, ce que nous devons faire après de semblables prières, c'est-à-dire, nous résigner à la volonté divine, en disant : Néanmoins, qu'il soit fait, non comme je veux, mais comme vous voulez ! »

« 4° Il faut encore savoir supporter la perte des personnes qui nous sont utiles, soit temporellement, soit spirituellement. Seigneur, vous m'aviez donné cet appui, et vous me le retirez ; que votre volonté soit faite ! Maintenant, venez vous-même à mon secours ; enseignez-moi ce que je dois faire pour vous servir fidèlement ! »

« 5° Il faut se résigner dans les désolations spirituelles. Ah ! direz-vous, si je savais que cette désolation vient de Dieu, je la souffrirais en paix ; mais ce qui m'inquiète et m'afflige, c'est la crainte qu'elle ne soit une suite de mes fautes, et un châtiment de ma tiédeur. — Eh bien ! cessez d'être tiède, et montrez plus de zèle ! Contentez-vous de la manière dont Dieu vous traite ; continuez l'oraison, poursuivez votre chemin, et craignez que vos plaintes ne viennent du peu d'humilité et du manque de résignation à la volonté divine ! Une semblable oraison, si pénible qu'elle soit, vous fera plus de bien que toutes les consolations ! »

« 6° Il faut surtout nous unir à la volonté de Dieu en ce qui regarde notre mort, soit pour le temps, soit pour la manière qu'il plaira à Dieu de déterminer..... Chaque fois que nous pensons à la mort, disons toujours : Seigneur, pourvu que vous me sauviez, faites-moi mourir comme il vous plait ! En effet, qu'y a-t-il de plus précieux et de plus désirable pour nous, que d'acquérir, par une bonne mort, l'assurance de ne plus pouvoir perdre l'amitié de notre Dieu ! Celui qui désire peu le paradis, montre qu'il a peu d'amour pour Dieu. Celui qui aime, désire la présence de l'objet aimé ; or, nous ne pouvons voir Dieu sans quitter la terre ; aussi, tous les saints ont soupiré après la mort, pour, aller jouir de la vue de leur bien-aimé Seigneur. »

« 7° Il faut enfin nous conformer à la volonté divine dans les degrés de grâce et de gloire auxquels nous pouvons aspirer. Nous devons, sans doute, estimer beaucoup ce qui appartient à la gloire de Dieu, mais encore plus sa volonté ; nous devons désirer de l'aimer plus même que les séraphins, mais nous ne devons pas vouloir un degré d'amour supérieur à celui que le Seigneur a résolu de nous donner... S'il ne plait pas au Seigneur de nous élever à un degré sublime de perfection et de gloire, conformons-nous à sa sainte volonté, et prions-le de nous sauver au moins par sa miséricorde. En agissant ainsi, la récompense que nous recevrons de sa bonté ne sera pas petite, car notre Dieu aime par-dessus tout les âmes résignées. »

« 8° En somme, regardons comme venant de Dieu toutes les choses qui nous arrivent présentement, ou qui, nous attendent dans l'avenir. Dirigeons toutes nos actions vers un seul but accomplir la volonté de Dieu, et faire chaque chose en détail, parce que Dieu le veut. Pour marcher d'un pas sûr dans cette voie, laissons-nous guider par nos supérieurs dans les choses extérieures, et par nos pères spirituels dans notre intérieur, afin d'apprendre d'eux ce que Dieu exige de nous ; ayons foi dans ces paroles de Jésus-Christ : « Celui qui vous écoute, m'écoute. » Rendons-nous familiers certains passages de l'Écriture qui nous portent à l'union avec la volonté divine : Mon Dieu, que voulez-vous que je fasse ? Je suis à vous, Seigneur, disposez de moi selon votre volonté ! Oui, mon Père, je le veux aussi, parce que telle est votre volonté ! Que votre volonté soit faite sur la terre comme au ciel ! Suivons cette pratique des saints et nous deviendrons saints. Amour et gloire à la volonté de Dieu, et à la bienheureuse Vierge immaculée ! » (De la conformité à la volonté de Dieu.)

Cet opuscule, De la conformité à la volonté de Dieu, est un livre d'or, qui semble inspiré du ciel plutôt que sorti d'un esprit humain. Le saint le relisait souvent ; il pratiqua constamment les sages maximes qu'il contient, et s'efforça toujours de les inculquer aux autres. Il avait coutume de répéter surtout celle-ci : « Les saints sont devenus saints, parce qu'ils se sont toujours unis à la volonté de Dieu. » Lorsque sa vue fut trop affaiblie, il avait soin de se faire lire cet opuscule. Il paraît que c'est une des premières productions de saint Alphonse. Ainsi donc, ces pensées fortes, simples, héroïques auraient été le miroir, non seulement de ses dernières années, mais encore de toute sa vie.

Angélique dans sa jeunesse, infatigable dans son âge mûr, héroïque et sublime dans sa vieillesse, transfiguré et divinisé dans sa mort, par l'avant-goût du ciel ; voilà saint Alphonse de Liguori ; et tant de perfection se résume en deux mots qui se touchent et se pénètrent : Prix surnaturel de l'âme ; la sainte volonté de Dieu !

FIN DU CINQUIÈME LIVRE

Copyright © 2024 by Alicia ÉDITIONS

Credits : www.canva.com ; Alicia Éditions

https://commons.wikimedia.org/wiki/File:AlphonsusLiguori.jpg

https://fr.wikipedia.org/wiki/Congr%C3%A9gation_du_Tr%C3%A8s_Saint_R%C3%A9dempteur#/media/Fichier:CSsR_Coat_of_arms.jpg

ISBN E-BOOK : 9782384553624

ISBN BROCHÉ :9782384553631

ISBN RELIÉ : 9782384553648

Tous droits réservés.

Aucune partie de ce livre ne peut être reproduite sous quelque forme ou par quelque moyen électronique ou mécanique que ce soit, y compris les systèmes de stockage et de récupération de l'information, sans l'autorisation écrite de l'auteur, à l'exception de l'utilisation de brèves citations dans une critique de livre.

www.ingramcontent.com/pod-product-compliance
Lightning Source LLC
LaVergne TN
LVHW032007070526
838202LV00059B/6331